湖南省教育厅科学研究优秀青年项目（16B207）

怀化学院"语言学及应用语言学"重点建设学科项目

汉语序数范畴研究

王霞◎著

Research on Chinese Ordinal Category

社会科学文献出版社
SOCIAL SCIENCES ACADEMIC PRESS (CHINA)

目　录

第一章　引言

数量范畴是语言的重要范畴之一，数有基数和序数的区别，"基数表示数量多少，序数表示次序先后"（朱德熙1982：46）。

汉语的序数表达形式丰富多样，不仅有"冠军、正月"等使用词汇手段构成的表达式，还有"第一、二月"等使用语法手段构成的表达式和"三中（第三中学）、大四（大学四年级）"等使用缩略手段构成的表达式；不仅有"第一、老二"等带专门性标记的表达式，还有"三点钟、表四"等不带专门性标记的表达式；不仅有"第一、老二"等带虚化程度比较高的专门性标记的表达式，还有"上一个、下一个"等带虚化程度比较低的专门性标记的表达式。

基数表达和序数表达既不是毫无联系，也不是完全一致的。相对于基数表达而言，序数表达一般是有标记的。汉语序数表达的标记性集中体现在使用语法手段构成的表达形式上，例如"第四、老五、初六"都是通过在数词上分别添加专门性标记"第、老、初"来表达序数，"卷一、表二、公理三"都是用与基数表达不同的语序手段（表数成分后置的语序手段）来表达序数。

序数表达作为汉语中一种常见的语言现象，在数量范畴的研究中具有十分重要的地位和独特的研究价值。然而，它并未像基数表达一样得到语言学界的足够重视。纵观近几十年的研究，虽然取得一些成果，但是序数表达形式，尤其是使用语法手段构成的序数表达形式，其研究仍显薄弱，尚存较大的研究空间，亟需在广度和深度上把研究再向前推进一步。

1.1　序数范畴与序数表达式

1.1.1　序数是一种语义语法范畴

序数是人类认知系统的基本概念之一，也是人类认识世界的方式和结果。序数范畴并不是先天的，从历史和认知的角度来说，它来源于实践。在历史长河中，人类逐步认识到事物的有序现象，例如空间位置的前后次序、上下次序，空间大小的级差次序，运动变化在线性时间上的先后次序，社会地位的高低次序。随着认知能力的提高，人类对诸多有序现象进行抽象概括，将认知对象数量化、序列化，对认知对象在序列中的位置进行定位，从而形成序数范畴。

对序数的思考和研究有很多种角度，比如，心理学侧重研究序数的认知过程、认识策略及生理机制；教育学关注序数的理解与应用；经济学上用序数效用来衡量消费者对商品和劳务的满意度①；数学领域利用序数扩展自然数，在序数上定义加法、乘法、指数等序数运算。不同学科有不同的研究目标和研究路径，对序数的关注方式也不同，本书主要从语言学的角度来看待序数，认为序数是一种语义语法范畴（参见马庆株 1990、1991，胡明扬 1994）。序数是一种语义，但语义不能脱离形式而独立存在，因此，在判断一种语言现象是否属于序数范畴时，除了看语义之外，还要看是否具有对应的形式。

从语言学的角度来看，汉语的序数是什么？我们考察了一些有影响的语法著作、论文和教材，它们对序数的解释具体如下：

A. 数词有基数和序数的区别。基数表示数量多少，序数表示次序先后。（朱德熙 1982：46）

B. 凡表示数量的数词，叫做基数。凡非表示数量，而系表示次序等级之类的数词，叫做序数。（王力 1944/1985：248）

C. 所谓基数，指统计数目多少的数；所谓序数，指排列次序先后的数。（邢福义 1996：188）

D. 序数是表示次序的数目。（罗安源 1996：75）

E. 序数是表示次序先后，等级高低的。序数与数词有关，但表示序数的不一定都是数词。（方绪军 2000：61）

F. 序数词表示次序先后。（黄伯荣、廖序东 2002：19）

从上述观点可以看出，序数是数词次类还是数目次类，学界存在分歧，但是都承认序数属于数量范畴，并且具有次序性。依据现有研究成果

---

① 序数效用是指用"第一、第二、第三"等次序表示的效用。参见刘树林、陈为（2004：52）《经济学原理》，武汉理工大学出版社。

中关于序数的论述，结合序数表达的基本形式，我们可以归纳典型序数的内在涵义：

序数是数量范畴里与基数相对的一种语义语法范畴。汉语的序数表示事物在序列中的次序和位置，它既包括事物之间的次序关系，又包括事物在序列中的位置。语义上，一般而言序数具有对比性、数量性和序列性。对比性是指序数的构成暗含了比较，序数建立在同一集合内相互联系的具有可比性的事物进行比较的基础上。数量性是指序数是一种数目，主要表示数量。序列性是指两个或两个以上的事物形成系列，并且事物之间具有次序关系。

1.1.2 序数表达式

序数具有认知性，是人类对客观世界的认知反映。从认知语言学的角度来看，"序数"这种认知范畴投射到语言中，就形成语言世界的序数范畴，有序数范畴就会有相应的表达形式。语言世界的序数范畴虽然来源于客观世界，但它并不是人类对客观世界的简单摹写，而是带有人的认知中介作用，人类对序数认知的差异导致不同语言的序数表达可能存在差异。

汉语是如何表达序数范畴的？序数与数词词语密切相关，但序数表达形式不一定包含数词词语，例如"冠军、亚军、季军、头名、首位、次日"都能表示序数，但并未包含数词词语。具体而言，汉语的序数表达既有词汇层面的，也有语法层面的，其表达形式具有多样性，主要体现在表达手段、结构性质、构成成分等方面。仅从序数的语言表达手段来看，主要有词汇手段、语法手段、缩略手段。例如"大女儿"是指排行第一的女儿，"次日"是指第二日，它们都运用了词汇手段来表达序数，"大"的词汇义中包含了"排行第一"，"次"的词汇义中包含了"第二"。语法手段在序数表达中的使用频率相当高，汉语中常用的虚词、语序等语法手段在序数表达中都有体现，例如"第三、定律四"分别用专门性标记和语序手段来表达序数。汉语中也有很多运用缩略手段构成的序数表达形式，例如"民一庭（第一民事审判庭）""一汽（第一汽车集团公司）""十一五计划（第十一个五年计划）"。

汉语表达序数有词、短语、缩略语三种结构形式，分别如"首先、正月"，"第三、第三中学"，"三中（第三中学）"，为了方便称说，本书把表达序数的形式统称为序数表达式，运用词汇手段构成的表达式称为词汇表达式，运用语法手段构成的表达式称为语法表达式，运用缩略手段构成的表达式称为缩略表达式①。请看表 1.1：

表 1.1　汉语序数表达情况概览

序数表达式	构成手段	举例
词汇表达式	纯粹由整数词语或数字串构成	（排名）十五、（三单元）301
	不包含数字，而是使用词汇手段	头个、首先、其次、冠军、正月
语法表达式	添加专门性标记	第一、老二、初八、上一位、下一个
	与基数表达式不同的语序	图一、例 6 - 1、左二、卷三、挑战四
	数名组合不使用量词、同义词分工等	一会议室、二姐、三季度、五点钟
缩略表达式	按原式的排列顺序缩略	一产（第一产业）、二甲（二级甲等）
	不按原式的排列顺序缩略	内二科（第二内科）

　　整体而言，汉语序数表达式具有多样性，而序数语法表达式更具有多样性、复杂性和能产性，它在汉语序数表达中占主导地位，所以本书把研究重点放在序数语法表达式上。汉语中，序数的语义构成基础是什么？如何对序数表达式进行科学分类？序数语法表达式在语义上有什么特点？哪些是典型的序数语法表达式？"第"字序数语法表达式中"第"的隐现机制是什么？"第一个季度、第一座桥、七号车厢、第一桶金"类的序数语法表达式中量词的隐现机制是什么？"第一"映射高程度、"第二"映射类似的条件是什么？汉语序数语法表达式反映了什么样的语言共性和个性？这些都是本书感兴趣的问题。

1.2　相关问题研究现状

1.2.1　数词的研究现状

　　现代汉语的数词，从在《马氏文通》中作为形容词的附类到单独立类，其语法地位逐渐凸显出来，学界对数词的研究也逐步深化。从数词的词类地位、定义、分类、划界、称数法的描写，文化意义的探索，到

---

　　①　因为涉及到缩略式，无法用通行的"综合式"和"分析式"来概括，所以本书用"词汇表达式""语法表达式""缩略表达式"来称呼汉语不同的序数表达形式。详见第三、四章。

数系统的构建、语法语义分析、跨语言比较，可以说研究视角相当广泛，研究成果也很丰硕，这里我们不一一述说，仅概括介绍与本书密切相关的几个问题，即只就数词的词性归属、分类、划界等方面做些基本的回顾。

1.2.1.1 数词的词性归属

在汉语语法研究史上，学界对数词的词类地位曾有不同的认识和处理，随着研究的深入，对数词词类地位的看法逐渐趋于一致。这个过程中有代表性的观点有以下几家：

（一）数词归入形容词

马建忠（1898/1983：111）在《马氏文通》中把数词归入形容词，合称"静字"，形容词称为"象静"，数词称为"滋静"，"滋静者，以言事物之几何也"。章士钊（1907）把形容词分为三类，其中"示纪形容词"就是数词①。黎锦熙（1924/1992）、杨树达（1930/1984）把数词归入形容词，称为数量形容词，分定数词和不定数词两类。吕叔湘（1953/2002）将数词列为形容词的附类，并指出数词的性质跟形容词相近，但是也存在一些差异。

（二）数词归入指称词

吕叔湘（1942/2002）在《中国文法要略》中把数词称为数量指称词，认为基数和序数，假如后头不跟名词，就有一种称代的作用。

（三）数词归入象字

陈泽承（1922/1982）的《国文法草创》把数词归入"象字"，认为表数象字有数特征。

（四）数词归入指明词

刘复（1920/1990）的《中国文法通论》认为数词用于指明事物的数量，这种数量不是事物本身所具有的属性，所以把数词称为指明词。

（五）数词单独立类

王力（1944/1985）在《中国现代语法》中正式将数词列为独立的一种词类，使数词得以与名词、动词、形容词等相提并论。自此之后，汉语

---

① 转引自胡附（1984：2）《数词和量词》，上海教育出版社。

学界普遍认同数词的词类地位，在各种汉语语法著作中，数词算作单独的一类。丁声树等（1961）在《现代汉语语法讲话》中按性质和用法把词划分为十类，其中就包括数词。可以说，数词词类地位的确立，为数词得以深入研究迈出了非常关键的一步。

另外，根据各家的不同观点可以看出，数词同形容词、代词等词类的确存在一些纠结，它们之间存在一些相同点。

1.2.1.2 数词的分类

学界对数词和数目这两个概念的不同认识，导致数词分类有不同结果，其中有代表性的观点如下：

（一）数词包括定数词、不定数词两大类，如：

1. 黎锦熙《新著国语文法》（1924/1992：115～117）

数量形容词（数词）
- 定数词
  - 计数法：一匹、两斤
  - 序数法：第五、二月
  - 分数法：七分之一、八成
- 不定数词
  - 余数不定：一百几十人、两个多月
  - 全数不定：十来个、两三斤

2. 杨伯峻《中国文法语文通解》（1955：66～72）

数量形容词（数词）
- 定数词
  - 计数：十六、三万两千
  - 序数：第一、三姑娘
  - 分数：三分之一、三之二
- 不定数词
  - 计数：三四百、若干、几、多少
  - 序数：第几

（二）数词包括基数词、序数词两大类，如：

1. 邵敬敏《现代汉语通论》（2001：180）

数词
- 基数词
  - 系数词：一、二……九
  - 位数词：十、百、千、万
- 序数词：第一、第十一

2. 黄伯荣、廖序东《现代汉语》（2002：19）

数词
- 基数词
  - 系数词：一、二……九、十、两
  - 位数词：十、百、千、万、亿
- 序数词：第一、初十

（三）数词包括基数、序数、分数、倍数、概数等，如：

吕冀平《汉语语法基础》（2000：106～107）

数词
- 基数："五个"的"五"
- 序数："第五个"的"五"
- 分数：二分之一、七分之四
- 倍数：五倍、七倍
- 概数：借用疑问代词"几"、相邻数词连用

（四）数词包括系数词、位数词等，如：

1. 朱德熙《语法讲义》（1982：45～46）

数词
- 系数词：一、二……十、两、几、多少
- 位数词：十、百、千、万、亿
- 概数词：来、多、好几
- 好些、若干
- 半

2. 郭锐《现代汉语词类研究》（2002：220～221）

数词
- 系数词：一、二……九、几、数、多、半、多少、若干
- 很多、许多、好多、好几、好些、无数
- 位数词：十、百、千、万、亿、万万

3. 张斌《新编现代汉语》（2002：291）

数词
- 系数词：一、二……十、零、半、两1、双
- 位数词：十、百、千、万、亿、兆
- 系位数词：廿、卅
- 数量数词：俩、仨
- 概数词：两2、几、多、数、无数、多少、若干、许多

　　以上各家对数词的分类，主要存在四大分歧：其一，数词分类主要依据语义还是语法功能，前三种观点基本上是以数词所表示的数目类别划分次类，第四种观点主要依据数词的语法功能划分次类。其二，数词是无限的还是有限的，也就是说，"二十""三百五十五"是词还是短语。其三，分数、倍数、概数等是词还是短语。其四，"来、多、几、好些、若干"等是数词还是其他词类。

　　本书赞同主要依据语法功能来给数词分类，认为数词包括有限的系数

词（如"一、二……十、零、两"）、位数词（如"十、百、千、万、亿、兆"）等；序数、分数、倍数、概数是利用数词及相关成分表示的数目，表示这些数目的可以是词，也可以是短语。至于"来、多、几、数、好几、好多、好些、无数、若干、多少、很多、许多"等是数词还是其他词类，还有待学界进一步探讨，我们不在此问题上纠缠。

1.2.1.3　数词的划界

把"一""二""十"等归为数词，学界普遍没有争议，但"四十""五十九""一千八百八十"是词还是短语？历来就有很多分歧，实际上它涉及数词是有限的还是无限的及数词的划界等问题。给数词划界，曾有以下标准：

（一）语义标准

此标准从语义出发，只要表示一个数目，不管数目大小、音节多少，都是一个数词。如"一""十"是一个词，"七十""九十""一百五十五"也是一个词。

有的学者依据语义标准给数词划界时，意识到"四"与"一千八百八十"是有区别的，于是提出"复合数词"这一概念，以同基本数词区分。张志公（1982），罗安源（1996），邵敬敏（2001），黄伯荣、廖序东（2002）等都采用此类方法给数词划界。

（二）语音标准

胡附（1984）认为，"十五""五万零五百"在句子中总是当作一个单位来使用的，与一个单纯的数词没有两样，但把它们算作词的话，碰到"一千三百七十五"之类就很不妥当；把它们都看成短语也不符合语言事实，于是他将其分类处理。依据两字以下为一词的标准，把"十五"看成一个词，"五万零五百"是三个词，"一千三百七十五"是四个词。从上面的分类可以看出，胡附实际上采用了双音节标准。

金有景（1984）把数词结构划分为单音数词、复合数词和数词词组三类，他认为复合数词和数词词组的界限在语音上都有相应的表现，因此可以用语音为标准划界，但这种语音标准的具体内容他并未详细说明。

吕冀平（2000）提出以双音节为标准来划分数词和数词短语。如"二"是一个词，"十三"和"三十"也是一个词，但是"三十一"是两个词。

（三）"系位组合"标准

张卫国（2004）把数词结构划分为基本数词、复合数词、数词短语、数字串，依据的是系位组合标准。复合数词是由系数词和位数词组合构成的结构，数词短语是在基本数词、复合数词的基础上组合而成的结构，数字串是没有系位组合关系的结构。

（四）"独用且意义不变"标准

陆志韦等（1964）在《汉语的构词法》中提出数词应当是独立的或凭语法结构不能不当作词的。依据他所列举的用例，我们可以归纳划界标准：

第一，若数词结构中切分出两个能独立运用的成分，且切分后意义不变，则此结构是短语。例如"十一"切分出"十""一"，两者能独立运用，意义也未改变，所以"十一"是数词短语。

第二，若数词结构中切分出的两个成分，一个能独立运用，一个不能独立运用，则此结构是词。例如"九千"切分出"九""千"，"九"能独立运用，但"千"不能独立运用，所以"九千"是数词。

第三，若数词结构中切分出两个能独立运用的成分，但切分后意义变化了，则此结构是词。如"二十"切分出"二"和"十"，均能独立运用，但切分出来的"二"与"二十"中的"二"意义不同，后者是"两个十"的意义，所以"二十"是数词。

（五）"能独立运用的最小语言单位"标准

方绪军（2000）、张斌（2002）、胡裕树（2002）、刘叔新（2002）、郭锐（2002）等都持这种观念，他们认为，数词是有限的，主要包括系数词、位数词等。这是依据语法功能划分的数词次类，这些词都是能独立运用的最小语言单位。数目可以用数词表示，也可以用数词短语表示，例如"一百"包含了两个数词。

上述五种数词的划界标准中，语义标准以语义为出发点，认为只要是表示数目的就是数词，但这种标准明显存在问题，因为有一些不是数词但能表示数目意义。语义标准和"系位组合"标准所划分出来的次类中都有复合数词，如"二百""五十"都属于复合数词，但是实质上还是把它们包括在数词中。语音标准强调现代汉语双音化的特点，在这种标准下划分出来的词比较符合我们的语感，正如吕冀平（2000：106）所言："这个主张虽然也有人为地硬性规定的缺点，但是这种处理比较圆通。""独用且意义不变"标准是对词的一种机械理解，认为只有能独用才是词，实际上汉语中有一批无法独用而起语法作用的词，例如结构助词"的"，它具有很强的附着性，不能独用，但能起语法作用，我们仍把它看成是词。语义标准、语音标准、"系位组合"标准、"独用且意义不变"标准都有一个共同点——没有或未完全贯彻词与短语的划分标准。数词的划界同其他词的划界标准是一致的，应以"词是能独立运用的最小语言单位"为标准，这才是划分词和短语的一种行之有效的标准。

本书赞同以"能独立运用的最小语言单位"为标准给数词划界。我们认为数词是有限的，主要包括系数词、位数词等，系数词和位数词可以组合构成短语，如"四十""一千八百八十"都是短语，数词和数词短语统称为数词词语。

1.2.2 序数表达的研究现状

汉语的涉"数"问题研究呈现多元化局面，研究视角广泛，研究方法多样，研究成果丰硕，但专题研究尤其是序数表达的专题研究并不多见，现有的大多是一些零散的观点，并且很多是在其他研究框架内进行的，如在空间范畴、时间范畴、缩略语研究中涉及序数表达式。以下分四个专题对汉语序数表达的研究做简要回顾。

1.2.2.1 序数表达的形式描写

自《马氏文通》出版以来，很多专著、论文、教材都涉及序数表达式，但多停留在粗线条的举例式描写层面，并且绝大多数都不区分序数的词汇、语法、缩略等表达手段，这里也不作区分。

汉语的序数是什么？我们考察了一些有影响的语法著作、论文、教材，结果发现，关于序数的论述，不少内容相似，但分歧也不少，并且有些是根本性的分歧。从学界对数词的分类和序数表达式的处理中，我们可以看出诸多学者对序数内在涵义的认识，概括起来共有两大观点，即"序数词是数词次类""序数是一种数目"。下文以此为纲，分述序数表达式的形式描写。

（一）"序数词是数词次类"观点下序数表达式的形式描写

持这一观点的学者，基本上是从语义出发给数词分类，认为表示数目的是基数词，表示次序的是序数词；或者认为基数词表示数目的多少，序数词表示次序先后。他们所描写的序数表达式具体如下：

马建忠（1898/1983：124）把数词称为"滋静"，包括数目、序数、约数三类。"序数，所以第事物之序也。"所列举的序数表达式有"第六、卷一、卷之一、篇之一、章之一、其二、九月一日、次子、长子"。

黎锦熙（1924/1992）把数词称为数量形容词，分为"定数词"和"不定数词"两类，把序数词归入定数词中，有用"第"和不用"第"两类，后者如"一月、二哥、卷一"。

杨伯峻（1955）把数词称为数量形容词，分为"定数"和"不定数"两类，这两类中都有序数词，如"第一、第几、三姑娘、三月八日、卷五"。

张志公（1982）指出，整数前加上"第"可以表示序数；有时整数后面直接连用名词也可以表示序数，如"一号楼、四班、二中队"；还有一些习惯用法，如"头一回、末班、正月初一、元月、大儿子、小儿子"。

胡附（1984）所列举的序数表达式有：第一、头号、头一句话、头三名、初一、二哥、三年级、二等奖、一九五六年十二月十日、星期三、元年、正月、大伯、长子、小叔叔、一……二……。

程荣（1996）把数词分为基数词、序数词、概数词三大类，基数词前加"第、初"成为序数词，有些数目字后面直接跟名词也可作序数词，如"三姨、六年级"。他认识到天干地支同代词和数词都有纠葛，把天干地支称为序列词，列为数词的附类。

刘月华等（2001）把数词分为基数词和序数词，所列举的序数词包括以下三类：一是带"第"的形式；二是用基数词表示序数的形式，如"一九七八年、二月、初二、二哥、二等、一楼、练习一、图二、注二、卷二"；三是特殊形式，如"正月、元月、大伯、长子、次子、小儿子、头等、头班车、末等、末班车、甲等、子时、甲午年"。另外，还列举了一些简称，如"一教（第一教研室）、二机部（第二机械工业部）"。

邵敬敏（2001）认为，数词包括基数词和序数词，典型的序数词由系数词或复合基数词前加助词"第"构成。另外，基数词可以直接表示序数，如"三层、五组"；天干名称或英文字母也可以表示序数。

黄伯荣、廖序东（2002）把数词划分为基数词和序数词两大类，其中序数词有三类：一是基数词前面加词缀"第、初"；二是用基数形式表示序数，如"二车间、四餐厅"；三是用"甲、乙、丙、丁"或"子、丑、寅、卯"等表示序数。

在"序数词是数词次类"观点下，学界普遍认为"第"是专门性标记，并且序数可以直接用基数形式表达。他们的描写为后继研究奠定了坚实的基础，但是也存在一些问题，具体如下：

第一，以语义为主要标准划分词类时，划分的结果是数词的语义类别，而不是数词的语法类别。

第二，分类意义不大。根据数词表示数目还是表示次序划分出基数词和序数词，但表示次序不是序数词的专利，基数词也可以直接表示次序。基数词直接表示次序时也变成了序数词，这说明意义标准无法把这两类词区分开来。从另一方面看，基数词直接表示次序的也应该归入序数词，这就可能造成所有的基数词都成了序数词，结果，基数词、序数词的分类就无任何意义。

第三，词和短语划界不清。"序数词是数词次类"观中的序数词，有些并不是词，如"第十、第二十"，它们是一种临时性的语法组合，并未进入现代汉语的词汇系统中，所以各大词典均未收录。词和短语划界不清主要体现在对"第+数词词语"的认定问题上，主要有两类情况：

情况一：第+数词词语=序数词。

这会出现两个问题，一是如果"第+数词词语=序数词"，就可能出现"第五千五百九十四"是词的情况，这从语感上很难让人接受。二是有人认为"第"是词缀，有人认为是助词，后一种观点在对待"第二百八十"这类形式上，一方面承认"第+数词词语"是词，另一方面又承认"第"是助词，而助词"第"组合构成的结构应该是短语，不会是词，这两方面是自相矛盾的。

情况二："第+数词词语"中的数词词语是序数词。

依据这种观点，汉语中不少直接用数词表示序数的，也应该归入序数词中，这样就会造成基数词、序数词实际上无区别的局面。

综上所述，把序数词作为数词次类容易造成分类意义不大、词和短语划界不清等问题。

（二）"序数是一种数目"观点下序数表达式的形式描写

持这种观点的学者，把序数看成是一种概念意义，序数表达式就是一种数目表示法。这些学者有吕叔湘（1942/2002）、王力（1944/1985）、丁声树等（1961）、罗安源（1996）、方绪军（2000）、张斌（2002）、胡裕树（2002）、刘叔新（2002）、张卫国（2004）等，其中有代表性的观点如下：

吕叔湘（1942/2002）介绍的序数表达式：一是基数前面加"第"。二是用基数形式表示序数，如"三姑娘、五号字、星期一、卷一、卷之一、一则……二则……、其一……其二……、一……二……"。三是序数的别称，例如表示"第一"的别称有"元月、正月、初一、大叔、长孙、首坐、头一句话、甲、冠"等；表示"最后一个"的别称有"末位、末班车、小儿子"等；"次"表示第二，如"次子"。

王力（1944/1985）在称数法中介绍了序数表达式：一是基数前面加"第"。二是表示年月日、排行、官爵等级、分类叙述时可以直接用基数形式表示，如"五点三刻、二门、三月、刘三、一品、一来……二来……、一……二……三……"。三是序数的别称，例如表示"第一"的别称有"头一次、头一日、头胎、元年、正月"，排行第一称为"大"，每月的第一旬称为"初一、初二……初十"。

罗安源（1996）认为序数是表示次序的数目。序数表达式有带"第"的形式，"一九九六年、三月、五楼"等省略"第"的形式，"正月、大女儿、小儿子、头一天、头二天、末一回、初十"等形式，天干地支相配也可以纪年、月、日、时。

方绪军（2000）指出序数与数词有关，但表示序数的不一定是数词。汉语表示序数的方法有三大类：一是在数词或数词短语前加"第、初、头、前"等，如"第三、初九、头五年、前三名"，其中"头"后面也可以直接跟量词或名词，如"头次、头名、头等、头功"。二是用数词或数词短语直接表示序数，例如"三楼、十月、二等奖、六号字、一……二……"。三是不用数词表示序数，例如天干地支可以用于表示序数。

张斌（2002）认为，表示数目可以用数词，也可用其他数目表示方法。序数表达式有三大类：一是基数前加助词"第、老、初"等附加式。二是天干地支、生肖等序列式。三是借用式，包括"冠、亚、季、殿、孟（伯）、仲、叔、季"，阿拉伯数字，罗马数字"Ⅰ、Ⅱ、Ⅲ……"，拉丁字母"A、B、C……"等。

刘叔新（2002）概括的序数表达式，一是数词词语配以标点或其他符号，如"（一）……（二）……""§1……§2……"。二是数词词语直接置于名词前面或后面，如"一处、三一二国道、图一、公式二"。三是数词词语作为连接性成分按次第出现，如"女人是一哭二饿三上吊"。另外还列举了"第一、初二、其二、二〇〇〇年、大二、二战"等形式。

上述观点中，均未明确指出序数是语义语法范畴。但是张卫国（2004：182）看法明确："基数和序数，也就是数目和次序，其实是语义范畴，而不是句法范畴。"他列举了大量不带"第"的序数表达式，例如表示时间的"一月、二日、四点"；表示排行的"二哥、六表姐"；表示书籍部分的"卷一、封四"；表示分说的"一……二……三……""其一……其二……其三……""一来……二来……三来……""一则……二则……三则……"；表示组织机构划分单位的"一班、大四"；表示车、船、飞机班次的"一路、八十一次、二〇九航班"；表示场所、建筑地点的"三楼、九十六号"；表示等级的"一等、八级"，"三中（全会）"等缩略语和简称。可以说，张卫国（2004）对不带"第"的序数表达式的描写是比较全面的，而且对序数表达式与基数表达式的区分有很多思考。遗憾的是，他过分强调了序数的语义范畴性质，忽视了序数的语法形式，尤其是序数的专门标记形式，而且他的研究出发点是给计算机提供汉语数词自动处理策略和办法，对序数表达式的区分是面向机器的，带有很多人为的硬性规定。

与"序数词是数词次类"观相比，"序数是一种数目"观点下的研究，严格区分数词与数目：数词次类是语法功能类别；称数法是数目表示方法，它涉及的是概念意义如何表达。这种看法可以很好地避免词与短语的纠缠，也不会出现数词分类毫无意义的情况。

至此，我们可以概括总结现有研究成果中所涉及的序数表达式，具体如表1.2.1：

表 1.2.1　现有研究成果中所涉及的序数表达式

序数表达式 文献	数字	干支	生肖	字母	头+X	首+X	长+X	大+X	正+X	元+X	次+X	小+X	末+X	冠亚季殿+X	孟伯仲叔季+X
马建忠（1898/1983）							+				+				
黎锦熙（1924/1992）															
吕叔湘（1942/2002）	+	+				+	+	+	+	+	+	+		+	
王力（1944/1985）	+				+				+	+	+				
杨伯峻（1955）															
张志公（1982）								+	+	+		+	+		

续表

序数表达式 / 文献	数字	干支	生肖	字母	头+X	首+X	长+X	大+X	正+X	元+X	次+X	小+X	末+X	冠亚季殿+X	孟伯仲叔季+X
胡附（1984）	+				+		+	+	+		+				
程荣（1996）		+													
罗安源（1996）		+						+	+			+			
方绪军（2000）	+	+				+									
刘月华等（2001）		+				+		+	+	+	+		+		
邵敬敏（2001）		+		+											
黄伯荣等（2002）		+													
刘叔新（2002）	+														
张斌（2002）	+	+	+	+										+	+
张卫国（2004）	+														

表 1.2.2　现有研究成果中所涉及的序数表达式

序数表达式 / 文献	第+数	老+数	初+数	数+来	数+则	其+数	头+数+X	前+数+X	量+之+数	名+数	量+数	数+量	数+名	缩略式
马建忠（1898/1983）	+					+			+		+		+	
黎锦熙（1924/1992）	+										+		+	
吕叔湘（1942/2002）	+		+		+	+				+	+		+	
王力（1944/1985）	+		+	+		+			+			+		
杨伯峻（1955）	+											+	+	
张志公（1982）	+		+			+						+	+	
胡附（1984）	+		+			+			+				+	
程荣（1996）	+		+										+	
罗安源（1996）	+					+						+	+	
方绪军（2000）	+		+					+		+				
刘月华等（2001）	+										+	+		+
邵敬敏（2001）	+											+		
黄伯荣等（2002）	+		+										+	
刘叔新（2002）	+					+					+			+
张斌（2002）	+	+	+								+			
张卫国（2004）	+			+	+	+					+	+	+	+

从表 1.2.1 和 1.2.2 可以看出，各家对序数表达的形式描写多寡不一，分类结果不尽一致，尚存许多分歧。出现这种现状的原因是多方面的：一是现有的序数表达研究大多散见于现代汉语教材、语法专著，而教材、著作大多着眼于体系性、完整性，所以只限于粗线条的举例式描写。二是研究重心不在序数表达上，多是在其他研究框架内附带研究序数表达。三是某些序数表达缺乏显性的形式标记，一般不易辨别出来。四是对序数意义的把握存在主观差异，这就难免会出现范围不一、分类不一致等现象。

另外，汉语缩略语中有一种序数性缩略语，如"一中（第一中学）、二外（第二外语）"。有些学者在缩略语研究中涉及到这种形式，例如凌远征（1987）、马庆株（1988）、王吉辉（2001）、周荐（2005）。还有少数学者论述了同一序数的不同表达形式，例如表示"第一"的"冠军、状元、榜首"（吴慧颖 1995，苟国利 2008），"元、首、头、正、初、始、大、长、孟、伯"（苟国利 2008），又如表示"第二"的"亚军"，表示"最后"的"殿军、末名"（苟国利 2008）。

1.2.2.2 序数表达的句法语义研究

二十世纪九十年代以来，随着国内外语言学理论和研究方法的发展，对序数问题的研究已经不再局限于单纯的形式描写，学界在继承传统语法重视语义分析、结构主义语法重视形式描写的基础上，更加关注形式与语义的匹配及其相互影响。具体体现如下：

马庆株（1990）在《数词、量词的语义成分和数量结构的语法功能》中指出，序数词有专用的和兼类的，专用的序数词包括"头、末"，复杂数词的简略式（如"三五九旅、二六七号牢房"），天干地支，拉丁字母和希腊字母（如"甲班、A 类、β 射线"）；兼用的包括单用的基数词，在名词后面的基数词（如"图三、练习一"），出现在缩略语特有语素前后的数字（如"十中、二汽"）。该文用［±次第］区分了基数词和序数词、基量词和序量词，认为次第义是范畴性语法成分，汉语数词、量词存在次第范畴，次第义会影响数量结构的语法性质，会影响数量结构的重叠、数量结构连用时的位置和连用式的语法关系。

马庆株（1991）在《顺序义对体词语法功能的影响》中指出，体词存在顺序范畴，顺序义会影响体词在同位结构和主谓结构中的分布、体词的语法功能。该文列举了很多序数表达式，这些序数表达式都具有顺序义，但马先生所说的顺序义和本书的序数义存在差异，序数义比顺序义的外延更小、内涵更丰富，它不仅包括顺序义，还包括数量义。

吴慧颖（1995）总结了区分基数和序数的方法：同义名词的区分，是否使用量词，名词和量词的配合，简称、级别、番号、序号中的数字，用于称说、列举的连续性数词，语境的限定。

李宇明（2000）讨论了"第＋数＋X"中"第"的隐现、X前能否加量词等问题，以此来观察充当X的量词和名词的语法性质。

李湘平（2006）认为，"数＋X"是否表示序数与"X"有很大关系。当"X"是名词时，顺序义最明显。当"X"是量词时，与名词在语义上的联系不同，表达顺序义的能力不同：保留名词的语义特征较多的量词，顺序义明显，但一旦后面出现名词，一般都表示基数；与名词联系少的量词，表量功能强，表序频率低。该文的研究为我们进一步认识序数表达提供了一些思路，但有些认识没有完全到位。例如很多"数＋量"结构后面出现名词时，仍然表示序数，如"十四届联大、三等奖、二期工程"。

陈青松（2011）在《"序数＋形容词"与非时空排序》中指出，现代汉语的"序数＋形容词"表示非时空排序，排序依据是事物的某种属性，能够进入该格式的名词性成分所表示的事物一般是社会化程度比较高的，能够进入该格式的形容词具有显示排序属性和排序方向的双重功能，且以量度形容词为主。

陈青松（2011）在《现代汉语中的非时空排序表达及其比较》中指出，现代汉语的"序数＋量词"是典型的表时空排序的形式，"序数＋形容词"是典型的表非时空排序的形式，而序数独用兼有两种排序功能。"序数＋形容词＋（的）＋名词"与"序数＋名词"在称谓性高低、排序的属性类型、名词性质、形容词特点、序数数目、排序属性的现实性方面存在差异。"序数＋形容词"与"最＋形容词"在形容词的选择、称谓性高低、认知域大小、评价的客观性程度、结构的整合程度、转指能力方面存在差异。

陈一（2012）关注"第二个N"与"N第二"的异同，认为两者在语义上都具有［＋高度相似］，在句法上具有定位性、后置性，是较为典型的非自足构式。但两者在语义、结构上也存在差异，"第二个N"在语义上具有［＋相继性］，结构上具有可扩展性，而"N第二"在语义上具有

［＋等次性］，结构上不具有可扩展性。

张颖（2013）重视"第一＋形容词"与"最＋形容词"的差异研究，认为前者具有属性级次的"个体唯一性"，具有命名性；后者具有"多个体蕴量性"，不具有命名性。两者的称谓性差异体现为称谓视角的差异和认知域的不同。

华玉明（2015）认为，"天下第一＋谓词"指称与谓词相关的人、物、处所和事情或现象，具有名词的句法功能。这种格式主要出现在近年的报纸、期刊和图书中，具有语形经济、彰显特色的语用效果，格式类推、认知联想是其流行的语用理据。

空间和时间是人类认识世界的基础，可以说空间范畴和时间范畴是一切范畴的元范畴。空间可能具有序位性，时间具有一维性、不可逆性，也就是说它们都可能具有序数性，这样在空间范畴和时间范畴的研究中就涉及序数问题。

汉语空间范畴的研究中，储泽祥（1997、2010）指出，"第三号、五楼"等序数性数量方所具有命名性，它们的构成受名词、量词等词类的限制，能进入这些结构的量词有可加"第"类、必加"第"类、名词制约类。储先生对序数性数量方所中"第"的隐现考察对本书有很大的启发，"第"字序数语法表达式中"第"的隐现受哪些因素的制约，制约力度是否存在差异，等等，这些都值得去思考和研究。

汉语时间范畴的研究中，李向农（1997）考察了有序点段的顺序性、承传性、包含性、循环性，其中有些有序点段就属于序数表达式。赵强（2000）以"第＋数＋X""数＋X""第＋数＋个"等为鉴定格式，考察了时间单位表示计时、时点、时段的差异，以此区分时间单位的语法性质。陆俭明（2001）认为，时点量词前面只能加序数词，时段量词前面只能加基数词，时点兼时段量词前面既能加序数词又能加基数词。郭攀（2004）认为，基数性的时段式数量结构、序数性的时点式数量结构的主要功能相近，但在语法类属上也有很多区别：一是作定语时前者同中心语之间是同位关系，一定条件下可代替中心语，而后者是限制性定中关系，不能代替中心语；二是在重叠、充当介词宾语等方面也存在差异。可以说，前者是典型的数量短语，后者则具有名词性。陆丙甫、屈正林（2005）把基数性的 NP 称为时量表达，序数性的 NP 称为时位表达，能进入 NP 的时间单位，都有序量词形式，但是大单位更易有名词形式，小单位更易有基量词形式，而介于中间的"号、日、点（钟）"既有名词形式又有基量词形式。

另外，有一些篇幅较小的个案研究，例如："第一"表示程度（许秋莲、聂智 2006），"第二"的词汇化意义（殷志平 2004，吴长安 2006），"X 第二"（王明洲 2009），"第 X 季"（宗守云 2009），"第一时间"（高丕永 2003，马彪 2005），"第一、第二"的非序列用法（亓艳萍 1991），"一科"与"图一"（金有景 1982），"第一内科"和"内一科"（李行健 1984），"一哥、一姐"（叶欢 2007），"二手"和"二手房"（王希杰 2009），"X + 数 + 代"（高环生 2010），"XX 二世"（郝彤彤 2010）。

1.2.2.3　序数表达的应用及语篇功能研究

此类研究主要关注序数表达式的社会应用和语篇功能，多是举例性的个案研究。

序数表达式可用于街道、建筑物、居住地等命名，马庆株（2002）介绍了含序号的街道名的构成方式，包括"序数 + 量 + 通名"、"序数 + 通名"、以《千字文》开头的十几个字为序号、序号用来表示一条路的不同段。张清常（1996）指出，北京街巷在命名上有系统化、数码化的特点，常见的方法就是方位词和序数词的结合。

序数表达式可用于姓氏，例如以"第五"为姓（吴慧颖 1995），也可用于人物排行（张德鑫 1999）。鲁健骥（1992）认为，表示排行最直接的办法就是用数字，也可用"伯、仲、叔、季"等排行字。"老"和"小"都表示排行最后，但互换是有条件的。

序数表达式可用于表示时间，例如天干地支可以用于纪年、月、日、时（吴慧颖 1995，常敬宇 1995），地支也可以与生肖搭配起来纪年（常敬宇 1995）。

序数表达式常用于构建语篇，充当语篇的关联性成分，使语篇具有层级性，这有助于阅读者深入理解语篇意义。赖先刚（1985）认为，序数运用于语句中有提示、引起注意和突出的作用，还可使语言简洁、具有概括性；运用在语篇中可推动情节发展、组织文章内容。廖秋忠（1986）指出，语篇中序列连接成分一般将三个或三个以上的事件连接起来，常用的手段之一就是使用基数或序数的排列顺序，序数序列连接成分也常和时间、位置序列连接成分混用。

1.2.2.4　序数表达的历时考察与横向比较研究

古代汉语、汉语方言、中国少数民族语言、外语的研究一般是在与现代汉语比较的前提下进行的，这些研究成果对现代汉语序数表达的研究有很重要的资料价值和参考价值，有利于我们更充分地观察其特征。

古代汉语研究中，林涛（1984）考察了《左传》的时序、位序、事序和章序句式，主张从句法上区分同形的基数和序数。张林林（1984）指出，《尚书》中专门性标记只有"第"和"次"，"上上、上中"类的方位词组合可以表示第一到第九。柳士镇（1992）描写了魏晋南北朝时期"第、初"的用法和表示排行的方式。另外，孙锡信（1992）、何乐士（2000）等都对古代汉语中的序数表达做过考察。李建平（2014）指出，从出土简帛文献来看，"第"产生于秦末汉初；西汉中叶进一步语法化，"第 + 数"可以修饰名词；东汉初期臻于成熟，并在东汉文献中获得了广泛使用。随着"第 + 数 + 名"的产生，"第 + 数 + 量""第 + 数 + 量 + 名"早在西汉也已产生。西汉末期"第一"逐渐词汇化，既可以修饰名词，也可以修饰形容词和动词。

汉语方言研究中，邢福义（1995）指出，现代汉语中"一、二、三"存在差异，如表示排行第一时不能用"一"。"二"有异化的同义形式"两、双"，"二"常用于序数，有时用于基数，但"二"不能进入"一而再，再而三"中。"三"在"张三"中表数作用已经消失，而"一、二"没有类似用法。海南黄流话中"一、二"分化成两种形式，表示基数、序数时存在严格分工。通过与汉语方言对比，可以观察到现代汉语数词系统既有简匀性又有差异性，汉语中开头两个数字的变异是统数序数的分化。张一舟（2000）指出，成都话可以用"数 + 一/的 + 量""数 + 的 + 一 + 量"表示序数，如"二一杯（第二杯）""二的个（第二个）""三的一杯（第三杯）"。另外，胡光斌（2002）等都描写过汉语方言的序数表达式。

中国少数民族语言研究中，有些研究成果涉及序数表达。王联芬（1987）比较了汉语和藏语的序数表达式。瓦尔巫达（1992）讨论了凉山彝族亲属称谓的序数词素。王远新（1995）以古代各期突厥碑文书面语言为依据，结合现代突厥语及方言材料，讨论了突厥语序数词的历史发展。曹翠云（2001）比较了汉语和苗语年份、月份、日期的异同。蒋仁萍（2007）考察了112种民族语言，概括出民族语言序数表达的基本形式，得出两条蕴涵共性：如果序数词前置于名词，那么基数词也前置；如果数词"1"前置于名词或量词，那么其他数词也前置。还有一批学者描写过民族语言里的序数表达式，所涉及的语言很多，如：布依语（吴启禄1984），瑶语（舒化龙、肖淑琴1984），黎语（文明英、马加林1984），傈僳语（木玉璋1993），村语（符昌忠1997），蒙古语（额·宝音乌力吉1999）。另外，《中国少数民族语言简志丛书》、《中国新发现语言研究丛书》、《中国少数民族语言方言研究丛书》、《中国的语言》（孙宏开、胡增益、黄行2007）中也有部分关于民族语言序数表达式的描写。

汉语与外语比较研究中，安国峰（2008）考察了现代汉语和韩语中姐妹排行称谓表达方法的异同，妹妹称呼姐姐、妹妹的子女称呼其母亲的姐姐时，称谓语是平行的，但姐姐称呼妹妹、姐姐的子女称呼其母亲的妹妹时，称谓语是不平行的。这种差异在于排行所依照的基点不同，现代汉语以绝对顺序为基点，而韩语以自己为基点。

国外，序数的类型学研究有一些突出的成果，Veselinova（1997）考察了47种语言中序数派生的异干现象，Stolz（2001）、Stolz和Veselinova（2005）以跨语言的视角总结了派生序数表达式的八种模式，Plank（2003）在阐述双重标记问题时考察了基数表达与序数表达的不同标记形式，Stump（2010）概括了数词词语派生序数时专门性标记的位置类型。

1.2.3 以往研究存在的问题

汉语的序数研究起步较早，自《马氏文通》开始，很多学者都在他们的研究体系中给序数研究一席之地，并取得了一定的成绩，其中不乏真知灼见。王力（1944/1985：235）指出："中国人的称数法和别的族语不同的地方，就是中国语法的特征，所以我们不能不加以叙述"。可见王力先生对序数等称数法的研究非常重视，可惜这样的呼声并没有太多的回应，学界对序数研究没有给予足够的重视，此研究较长时间停留在形式描写阶段，只有少数学者把研究向前推进了一步。现有研究成果中，序数表达的有些认识还没有完全到位，有些问题还缺乏统一认识，有些问题则是浅尝辄止或者附带提及。尤其需要指出的是，到目前为止，有些问题还没有人涉及到，并且未见序数表达的系统研究，这不能不说是一个遗憾。这些缺憾具体表现在：

（一） 对序数研究没有给予足够的重视

二十世纪九十年代以来，基数研究可以说是呈现多元化格局，研究视角广泛，语言事实挖掘较深。与基数研究的深度和广度相比，序数研究显得相当薄弱，多是零散的、粗线条的描写，形成了重视基数而轻视序数的研究局面。

序数和基数存在千丝万缕的联系，但序数还是有其自身的特质，目前对它的研究还很薄弱，并且已有的研究成果多是其他研究框架下的附属品，这样就会掩盖或部分掩盖序数的特点。在轻视序数研究的局面下，极易出现两种情况：

第一种情况是在不区分基数和序数的框架中进行数量范畴研究。虽然在问题复杂时这也是一种研究策略，但把基数、序数混为一体，在一定程度上会影响语言事实和语言规律的揭示。

第二种情况是在排除序数的框架中进行数量范畴研究。虽然在问题复杂时这也是一种研究策略，但是基数、序数各自为政，互不提及，就容易忽视基数、序数两大问题的相通性。而基数和序数的区分、序数表达式的使用规律是序数研究中最基础也是最关键的"一把钥匙"，这也是与语言运用密切相关的问题，所以必须重视序数研究，重视基数、序数两大问题的相关性。尽管有人尝试回答一些问题，然而有些答案不具有解释力，有些答案还待进一步检验。为了解决问题，加强序数表达的封闭式研究不失为值得尝试的有效途径。

（二） 对序数内在涵义的认识比较模糊

尽管有很多专著、论文、教材都涉及到序数，但什么是序数、序数的语义构成基础及序数参照是什么、序数表达式的语义特征是什么、如何界定与相关现象的界限，等等，这些问题至今都没有很好地解决。目前，学界对序数的认识还比较模糊，也缺乏明确而有力的判定标准。"序数词是数词次类""序数是一种数目"这两种观点反映了学界对序数内在涵义的认识还存在根本性分歧。

（三） 序数研究缺乏系统性

已有研究未能形成均衡发展的局面，主要体现在研究广度和深度两方面：

一是形式描写不全面、不系统。

充分描写是语法研究的基础，只有在充分描写序数表达式的基础上，才能进行更深层次的研究。目前序数表达式的形式描写成果较多，但多属粗线条的举例式描写，并且重复研究很多，多限于对"第四、初五、老六"等典型形式的描写，而非典型形式概括不全，少见有人描写"上/下＋数＋X""前/后＋数＋X"等非典型形式。

同时，序数表达式缺乏科学的系统分类，现有的研究成果中有些按时间、排行等意义对序数表达式进行分类，但分类标准不具有操作性和规律性，分类结果不具有全面性，所以无法概括所有语言事实。也有少数按序数表达式的构成手段来分类，但构成手段概括不全，出现一些遗漏，并且有的在分类时标准贯彻不彻底，未能贯彻到所有序数表达式，出现一部分按构成手段分类，一部分按意义分类的现象。还有的以常用、非常用为分类标准，有的以是否包含数词为分类标准，等等，这些分类均存在分类体系不科学、不完善等问题。

二是认知语义分析深度不够。

语言研究的目标之一是对语言现象作出合理的解释，序数研究应该高度重视认知语义分析。目前已有一些从语义角度分析序数表达式的研究成果，例如马庆株（1990）指出次第义是范畴性语法成分，殷志平（2004）和吴长安（2006）指出"第二"具有词汇化意义，这些研究较好地分析了序数表达式的语义。但是总体而言，序数研究主要集中在形式描写上，认知语义分析深度不够。我们并不是不赞成形式描写，描写是一切研究的基础，但仅局限于形式描写就无法达到研究目标。任何一个语言结构的生成和运用都包括形式、语义等方面的因素；任何一个语言结构都是形式与语义的结合体，某类形式可以表达什么语义，某类语义可用什么形式来表达，两者具有内在的匹配关系。就序数而言，序数的语义构成基础是什么？序数的构成参照有哪些？它的主要语义特征是什么？不同形式在语义上有什么区别？"第一个工厂""第一大工厂""第一工厂"有什么区别？哪些现象是序数的引申？在真实文本中，序数表达式的使用体现了什么规律？典型的序数表达式有哪些？类似问题很多，若仅局限于形式描写，则无法深入认识序数的特点，更无法就基数、序数的区分得出科学的答案。只有加强句法与认知语义的精细分析，加强形式与语义的互证、描写与解释的结合，才能推动研究的前进。

（四）序数研究视野不够宽

比较是科学研究的最基本方法，也是语言研究的一把良器。语言形式之间可以进行比较，例如序数表达式不同下位类别之间的比较；不同方言或语言之间可以进行比较，例如普通话和汉语方言的比较、汉语与中国少数民族语言的比较、汉语与外语的比较等。就序数研究而言，汉语普通话与汉语方言、中国少数民族语言的序数表达有什么差别？汉语序数表达有哪些共性特征？现有研究成果对这些问题涉及得相当少。比较汉语方言、中国少数民族语言的序数表达，有利于更充分地观察汉语序数表达的特点，所以这方面的研究非常值得关注和努力。

1.3 研究意义、研究思路及方法

1.3.1 研究意义

从序数表达的研究现状来看，目前尚存许多问题，还有很大研究空间值得去探索，这无疑为我们的研究提供了某种契机。具体而言，本书的研究意义体现在三个方面：

（一）对汉语的序数表达进行全面系统的研究，使数量范畴的研究得到拓宽和深化

高度强调序数表达在汉语语法研究中的地位，扩大研究视野，深化、细化序数表达的研究，使数量范畴的研究得到拓宽和深化，使汉语语法体系得到进一步的完善。

一方面，全面地描写汉语序数表达式，对其进行系统分类，在此基础上进行认知语义分析，重点考察真实文本中序数语法表达式的使用倾向性，探讨序数语法表达式在对比性、数量性、序列性、定位性、命名性等方面存在的差异，分析"第一""第二"的引申现象，并对"第"字序数表达式里"第"的隐现机制、序数表达式里量词的隐现机制进行专题研究。

另一方面，加强汉语序数的跨方言、跨语言比较。不同汉语方言或语言的序数表达式可能不同，但序数是一个典型的认知概念，在人类语言中具有普遍性，反映在语言表达上肯定存在一些共性。以序数语法表达式为重点，进行跨方言、跨语言的比较，有利于更充分地观察汉语序数表达式的特点，揭示其类型和共性特征。

通过序数表达的系统研究，更好地区分序数和基数，在既强调序数和基数的区分，又关注序数和基数的相通性的思路下，建立数量范畴的研究框架，有利于语言事实和规律的揭示，更有利于数量范畴研究的拓宽和深化。

（二）多样性基础上倾向性研究方法的探求

考察语言的多样性无疑是语言研究者的一项重要任务，但多样性基础上的倾向性情况也是语言研究者应该回答的重要问题。我们主张多样性基础上的倾向性研究，既考察序数语法表达式的多种形式，也重视多种形式的典型性问题，而典型性研究也属于倾向性研究之一。本书的基本研究模式是：从句法、语义、认知等角度分析影响序数语法表达式典型性的诸多因素，并利用这些因素评估各类序数语法表达式的典型性程度，从而排出典型性序列。这一研究方法不仅能有效地解决序数表达研究中存在的问题，还是一种研究视点的转向，会开创一个新的巨大研究领域，可以为其他语言现象的研究提供研究思路和模式。

（三）为汉语教学提供参考实据

汉语序数表达式，尤其是序数语法表达式的类别相当多，各形式之间存在很多相似点和细微差别。本书系统描写、分析、解释汉语序数表达式，并以"第"和量词的隐现为视点，寻找不同序数语法表达式的差异点和变换条件，进行跨方言、跨语言的比较，对汉语教学、对外汉语教学都具有理论上的指导作用。从对外汉语教学来看，序数表达虽然在人类语言中具有普遍性，但由于思维方式、文化背景不同，其表现形式也不同。序数研究在一定程度上可以解决第二语言习得者在学习序数表达时出现的类型化偏误。从面对以汉语为母语的学生的汉语教学来看，许多人对序数的认识是知其然，而不知其所以然。例如对"第"字和量词的隐现机制，对典型的和非典型的序数语法表达式的差异点，都没有明确的认识。本书对这些问题的研究结论可以提供参考实据，解决教学与学习中遇到的一些困难，也有助于提高人们认识汉语的自觉程度。

1.3.2 研究思路及方法

语言是形式与语义的结合体，学界普遍认识到语法研究中形式与语义相结合的重要性，徐思益（1959）、文炼（1960）、邢福义（1992）、陆俭明（1993）等都专门讨论过此问题。形式与语义的结合有两条路径，一是从语义到形式，一是从形式到语义。本书在多样性研究与倾向性研究相结合的视点下，运用形式与语义互证、定性与定量配合的方法，系统研究汉语序数范畴的表达。首先，采取从语义到形式的研究路径，先讨论汉语序数范畴是什么，它是如何构成的，在此基础上考察序数的表达形式；接着，采取从形式到语义的研究路径，依据序数语法表达式的形式类别，讨论它们的语义特征和典型性问题；最后又从语义入手，考察汉语方言和中国少数民族语言的序数语法表达式，并进行比较。具体研究思路如下：

（一）确定汉语序数的判定标准。这一标准能够接受形式的验证，能够容纳所有的序数表达式，并且对内具有普遍性，对外具有排它性。我们首先梳理现有研究中关于"序数是什么"的论述，然后结合《现代汉语词典》（2012）和五十万字的语料中以手工方式查找出来的序数表达式，归纳序数的语义构成基础和序数参照，概括序数的判定标准。

（二）全面描写汉语序数表达系统。利用序数的判定标准，在1400万字的自建语料库中利用电脑做封闭式筛选，然后系统描写序数表达式。由于序数语法表达式在汉语序数表达中占主导地位，所以把研究重点定位在序数语法表达式上。

（三）汉语序数语法表达式的认知语义分析。运用语义学和认知语言学理论，加强序数语法表达式在语义和认知层面的分析和解释，使研究更具有学理深度和广度。一是对序数语法表达式的语义特征和"第一""第二"的引申现象进行分析；二是对序数语法表达式的典型性问题进行考察，建立多级典型性评估体系，利用分层级的评估体系去评估相应层级的序数语法表达式的典型性程度，从而排出典型性等级序列。三是以"第"字和量词的隐现为视点，分析不同序数语法表达式的区分情况及制约机制。

（四）汉语序数的跨方言、跨语言比较。以现有研究成果与实地调查相结合，进行序数语法表达式的跨方言、跨语言比较研究，归纳汉语与中国少数民族语言序数表达的共性特征。

汉语序数范畴研究应该强调三点：一是对外有穷尽性，即确定序数的判定标准后，找出序数表达的所有形式，为下一步研究奠定坚实的基础。二是对内有充分性，即对每类表达式都要加以描写和解释，探讨表达式的语法特点、构成成分的类别、各类表达式之间的区分点，揭示认知、语义、语用诸因素对表达式的影响。三是重点突出，序数语法表达式在汉语的序数表达中占主导地位，只有以它为重点，才能以点带面，把问题引向深入。

"工欲善其事，必先利其器"。本书的研究方法体现在三个方面：一是强调"形式与语义互证",采用形式和语义相结合的方法界定序数、对序数表达式进行系统分类、对序数语法表达式进行认知语义分析。二是注重"多样性研究"与"倾向性研究"的结合,进行定性、定量分析,既关注序数表达式的不同类别,也考察不同类别使用频率的优先序列、典型性差异。三是重视比较研究,把低层面比较、高层面比较结合起来,力求扩大研究视野。

1.4　语料来源与处理方式

1.4.1　语料选择原则

语言研究中,没有丰富、可靠的语料,任何研究都是空中楼阁。本书十分重视实证研究,做了大量的语料调查和分析,在语料(尤其是现代汉语语料)选择中坚持以下三个原则:

共时性原则:充分考虑语言的发展变化,在现代汉语语料收集时尽量缩小时间跨度,把时间范围控制在 30 年以内,所收的都是 1980 年至 2010 年这个时间段的语料。

广泛性原则:丰富多样的语料可以提供较全面的视域,从而提高研究的科学性和准确性。语料收集时做到不局限于单一语体和单一题材。现代汉语语料中选取了口语、公文、新闻、科技、文艺等五种语体。在每种语体都选择典型下位语体的前提下,尽量扩大题材的广泛性。这在科技语体的语料收集上表现得尤为突出,所涉及的学科领域很广,包括社会科学和自然科学两大类,社会科学类的语料涉及心理、教育、经济、管理、语言、文化等学科,自然科学类的语料涉及物理、化学、天文、地理、交通、农业、医学、生物、计算机等学科。

典型性原则:均选取五种语体中的典型下位语体,口语语体的语料选自谈话和剧本对白,新闻语体的语料选自新闻报道,科技语体的语料选自科学著作和科普读物,文艺语体的语料选自小说。同时,也考虑到语言规范问题,尽量选择符合普通话规范的语料。

1.4.2　语料来源

本书所用语料包括汉语普通话语料、汉语方言语料、中国少数民族语言和外语语料。下文详细介绍各类语料来源:

（一）汉语普通话语料

汉语普通话语料主要来源于《现代汉语词典》（第 6 版）和汉语普通话语料库。为方便研究，我们建立了一个约 1400 万字的汉语普通话语料库，语料主要来源于北京大学中国语言学研究中心现代汉语语料库、《人民日报》电子版（1946～2011）、中国数字图书馆。其中口语和公文语体的语料各 100 万字，新闻、科技和文艺语体的语料各 400 万字。五种语体的语料在总量上有一定的差别，一是因为口语语体的语料不足；二是因为公文语体的法规体中，序数表达式的出现频率非常高，并且使用形式呈现单一性。由于本书不进行分语体的使用频率比较，所以语料在语体方面的数量差异不会影响我们的结论。另外，有少量语料来自人民数据库、中国期刊网。汉语普通话语料的具体构成情况如下：

1. 词典

中国社会科学院语言研究所词典编辑室编《现代汉语词典》（第 6 版），商务印书馆 2012。

2.1400 万字的汉语普通话语料

表 1.3　1400 万字的汉语普通话语料

语体类型	作者、篇目	语料总量
口语语体	北京话调查、《我爱我家》（剧本）第 1～120 集、《北京人在纽约》（剧本）、《编辑部的故事》（剧本）	100 万字
公文语体	《中华人民共和国宪法》、《中华人民共和国刑法》、《中华人民共和国民法通则》、《中华人民共和国刑事诉讼法》、《中华人民共和国民事诉讼法》……	100 万字
新闻语体	《人民日报》1995 年 12 月 1 日～31 日 《人民日报》2006 年 1 月 1 日～30 日	400 万字
科技语体	李宇明《语言学概论》，阴法鲁、许树安《中国古代文化史》（三），方富熹、方格《儿童的心理世界——论儿童的心理发展与教育》，王登峰、张伯源《大学生心理卫生与咨询》，马忠普等《企业环境管理》，曾鹏飞《技术贸易实务》，代红等《乒乓球 羽毛球 网球》，郭哲华《常见病的康复》、《疾病的自我诊断学》，何宗华等《城市轨道交通运营组织》，沙润《地球科学精要》，王同伟《瓜菜类蔬菜病虫害防治技术》，张淑平、施利毅《化学基本原理》，马跃《中国国家地理》（上），贾荷陵《简明天文学》，胡晓燕、张孟业《生物化学与分子生物学实验技术》，郑人杰《实用软件工程》，王林英《十万个为什么》	400 万字

续表

语体类型	作者、篇目	语料总量
文艺语体	《小说月报》2006 年第 1~6 期，《当代短篇小说集》，夏民利《中国当代历届"获奖作品佳作"丛书（一、二、四）》，陈建功、赵大年《皇城根》，毕淑敏《预约死亡》《墙上不可挂刀》《女人之约》《翻浆》，池莉《让梦穿越你的心》《来来往往》《你是一条河》《一丈之内》《你以为你是谁》《太阳出世》，方方《定数》《暗示》《埋伏》《桃花灿烂》《一波三折》，梁晓声《表弟》《冉之父》《钳工王》《激杀》，刘心武《秦可卿之死》《缺货》《一窗灯火》《永恒的微笑》，铁凝《门外观球》《小黄米的故事》，王小波《2015》《白银时代》《未来世界》《黄金时代》《红拂夜奔》《变形记》《阴阳两界》《寻找无双》《革命时期的爱情》《歌仙》《万寿寺》《绿毛水怪》，王朔《过把瘾就死》《动物凶猛》《无人喝采》《刘慧芳》《我是你爸爸》《懵然无知》《你不是一个俗人》《谁比谁傻多少》《许爷》《给我顶住》《看上去很美》	400 万字

（二）汉语方言语料

汉语方言语料主要来源于田野调查、问卷调查和文献资料。

1. 田野调查

为了获得第一手汉语方言材料，一方面，笔者前往上海、广州、厦门、长沙、南昌、浏阳、淮北等地，进行汉语方言的田野调查；另一方面，还对自己的母语湖南慈利话进行了记录和研究，这些都为本书的撰写提供了丰富的汉语方言语料。

2. 问卷调查

根据前期研究，制定了调查问卷，先后进行了两次问卷调查。第一次以华中师范大学来自不同方言区的学生为调查对象，受试对象有 20 人。第二次以怀化学院文学与新闻传播学院汉语言文学专业一年级的本科生为调查对象，受试对象有 30 人。另外，利用参加各类学术会议的机会，请汉语方言的使用者和专家提供了一些原始语料，并对部分语料进行核实。

3. 文献资料

广泛阅读、统计了《汉语方言语法类编》（黄伯荣 1996）、《汉语方言大词典》（许宝华、宫田一郎 1999）、李荣主编的《现代汉语方言大词典》及其他汉语方言研究的专著、论文。所涉及的文献资料相当多，这里不一一列出，仅在所引语料中标明来源。

（三） 中国少数民族语言和外语语料

中国少数民族语言和外语语料主要来源于文献资料，我们查阅、统计了各类语言词典、《中国的语言》（孙宏开、胡增益、黄行2007）、《中国少数民族语言简志丛书》、《中国新发现语言研究丛书》、《中国少数民族语言方言研究丛书》及部分中国少数民族语言、外语研究专著、论文、教材。所涉及的文献资料相当多，这里不一一列出，仅在所引语料中注明来源。

1.4.3 语料处理方式

语料处理分两种方式，第一种是手工筛选，主要筛选《现代汉语词典》、50万字的现代汉语语料（从自建现代汉语语料库的五种语体中抽取）、汉语方言语料、中国少数民族语言和外语语料。第二种是"电子检索＋手工筛选"，以"一、二……十""1、2……9""壹、贰……拾""两、半、几""甲、乙、丙……""A、B、C……"等为查找项，在自建现代汉语语料库中找出所有包含查找项的例句，然后手工筛选出表示序数的用例。

语料处理时会出现大量的重复用例，如果一个序数表达式在同一句法位置多次出现，句法功能也一致，则只选取一例，其他重复用例归入所取例句中，并在此例句上标出重复用例的出现次数。

第二章 汉语序数的语义构成基础和序数参照

序数的形成源于事物的可计量性和次序性，这种次序性体现在很多方面，例如空间、时间、地位等。序数概念投射到语言中，就形成各种序数表达式，这些序数表达式的语义构成基础是什么？表达序数时所依据的标准是什么？这是本章要回答的问题。

2.1 序数的语义构成基础

序数是表示次序的数目（《现代汉语词典》2012：1471），次序是指事物在空间或时间上排列的先后（《现代汉语词典》2012：216）。根据《现代汉语词典》对"序数"和"次序"的解释我们可以推知，序数建立在同一集合中两个或两个以上相互联系的事物进行比较的基础上。序数的构成暗含了比较，即采用一定的比较视角，依据一定的比较标准，对同一集合中两个或两个以上有联系的事物辨别差异。

2.1.1 两个或两个以上相互联系的事物

事物之间可能毫无联系，也可能存在各种各样的联系。例如沙滩上的沙子和树上的苹果，彩虹和台灯之间可能不存在任何联系，教师和学生之间存在教与学的关系，同一房间的椅子之间存在空间位置关系，事件之间存在因果关系、时间先后关系，等等。序数是表示次序的数目，而次序是指事物之间在某方面的联系，这就意味着任何一个孤零零的事物无所谓次序，只有两个或两个以上的事物才可能存在次序关系，所以序数的构成应该具备两个或两个以上的事物，并且这两个或两个以上的事物应该是相互联系的，它们能够构成一个集合。例如：

（1）事后，她家的房被专家鉴定为二类房，<u>第一层</u>要维修，<u>第二层</u>拆掉重建。（《人民日报》2006.01.23）

（2）<u>老大</u>叫雪天堂，<u>老二</u>叫雪明堂，<u>老三</u>叫雪星堂。（《小说月报》2006.05）

例（1）中"第一层""第二层"分别指第一层楼房、第二层楼房，两层楼房在空间上具有上下关系，据此构成一个集合，所以可以对这两层楼房进行排序。例（2）中"老大""老二""老三"分别指年龄最大的孩子、第二大的孩子、最小的孩子，这三个孩子在出生时间上具有先后关系，并且具有血缘关系，据此构成一个集合，所以可以对这三个孩子进行排序。

具体而言，构成序数的两个或两个以上相互联系的事物包括人、物体、事件、动作行为、性质状态、抽象空间、时间等。例如"第一个老师、第二个老师"所涉及的排序对象是人，"一季度、二季度"所涉及的排序对象是抽象时间。

2.1.2　相互联系的事物属于同一集合

事物之间的联系是多种多样的，例如一年级和二年级之间存在年级高低关系，中国和美国之间存在贸易关系，鼻子和大蒜之间存在外形相似的联系，人和占有物之间存在领属关系。集合是指若干具有共同属性的事物的总体，有时候相互联系的事物可能属于同一集合，也可能不属于同一集合。例如，具有年级高低关系的一年级和二年级属于依据学生的学习年限划分出来的班级集合，具有贸易关系的中国和美国属于国家集合，但是具有外形相似关系的鼻子和大蒜不可能都属于人体器官集合或者蔬菜集合，具有领属关系的人和占有物不可能都属于领有者集合或领有物集合。

构成次序关系的两个或两个以上相互联系的事物必须属于同一集合，不属于同一集合的事物不可能具有次序关系。例如具有外形相似关系的鼻子和大蒜不可能都属于人体器官集合或者蔬菜集合，它们之间不存在次序关系。又如当集合限定在甲房间中所有的桌子时，甲房间中的多张桌子之间具有空间次序关系，但这些桌子与乙房间中的桌子不具有空间次序关系。

当然，集合可大可小，例如空间集合可以大至地区、国家、世界、宇宙，小到房间、车厢、抽屉、文具盒、分子、原子。又如"总成绩全班第一""总成绩全国第一""总成绩世界第一"中，总成绩的排序范围分别限定在全班、全国、世界中。总体而言，相互联系的事物所属的集合可以分成三类：

A. 宇观集合，即整个宇宙范围。

B. 中观集合，即处于宇观和微观之间的范围。

C. 微观集合，即分子、原子、电子、夸克等极微小事物所涉及的范围。

相对来说，上述三类集合，我们经常观察或涉及到的是中观集合，基本的序数是在中观集合中建立起来的。

2.1.3　同一集合中相互联系的事物之间具有可比性和次序性

单个事物无所谓次序关系，多个毫无联系的事物之间、多个存在联系但不属于同一集合的事物之间也无所谓次序关系，而若同一集合内相互联系的事物之间不存在差异，也无所谓次序关系。只有多个事物在一定集合内既具有共性又具有差异时才能排序，所以序数建立在同一集合内相互联系的事物之间具有相同点和相异点的基础之上，而相同点和相异点只有通过比较才能体现，所以从根本上来说，序数建立的基础之一就是同一集合中相互联系的事物之间具有可比性。

客观世界由纷繁复杂的事物组成，人们在认识事物、对事物进行分类和归类时，习惯采用比较这一方法。通过比较发现不同个体的区别特征，以此来分类；通过比较发现不同个体的共性特征，以此来归类，从而形成集合。序数的构成暗含了比较，比较的目的是寻找异同，通过比较找出同一集合内相互联系的事物的共性与区别，以此来排序。例如某一房间中两张桌子之间可能存在新旧程度、空间位置等差异，这使两张桌子之间具有可比性。通过比较，找出两张桌子之间的差异，就可以排出序列。事物之间的比较涉及比较对象、比较内容、比较视角、比较结果等。其中，比较结果就是从客观或主观方面确定不同事物的次序。

2.1.3.1　比较对象

比较必须有比较的对象，这是构成比较的基础。例如"第一排座位、第二排座位"是对两排座位的空间位置进行比较的结果，这两排座位就是比较对象，"一期工程、二期工程"是对工程的两个阶段进行比较的结果，这两个阶段就是比较对象。序数表达中比较对象可以全部出现，也可以只出现一部分，例如：

（3）运动员已经站在起跑线上，从左至右，<u>第一跑道</u>上的五号运动员是纸盒厂的刘莹，<u>第二跑道</u>上的十五号运动员是车条厂的王小兰，<u>第三跑道</u>上的九号运动员是电开关厂的叶明明……（航鹰《明姑娘》，《佳作2》）

（4）王亚梅排在<u>第一个</u>，这里离灶台近，热得快一些。（《小说月报》2006.01）

例（3）中"第一跑道""第二跑道""第三跑道"是对三条跑道的空间位置进行比较的结果，比较对象是三条跑道，比较对象全部出现。例（4）中"第一个"是对人的空间位置进行比较的结果，但只出现一个比较对象，即"王亚梅"，其他比较对象隐含。

2.1.3.2 比较内容

两个或两个以上对象进行比较时，比较的并不是对象所具有的全部属性，而是就某一方面的属性进行比较，我们把比较对象中被比较的属性称之为比较内容。例如：

（5）位于非洲中部的扎伊尔河干流仅仅有4640千米长，在世界的干流中只能排上<u>第九位</u>，但是它的水力资源却高达3.9亿千瓦，它居世界的<u>第一位</u>。（王林英《十万个为什么》）

（6）两国经济互补性强，近几年双边贸易额每年都保持30%以上的增长率，中国已成为澳大利亚的<u>第三大贸易伙伴</u>、<u>第二大出口市场</u>。（《人民日报》2006.01.15）

例（5）中比较对象是扎伊尔河干流和世界上的其他干流，"第九位"是对河流长度进行比较的结果，"第一位"是对水力资源量进行比较的结果。例（6）中比较对象是与澳大利亚有贸易往来的所有国家，"第三大贸易伙伴"是对贸易量进行比较的结果，"第二大出口市场"是对出口量进行比较的结果。

比较内容可以在序数表达中显现出现，如例（6）中"第三大贸易伙伴"、"第二大出口市场"的比较内容分别是贸易量、出口量，它们均在序数表达中显现出来。但是序数表达中比较内容不出现的情况居多，如例（5）的"第九位""第一位"中，都没有显现比较内容，但从上下文可以推断它们的比较内容。

2.1.3.3　比较视角

对同一集合中相互联系的事物进行比较时，还存在比较视角的选择问题。例如可以是单个个体之间的比较，也可以是单个个体与同一集合内其他所有个体之间的比较；可以是以单个个体为单位的比较，还可以是以多个个体为单位的比较；可以是同一集合内的单层比较，也可以是多个具有包含关系的集合的逐层比较；可以是顺向比较，也可以是逆向比较。

（一）单比与通比

单比是指个体与个体之间一一进行比较，比较对象可以是有限的，也可以是无限的，比较时以客观标准为主，这种标准一般可用数学、物理、化学、社会学等方式计量。例如：

（7）梁漱溟的第一个夫人于1934年在邹平去世。（《读者》，北大语料库）

（8）历史上各时代重要实物、艺术品、文献、手稿、图书资料、代表性实物等可移动文物，分为珍贵文物和一般文物；珍贵文物分为一级文物、二级文物、三级文物。（《中华人民共和国文物保护法》）

例（7）中"第一个夫人"是指最早与梁漱溟结婚的人，该序数建立在与梁漱溟的其他夫人进行个体比较的基础上，比较标准是时间先后。例（8）中"一级文物""二级文物""三级文物"是按照文物收藏价值高低划分出来的等级，该序数建立在文物集合中进行个体比较的基础上。例（7）、（8）都是单比，是个体与个体的比较，它们有明确的比较标准。

通比是指某个个体与它所在集合的其他所有个体进行比较，一般体现为典型事物或属性程度最高的事物与一般事物的比较，比较时以人们普遍的认知标准为主，这种标准受理想化的认知模型的制约，可计量性弱，体现为一种社会认同。例如：

（9）正因为吴健雄对物理学的杰出贡献，人们尊称她为"物理科学<u>第一夫人</u>"、"世界最顶尖女性实验物理学家"、"核子物理的女皇"。（王林英《十万个为什么》）

（10）一位农村妇女凭借手中的剪刀，从山村剪到城市，从宁夏剪到全国，"剪"出楼房和小轿车，她就是被称为"西北<u>第一剪</u>"的伏兆娥——巧手剪出新天地。（《人民日报》2006.01.22）

例（9）中"第一夫人"是指物理学界最出色的女科学家，该序数建立在个体"吴健雄"与其他所有女科学家进行比较的基础上。例（10）中"第一剪"是指最好的剪纸，用于评价伏兆娥的剪纸手艺相当高，该序数建立在伏兆娥与其他所有掌握剪纸艺术的人进行比较的基础上。

（二）单体比较与多体比较

序列是由若干单位构成的有次序的系列，其中的序列单位可以是由单个个体构成的个体单位，也可以是由多个个体构成的集合单位，所以比较有单体和多体之分。

单体比较是指以单个个体为单位进行比较。例如"第一个电站、第二副总统、表三、四季度、五楼"，它们的语义都建立在单个个体与单个个体进行比较的基础上。

多体比较是指以多个个体的集合为单位进行比较。例如"后十个、前十名"，它们的语义都建立在以多个个体的集合为单位进行比较的基础上。多体比较有三种类型：

一是比较范围内只出现一个由多个个体组成的集合单位，其他均是单个个体构成的个体单位。请看下例：

（11）据统计，2005年<u>前11个月</u>，自主品牌汽车企业销量增幅为40.3%，是合资企业销量增幅21.3%的近两倍。（《人民日报》2006.01.13）

（12）你是我第四个学生，<u>前三个</u>都半途而废，学这个需要耐心和毅力，我希望你能坚持下去……（《人民日报》2006.01.30）

例（11）中"前11个月"是指次序在最前面的十一个月，即一月至十一月。例（12）中"前三个"是指次序在最前面的三个，即第一、二、三个。这两例中，参与排序的成员都是集合单位，暗含了与其他个体单位的比较。

二是比较范围内只有两个由多个个体组成的集合单位。请看下例：

（13）但也有例外，如上海地铁目前使用的车次号由5位数组成，前3位为列车识别符，后2位为目的地符，目的地代表列车的运行终点站。（何宗华、汪松滋、何其光《城市轨道交通运营组织》）

例（13）中"前3位""后2位"分别指由5个数字构成的序列中次序在最前面的三位、次序在最后面的两位。实际上是把序列划分为两个单位，这两个单位都是集合单位。

三是比较范围内既包含两个由多个个体组成的集合单位，又包含其他个体单位，一般这两个集合单位位于序列的首尾位置。例如：

（14）此次调查表明，杰出青年在童年时代学习成绩经常是前10名的占74%，是后10名的为0%；有60%的人能拒绝游戏的诱惑，坚持完成作业，只有5%的人不做作业就去玩。（《人民日报》1995.12.23）

（15）前两位代表省（自治区、直辖市），第三位代表邮区，第四位代表县（市），最后两位代表投递区。（王林英《十万个为什么》）

上述例句中，序列的首尾两个单位都是集合单位。例（14）中"前10名"是指次序在最前面的十名，即第一名至第十名。"后10名"是指次序在最后面的十名，即倒数第一名至倒数第十名。例（15）中"前两位"是指邮政编码中次序在最前面的两位，即第一二位。"最后两位"是指邮政编码中次序在最后面的两位，即第五六位。

（三）单层比较与多层比较

单层比较是指只在一个集合内采用某个标准对诸多事物进行比较。例如：

（16）法学发展分四个阶段：<u>第一阶段</u>，神本法律观，主张神主导一切；<u>第二阶段</u>，物本法律观，主张金钱主导一切，追求利益的最大化；<u>第三阶段</u>，社本法律观，以社会为本位。<u>第四阶段</u>，人本法律观。（《人民日报》2006.01.04）

（17）<u>一楼</u>进门便是哈哈镜厅，中央有露天剧场可表演魔术、杂技、交响乐等，还有碰碰船厅，西南边有娱乐城，城中有迪斯科舞厅、溜冰场以及商场；<u>二楼</u>设有剧场，里面演出京剧、沪剧、越剧、评弹，另外还有酒家、太空迷宫；<u>三楼</u>有大世界吉尼斯之最的赛场，号称擂台，各种竞赛和绝技表演都在这里进行，还有游艺厅；<u>四楼</u>有歌舞厅、音乐厅、电影场等。（马跃《中国国家地理》上册）

例（16）中把法学的发展划分为四个阶段，对这四个阶段的时间进行比较，"第一阶段、第二阶段、第三阶段、第四阶段"就是按时间先后排列出来的序列。例（17）中"一楼、二楼、三楼、四楼"是把一栋楼的楼层按空间位置从低到高排列出来的序列。这两例都是采用相应比较标准在一个集合中经过一层比较得出的序列。

多层比较是指在多个具有包含关系的集合内，逐层缩小比较范围，分别采用相应比较标准逐步对诸多事物进行比较。如：

（18）乘电梯来至十楼，陈玉英揿响了 <u>1011 单元</u>的音乐门铃儿。（陈建功、赵大年《皇城根》）

（19）有一次下课后，我没有马上离开 <u>303 教室</u>，等同学们都走光了，我跑到那把枣红色的拐手椅上坐了一会儿。（《小说月报》2006.02）

（20）此后有轨电车飞速发展，美国、欧洲、亚洲的许多城市相继开通了有轨电车如<u>图 1 - 2</u>。（何宗华、汪松滋、何其光《城市轨道交通运营组织》）

（21）大学生中性心理活动现象非常普遍，而其中出现性意识困扰的比率也相当高（见<u>表 11.1</u>）。（王登峰、张伯源《大学生心理卫生与咨询》）

上述例句中，"1011 单元"是指十楼的第十一个单元，"303 教室"是指三楼的第三个教室，"图1-2"是指第一章的第二个图，"表11.1"是指第十一章的第一个表。这四个例句中的序数表达式，都是逐层缩小比较范围，逐步确定比较对象的排序。就"1011单元""303教室"而言，首先是对一栋楼的所有单元或者教室进行纵向空间位置的比较，依据与地面层的位置关系排列出楼层次序，进而对同一楼层的不同单元或者教室进行横向空间位置的比较，依据空间位置关系排列出房间次序。第一次的比较范围是整栋楼，第二次的比较范围是一层楼，两者之间具有包含和被包含的关系。就"图1-2""表11.1"而言，首先是对书或者文章中的所有图、表进行比较，依据所属章节排列出章节次序，进而对属于同一章节的图、表按先后位置排序，第一次的比较范围是整本书或整篇文章，第二次比的较范围是某一章节，两个范围之间具有包含和被包含的关系。

（四）顺向比较与逆向比较

顺向比较是指在集合中按照某种标准从积极一端向消极一端进行比较，例如"第一季度、第二季度、第三季度、第四季度"就是通过顺向时间比较排出来的序列。逆向比较是指在集合中按照某种标准从消极一端向积极一端进行比较，汉语中常用动词"倒数"来表示。前文所列举的例句均是顺向比较，下面我们来看看逆向比较的例句：

（22）2000年，乌鲁木齐列全国46个城市环境综合整治考核倒数第一；2002年，乌鲁木齐空气质量又创造了连续6天处于5级重度污染的纪录。（《人民日报》2005.12.29）

（23）决赛的倒数第二个动作，更是令三个裁判都打出了10分。（《人民日报》2005.07.23）

例（22）中"倒数第一"是指最后一名，这是按城市环境综合整治标准从最差到最好排列出来的次序。例（23）中"倒数第二个动作"是指在最后一个动作之前的一个动作，这是按动作行为发生的时间顺序从后向前排列出来的次序。

2.1.3.4　比较结果——次序性

比较是就两个或两个以上对象在某方面的属性辨别异同或高低，比较的目的是为了显示对象之间的差异，我们把对象之间的这种差异叫作比较结果。就序数的构成而言，比较结果就是从客观或主观方面确定不同事物的次序。这种次序可以体现在空间位置、时间先后、社会地位高低、属性等级等方面，例如"左一、左二"体现了空间位置次序，"第三天、第四天"体现了时间前后次序，"一级教授、二级教授"体现了社会地位高低次序。

需要指出的是，序数的语义构成基础是探讨序数表达式的语义特征的主要依据，本书第五章有进一步的论述。

2.2 序数参照的类别

两个或两个以上的事物构成一个集合，必须有一个共同的参照把它们联系在一起，而且这个参照也是确定它们之间的次序的关键因素。也就是说，给同一集合中两个或两个以上相互联系的事物排序时，必然有一个参考系，而这个参考系经常是另一事物或者事物某方面的属性。廖秋忠（1983）指出，指称事物的位置、时间时必须有参考点。李向农（1997）指出，表示年份、季节、月份、星期、日期等时间序列的"序数 + 时间单位名词"，常以公历时间作为序数标准。本书把构成序数时所依据的参考系称为序数参照。具体来说，序数参照是指构成序数时所依据的排序标准。例如"第一排座位、第二排座位"以空间关系为序数参照，"第一期工程、第二期工程"以时间先后为序数参照。

序数涉及空间、时间、地位、编号等方面，本书把序数参照划分为以下四类：

A. 空间参照：确定事物的空间次序的标准，包括空间关系参照和空间度量参照两个次类。

B. 时间参照：确定事物的时间次序的标准，包括时间先后参照和时间度量参照两个次类。

C. 地位参照：确定事物的地位次序的标准，包括社会衔位参照、属性等级地位参照、属性评价地位参照三个次类。

D. 编号参照：确定事物的编号次序的标准，包括非命名编号参照和命名编号参照两个次类。

需要说明的是，以上四类参照存在混合现象，即有些序数的构成依据多种参照，本书将在序数参照的单一性与混合性中详细分析这种现象。

2.2.1 空间参照

空间作为物质存在的基本形式之一，是人类赖以生存的环境。人类创造了诸多方式去表达空间关系和空间属性，这些体现在语言中，就形成了空间表达系统。汉语的空间表达很复杂，包括两大系统，即空间关系系统和空间属性系统。（参见齐沪扬1998，陈青松2005）

空间关系系统涉及的是两个或多个实体在空间中所显现的关系，包括方向和位置两大子系统。方向系统是指实体所面对的方向而体现的空间特点，这与方位词密切相关，经常用"参照点＋方位词"来表达。位置系统是指一个实体与另一个实体之间的位置变化所体现的空间特点，其中的另一个实体主要起参考位置的作用。（参见方经民1987、1999，刘宁生1994）

空间属性系统涉及实体的内在属性，包括空间形状和空间度量两大子系统。空间形状是指实体占有的空间范围的形状所体现的空间特点，如"圆、椭圆、圆柱形、三角形、方形、梯形、菱形、弯"等。实体在维度上存在各种差异，从而具有点、线、面、体等区分，空间度量是指对实体的某个或某些维度进行度量的结果，如体积、面积、周长、高度、长度、宽度、深度、厚度等。

事物总是具有一定的空间关系和空间属性，所以它们都可以作为序数的构成标准，本书把这两种标准分别称为空间关系参照和空间度量参照，它们都属于空间参照。

2.2.1.1 空间关系参照

空间关系参照是指确定事物的空间关系次序的标准。

实体空间包括三维立体空间、二维面性空间、一维线性空间和零维点性空间，具体如下：

三维立体空间是典型的空间范畴，由长、宽、高三个坐标轴构成，反映在汉语中就是"前后、左右、上下"和"东西、南北、上下"两个坐标系统。另外，立体空间还有内外之别，于是有"内外里中"。

二维面性空间包括大大小小的平面辖域，如"操场、球场、湖面、桌面、纸张"经常被看作二维面性空间。

一维线性空间是指呈线性、条型的空间，如"河、江、路、街道、铁道"。有些线性空间是在立体空间中线性运动抽象化的结果，例如火车在立体空间中向东南西北各方向运动，其立体空间经过抽象后被线条化，可能只存在前后上下之分，"前一站、后一站""上一站、下一站"就是如此。

另外，还有零维点性空间，如"城墙上插着旗"中，"城墙"被主观理解为一个"点"。

以上所涉及的都是实体空间，实际上，还存在抽象空间，如"上一章、下一章""第一个自然段、第二个自然段"所体现的都是抽象空间。人类经常通过隐喻的方式，把实体空间投射到抽象空间中，对抽象空间的认识与实体空间的认识具有一致性，所以本书把两者放在一起讨论。

空间类型的多样性，决定了事物在空间关系序列上也具有复杂性，同样所依据的参照物或参照标准也具有多样性，但是它们仍然具有一定的规律性和可分析性，常见的空间关系参照有以下几种：

（一）"东南西北"方位参照

以"东南西北"方位为参照，可以确定事物在"东南西北"方位上的空间关系次序。"东南西北"方位经常是以日出、日落等为依据，所确定的方向具有恒定性，所以事物之间的空间关系也具有恒定性。例如"东边第一家店、第二家店"是以东边方位为参照确定店铺的空间关系次序。又如：

（24）从零时区向东、向西，每隔经度15°划为一个时区，依次称为东 1 区、东 2 区……东 12 区，以及西 1 区、西 2 区……西 12 区。（沙润《地球科学精要》）

（25）喏，就在西边第一排房子的第一个门。（张贤亮《绿化树》，北大语料库）

例（24）中"东 1 区、东 2 区……东 12 区""西 1 区、西 2 区……西 12 区"分别以"东""西"方位为参照，确定时区的东向和西向的空间关系次序。例（25）中"第一排房子"以方位"西"为参照，确定房子的空间关系次序。

（二）"前后左右"方位参照

以"前后左右"方位为参照，可以确定事物在"前后左右"方位上的空间关系次序。"前后左右"方位常以人体自身、人体投射、说话者的面对方向等为依据来确定。由于经常受到主观视点的影响，事物之间在空间上的前后左右关系不具有恒定性。

人类在身体经验基础上，以自身为依据，确定了"前后左右"方位，在此基础上可以确定事物在"前后左右"方位上的空间关系次序，例如"你前面的第一个路口、第二个路口"，就是以人体为依据确定了前后方位，在此基础上确定"路口"在前后方位上的空间关系次序。又如：

（26）不想要了说一声，有的是等着孩子的——顺左边<u>第二个病房</u>四床。（王朔《我是你爸爸》）

例（26）中，以人体为依据确定左右方位，在此基础上确定"病房"在左边方位上的空间关系次序，"第二个病房"是指距人体左边方向第二近的病房。

人体投射是指说话者自身充当原点，把属于人体自身的"前后左右"方位投射到其他事物上，形成较为固定的"前后左右"方位。例如动物的头部为"前"，电脑显示屏所在方向为"前"，图片的正面为"前"，物体的运动方向为"前"，这样就可以确定"后左右"方位。在此基础上可以确定事物在"前后左右"方位上的空间关系次序，例如：

（27）大英博物馆主席约翰·薄毅德先生（<u>右一</u>）、大英博物馆东方部副主任白珍女士（<u>右二</u>）与王书平（<u>左</u>）一起展示画作《腾飞》。（《人民日报》2006.01.24）

例（27）中赋予图片左右方位，在此基础上根据从右到左的方向确定图片中人物的空间关系次序，"右一""右二"分别指图片的最右边的第一个人、第二个人。

以说话者的临时面对方位为依据，把所观察的事物视为面向自己的实体，从而为事物确定临时方向，把面向说话者的部分定为"前"，说话者的"左"定为事物的"左"，说话者的"右"定为事物的"右"，在此基础上确定相关对象的空间关系次序。如"大榕树前边的第一棵小罗汉松、第二棵小罗汉松"，以大榕树的前边为参照，确定小罗汉松的空间关系次序。

（三）"上下"方位参照

以"上下"方位为参照，可以确定事物在"上下"方位上的空间关系次序。"上下"方位常以地面、某事物所处位置、事物的某部位等为依据来确定。如"试管中的第一层物质、第二层物质"是以试管口为依据，确定物质层在"上下"方位上的空间关系次序。又如：

（28）二楼的每个候车室都增加了一个独立的楼梯，可通往一楼的进站通道，据车站工作人员介绍，这样既节省了上车时间，也避免了各候车室不同车次旅客之间的相互影响。（《人民日报》2006.01.06）

（29）宁宁：没错。上边数下来第五个。（《北京人在纽约》）

（30）图4-2中，从上到下大致分为四个层次，第一层中央结算系统、第二层车站监控系统、第三层售检票设备、第四层车票，它们通过通信网络组成自动售检票系统网，进行数据交换。（何宗华、汪松滋、何其光《城市轨道交通运营组织》）

例（28）中"一楼""二楼"是以"上下"方位为参照来确定楼层的空间关系次序，距离地面最近的楼层为"一楼"，次之则为"二楼"。例（29）中"第五个"是指第五个扣眼，它是以"上下"方位为参照确定扣眼的空间关系次序。例（30）的自动售检票系统网中，包括具有上下关系的四个层次，"第一层""第二层""第三层""第四层"就是以"上下"方位为参照确定的空间关系次序。

（四）"内里中外"方位参照

以"内里中外"方位为参照，可以确定事物在"内里中外"方位上的空间关系次序。"内里中外"方位常以某事物所处位置、能提供内部空间的事物或它的某部位为依据来确定。如：

（31）我们郑州是交警、巡警工作一体化，要求在四环路以内110通知出警以后，必须4分钟内赶到现场。（《人民日报》2006.01.06）

（32）图中的小圆圈表示 AgI 微粒；AgI 微粒连同其表面上的 I－

则为胶核；第二个圆圈表示滑动面；最外边的圆圈则表示扩散层的范围，即整个胶团的大小。（张淑平、施利毅《化学基本原理》）

例（31）中"四环路"是指排在第四的环城路，这是以城市的最中心为起点，由内向外确定环城路的空间关系次序。例（32）中"第二个圆圈"是指排在第二的圆圈，这是以圆心为起点，由内向外确定圆圈的空间关系次序。

（五）某事物的空间结构参照

直接以集合之外的某事物的空间结构为参照，可以确定集合中所有事物的空间关系次序。例如"机场外第一个路口""十字路口第二幢楼"，分别以"机场""十字路口"的空间结构为参照，确定"路口""楼"的空间关系次序。又如：

（33）按离太阳由近到远的顺序，它处于第三位。（贾荷陵《简明天文学》）

（34）凤娇骂着，眼睛却不由自主地朝第三节车厢的门望去。（夏民利《中国当代历届"获奖作品佳作"丛书（一）》）

例（33）中"第三位"是指距离太阳第三近的星球，这是以太阳的空间结构为参照，由近到远排列出来的星球次序。例（34）中"第三节车厢"是指距离列车车头第三近的车厢，这是以列车车头的空间结构为参照，由近到远排列出来的车厢次序。

（六）事物之间的空间位置参照

直接以集合中事物之间的相对空间位置为参照，可以确定集合中所有事物的空间关系次序。例如：

（35）徐一加走下舞台，没有坐在首排和第二排，而是信步走到陈青旁边的空位。（《小说月报》2006.05）

例（35）中"首排""第二排"分别指排列在第一位、第二位的座位行列，这是以房间中座位行列之间的相对空间位置为参照，确定座位行列的空间关系次序。

2.2.1.2 空间度量参照

空间度量参照是指确定事物的空间度量次序的标准。

事物所具有的某个或某些维度是可以度量的，如空间体积、面积、周长、高度、长度、宽度、深度、厚度等都可以度量，度量的结果可以进行比较，从而可以依据度量结果来确定次序。比如按空间大小把房间分为"第一种房间、第二种房间、第三种房间"，实际上就是以空间度量为参照确定房间的大小次序。又如按深度把地下水井分为"第一组水井、第二组水井、第三组水井"，实际上也是以空间度量为参照确定地下水井的深浅次序。

2.2.2 时间参照

时间是物质的基本存在形式之一，时间离不开物质，物质也不能离开时间。时间是非常抽象的概念，人类经常通过空间隐喻的方式来认知时间。一方面，时间是无限的，它具有推移性和不可逆性，在人类的时间观中，常把时间看成一维单向延伸的线条。另一方面，时间是无形的，但次序性是可以被感知的，因此时间有前后之分，即时间可以定位，表现为按先后排列的时点或时段序列。再一方面，时间可以被度量，依据一定的标准规定出年、月、日、时、分、秒等单位。正因为时间具有推移性、次序性、可度量性，所以时间可以作为事物的排序参照，本书把它称为时间参照，包括时间先后参照和时间度量参照两类。

2.2.2.1 时间先后参照

时间先后参照是指确定事物的时间先后次序的标准。

现实世界中事物的存在及它们之间的相互运动都包含了时间因素，也就是说，这些事物及运动以具体可感的方式表达了时间概念。时间总是存在于一维单向延伸的线条上，所以一些事物、事件之间存在时间上的先后次序。以时间线条上的先后为参照，可以确定事物、事件的时间先后次序，如"第一次会议、第二次会议"就是以时间先后为参照确定会议的时间先后次序。

时间观念的现实基础是事物的存在及它们之间的相互运动，有了对时间的具体认识之后，在这些基础上进一步抽象，语言中就会出现对时间的抽象表达，即表示时间的词语，如"三月、星期一、三点二十分、七年、三天"等，它们扬弃了各种事物的形态及运动的差异，把时间升华为单独的一般的概念，真正成为对时间本身的表达，可以说是时间概念的一种抽象表达。这种抽象的时间表达方式中，有的表示时间量，如"两年、三天、四小时"，有的表示时间点，如"第二个月、第二日、第三天"，而时间点一般体现为时间轴上的一个特定位置，所以时间点之间就具有时间上的先后次序。以时间先后为参照，可以确定事物的时间先后次序，如"第一个月、第二个月"就是以时间先后为参照确定月份的先后次序。（参见金昌吉1991）具体而言，常见的时间先后参照有以下两类：

（一）事件时间参照

时间通过物质的运动被人们感知，各种各样的事件（包括动作或活动）都包含了时间因素，所以可以用事件时间为参照来确定时间前后次序，它包括两大类，即以某一事件的时间为参照和以同一类事件多次发生的时间为参照。

第一，以某一事件的时间为参照，可以确定事物、事件、抽象时间自身的时间先后次序。例如"出狱的第一天、第二天"是以出狱的时间为参照确定"天"的时间先后次序，"评上职称的第二年、第三年"是以评上职称的时间为参照确定"年"的时间先后次序。作为确定时间次序的参照事件可以是日常生活中的事件，也可以是历史事件，还可以是假想事件，例如"起床后的第一件事"是以"起床"这一日常活动的时间为参照，"'九·一一事件'后的第三个星期"是以"九·一一"这一历史事件的时间为参照，"女娲造人后的第一天"是以神话事件"女娲造人"的时间为参照。

事件时间包括事件的起点时间、终点时间、发展时间。以事件发生的起点时间或者完成的终点时间为参照，可以确定其他事件、事物、抽象时间自身的时间先后次序；以事件的发展时间为参照，可以确定该事件不同发展阶段的时间先后次序。例如：

（36）常艳峰找到工作后，从自己第一个月的工资中寄给刘云霞300元钱。（《人民日报》2006.01.25）

（37）这也是联想集团收购IBM个人电脑业务后，连续第三个季

度实现全球盈利。(《人民日报》2006.01.28)

（38）游戏是从婴儿期开始随着孩子的年龄逐步发展的，其过程可分为三个大的阶段。第一个阶段，约从出生到 18 个月左右，称为练习游戏阶段；第二个阶段，约从 18 个月到 7 岁，称为象征性游戏阶段；第三个阶段，约从 7 岁到 12 岁，是规则游戏阶段。(方富熹、方格《儿童的心理世界——论儿童的心理发展与教育》)

例（36）中"第一个月"是以常艳峰工作的起始时间为参照，确定"月"的时间先后次序。例（37）中"第三个季度"是以联想集团收购 IBM 个人电脑业务的完成时间为参照，确定季度的时间先后次序。例（38）中"第一个阶段、第二个阶段、第三个阶段"是以儿童游戏的不同发展时间为参照，确定儿童游戏能力发展的不同阶段的时间先后关系次序。

第二，以同一类事件多次发生的时间为参照，可以确定同类事件的时间先后次序。例如：

（39）2005 年，继湖南、海南之后，第三个杂交水稻研发基地又在深圳成立。(《人民日报》2006.01.03)

（40）中国共产党的第一、第二、第三次代表大会都非常关注人权问题。(《人民日报》2006.01.04)

（41）21 时 00 分，唐宇斌到达该大厦后，立刻通过对讲机向指挥中心第一次回复：已经到达现场。21 时 05 分，初步了解情况后，唐宇斌第二次回复：这是一则因钱财争执引起的普通民事纠纷，现在双方已经停止扭打。21 时 25 分，纠纷解决后，唐宇斌第三次回复：经过调解，两名女子同意协商解决纠纷。(《人民日报》2006.01.11)

例（39）中"第三个杂交水稻研发基地"是以不同杂交水稻研发基地建立的时间为参照确定的时间先后次序。例（40）中"第一、第二、第三次代表大会"是以会议召开的时间为参照确定的时间先后次序。例（41）中动作行为"回复"共发生了三次，"第一次回复""第二次回复""第三次回复"是以同类动作发生的时间为参照确定的时间先后次序。

（二）当前时间参照

当前时间是指说话时间，即现在。以当前时间为参照确定时间先后次序，在具体的语境中可以构成事物、事件、抽象时间自身的时间先后次序。请看下例：

（42）在年初这一段生意相对清淡的时间里，对上一年的工作，每个人都在认真地分析和总结；对下一年的打算，每个人都在琢磨着新的点子。（《人民日报》1995.03.20）

（43）报道说，沙龙身体右侧活动能力和自主呼吸能力都比前一天有进步。（《人民日报》2006.01.11）

例（42）中"上一年""下一年"对举，都是以当前时间"本年"为参照，确定了"年"的时间先后次序。例（43）中"前一天"以当前时间"今天"为参照，确定了"天"的时间先后次序。

2.2.2.2　时间度量参照

时间度量参照是指确定事物的时间度量次序的标准。

时间是可以度量的，并且一般是根据自然界周期性变化的天文、气象而确定度量时间长短的基本标准，如以地球公转一周的时间为计年标准，以地球自转一周的时间为计日标准，以月亮盈亏的周期时间为计月标准，现代计时还规定了星期、昼夜、小时、分钟、秒钟等度量标准。（参见李向农1997）时间度量的结果可以体现为时间量的大小，即时间的长短、动作行为的快慢等，这些度量结果可以进行比较，从而可以依据度量结果按升序或降序来排序。例如按学习汉语的时间长短，把外国留学生划分为三组，构成序列"第一组、第二组、第三组"，其序数参照就是时间度量。又如按照完成某些计划所需时间长短，把这些计划分别称为"第一个计划、第二个计划、第三个计划"，它们的序数参照都是时间度量。

2.2.3　地位参照

在人的认知世界中，事物、事件、属性都包含了"量"的因素，如空间量、时间量、物体的数量、人对社会的贡献量、属性程度量。同一维度上量的差异就会形成不同的等级地位，如职称和官衔的高低、属性等级的高低、社会评价的高低。（参见李宇明1999、2000）这些因量的不同而造成的等级地位都可以作为序数参照，本书把这种参照称为地位参照，包括社会衔位参照、属性等级地位参照、属性评价地位参照三类。

2.2.3.1 社会衔位参照

社会衔位参照是指确定事物的社会衔位次序的标准。社会衔位是各类职称、职位、衔位或社会地位的统称。

人、社会团体、群体机构等在行政、军事、教学、科研、医学等领域中处于有等级差异或层级差异的社会关系中，体现为高低不同的各类职称、职位、衔位或社会地位。汉语中"教授、副教授、讲师、助教""主任医师、副主任医师、主治医师、医师""厅长、处长、科长、科员"等反映了职称、职位、衔位或社会地位的高低，有些序数也能反映职称、职位、衔位或社会地位的高低，如"一级演员、二级演员""一级教授、二级教授""一等秘书、二等秘书、三等秘书"等，都是以职称、职位、衔位或社会地位的高低为参照确定的次序，这些序列以自然数列从高到低或从低到高来表示人、社会团体、群体机构的地位，在自然数列中越靠前的，表示地位越高或越低，即用"第一"或"一"表示地位最高或最低，"第二"或"二"表示地位较高或较低，依次类推。请看下例：

（44）现为一级编剧、政府特殊津贴专家、中国作家协会和戏剧家协会会员。（《人民日报》1995.12.15）

（45）据我驻叙使馆文化处一等秘书顾巧巧女士介绍，这次活动共展出25幅图片、10幅窗花、两个大红宫灯，24个小宫灯，4个中国结并配4幅外文说明。（《人民日报》2006.01.23）

例（44）中"一级编剧"是指地位上排在第一位的编剧，例（45）中"一等秘书"是指地位上排在第一位的秘书。这些序数的构成参照都是社会衔位的高低。

2.2.3.2 属性等级地位参照

属性等级地位参照是指确定事物的属性等级地位次序的标准，包括两类，即时空的等级地位参照和非时空属性的等级地位参照。

时空的等级地位参照是以空间度量、时间度量为基础而确定事物的属性等级地位次序的标准。空间、时间是可以度量的，如空间体积、面积、高度、长度、厚度、深度、时间长短等，度量结果可能会存在量的差异，不同的空间量、时间量在数轴上处于不同的位置，从而在人的认知中形成不同的等级地位。比如桥梁在长度上存在差异，对它们的长度进行比较，不同的长度在坐标轴上处于不同的位置，从而引申为不同的地位，"中国第一长桥、第二长桥"因在长度上分别居第一、第二，空间度量通过隐喻投射到属性等级地位上，从而体现在地位上也分别居第一、第二。又如：

（46）福建省交通厅教授级高级工程师陈培健说，福建海域面积13.6万平方公里，海岸线长3324公里，约占全国海岸线总长的18.3%，居全国第二位……（《人民日报》2006.01.06）

（47）在剩下的4名中国车手中，日产车队老将卢宁军以3小时33分3秒的成绩暂列汽车组第43名，中国车手徐浪列总成绩第48位，他的队友周勇降至第101位，三菱车队的门光远攀升到第82位。（《人民日报》2006.01.04）

例（46）中"第二位"是以空间大小为基础，隐喻属性等级地位。例（47）中"第43名""第48位""第101位""第82位"都是以所占据的时间量为基础，隐喻属性等级地位。

当然从根本上说，时间度量也源于空间度量，以空间隐喻时间是人类认知时间的基本方式。需要指出的是，时空的等级地位虽然建立在时空度量的基础上，但是时空的等级地位参照与空间度量参照、时间度量参照不同，即前者因时空度量差异而造成地位差异；后者只涉及时空度量差异，不体现地位差异。

非时空属性的等级地位参照是指以非时空属性的程度而确定事物的属性等级地位次序的标准。事物的非时空属性存在程度差异，这些属性都可以用程度副词来度量，如"相当亮、最漂亮、聪明得很、狡猾极了"中，用程度副词"相当、最"作状语分别度量"亮、漂亮"的程度，用"很、极"作补语分别度量"聪明、狡猾"的程度。汉语中非时空属性也可以通过隐喻采用空间度量的方法，把非时空属性的程度数量化，以数量词语来计量，以此突出非时空属性的等级地位，如"一百个满意、一千个放心""爱有几分、情有几分"，又如"第一好、第二好"。这就是说，部分序数的构成是以非时空属性的等级地位为参照。

序数的构成中，属性等级地位参照是比较客观的程度等级标准。例如：

(48) 一盘棋，技术是主要的，心理因素是<u>第二位</u>的。(《人民日报》1995.12.27)

(49) 突发公共事件主要分自然灾害、事故灾难、公共卫生事件、社会安全事件等4类；按照其性质、严重程度、可控性和影响范围等因素分成4级，特别重大的是<u>Ⅰ级</u>，重大的是<u>Ⅱ级</u>，较大的是<u>Ⅲ级</u>，一般的是<u>Ⅳ级</u>。(《人民日报》2006.01.09)

例 (48) 中对决定一盘棋的优劣因素进行地位排序，所依据的标准就是影响度的大小，影响越大的，地位越高。例 (49) 中对突发公共事件进行地位排序，分为"Ⅰ级、Ⅱ级、Ⅲ级、Ⅳ级"，排序标准就是事件的性质、严重程度、可控性和影响范围等因素的等级。

属性等级地位参照有时直接在序数表达中表现出来，例如在不同的星星中，存在亮度差异，运用亮度的度量方法，以肉眼的可视程度或天文仪器的测量结果，把不同亮度的星星排序，从而体现属性的等级地位，"第一亮星、第二亮星"就是以亮度等级为参照构成的序数，其中的"亮"代表序数参照的方面。又如：

(50) 太湖为我国<u>第三大淡水湖</u>，总面积2250平方千米，是长江和钱塘江下游泥沙堵塞古海湾形成的。(马跃《中国国家地理》上册)

上述例句中，"第三大淡水湖"是指在面积上排在第三位的淡水湖，它以空间度量为基础体现出属性等级地位差异，其中的"大"既代表序数参照的方面，也体现了很强的地位评价意味。

2.2.3.3 属性评价地位参照

属性评价地位参照是指确定事物的属性评价地位次序的标准，包括两类，即属性凸显评价地位参照和属性相似评价地位参照。请看下例：

(51) 在某机场扩建工程中，他们采用新技术、新材料、新工艺、新设备来提高施工能力，建成了 260 米长，8 米高的"加筋挡土墙"，为战场施工取得了新突破，填补了空军乃至全军机场施工中的空白，被誉为"空军第一墙"。（《人民日报》2006.01.14）

（52）1 月 26 日，沈阳农民工青年的第二家园——"沈阳鲁园农民工青年中心"成立，为来沈务工的青年农民工建了一个"家"。（《人民日报》2006.01.28）

例（51）中"加筋挡土墙"在技术、材料、工艺、设备等方面非常突出，在其他诸多墙中具有重要地位，在人的认知中它具有显著性，所以用"空军第一墙"来评价它，此序数以属性凸显评价地位为参照，确定了事物的地位高低次序，这种评价只针对属性最凸显的对象，所以在语言表达中一般不存在"空军第二墙、第三墙"。例（52）中"第二家园"是指沈阳鲁园农民工青年中心，它与农民工的家园具有一定的相似性，像家一样给人温暖，所以用"第二家园"来评价，此序数以属性相似评价地位为参照，确定了事物的地位高低次序，这种评价只针对属性相似的对象，所以在语言表达中一般不存在"第一家园、第三家园、第四家园……"。

属性等级地位参照与属性评价地位参照存在两大区别：

一是前者一般可以用物理、数学、化学、社会学、心理学等方式测量，参照标准是较为客观的，而后者缺乏或者不依据客观测量标准，而是以一定社会群体所约定的，理论上不受具体情景制约的认知标准为主，它仅与社会群体的认知倾向、思想观念有关，具有很强的主观认定性，一般是对相关认知域中具有显著属性、相似属性的人、团体、事物、动作行为、性状等以排序的方式进行主观评价，主要评价其特点、影响、功能、重要性等。

二是前者所形成的序列包含多个单位，而后者所形成的序列一般只有一个单位（有时有多个单位），其他单位都是隐含的。这是因为后者是通过属性凸显评价和属性相似评价来体现事物的地位等级次序，这两种评价都建立在被评价对象与一般对象的比较之上。属性凸显评价中，只针对属性最凸显的对象进行评价，这种评价用"第一"体现，而其他对象的排序在语言中不体现，即只有"第一"没有"第二、第三……"。属性相似评价中，存在原型对象与相似对象的比较，认知上把原型对象默认为第一，相似对象则为第二。有时原型对象不只一个时，则相似对象的排序依次往后推，例如原型对象有两个时，相似对象则为第三。在语言中，原型对象是无标记的，所以它的排序一般不在语言中体现，即没有"第一"但有"第二"、没有"第一、第二"但有"第三"等。

需要指出的是，依据地位参照构成的序数，经常用"（第）＋数＋等/级/流/类/档/品/路/名/位""第＋数＋大＋N""第一＋N""第二＋N"等形式来表达，如"一等（奖）、一级（文物）、二流（水平）、三路（货）、（排名）第四位、（总分）第五名""第一大贸易伙伴、第二大挑战、第三大公害""（世界围棋）第一人、（物理科学）第一夫人、（天下）第一奇观、（中国）第一名山""第二心脏、第二故乡"。

另外，要补充一点，汉语中"（第）＋数＋等/流/品/路/类"常用于表示社会衔位、属性等级地位的差异。一般情况下，数目大小与地位高低是一种反比关系，即数目越小，地位越高；数目越大，地位越低。（参见陈小明 2000）例如（"＞"表示"高于"）：

一品官＞二品官＞三品官＞四品官

一流学术团体＞二流学术团体＞三流学术团体

一等功＞二等功＞三等功

一路货＞二路货＞三路货

一类疫病＞二类疫病＞三类疫病

然而，"数＋级/档"比较特殊，它的数目大小与地位高低形成两类关系。一类是反比关系，即数目越小，地位越高；数目越大，地位越低。另一类是正比关系，即数目越小，地位越低；数目越大，地位越高。例如（"＞"表示"高于"，"＜"表示"低于"）：

A. 一级警督＞二级警督＞三级警督

一级智力残疾＞二级智力残疾＞三级智力残疾

一级文物＞二级文物＞三级文物

一级保护区＞二级保护区

日语一级＞日语二级＞日语三级＞日语四级

一档企业＞二档企业＞三档企业

    B. 一级士官 < 二级士官 < 三级士官 < 四级士官 < 五级士官 < 六级士官

        钢琴五级 < 钢琴六级 < 钢琴七级 < 钢琴八级 < 钢琴九级

        一级医院 < 二级医院 < 三级医院

        六级地震 < 七级地震 < 八级地震

        一级风 < 二级风 < 三级风

        一级一档工资 < 一级二档工资 < 一级三档工资 < 一级四档工资 < 一级五档工资

上述"数＋级/档"中，A、B 两组都以地位为参照来构成序数，但排序方式不同，A 组中数目大小与地位高低形成反比关系，这是利用自然数列的前后位置从高到低来排列不同地位的对象，位置越靠前，地位越高。B 组中数目大小与地位高低形成正比关系，这是利用自然数列的前后位置从低到高来排列不同地位的对象，数目越大，地位越高。

2.2.4 编号参照

为了方便区分事物或者使事物条理化、系统化，有时候可以赋予事物编号，如图书馆给每本书编书号，学校给每个学生编学号。给事物编号时，要遵循一一对应、不重复、不遗漏等基本原则。实质上，在这些原则下编号就会制造区别，即给事物制造了同其他事物区别的标记。因此，编号具有区别功能和分类功能。序数表达式的编号参照包括非命名编号参照、命名编号参照两个次类。依据非命名编号参照构成的序数，不体现空间、时间、地位次序，不具有命名作用，只起区分作用，例如把不同的书编号为"一、二、三……"。依据命名编号参照构成的序数，不体现空间、时间、地位次序，但具有命名作用，能作事物的专名或类名，例如把运动员称为"一号、二号……"。具有命名作用是命名编号参照与空间、时间、地位、非命名编号参照的最主要区别。请看下例：

（53）运动员已经站在起跑线上，从左至右，第一跑道上的<u>五号</u>运动员是纸盒厂的刘莹，第二跑道上的<u>十五号</u>运动员是车条厂的王小兰，第三跑道上的<u>九号</u>运动员是电开关厂的叶明明……（航鹰《明姑娘》，《佳作 2》）

（54）我们**大二班**和陈南燕她们**大一班**合编为一个班，一起搬到果园边上的一所大房子里。（王朔《看上去很美》）

例（53）中"五号""十五号""九号"都是运动员的编号，这些编号纯粹是给运动员一个区别符号，它们并未体现运动员的空间次序、时间次序或地位次序。例（54）中"大一班""大二班"是同一年级的两个班的编号，这两个编号纯粹是为了区分两个班，并未体现两个班的空间次序、时间次序或地位次序。

需要指出的是，命名编号参照经常与空间、时间、地位参照混合。也就是说，有时候命名编号时，可以依据事物在空间、时间、地位上的次序关系赋予事物特定名称，这类编号既体现了客观次序，又赋予了事物特定名称。例如"（沿河路）1号、2号"既体现了街道两旁的房屋或建筑物的空间次序，又是房屋或建筑物的编号，赋予了房屋或建筑物特定名称。又如"（武汉长江）一桥、二桥"既体现了桥梁建设的时间先后次序，又是桥梁的编号，赋予了桥梁特定名称。可见，命名编号参照与空间、时间、地位参照存在混合现象，它们共同构成了混合参照，这在下文将详细分析。

至此，我们可以确定汉语的序数参照系统，下面用图表列出具体类别：

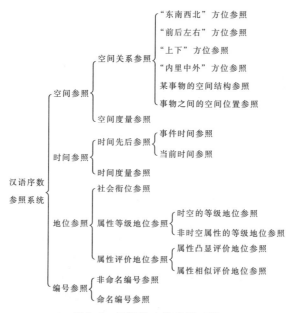

图2.1　汉语的序数参照系统

2.3 序数参照的特点

2.3.1 单一性与混合性

有些序数只在一种参照上构成，有些序数在多种参照上构成，后者所依据的多种序数参照实际上形成一种混合参照，所以序数参照存在单一性和混合性差异：

单一性是指构成序数时所依据的参照只有一种。如"左一、左二、左三"是依据空间参照构成的序数，"第一个季度、第二个季度、第三个季度"是依据时间参照构成的序数。上文所讨论的序数参照都是单一性的序数参照，这里不再赘述。

混合性是指构成序数时所依据的参照不只一种。当几种参照混合在一起时，就形成混合参照，常见的是命名编号参照与空间、时间、地位参照的混合，即混合参照有"空间参照＋命名编号参照""时间参照＋命名编号参照""地位参照＋命名编号参照"等类别。

2.3.1.1 空间参照＋命名编号参照

依据空间参照和命名编号参照构成的序数，既能体现事物的空间次序，又给事物编号，赋予它们特定名称，以此区分不同空间次序的事物。如"第一教室、第二教室"是依据空间参照和命名编号参照构成的序数，一方面它体现了教室之间的空间关系次序；另一方面它给教室命名编号，既能区别、分类，又能命名不同教室。需要强调的是，"第一教室、第二教室"与"（楼上）第一间教室、第二间教室"不同，后者是依据空间参照构成的序数，它只能体现教室之间的空间关系次序，没有给教室命名编号。又如：

（55）正文用四号字排印，配有插图，醒目生动。（《人民日报》1995.11.24）

（56）论文打印纸规定必须用A4纸。（方方《定数》）

（57）宇宙速度分为四级，即第一宇宙速度、第二宇宙速度、第三宇宙速度、第四宇宙速度。（《现代汉语词典》2012：1589）

例（55）中"四号字"是指依据字体大小编号为第四的字，它与"一号字、二号字、三号字、五号字、六号字、七号字、八号字"等构成印刷汉字字号序列。这类序数依据空间度量参照和命名编号参照构成，它们既能体现字号的大小次序，又给字号编号，赋予不同字号特定名称。例（56）中"A4 纸"是指依据尺寸大小编号为第四的 A 类纸张，它与"A1纸、A2 纸、A3 纸、A5 纸"等构成 A 类纸张的型号序列。这类序数依据空间度量参照和命名编号参照构成，它们既能体现纸张的大小次序，又给纸张编号，赋予不同纸张特定名称。例（57）中"第一宇宙速度、第二宇宙速度、第三宇宙速度、第四宇宙速度"分别指 7.9 千米/秒、11.2 千米/秒、16.7 千米/秒、110～120 千米/秒，这类序数依据空间度量参照和命名编号参照构成，它们既能体现单位时间每秒内物体运动的距离远近次序，又给宇宙速度编号，赋予不同宇宙速度特定名称。

2.3.1.2 时间参照 + 命名编号参照

依据时间参照和命名编号参照构成的序数，既能体现时间次序，又给事物编号，赋予它们特定名称，以此区分不同时间次序的事物。如"第一季度、第二季度"是依据时间参照和命名编号参照构成的序数，一方面它体现了时间先后次序；另一方面它给季度编号，既能区别、分类，又能命名不同季度。需要强调的是，"第一季度、第二季度"与"第一个季度、第二个季度"不同，后者是依据时间参照构成的序数，它只能体现季度之间的时间先后次序，没有给不同季度编号。由时间参照和命名编号参照构成的序数有两种类别：

第一，以时间先后和命名编号为参照，可以构成既具有时间先后关系又具有编号性的历法时间序列。李向农（1997：12）认为，"时间是连绵无尽的连续体，它既表现出可以量度长短的周期性，又具有状态和状态相互交替的序列性，这就为确定时间的顺序提供了前提"。历法时间是人们为了推算和指定时间的先后次序而人为硬性规定的时间。例如目前世界通用的公历纪年，就是以传说中耶稣的诞生年作为纪年的起点，即公元一年（公元元年），此后的年份依次为公元二年、公元三年……。又如人为规定"元月"为一年的第一个月，"一号"为一个月的第一天，"一点钟"为一天的开始。历法时间确定了年、月、日、时等的时间次序，如"一九九八年"一定在"一九九七年"后面、"一九九九年"前面，"九月"一定在

"八月"后面、"七月"前面，这样可以形成很多既具有时间先后关系又具有编号性的历法时间序列。请看下例：

> 世纪序列：十八世纪、十九世纪、二十世纪、二十一世纪……
> 年代序列：二十年代、三十年代、四十年代……九十年代
> 年份序列：（公元）一九九七年、一九九八年、一九九九年……
> 季度序列：第一季度、第二季度、第三季度、第四季度
> 月份序列：一月、二月、三月、四月、五月……十二月
> 日期序列：一日、二日、三日、四日……三十一日
> 星期序列：星期一、星期二……星期六
> 钟点序列：一点钟、两点钟、三点钟、四点钟……十二点钟
> 　　　　　一时、两时、三时、四时、五时、六时……二十四时

以上不同类别的抽象时间序列还可以互相搭配构成更复杂的抽象时间序列，如"一九九六年五月二十一日、二十二日""星期六三点钟、四点钟""一九九九年第一季度、第二季度"。

第二，以时间先后和命名编号为参照，可以构成既具有时间先后关系又具有编号性的事物或事件序列。请看下例：

（58）据了解，南京长江四桥选址位于长江二桥下游 10 公里至 15 公里处的石埠桥附近。（《人民日报》2006.01.07）

（59）杰杰是大姐，崔书是二弟，朝阳是三妹。（池莉《太阳出世》）

例（58）中"二桥""四桥"是指依据建筑时间先后编号为第二、第四的桥梁，这类序数的构成参照是时间和命名编号，它们既能体现时间先后次序，又给桥梁编号，赋予不同桥梁特定名称，具有命名作用。可见，"二桥""四桥"与"第二座桥""第四座桥"不同，后者仅以建桥时间为参照，没有给桥梁编号。例（59）中"大姐""二弟""三妹"是指依据时间先后排行为第一的姐姐、排行为第二的弟弟、排行为第三的妹妹，这类序数的构成参照是时间和命名编号，它们既能体现时间先后次序，又给兄弟姐妹编号，赋予不同兄弟姐妹特定名称，具有命名作用。

2.3.1.3 地位参照＋命名编号参照

依据地位参照和命名编号参照构成的序数，既能体现地位高低次序，又给事物编号，赋予事物特定名称。如"第一责任人、第二责任人"是依据地位参照和命名编号参照构成的序数，一方面它体现了责任人的地位高低次序；另一方面它给不同地位的责任人编号，既能区别、分类，又能命名。需要强调的是，"第一责任人、第二责任人"与"第一个责任人、第二个责任人"不同，后者没有给不同责任人编号，所以不具有命名作用。又如：

（60）会谈时，李瑞环主席的陪同人员，东国会<u>第一副议长</u>罗新成、<u>第二副议长</u>宋苏贝等在座。（《人民日报》1995.12.07）

（61）你如果替我做完了，所有的文章，你都署<u>第一作者</u>，我排第二就行。（方方《定数》）

例（60）中"第一副议长、第二副议长"是指依据地位高低编号为第一、第二的副议长。这类序数的构成参照是地位和命名编号，它们既能体现副议长的地位高低次序，又给副议长编号，赋予不同地位的副议长区别符号，具有命名作用。例（61）中"第一作者"是依据撰写文章的主次地位编号为第一的作者。这类序数的构成参照是地位和命名编号，它们既能体现作者的地位高低次序，又给作者编号，赋予不同地位的作者区别符号，具有命名作用。因此，"第一作者"与"第一个作者"不同，后者没有给不同作者编号，所以不具有命名作用。

2.3.2 绝对性与相对性

严格地说，不同类别的序数参照各不相同，但从另一角度来看，不同类别的序数参照也存在一些共同点，形成某种聚合，不同的聚合也体现了序数参照的不同特点和运用情况，绝对性与相对性就是序数参照的特点之一。构成序数时所依据的参照，可以是绝对、恒定的，也可以是相对、非恒定的，所以序数参照有绝对性与相对性之分。

绝对性是指序数参照自身具有恒定性，依据它所构成的序数不会受观察视点等因素的影响。例如历法时间参照具有恒定性，依据它构成的序数

"一九九八年""一九九九年"都不会受观察视点等因素的影响。

相对性是指序数参照自身不具有恒定性，依据它所构成的序数受观察视点等因素的影响。例如"我左边的第一栋房子"是以说话人的左边方位为参照，这种参照不具有恒定性，当说话人所处位置改变时，所指方位也会变化。"下一年"是以当前时间为参照，这种参照也没有恒定性，当说话时间改变时，所指时间也会不同。

序数参照的绝对性与相对性在汉语的亲属排行称谓语中有突出的体现，形成绝对参照排行和相对参照排行。请看下例：

（62）（赵元任有四个女儿，以下是大女儿赵如兰写的一封信）……连我三妹莱思跟她的丈夫波冈维作，老远也从西雅图来过。……我的四妹小中（还有她的儿子力虎）住的离我们不远……我们跟二妹新娜……（《人民日报》1982.04.13）

（63）我父亲四年前就去世了；1981 年 7 月，妈妈又被癌症夺去了生命，剩下了我们姐妹 4 人。我不久前刚考进纺织厂当学徒工，大妹桂香从小右腿残废，走路很困难，二妹桂芳正在读初中，三妹桂红才 12 岁，脑子摔坏了，不能上学念书。（《人民日报》1982.01.02）

为方便了解上述例句中的亲属称谓，下面用图表列出来，其中"△"表示称呼者，"＞"表示左边的人先于右边的人出生：

例（62）	A	＞	B	＞	C	＞	D
	△		二妹		三妹		四妹
例（63）	A	＞	B	＞	C	＞	D
	△		大妹		二妹		三妹

姐姐称呼三个妹妹时，例（62）依次为"二妹、三妹、四妹"，例（63）依次为"大妹、二妹、三妹"。从例（62）、（63）可见，姐姐称呼同一个人时，所用的称呼语不同，例如姐姐既可以称呼 B 为"二妹"，也可以称呼 B 为"大妹"。造成以上差异的主要原因就是绝对参照与相对参照的不同。例（62）是绝对参照排行，这种排行以所有姐妹的出生时间为参照，排行范围内所有姐妹按"大、二、三、四"依次编号，同一对象只

有一种编号，所以三个妹妹分别称为"二妹、三妹、四妹"。例（63）是相对参照排行，这种排行以称呼者的出生时间为参照，编号时不包括称呼者，比称呼者小的妹妹依次编号为"大、二、三"，所以三个妹妹分别称为"大妹、二妹、三妹"。

绝对参照排行与相对参照排行的最主要区别就是：绝对参照排行在排行范围内具有恒定性，同一对象只有一种编号；相对参照排行受参照点或称呼视点的影响，当称呼者不同时，同一对象可能会有不同的编号。实际上，例（62）、（63）的差异可以通过改变称呼者的方式来观察，请看下图：

①绝对参照排行	A	>	B	>	C	>	D
	△		二妹		三妹		四妹
	大姐		△		三妹		四妹
	大姐		二姐		△		四妹
	大姐		二姐		三姐		△
②相对参照排行	A	>	B	>	C	>	D
	△		大妹		二妹		三妹
	大姐		△		大妹		二妹
	大姐		二姐		△		妹妹
	大姐		二姐		三姐		△

上述称谓语的结构形式是"编号 + 中心语"，①、②存在以上差异：

①是绝对参照排行，称呼者不同时，只改变称谓语的中心语，而编号不会改变。如 C 被 A、B 称为"三妹"、被 D 称为"三姐"，这些称谓语的编号都没有改变。

②是相对参照排行，称呼者不同时，不仅要改变称谓语的中心语，还要改变编号。如 C 被 A 称为"二妹"、被 B 称为"大妹"，被 D 称为"三姐"。

小　结

Ⅰ.序数建立在同一集合中两个或两个以上相互联系的事物进行比较的基础上。序数的构成暗含了比较，即采用一定的比较视角，依据一定的比较标准，对同一集合中两个或两个以上有联系的事物辨别差异。

Ⅱ. 序数参照是指构成序数时所依据的排序标准，包括空间参照、时间参照、地位参照和编号参照四类。其中，空间参照是确定事物的空间次序的标准，包括空间关系参照和空间度量参照两个次类。时间参照是确定事物的时间次序的标准，包括时间先后参照和时间度量参照两个次类。地位参照是确定事物的地位次序的标准，包括社会衔位参照、属性等级地位参照、属性评价地位参照三个次类。编号参照是确定事物的编号次序的标准，编号的目的是赋予事物区别符号，即制造区别并以此分类，包括非命名编号参照和命名编号参照两个次类。

Ⅲ. 序数参照存在单一性和混合性差异：单一性是指构成序数时所依据的参照只有一种。混合性是指构成序数时所依据的参照不只一种。当几种参照混合在一起时，就形成混合参照，常见的混合参照有"空间参照 + 命名编号参照""时间参照 + 命名编号参照""地位参照 + 命名编号参照"等类别。

Ⅳ. 序数参照存在绝对性和相对性差异：绝对性是指序数参照自身具有恒定性，依据它所构成的序数不会受观察视点等因素的影响。相对性是指序数参照自身不具有恒定性，依据它所构成的序数受观察视点等因素的影响。

第三章　汉语的三种序数表达式

序数作为数量范畴的一个重要次范畴，与人类生活密切相关。世界语言中存在大量的序数表达式，例如英语的 first（第一）、second（第二）、third（第三），法语的 premier/première（第一）、second/deuxième（第二）、troisième（第三），等等。汉语中序数表达式丰富多彩，不仅有带专门性标记的表达式，还有许多不带专门性标记的表达式，这在汉语数量范畴的研究中具有十分重要的地位和独特的研究价值。本章对汉语的序数表达式进行全面考察，尽可能展现它的整体面貌，并在此基础上认识序数语法表达式在汉语序数表达中的地位，以此确定本书的研究重点。

3.1　序数表达式的分类

3.1.1　以表达手段作为分类标准的可行性

3.1.1.1　以往的分类体系

序数表达式的分类，目前还存在很大分歧，主要问题是分类标准不一致，以下简要介绍几种有代表性的分类体系。

（一）邢福义（1996）、张卫国（2004）把序数表达式划分为数词带"第"和数词不带"第"两大类，后者还按语义把不带"第"的形式划分为表示时间、排行、书籍的部分、分说等小类。这种分类只涉及包含数词的序数表达式，没有把"甲等、A 级"等不包含数词的序数表达式概括进来。显然，它无法概括所有语言事实。另外，按语义来分类也缺乏穷尽性和操作性。

（二）方绪军（2000）把序数表达式划分为三大类：一是数词或数词短语前加"第、初"，二是数词或数词短语直接表示序数，三是不用数词而用天干地支表示序数。

刘月华等（2001）把序数表达式划分为数词带"第"、数词不带"第"和特殊形式三大类。特殊用法主要有"元月、正月、大伯、长子、次子、小儿子、头等、头班车、末等、末班车、甲等、子时、甲午年"等。

张斌（2002）把序数表达式划分为三大类：一是附加式（基数前加助词"第、老、初"），二是序列式（天干、地支、生肖），三是借用式（"冠、亚、季、殿、孟、仲、叔、季"等，拉丁字母，罗马数字）。

以上分类基本上概括了包含数词和不包含数词的序数表达式，但所认定的序数表达式的类别多寡不一，并且未能很好地揭示不同形式的本质差异。

（三）邵敬敏（2001）把基数带"第"的结构称为典型的序数表达形式，把直接用基数、天干或英文字母表示序数的称为非典型形式。这是按动态使用情况划分出来的类别，对于汉语教学来说，在序数教学和学习方面有实践意义，可以依据典型形式和非典型形式分层次教学和学习。

3.1.1.2 理想的分类标准应该具备的条件

要划分序数表达式，就要确定分类标准。最理想的分类标准必须满足三个条件：

条件一：分类标准的操作性和规律性强，能够贯彻到所有序数表达式上；

条件二：分类结果没有交叉、重叠或者包含关系，并且概括了所有序数表达式；

条件三：分类结果能够反映不同序数表达式的本质区别。

我们来看看可能存在的一些分类标准：

若以序数表达式的语义为分类标准，可以划分出空间次序、时间前后、地位等级、排行次序等语义类别。这种语义类别会过于庞大，又不能穷尽所有的序数表达式，并且这种分类方法缺乏操作性和规律性，显然不符合条件一。

若以序数表达式中构成成分的语言单位类别为分类标准，可以划分出语素、词、短语等类别。例如"冠军、二食堂、二十二冶金建设公司"的直接构成成分分别是语素、词、短语。有些序数表达式的构成成分可能属于不同的语言单位，例如"站前折返图一"，其中"站前折返图"是短语，

"一"是词，这样的序数表达式如何归类？显然，以序数表达式中构成成分的语言单位类别为分类标准，将面临一些序数表达式无法进行分类和归并的难题，或者面临分类两可的难题，这不符合条件二。

若以是否包含数词为分类标准，则分类过于简单，并且不能反映各类序数表达式的本质区别。例如"次日、第二日"都表示第二天，但前者"次"的词汇义中包含了语义特征［＋第二］，后者以专门性标记"第"与数词"二"组合表示序数，两者存在本质的不同。显然以是否包含数词为分类标准不符合条件三。

若以序数表达式的语言单位类别为分类标准，可以划分出词、短语、缩略语三大类。这种分类最主要的问题是：句法、语义功能相同或相近的序数表达式，可能因为所属的语言单位层级不同而划分为不同的类别。例如《现代汉语词典》（2012）中收录了"封一、封二、封三、封四"，它们都是词，而且与短语"封面一、封面二、封面三、封面四"在句法、语义上并没有明显的差别。相反，句法、语义功能明显不同的序数表达式，因为处于同一语言单位层级而被划分为同一类别。例如"一等、甲等"都是短语，都表示"第一等"，但"一"与"甲"有一定的区别，"甲"前面不能加"第"，并且"甲"具有一定的代词性，有指代作用。又如"大女儿、二女儿"都是短语，分别表示排行第一的女儿、排行第二的女儿，但"大"不能被"一"替换。以上两组序数表达式在句法和语义功能上都有差异，若把它们归为同一类，则与语言事实不符。这说明以序数表达式的语言单位类型为分类标准不符合分类条件三。

若以序数表达式的句法功能为分类标准，则不符合条件二和条件三。因为它的句法功能具有多样性，同一序数表达式可以充当定语、主语、宾语等句法成分，并且不同序数表达式在句法功能上不具有明显的互补或分工关系。显然若以句法功能为分类标准，其分类意义不大。

鉴于上述分类标准所面临的困难和问题，我们尝试以序数的表达手段为分类标准，这种分类标准具有较强的可行性：

一是所有序数都必须通过一定的语言手段来表达，相应地，所有序数表达式都由一定的语言手段来构成，所以分类标准能够贯彻到所有序数表达式中，不会出现遗漏现象。

二是所有表达手段或构成手段都是确定的，不管序数表达式是利用一种手段构成，还是利用多种手段构成，都可以归入相应类别。例如汉语中，有些序数表达式是利用词汇手段构成的，所以它们被归入词汇表达式中。又如彝语中，有些序数表达式是利用重叠手段和添加辅助词的手段构成的，而重叠手段和添加辅助词的手段都属于语法手段，所以它们被归入语法表达式中，并且被称为复合型的语法表达式。总之，这种分类标准能够概括所有序数表达式，分类结果也不会出现交叉、重叠或者包含关系。

三是所有表达手段或构成手段之间都存在一定差异，并且能够反映语法、语义上的本质区别，所以分类结果也能够反映序数表达式在语法、语义上的本质区别。

3.1.2 表达序数的语言手段与相应的表达式

序数的表达必须通过一定的语言手段来体现，汉语主要用词汇、语法、缩略手段来表达。相应地，序数表达式包括三大类，即词汇表达式、语法表达式和缩略表达式。

3.1.2.1 词汇手段与序数词汇表达式

词汇手段是指利用词或语素中所包含的词汇义来表示序数。从词汇手段的运用来看，词汇性组合在形式上具有固定性，意义上具有凝固性，所以一般不具有能产性。运用词汇手段构成序数表达式主要有两种方式：

第一种方式：利用具有序数义的词汇性成分构成序数表达式。有些词汇性成分包含了序数义，例如"头、首、元"包含了语义特征［＋第一］，"次"包含了语义特征［＋第二］，"小、老"包含了语义特征［＋排行最末的］。利用这些具有序数义的词汇性成分可以构成序数表达式，例如"元月、次日、小舅"，这是一种准词法手段构成的序数表达式，但根本上是词汇手段构成的序数表达式。

第二种方式：特定的文化背景下词汇性组合产生序数义，由此形成序数表达式。词汇性组合在形式上具有一定的稳固性，意义上具有凝固性、综合性。例如"口红"是指涂在嘴唇上使之红润的一种化妆品，它并不等于"嘴巴红"；"黑板"专指一种教具，它并不等于"黑色的板"。"口红"和"黑板"这两个词的语义都是一种凝固性的综合意义。就有些序数表达式而言，构成成分在组合前不包含序数义，但组合成词后产生序数义，而且这种意义是一种凝固性的词汇意义，组合构成的结构一般也能够在词典中见到。例如"榜眼、探花",分别指考试或竞赛中取得第二名、第三名的人,其中各语素并不包含序数义,但语素组合后包含了序数义。

需要指出的是,运用词汇手段构成的序数表达式既可以是词,也可以是具有一定凝固性的短语,例如"冠军""头个"都能表示"第一",但"冠军"是词,"头个"是较固定的短语。

序数词汇表达式是指利用词汇手段构成的具有序数义的语言结构。例如:

> （1）依靠外援投手艾德文的出色发挥,广东猎豹队以4:1主场战胜了北京猛虎队,巩固了自己联赛榜眼的位置;上海金鹰在四连败之后奋起直追,在此轮第七局连得5分,最终以6:1战胜了联赛头名天津雄狮。（《人民日报》2004.06.01）

例（1）中,"榜眼"是指考试或竞赛中取得第二名的人,其中的语素"榜"和"眼"没有序数义,但在特定的文化背景下语素组合后产生了词汇性的序数义。"头名"表示第一名,其中"头"的词汇义是"第一"。

3.1.2.2 语法手段与序数语法表达式

语法手段是指利用词或短语的语法性组合来表示序数。从语法手段的运用来看,语法性组合具有临时性、多样性、可替换性、规律性。语法性组合结构很多,但它不增加词汇量,词典一般不收录,并且其构成成分一般可以被替换。语法性组合结构的意义是在语法组合过程中产生的,这是一种临时性的语义,具有很强的分析性,凝固性很弱,具体表现在组成成分在意义上有相对独立性,比如"白布"即"白色的布"。但也有少数语法性组合结构使用久了,会产生固定的或特殊的意义而进入词汇系统,例如"第一、一线、二房"等。

汉语中很多序数表达式就是运用语法手段构成的,例如"第+数",该结构中包含了数词,而数词具有计数、排序定位和区别功能,表达序数时,就要借助一定的手段让数词的排序定位功能凸显出来;"第"具有序数标识作用,当添加"第"时,就使数词的排序定位功能得到凸显。显然,正是因为"第"和数词的语法性组合,才使"第+数"能够表示序数。又如"三儿子、四单元、五时、九号"中,数词与名词、量词的组合是临时性的，一般可以被替换，而序数义也是在两者的语法性组合中产生的，其语义具有分析性。

序数语法表达式是指表数成分（数词词语、数字串、天干地支、外文字母）与某些语言成分利用语法手段组合构成的具有序数义的语法结构。这种表达式在组合上具有临时性，意义上具有分析性。例如：

> （2）上海市旅游委23日发布了<u>2006年第1</u>号公告，宣布取消23家饭店的星级。（《人民日报》2006.01.24）
> （3）万宝路全国足球<u>甲级</u>队<u>A</u>组联赛精英评选颁奖典礼今晚在此间举行。（《人民日报》1995.12.12）

例（2）中"23日""2006年""第1"都是序数语法表达式，其中的数词词语可以被替换，表达式的语义也可以从字面上分析得到。例（3）中"甲级"是指第一级，"A组"是指第一组（按比赛成绩划分出来的组别），其中的"甲"和外文字母"A"可以被替换，表达式的语义也可以从字面上分析得到。

3.1.2.3 缩略手段与序数缩略表达式

缩略手段是指通过缩合序数语法表达式或者包含序数语法表达式的表达式（简称为原式）来表示序数。运用缩略手段时，从原式中提取有代表性的成分，组成原式的简化形式，即缩略语。这是介于语法手段和词汇手段之间的一种表达手段，兼具词汇手段和语法手段的部分特点：

一方面，缩略手段与词汇手段有相同之处。运用缩略手段构成的表达式具有定型性、习用性，有些构成成分一旦确定就不能随意更改。例如"第一中学"，可以划分出"第一"和"中学"两个意义段，从这两个意义段中可以选择一些成分作为缩略语的构成成分。当社会共同选择了"一"和"中"作为代表性成分时，就具有一定的约定性，不允许随意更改。

另一方面，缩略手段与语法手段有相同之处。缩略手段具有能产性，运用缩略手段构成的表达式在数量上比较多，而且可以产生大量的同类表达式，词典一般是不收录的，例如"一中、二中、三中、四中、五中……"。

但是，缩略手段与语法手段、词汇手段也存在明显的差异。缩略手段只能运用在序数语法表达式或者包含序数语法表达式的表达式上，并且所构成的表达式的语义必须依赖于原式，这体现了一种依赖性。因此，缩略手段的运用必须以原式为基础，而语法手段和词汇手段的运用不存在这样的制约因素。

序数缩略表达式是指利用缩略手段对序数语法表达式或者包含序数语法表达式的表达式进行缩合构成的具有序数义的缩略结构。这种表达式在形式和语义上都受原式的影响，形式上具有定型性，语义上具有依赖性。例如：

（4）他们都是山东莱州一中高三的学生，现在正在北京进行美术培训。（《人民日报》2006.01.02）

例（4）中"一中""高三"分别是"第一中学""高中三年级"的缩略形式，其中的构成成分"中"和"高"分别代表"中学""高中"，这种构成成分不能随意更改。

总之，表达序数的语言手段不同，所构成的序数表达式在形式和语义上表现出较大差异。序数词汇表达式是利用词汇手段构成的，序数语法表达式是利用语法手段构成的，序数缩略表达式是利用缩略手段构成的。序数缩略表达式同序数词汇表达式、序数语法表达式既有相同点，又有一定的差异。

3.2 序数词汇表达式

序数词汇表达式是指利用词汇手段构成的具有序数义的语言结构。这部分详细考察序数词汇表达式的类别和特征。

从构成手段来看，序数词汇表达式包括两类，一类是表达式的构成成分具有序数义，例如"正月、长子"中"正、长"都表示"第一"，"次子、翌日"中"次、翌"都表示"第二"；另一类是表达式的构成成分不具有序数义，但在特定的文化背景下，不具有序数义的成分组合在一起产生了序数义，例如"榜眼、探花"中各构成成分不具有序数义，但组合成词后具有序数义。相比之下，序数词汇表达式以前一类为主导，后一类数量相当少，但是有些序数词汇表达式属于第一类还是第二类不容易分辨。因此，划分序数词汇表达式的次类时，我们不以构成成分是否具有序数义为标准，而是依据以下标准。

从构成成分的类别来看，序数词汇表达式包括两大类：

第一类是纯粹由整数词语或数字串构成的，我们称为数字型词汇表达式，如"（全国排名）十五""（他住在）四一二"。

第二类是不包含数字的，我们称为非数字型词汇表达式，如"冠军、首位"。根据是否直接表示序数、是否与其他序数词汇表达式形成系列性聚合关系，非数字型词汇表达式包含四种类别，具体分类标准如下：

有些序数词汇表达式可以直接表达序数，例如"首先"表示第一，"其次"表示第二，它们除了表示序数外，不包含其他语义。有些序数词汇表达式只能间接表达序数，即在表达其他语义时包含了序数义，例如"状元"主要指在竞赛或考试中取得第一名的人，它的词汇义中包含了序数义。有些序数词汇表达式之间形成系列性聚合关系，分别表示第一、第二、第三……，例如"伯、仲、叔、季"形成系列性聚合，分别表示排行第一、第二、第三、第四或最末。有些序数词汇表达式不能与其他序数词汇表达式形成系列性聚合关系，例如"正月"只能与序数语法表达式"二月、三月……"形成序列性聚合关系，无法与其他序数词汇表达式形成系列性聚合关系。上述两种分类标准两两结合，出现以下四种情况：

	系列性	非系列性
直接表示序数	+	+
间接表示序数	+	+

从上述分析可知，按是否直接表示序数、是否与其他序数词汇表达式形成系列性聚合关系，我们可以把非数字型词汇表达式划分为四大类：系列性直接表序式（直接表示序数的系列性词汇表达式）、非系列性直接表序式（直接表示序数的非系列性词汇表达式）、系列性间接表序式（间接表示序数的系列性词汇表达式）、非系列性间接表序式（间接表示序数的非系列性词汇表达式）。

另外，划分数字型词汇表达式、非数字型词汇表达式的次类时，我们还考虑表示序数时是否受限。不同序数词汇表达式表示序数的能力不一致，有的不受限制，在任何语境中都能够表示序数，例如"冠军、状元、头名、首位、次日"等；有的表示序数受到限制，这种限制有两种类型：

第一类限制：语境条件。有些词汇表达式既可能表示序数，又可能表示非序数。也就是说，只有具备一定的句法、语义条件才能明确表示序数。例如"大嫂"既可能表示序数又可能表示非序数，分别指排行最大的哥哥的妻子、跟自己年纪相仿的妇女，它只有在具体语境中才能明确表示序数。

第二类限制：搭配连用。有些序数词汇表达式表示事项或标题的次序时，必须与其他序数表达式搭配连用，以此形成序列。例如纯粹用数词表示列举事项的次序时，两个以上的数词必须从小到大按次序搭配连用，这样才能凸显它们的序数义。

有些序数词汇表达式有受限和不受限两类用法，形成受限与不受限的对立，我们把它们进一步划分为受限式和不受限式。有些序数词汇表达式只有受限的用法，我们把它们称为受限式；有些只有不受限的用法，我们在分类名称上不作标识。

3.2.1　数字型词汇表达式

3.2.1.1　整数词语受限式

整数词语包括整数短语和系数词。纯粹用整数短语表示序数时，虽然整数短语内部有系数词和位数词的语法组合，但根本上是整体起作用，这同纯粹用系数词表示序数具有一致性，出于功能具有一致性的考虑，我们把纯粹由系数词和整数短语构成的序数表达式都归入序数词汇表达式中。纯粹用整数词语表示序数时，强烈依赖于语境或者多个整数词语连用所构成的序列，所以可以看作是整数词语受限式，主要有两种类别：一种是充当句法成分时在特定语境中表示序数，另一种是多个整数词语搭配连用构成序列时表示序数。

（一）整数词语充当句法成分时在特定语境中表示序数

整数词语进入句子充当句法成分时，既可能表示序数，也可能表示基数，只有在特定的上下文或前后语中，才能明确所表示的意义。例如：

（5）①版次：<u>10</u>（《人民日报》2006.01.09）

②（Ⅰ）组两个等式中的字母，不能任意取值，在第一个等式中，$x = -1/3$，在第二个等式中，虽 x、y 可有多种选取，但它们的取值之和必须为<u>10</u>。（《中国儿童百科全书》，北大语料库）

例（5）的①中"10"表示序数，是指第 10 版，②中"10"表示基数，是指比九大比十一小的数目。

有些整数词语处于特定的句法格式中，或者前后出现序数表达式时，能够表示序数。例如：

（6）亚冬会面对哈萨克斯坦、日本等强敌，中国队的目标是保<u>三</u><u>争二</u>。（《人民日报》1995.12.20）

（7）爆冷门的是世界排名<u>14</u>的新加坡籍上海姑娘井浚泓 3:2 淘汰了排名第五的香港齐宝华。（《人民日报》1995.12.21）

上述例句中，整数词语分别位于"保～争～""排名～"格式中，这些格式表现出一定的序数域，进入此格式的整数词语受语境制约都能表示序数。这样的格式还有"排行是～、位居～、次序是～、农历～、阳历～、腊月～、冬月～、大年～"等。

（二）多个整数词语搭配连用构成序列时表示序数

整数词语在语篇中从小到大按次序连用时，用于标示连续列举或分述项目的次序、标题的次序。例如：

（8）他边摸手机，边忆起了三种答案来——

一、你赢了，你比禽兽还禽兽；

二、你打了个平手，你和禽兽没什么两样；

三、你输了，你连禽兽都不如。（《小说月报》2006.04）

（9）先来上一段桂花茶园有名的"走三场"，放开身段，让你<u>一</u>看手，<u>二</u>看扭，<u>三</u>看走。（《小说月报》2006.01）

另外，整词词语搭配连用表示序数时，在书面语上还可以用序数性书写符号来标示序数。《中华人民共和国国家标准信息交换用汉字编码字符集基本集》（GB 2312－80）的图形字符说明中收录了 60 个能表示序数的序号，其中"1.～20."有二十个，"（1）～（20）"有二十个，"①～⑩"有十个，"（一）～（十）"有十个，我们把这些序号称为序数性书写符号。在 GB 2312－80 中，上面四种序号都放在第 02 区，这说明第 02 区专门用于收录序数性书写符号，但是在这一区还收录了十二个大写罗马数字，这说明该标准把罗马数字也默认为序数性书写符号。

从 GB 2312 - 1980 可推断，书面语中整词词语不充当句法成分，若用阿拉伯数字书写时带圆点、小括号、空圆，或者用汉字小写数字书写时带小括号，或者用罗马数字书写，则整数词语一定表示序数。由于这类用法还受到搭配连用的限制，所以仍然把它们称为整词词语受限式。例如：

（10）除了这 6 个领头园区外，还有 9 个尚未达到理想规模的"重点园区"：1. 阿尔萨斯的生物技术；2. 北方的铁道工程；3. 香槟—阿尔登纳地区的生物燃料；4. 皮卡底地区的生物燃料；5. 卢瓦尔河地区的种植业；6. 布勒斯特和土伦的海洋相关行业科技；7. 雷恩的图像与网络技术；8. 里昂的化学工业；9. 巴黎的多媒体技术。（《人民日报》2006.01.28）

（11）根据《意见》，上海领军人才至少应具备的两个基本条件：①应在学术、技术上学有所长，不仅能够紧跟国际学科和技术发展趋势，还能够及时有效地在国内加以应用推广，其研究成果达到国际先进水平并得到业内广泛认可与好评。②应当具备优秀的团队领导与协调能力，并曾担任过国家重要科研基金项目和重大工程的负责人职务。（《人民日报》2006.01.04）

（12）国家对从事下列司法鉴定业务的鉴定人和鉴定机构实行登记管理制度：（一）法医类鉴定；（二）物证类鉴定；（三）声像资料鉴定；（四）根据诉讼需要由国务院司法行政部门最高人民法院、最高人民检察院确定的其他应当对鉴定人和鉴定机构实行登记管理的鉴定事项。（《人民日报》2006.01.18）

（13）Ⅰ. 高运量——单向运能 5～7 万人次/h　车辆 A 型，地铁；

Ⅱ. 中运量——单向运能 3～5 万人次/h　车辆 B 型或（A 型），地铁；

Ⅲ. 大运量——单向运能 1～3 万人次/h　车辆 C 型或（B 型），轻轨；……（何宗华、汪松滋、何其光《城市轨道交通运营组织》）

例（10）中阿拉伯数字带圆点，例（11）中阿拉伯数字带空圆，例（12）中汉字小写数字带小括号，例（13）中罗马数字带圆点，这些都是序数性书写符号，它们在语篇中搭配连用并且不充当句法成分，主要标示列举项目的次序，所以也是一种序数词汇表达式。

3.2.1.2　数字串受限式

数字串是指没有系位组合关系的一串数字，它是纯粹的编号，数量意义弱化，不宜读为整数读法，一般按数字的出现顺序念读。例如"一四五研究所"中"一四五"就是数字串。纯粹用数字串表示序数时，强烈依赖于语境或者多个数字串连用所构成的序列，所以可以看作是数字串受限式，主要有两种类别：一种是充当句法成分时在特定语境中表示序数，另一种是多个数字串搭配连用构成序列时表示序数。

（一）数字串充当句法成分时在特定语境中表示序数

数字串进入句子充当句法成分时，既可能表示序数，也可能表示基数，只有在特定的上下文或前后语中，才能明确所表示的意义。例如：

（14）①华菁等在门外，是宋惠珊的邻居，她们一个住301，一个住303，隔着楼楼，门对门，却互不走动，有时在楼梯上碰到，面对面擦身而过，顶多点点头，或笑一笑。（夏民利《中国当代历届"获奖作品佳作"丛书（二）》）

②姑且不论方程式和拉力比赛，在珠海赛道上，国外的老爷车好手仍能创造2分4秒301的单圈佳绩，而我国车手最快才2分11秒790。（《人民日报》1996.11.06）

例（14）的①中数字串"301"表示序数，指"三零一房间"，②中"301"表示基数，是指"三百零一毫秒"。

有些数字串处于特定的句法格式中，或者前后出现序数表达式时，能够表示序数。例如：

（15）二〇〇六春节来临之际，中共中央政治局常委、国务院总理温家宝来到山东菏泽、济宁农村，与群众共度春节。（《人民日报》2006.01.28）

（16）但无论如何，大楼里人人都知道，五门301、303，住着两个独身女人，她们相邻又从不往来。（夏民利《中国当代历届"获奖作品佳作"丛书（二）》）

上述例句中，数字串分别位于"～春节""五门～"格式中，这些格式表现出一定的序数域，进入此格式的数字串受语境制约都能表示序数。

（二）多个数字串搭配连用构成序列时表示序数

数字串在语篇中从小到大按次序连用时，用于标示连续列举或分述项目的次序、标题的次序。例如：

（17）3.1 月相

3.2 日食和月食

3.3 潮汐现象（沙润《地球科学精要》）

例（17）中数字串"3.1、3.2、3.3"① 用于标示标题的次序，并且表示一种多层序数，如"3.1"表示第三章的第一节或第三节的第一条。

3.2.2 非数字型词汇表达式

3.2.2.1 系列性直接表序式

系列性直接表序式是指能够直接表示序数，并且与其他词汇表达式有系列性聚合关系的词汇表达式。包括三类，即天干地支，"首先、其次、再次、最后"受限式，外文字母受限式。

（一）天干地支②

1. 天干地支表时间不受限式

天干地支简称为干支，是传统用于表示时间次序的词，可以用于纪年、月、日、时，它包括十天干和十二地支，具体如下：

---

① 例（17）中"3.1、3.2、3.3"不表示"三"加"零点一"、"三"加"零点二"、"三"加"零点三"，所以不是小数。它们利用数字的不同位置来表示多层序数，只能看作数字串。

② 天干地支是传统用于表示时间次序的词，表示时间次序时所表示的序数义具有词汇性。纯粹利用天干地支表示列举项目的次序时，序数义也具有词汇性。因此本书把表示时间和列举项目次序的天干地支归入序数词汇表达式。但是"甲等、乙级"类的表达式必须依靠语法组合才能表示序数，根本上是一种语法手段构成的表达式，所以本书把这类表达式归入序数语法表达式。

天干：甲　乙　丙　丁　戊　己　庚　辛　壬　癸
地支：子　丑　寅　卯　辰　巳　午　未　申　酉　戌　亥

十天干和十二地支按顺序相配，天干用六次，地支用五次，构成一个循环，称为六十甲子，具体如下：

甲子　乙丑　丙寅　丁卯　戊辰　己巳　庚午　辛未　壬申　癸酉
甲戌　乙亥　丙子　丁丑　戊寅　己卯　庚辰　辛巳　壬午　癸未
甲申　乙酉　丙戌　丁亥　戊子　己丑　庚寅　辛卯　壬辰　癸巳
甲午　乙未　丙申　丁酉　戊戌　己亥　庚子　辛丑　壬寅　癸卯
甲辰　乙巳　丙午　丁未　戊申　己酉　庚戌　辛亥　壬子　癸丑
甲寅　乙卯　丙辰　丁巳　戊午　己未　庚申　辛酉　壬戌　癸亥

天干地支配合可以用来纪年，这种纪年方法叫做干支纪年法。例如一八九八年是戊戌年，一九一一年是辛亥年，二〇〇〇年是庚辰年，二〇〇九年是己丑年，经过 60 年，二〇六九年又是己丑年。十二地支还可以和十二生肖相配纪年，如子鼠、丑牛、寅虎、卯兔、辰龙、巳蛇、午马、未羊、申猴、酉鸡、戌狗、亥猪，所以鼠年又叫子鼠年，狗年又叫戌狗年，依次类推。

天干地支配合可以用来纪日。干支纪日和干支纪年一样，也是按顺序排列，六旬构成一个循环，大月三十天，小月二十九天，两月天数之和与六十甲子接近。

地支可以用于纪月。以北斗星斗柄所指方位开始计算月份，称为月建。春秋战国时采用夏历，以寅位之月为正月，称为建寅。商代以丑位之月为正月，称为建丑。周朝以子位之月为正月，称为建子。自汉武帝以后，历代采用夏历建寅之月为正月，二月为卯月，三月为辰月、四月为巳月，依次类推。

地支可以用于纪时。一天分十二个时辰，每个时辰两个小时，白天七个时辰，晚上五个时辰。从晚上 23 点到第二天凌晨 1 点叫子时，从凌晨 1 点到 3 点叫丑时，依次类推。也有的从 0 点到 2 点叫子时，2 点到 4 点叫丑时，依次类推。

天干地支用于纪年、月、日、时，它们表达序数是有局限的。例如纪年时最多只能排到第六十，六十甲子用完后，必须重新循环，这样"甲子"可能是第一，也可能是第六十一、第一百二十一……，所以天干、地支纪年只是一种相对的纪年方法。

2. 天干地支表列举受限式

天干地支在语篇中按次序搭配连用，并且不充当句法成分时，用于标示连续列举或者分述项目的次序，相当于"第一、第二……"。例如：

> （18） 甲、双手调节器练习，要求双手的协调动作
>
> 乙、比尔波特游戏练习，要求动作的准确性和相应性
>
> 丙、对镜写字练习，用视觉监督字体的正确性（方富熹、方格《儿童的心理世界——论儿童的心理发展与教育》）

上例中，"甲、乙、丙"在语篇中搭配连用，不充当句法成分，主要起语篇衔接作用，标示列举项目的次序。

（二）"首先、其次、再次、最后"受限式

《现代汉语词典》（2012）对"首先、其次、再次、最后"的解释是：

> 首先：①最先；最早。②第一（用于列举事项）。（《现代汉语词典》2012：1199）
>
> 其次：①次第较后，第二（用于列举事项）。②次要的地位。（《现代汉语词典》2012：1017）
>
> 再次：第二次；又一次。（《现代汉语词典》2012：1619）
>
> 最后：在时间上或次序上在所有别的之后。（《现代汉语词典》2012：1741）

"首先、其次、再次、最后"可以表示列举或分述项目的次序，分别表示"第一、第二、第三、最后"。从《现代汉语词典》的释义来看，"再次"表示"第二次"。实际上，"再次"用于标示列举或分述项目的次序时，表示"第三"。这四个词表示列举或分述项目的次序时，受到一定的限制，一方面，必须搭配连用，其搭配连用形式可以是"首先……其次……最后……""首先……其次……第三……""第一……其次……第三……"等，也可以是"首先……其次……再次……最后……"等；另一

方面，这几个词搭配连用，有时表示序数，有时不表示序数。因此，我们把表示序数的"首先、其次、再次、最后"称为受限式。例如：

　　（19）①欧盟虽然已摆脱了严重的经济衰退，今后可继续保持经济增长势头，但困难不少：首先，欧盟失业率居高不下，目前有1800万失业大军，25岁以下青年的失业率高达22%。其次，欧盟普遍实施"从摇篮到坟墓"的高福利社会保障政策，各国把平均1/4的国内生产总值用于各种社会福利，造成国家财政负担过重，难以有足够的资金去扶植企业，发展基础设施建设及支持高科技的研究与开发。再次，欧盟各国的巨大财政赤字和国家债务为如期建立经贸联盟制造了困难，并对经济发展产生不利影响。最后，作为欧盟经济三大支柱之一的工业，其发展较为迟缓。（《人民日报》1995.12.18）

　　②一位名叫达夫·勃林莱格拟买房屋的人到了现场，逐渐偷窃了亨利的一切，首先是屋子，其次是亨利的前妻，最后则是亨利因妒忌而生的怒火。（《读书》，北大语料库）

　　上述例（19）的①中，"首先""其次""再次""最后"搭配连用，分别表示列举事项的第一项、第二项、第三项、第四项。②中，"首先""其次""最后"分别表示"最先、开始""接着""所有别的时间之后"，所表示的仅仅是一种时间顺序，它不具有数量特征，所以不表示序数，也不是序数词汇表达式。

（三）外文字母受限式①

　　外文字母虽然不是汉语本有的，但有时借用来表示序数，所以本书也做些考察。纯粹用外文字母表示序数时，强烈依赖于多个外文字母搭配连用所构成的序列，所以可以看作是外文字母受限式。它们在语篇中按顺序搭配连用，不充当句法成分，用于标示连续列举或分述项目的次序，相当于"第一、第二……"。例如：

---

①　外文字母可以单独表示序数，也可以与其他成分组合表示序数，如"A等、B级"，本书把前者归入序数词汇表达式，后者归入序数句法表达式，主要考虑到前者纯粹利用外文字母来表示序数，而后者利用语法手段来表示序数。

（20）尤其应禁止下列行为：

A. 诸如有意和竞争者的产品发生混同的一切行为，而不管是利用何种方法；

B. 诸如在商业上搞弄虚作假行为，而有害于竞争者的产品及其在工业上和商业上的信用。（曾鹏飞《技术贸易实务》）

上例中，"A""B"在语篇中搭配连用，不充当句法成分，主要起语篇衔接的作用，标示列举项目的次序。

3.2.2.2 非系列性直接表序式

非系列性直接表序式是指能够直接表示序数，但与其他词汇表达式没有系列性聚合关系的词汇表达式，包括"头₁①＋量""首＋量""末＋量"三类。

实际上，"头₁、首、末"也可以与名词性成分、动词性成分组合，如"头功、首班车、首播、末班车"，但是它们不能直接表达序数，所以是非系列性间接表序式。

（一）头₁＋量

1. "头₁＋量"不受限式

有些"头＋量"表示序数时不受限制，可以称为"头₁＋量"不受限式，其中"头₁"表示第一。我们考察了吕叔湘《现代汉语八百词》（1980）中所收量词与"头₁"的搭配情况，发现"头₁"同量词的组合能力很强，能组成很多表示第一的序数表达式，例如"头个、头件、头次、头等、头条、头道、头排、头段、头句、头篇、头块、头辆、头名、头枚、头位、头本、头批、头期、头场、头回"等。

2. "头₁＋量"受限式

有些"头＋量"中，"头"可能表示第一，也可能不表示第一，这样就导致要表示序数时还得依赖语境，我们把这类结构称之为"头₁＋量"受限式。例如"头年、头天"可能分别表示"第一年、第一天"，也可能

---

① "头"有两种用法与序数有关，一是作为词汇性成分表示"第一"，用在量词、名词等成分前面；二是用在数量词语前面表示"次序在前的"。本书把上述用法的"头"分别称为"头₁""头₂"，并且把第一种用法归入序数词汇表达式，第二种用法归入序数语法表达式，主要是考虑到前者利用词汇手段表示序数，而后者利用语法手段表示序数，如"头₁等"与"头₂一等"是有区别的。

分别表示去年、昨天，请看下例：

（21）①因是全面推广洁净燃料的<u>头年</u>，太原市锅炉更新改造（约需 1.52 亿元）和洁净燃料新增费用都较大，部分单位一时难以承受，特别是靠收取居民采暖费来维持运行的物业公司、开发公司、供热公司等，更是困难重重，一片"念穷"之声。（《人民日报》2004.11.15）

②她丈夫<u>头年</u>11 月已经上山了，一时无法联系。（《人民日报》2005.02.25）

上述例（21）的①中，"头年"表示"第一年"，这是序数表达式。②中，"头年"表示"去年"，这不是序数表达式。

（二）首 + 量

"首 + 量"中，"首"表示第一。我们考察了吕叔湘《现代汉语八百词》（1980）中所收量词与"首"的搭配情况，发现"首"同量词的组合能力非常强，能组成很多表示第一的序数表达式，例如"首个、首条、首项、首件、首份、首枚、首位、首名、首张、首本、首册、首篇、首部、首卷、首层、首段、首支、首只、首辆、首列、首家、首次、首届、首场、首批、首期"等。

（三）末 + 量

"末 + 量"表示在序列中排在末位，如"末位"是指序列中的最后一位，"末代"是指序列中的最后一代。

3.2.2.3　系列性间接表序式

系列性间接表序式是指只能间接表示序数，并与其他词汇表达式有系列性聚合关系的词汇表达式。包括"伯/孟/仲/叔/季 + X[①]""公/侯/伯/子/男 + X""冠/亚/季/殿 + X""状元、榜眼、探花""金/银/铜 + 奖/杯/牌"五类。

（一）伯/孟/仲/叔/季 + X

1. "伯/孟/仲/叔/季 + X"表示排行

"伯/孟/仲/叔/季"用于表示同辈兄弟姐妹的长幼次序，"伯/孟"表

---

① X 表示与具有序数义的语素或词组合的成分，有时"X"也可以放在这些语素或词的前面。

示排行最大，"仲"表示排行第二，"叔"表示排行第三，"季"表示排行第四或最末。它们一般加在姓氏或名字前面构成称谓排行，所以"伯/孟/仲/叔/季 + X"在指人时都间接表达了序数。例如：

（22）高辛氏有才子八人：伯奋、仲堪、叔献、季仲、伯虎、仲熊、叔豹、季狸，忠、肃、共、懿、宣、慈、惠、和，天下之民谓之八元。（《左传·文公十八年》）

（23）大王亶甫有子曰太伯、仲雍、季历。（《韩诗外传》）

2. "孟/仲/季 + X"表示月份

一年有春、夏、秋、冬四季，一季有三个月，在农历中每季三个月分别按"孟、仲、季"命名，分别指每季的第一个月、第二个月、第三个月。四季的名称前冠以"孟、仲、季"就成了月份的名称，例如"孟春、仲春、季春、孟夏、仲夏、季夏、孟秋、仲秋、季秋、孟冬、仲冬、季冬"，这些表达式在表示月份时都间接表达了序数。

（二）公/侯/伯/子/男 + X

爵位制度是中国古代社会的政治等级制度之一，五等爵位制包括"公、侯、伯、子、男"。"公爵、侯爵、伯爵、子爵、男爵"分别指第一等爵位、第二等爵位、第三等爵位、第四等爵位、第五等爵位，这些表达式都间接表示了序数。

（三）冠/亚/季/殿 + X

冠，《现代汉语词典》（2012：482）解释为："居第一位。指冠军。""夺冠"指夺取冠军。"桂冠"原指古希腊授予杰出的诗人或竞技比赛的优胜者用桂叶编织成的帽子，后来欧洲以桂冠为光荣的称号，现在也用来指竞赛中的第一名。亚，《现代汉语词典》（2012：1491）解释为："次一等"。殿，《现代汉语词典》（2012：298）解释为："在最后"。

"冠军、亚军、季军、殿军"分别指体育运动等竞赛中取得第一名、第二名、第三名、最后一名或竞赛后入选的最末一名，这些表达式在表示名次时都间接表达了序数。

（四）状元、榜眼、探花

"状元、榜眼、探花"是科举时代的一种称谓，明清两代分别称殿试考取一甲（第一等）第一名、第二名、第三名的人，现代汉语中泛指考试、竞赛中取得第一名、第二名、第三名的人，这些表达式在指人时都间接表达了序数。

（五）金/银/铜＋奖/杯/牌

金、银、铜三类事物的价值高低形成一个级次序列，金价值最高，银次之，铜又次之。这种价值高低序列在社会生活中成为一种约定俗成的次序，从而可以表示考试、竞赛的名次或奖品、奖杯、奖牌的等级，"金"表示第一，"银"表示第二，"铜"表示第三。例如"金奖、银奖、铜奖"分别指一等奖、二等奖、三等奖，"金杯、银杯、铜杯"分别指奖给第一、二、三名的奖杯，"金牌、银牌、铜牌"分别指奖给第一、二、三名的奖牌，这些表达式在表示奖品、奖杯、奖牌时都间接表达了序数。

3.2.2.4　非系列性间接表序式

非系列性间接表序式是指只能间接表示序数，并与其他词汇表达式没有系列性聚合关系的词汇表达式。这类表达式数量比较多，具体类别如下图：

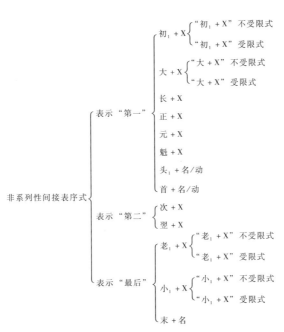

图 3.1　非系列性间接表序式的类别

3.2.2.4.1 表示"第一"的词汇表达式

（一）初₁^① + X

1. "初₁ + X"不受限式

有些"初₁ + X"表示序数时不受限制，例如"初版、初伏、初稿、初旬、初会、初犯、初赛"，我们称之为"初₁ + X"不受限式。其中"初"表示第一、第一个、第一次。

2. "初₁ + X"受限式

有些"初₁ + X"中，"初"可能表示第一，也可能表示刚开始的，这样就导致表示序数时还得依赖语境，我们把这类结构称之为"初₁ + X"受限式。例如"初婚、初恋、初审、初夜"等，请看下例：

（24）①十年来，妇女早婚率下降，平均初婚年龄提高，总和生育率保持在较低水平，2004 年为 1.8。（《人民日报》2005.08.25）

②但是，随着岁月的流逝，少数领导干部开始变得消沉甚至颓废、堕落；成了老夫老妻之后，感到日子过得没有初婚时的滋味了……（《人民日报》2002.04.18）

上述①中，"初婚"是指第一次结婚，具有序数义，所以是序数表达式，②中，"初婚"是指结婚不久，不具有序数义，所以不是序数表达式。

（二）大 + X

1. "大 + X"不受限式

"大 + X"不受限式中，"大"表示排行第一。例如"大儿子"是指排行最大的儿子，"大女儿"是指排行最大的女儿，这些表达式指人时都间接表达了序数。

2. "大 + X"受限式

有些"大 + X"中，"大"既可能表示排行第一，也可能表示年纪大的，这样就导致表示序数时还得依赖语境，我们把这类结构称之为"大 +

---

① "初"有两种用法与序数有关，一是作为词汇性成分表示第一；二是与数词组合构成"初 + 数"结构，表示日期。本书把上述用法的"初"分别称为"初₁""初₂"，并且把第一种用法归入序数词汇表达式，第二种用法归入序数语法表达式，主要考虑到前者利用词汇手段来表示序数，后者利用语法手段来表示序数。例如"初₁版""初₂八"是有区别的。

X"受限式。例如"大哥、大姐、大姨、大嫂"等。请看下例：

（25）①据女主人讲，记者刚才见的两位"法茂人"是她的<u>大哥</u>和二哥，帕泰村的几家"法茂人"其实本来就是一家，都是她们的兄弟姐妹。（《人民日报》2005.06.25）

②无论表情还是性情，你看不出他有久经镜头"考验"的痕迹，与邻家<u>大哥</u>并无二致。（《人民日报》2005.06.10）

（26）①是我大哥——结婚三年多啦，我<u>大嫂</u>正惦着抱养个儿子呐。（陈建功、赵大年《皇城根》）

②这是徐太太，叫他<u>大嫂</u>、大姐、胖嫂、徐娘，叫什么都行。（陈建功、赵大年《皇城根》）

上述例（25）、（26）的①中，"大哥"是指排行最大的哥哥，"大嫂"是指排行最大的哥哥的妻子，它们都具有序数义，所以是序数表达式。②中，"大哥"是指比自己年纪大或跟自己年纪相仿的男性，"大嫂"是指比自己年纪大或跟自己年纪相仿的女性，它们都不具有序数义，所以不是序数表达式。

需要指出的是，"老大"比较特殊。一方面，其中的"老"是专门性标记（详见本书4.4.4节），由专门性标记"老"和数词构成的"老二、老三、老四"等是序数语法表达式；"大"是表示排行第一的词汇性成分，由它构成的"大儿子、大女儿"等是序数词汇表达式。另一方面，"老大"不仅可以指亲属中排行第一的人，也可以指非亲属中排在第一的人（如"体坛老大""房地产老大"），还可以指黑社会首领等。鉴于此，本书把"老大"看作序数词汇表达式。

（三）长 + X

"长"，《现代汉语词典》（2012：1640）的释义之一是："排行最大。""长子"是指排行最大的儿子。"长房""长门"是指家族中长子的一支。"长孙"可以指长子的长子，也可以指排行最大的孙子，这些表达式指人时都间接表达了序数。

（四）正 + X

"正 + X"中，"正"表示第一。例如"正月"是指农历一年的第一个月。"正旦"读为 zhēng dàn 时，是指农历正月初一，它是序数表达式；读为 zhèng dàn 时，是指戏曲角色行当，青衣的旧称，它不是序数表达式。

（五）元 + X

元，《现代汉语词典》（2012：1597）的释义之一是："开始的，第一。"甲骨文中就有用"元"表示第一的用例，例如"元卜"就是第一卜。"状元、会元、解元"分别指明清两代科举考试中殿试、会试、乡试考取第一名的人，它们都间接表达了序数。

现代汉语中用"元"表示第一的表达式，有"元旦、元月、元年、纪元、建元"等。"元旦"是指新年的第一天。"元月"是指农历一月，也指公历一月。"元年"是指帝王或诸侯即位的第一年、帝王改元的第一年；纪年的第一年；政体改变或政府组织上大改变的第一年。"建元"是指开国后第一次建立年号。

（六）魁 + X

魁，《现代汉语词典》（2012：759）的释义之一是："为首的；居第一位的。""魁首"是指在同辈中才华居首位的人。"魁元"是指在同辈中才华居首位的人，或者指第一名。"夺魁"是指争夺第一。"花魁"指百花中居第一的花。

（七）头₁ + 名/动

"头₁"与名词性成分或动词性成分组合时，只能间接表示序数，如"头班车"是指第一趟班车，"头功"是指排在第一位的功劳，"头婚"是指第一次结婚。

（八）首 + 名/动

"首"与名词性成分或动词性成分组合时，只能间接表示序数，如"首班车"是指按班次行驶的第一班车，"首功"是指第一等的功劳或者第一个功劳，"首战"是指第一次交战或者第一次竞赛，"首播"是指第一次播放。

3.2.2.4.2　表示"第二"的词汇表达式

（一）次 + X

次，《现代汉语词典》（2012：215）的释义之一是："次序在第二的；副的。""次 + X"表示在序列中排在第二的 X，例如"次等"是指第二等，"次日"是指第二天，"次子"是指第二个儿子。

（二）翌 + X

翌，《现代汉语词典》（2012：1545）的释义是："次于今日、今年的。"例如"翌日"是指第二日，"翌晨"是指第二天早晨，"翌年"是指第二年。

3.2.2.4.3　表示"最后"的序数词汇表达式

（一）老$_1$^{①} + X

1. "老$_1$ + X"不受限式

"老$_1$ + X"不受限式中，"老$_1$"表示排行最末的，例如"老舅"是指排行最小的舅舅，"老姨"是指排行最小的姨妈，这些表达式指人时都间接表达了序数。

2. "老$_1$ + X"受限式

有些"老$_1$ + X"中，"老$_1$"既可能表示"排行最末的"，也可能表示"年纪大的"，这样就导致表示序数时还得依赖语境，我们把这类结构称之为"老$_1$ + X"受限式，例如"老姑娘、老闺女、老妹子"等。请看下例：

> （27）①也难怪，有人家金家的老闺女在眼面前儿比着哪，你还能看得上谁？（陈建功、赵大年《皇城根》）
>
> ②徐三妮后来表示宁肯当一辈子老闺女，也永不外嫁（有人说她是嫁不出去。），于是被呼天成命名为"永远支委"。（李佩甫《羊的门》，北大语料库）
>
> （28）①他明知道父亲想念老三，可是他有什么话可以教老人不想念老儿子呢？（老舍《四世同堂》，北大语料库）
>
> ②而今一个花白胡子的老儿子，当着世袭一等将军那么大的官儿，即便有了嫡亲孙女（刘姥姥为之取名巧姐）、当了爷爷，讨全白头发老母身边一个丫头做小老婆，更是天经地义。（《读书》，北大语料库）

---

① "老"有两种用法与序数有关，一是作为词汇性成分表示排行最末，二是用在数词前面表示排行。本书把上述用法的"老"分别称为"老$_1$""老$_2$"，并且把第一种用法归入序数词汇表达式，第二种用法归入序数语法表达式，主要考虑到前者利用词汇手段表示序数，后者利用语法手段表示序数，例如"老$_1$舅"和"老$_2$三"是有区别的。

上述例（27）、（28）的①中，"老闺女"是指金一趟排行最小的女儿，"老儿子"是指祁天佑的三儿子，即排行最小的儿子，它们都间接表示序数。②中，"老闺女"是指年纪大了还没结婚的女子，"老儿子"是指年纪大的儿子，即《红楼梦》中贾母的大儿子贾赦，它们都不能表示序数。

（二）小$_1$① + X

1. "小$_1$ + X"不受限式

"小$_1$ + X"不受限式中，"小$_1$"表示排行最末的，例如"小舅"是指排行最小的舅舅，"小姑姑"是指排行最小的姑姑。

2. "小$_1$ + X"受限式

有些"小$_1$ + X"中，"小"可能表示排行最末的，也可能表示年纪小的，这样就导致表示序数时还得依赖语境，我们把这类结构称之为"小$_1$ + X"受限式，例如"小儿子、小女儿、小弟、小弟弟"等。请看下例：

（29）①闰老汉有 3 个已经出嫁的女儿，大女儿退休在家，二女儿在家务农，小女儿在西安教书，儿女们倒是很孝顺，闰老汉住院回来后，家里无法安住，便轮流住在女儿们的家里。（《人民日报》2006.01.07）

②谈话间，迪龙先生的两位上中学的小女儿在草坪上摆起了椅子和长条茶几，并热情地以自制的冰咖啡招待记者。（《人民日报》1995.08.31）

（30）①3 年前，小学刚毕业、学习成绩与哥哥同样优秀的小妹放弃了上学的机会，年仅 12 岁便担起了供哥哥上学和照顾痴母的重任。（《人民日报》2002.12.18）

②天冷了，我找了几件家里不穿的干净棉衣，看社区里的打工小妹用不用得着？（《人民日报》2005.12.09）

---

① "小"有两种用法与序数有关，一是作为词汇性成分表示排行最末，二是用在数词前面表示排行，本书把上述用法的"小"分别称为"小$_1$""小$_2$"，并且把第一种用法归入序数词汇表达式，第二种用法归入序数语法表达式，主要考虑到前者利用词汇义表示序数，而后者利用语法手段表示序数，例如"小$_1$舅"和"小$_2$四"是有区别的。

上述例（29）、（30）的①中，"小女儿"是指排行最小的女儿，"小妹"是指排行最小的妹妹，它们都间接表示序数。②中，"小女儿"是指年纪小的女儿，"小妹"是指年纪小的打工妹，它们都不能表示序数。

（三）末 + 名

"末"与名词性成分组合时，只能间接表示序数，如"末班车、末车"是指按班次行驶的最后一班车，"末伏"是指最后一伏。

3.2.3　序数词汇表达式的特征

序数词汇表达式是指利用词汇手段构成的具有序数义的语言结构，它具有明显的词汇性特征：

（一）数字型词汇表达式是能产开放的，但强烈依赖语境或序列。纯粹用整数词语或数字串表示序数时，是能产开放的，但是必须强烈依赖于语境或者多个整数词语、数字串连用所构成的序列。

（二）非数字型词汇表达式的形式比较固定，意义具有一定的凝固性，所以很多被收录进词典中。这类词汇表达式虽然有一定的数量，但能产性不高，即使像天干地支在排列组合后，也只能表示第一到第六十。有些非数字型词汇表达式的构成成分具有序数义，有些非数字型词汇表达式是在特定的文化背景下构成成分组合后产生了序数义，这都是一种词汇义，具有一定的凝固性。

（三）非数字型词汇表达式以表示第一、第二、最后的居多，例如表示第一的有"首先、冠军、状元、正月、元月、元旦、孟春、孟夏、孟秋、孟冬、长子、大女儿、头个、首位、初$_1$次"等，表示第二的有"其次、亚军、榜眼、次日、翌日、仲春、仲夏、仲秋、仲冬"等，表示最后的有"小舅、老舅、殿军"等。这说明非数字型词汇表达式存在局限，即并不是所有序数都能用非数字型词汇表达式来表达。

实际上，汉语方言中也存在很多非数字型词汇表达式，并且也是以表示第一、第二、最后的居多，下文仅以表示排行最末的为例，列举部分方言点中与普通话不同的用例。

A. 幺 + 名
湖南常德：幺女儿、幺女婿、幺叔、幺婶娘、幺爹祖父（祖父最小的弟弟）（易亚新 2007：152）

湖北红安：幺娘（最小的弟媳）、幺叔、幺爷（最小的叔叔）
（许宝华、宫田一郎 1999：494~495）

四川仁寿：幺儿、幺舅儿、幺巴根儿（最后的儿子或女儿）
（许宝华、宫田一郎 1999：494、496）

贵州大方：幺儿、幺妹、幺哥、幺兄弟、幺姑娘（许宝华、
宫田一郎 1999：494~496）

B. 满 + 名

湖南衡阳：满女、满崽、满老弟、满叔、满婶子、满孙女
（李永明 1986：465）

湖南邵阳：满崽、满女、满姑子、满嫂、满爹爹（最小的爷
爷）（储泽祥 1998：186）

四川成都：满妹子、满姨妈、满舅娘（许宝华、宫田一郎
1999：6680）

福建连城：满子、满女、满舅（项梦冰 1997：69）

C. 细 + 名

湖南武冈：细崽、细妹子、细老弟、细郎巴公（最小的女
婿）、细姨娘（张青松 2010）

广西南宁：细佬（弟）、细妹（妹）、细叔、细婶（林亦、覃
凤余 2008：248）

广东澄海：细团（小儿子）、细姨（林伦伦、陈凡凡 2004）

江西万安：细女、细老弟、细老妹、细姐、细姨娘（本书调
查所得）

D. 猴 + 名

山西平遥：猴小子、猴儿儿、猴闺女、猴女子（侯精一 1995：
127）

内蒙临河：猴儿子（许宝华、宫田一郎 1999：6228）

3.3　序数语法表达式

　　序数语法表达式是指表数成分（数词词语、数字串、天干地支、外文
字母）与某些语言成分利用语法手段组合构成的具有序数义的语法结构。

这种表达式具有组合上的临时性、意义上的分析性。它们经常利用"第、老$_2$、初$_2$"等专门性标记、语序等语法手段构成,例如"第一、老三、初五、表一、图二"等等。

相对于基数而言,序数总是有标记的。汉语序数表达的标记性集中体现在序数语法表达式上,这种表达式在序数表达中占主导地位(后文将详细讨论),所以本书把研究重点放在序数语法表达式上,后文另立若干章节详细讨论,这里仅存目。

3.4　序数缩略表达式

序数缩略表达式是指利用缩略手段对序数语法表达式或者包含序数语法表达式的表达式进行缩合构成的具有序数义的缩略结构。这类表达式在形式和内容上都受原式(序数语法表达式或者包含序数语法表达式的表达式)的影响,形式上具有定型性,意义上具有依赖性。

3.4.1　顺序缩略式与逆序缩略式

构成序数缩略表达式的手段主要是缩合,即根据语义把原式划分为不同的语义段,然后缩略掉某些语义段或语义段中的某些成分,最后把保留下来的成分凝合起来。凝合过程中,涉及选取成分的排列顺序,序数缩略表达式中构成成分的排列顺序与原式的排列顺序有一致的,也有不一致的。据此,我们把序数缩略表达式划分为顺序缩略式和逆序缩略式两类。

3.4.1.1　顺序缩略式

顺序缩略式是指从原式中选取的成分依照原式的排列顺序缩合的表达式。在序数缩略表达式中,按顺序缩合的表达式比较多。例如:

原式		序数缩略表达式
第四军医大学	⟶	四军医大
上海市第一百货公司	⟶	上海一百
第二附属中学	⟶	二附中
第二产业	⟶	二产

大学二年级	⟶	大二
长征二号捆绑式火箭	⟶	长二捆
神舟六号载人航天飞船	⟶	神六
第十一个五年计划	⟶	"十一五"计划
二级甲等	⟶	二甲
甲级 B 组	⟶	甲 B

3.4.1.2 逆序缩略式

逆序缩略式是指从原式中选取的成分并未依照原式的排列顺序缩合的表达式。例如：

原式		序数缩略表达式
第二内科	⟶	内二科
第一民事审判庭	⟶	民一庭
第三实验小学	⟶	实验三小
国营第一棉纺织厂	⟶	国棉一厂
全国文学艺术工作者第四次代表大会	⟶	四次文代会
第十六届中央委员会第四次全体会议	⟶	十六届四中全会

逆序缩略中，数词后面的构成成分可以提前，例如"第一民事审判庭"的缩略式"民一庭"中，"民"就被放到数词的前面。数词前面的构成成分也可以后置，例如"全国文学艺术工作者第四次代表大会"的缩略式"四次文代会"中，"文"被放到数词的后面。

3.4.2 单层缩略式与多层缩略式

上文以构成手段为分类标准，把序数缩略表达式划分为顺序缩合式和逆序缩合式。这里主要讨论序数缩略表达式中序数性成分的多少，主要包括单层缩略式和多层缩略式。

3.4.2.1　单层缩略式

单层缩略式是指只包含一个表数成分、只表示一种序数的缩略表达式。大多数单层缩略式带有整数词语，也有少数带有"甲、乙"等表示天干的词。例如：

（31）天津二中院于 2001 年 1 月 17 日依法查封了冰峰公司在塘沽区北塘镇杨北大街南侧盛达园的在建工程 9、10 号楼。（《人民日报》2006.01.17）

（32）中国棋院院长王汝南 8 日表示，他个人主观上希望四川队留在围甲，但是围甲是否扩军的问题还需要仔细研究。（《人民日报》2006.01.09）

上述例句中，"二中院"是指第二中级人民法院，"围甲"是指甲级围棋联赛，它们都只带一个表数成分，其中前者带了一个数词，后者带了"甲"。

单层缩略式中有一种"整数词语 + 整数词语"，一般这种缩略式的前一个整数词语表示序数，后一个整数词语表示基数，两者之间有限定和被限定的关系。例如：

（33）2006 年，是"十一五"时期的开局之年。（《人民日报》2006.01.02）

（34）国家在加快立法进程的同时，把法律交给人民，从 80 年代中期开始在全体公民中开展了"一五"、"二五"普法教育。（《人民日报》1995.12.12）

上述例句中，"十一五""一五""二五"分别指第十一个五年计划、第一个五年普法教育活动、第二个五年普法教育活动，这三个序数缩略表达式中的第一个整数词语都表示序数，第二个数词"五"都表示基数，所以都只包含一个序数性成分，是单层缩略式。

另外，汉语中还有两种比较特殊的单层缩略式，请看下面例子：

（35）一九二九不出手，三九四九冰上走，五九六九河边看杨柳，七九河开冻，八九燕子来，九九加一九，耕牛遍地走。（沙润《地球科学精要》）

（36）今天是"五七"，按本地风俗，该是一个忌日。（《小说月报》2006.04）

例（35）、（36）中"数＋九""数＋七"都是缩略式，例（35）是一首非常有名的数九歌，在民间用于计算时令，它利用人们对寒冷的感觉及物候现象来反映天气的冷暖，从冬至起每九天是一个"九"，第一个九天叫"一九"，第二个九天叫"二九"，第三个九天叫"三九"，依此类推，一直到"九九"。例（36）中"五七"是指第五个七日，这是一种丧葬习俗，"七"是指旧时人死后每隔七天祭奠一次，直到第四十九天为止，出丧后第一个七日称"一七"，第二个七日称"二七"，依次类推，一直到"七七"。

3.4.2.2 多层缩略式

多层缩略式是指包含多个表数成分、所指序数义具有层级关系的序数缩略表达式。多层缩略式主要有两种类别，一类是"整数词语＋天干"，另一类是"天干＋外文字母"。

（一）整数词语＋天干

这类多层缩略式中的表数成分是整数词语和天干，两者表示的序数具有包含和被包含关系。例如：

（37）这家深圳最大的综合性"三甲"医院，经历了一场"多收费"风波后，提出的整改措施引起不小反响。（《人民日报》2006.01.09）

（38）其培训对象非常宽泛：凡是具有中国国籍、身心健康、年龄55岁以下、具有二甲以上普通话等级证书、热爱对外汉语教学事业的具备对外汉语、中文、历史等文科类高等学历的人员都可以报名。（《新华社2004年新闻稿》，北大语料库）

医院等级分为三级十等，即一级甲等、乙等、丙等，二级甲等、乙等、丙等，三级特等、甲等、乙等、丙等。例（37）中"三甲"表示医院的等级，是指三级甲等。普通话等级分为三级六等，即一级甲等、乙等，二级甲等、乙等，三级甲、乙等。例（38）中"二甲"表示普通话的等级，是指二级甲等。例（37）、（38）的"三甲""二甲"中，数词和"甲"都是序数性成分，两种序数具有包含与被包含关系，前一种序数包含了后一种序数。

（二）天干＋外文字母

（39）刚刚冲上甲A的深圳队有5员大将申请转会，其中王东宁、冷波、左文清、王国栋都是年初由山东投奔而去的，门将江洪也提出转会。（《人民日报》1995.12.30）

（40）首钢男女篮是全国甲级联赛中的佼佼者，首钢足球队虽然今年从甲B跌入乙级队，但也有不俗表现。（《人民日报》1995.12.30）

上述例句中，"甲A""甲B"分别指足球甲级联赛A组、B组比赛，甲级、A组、B组实际上是表示球队的成绩次序，所以具有序数义。其中"甲"和"A""B"都是序数性成分，两种序数具有包含与被包含关系，前一种序数包含了后一种序数。

3.4.3　序数缩略表达式的特征

缩略语具有三个基本特征：一是有先于简化形式而存在的结构较稳定的原式；二是通过缩合和节略方式产生；三是原式与简化形式之间具备一定的关系：简化形式必须保留原式的部分成分，意义上必须守恒。序数缩略表达式是典型的缩略语，它具有以下特点：

（一）形式上具有简洁性和定型性

正如马庆株（1988：79）所言，"缩略是为提高交际效率而创造的一种扩大语言信息容量的手段。"序数缩略表达式之所以存在，是因为它能用简短的语言形式代替较复杂的语言形式，从而达到方便快捷、省时省力的效果。例如"中国共产党第十六次全国代表大会"缩略为"中共十六大"，使用起来简洁明了，信息量大。

　　语言是社会行为，不是个人行为，习俗性在序数缩略表达式的形成过程中起了一定作用，只有适应社会需求、表义明确，序数缩略表达式才能得到社会承认。某些较复杂的原式最初可能会同时存在几种缩略形式，至于哪种形式最终被保留，则必须经过社会的约定俗成。比如，"第二汽车制造厂"理论上可以有"二汽""二汽厂""二车厂"等缩略形式，但社会约定将"二汽"作为"第二汽车制造厂"的通用缩略形式，这种形式一旦被广泛接受，就固定下来，不能随意改变。

（二）语义上具有依赖性

　　序数缩略表达式的语义构成比较特殊，它与构成成分的词汇义只存在间接关系，而与序数缩略表达式所产生的原式的语义有直接关系。例如"第八小学"的缩略形式是"八小"，根据《现代汉语词典》（2012）的解释，"八"和"小"的所有义项分别是：

　　　　八：①七加一后所得的数目。②表示多数或多次。③姓。（《现代汉语词典》2012：16）

　　　　小：①在体积、面积、数量、力量、强度等方面不及一般的或不及比较的对象（跟"大"相对）。②短时间地。③稍微。④略微少于；将近。⑤排行最末的。⑥年纪小的人。⑦指妾。⑧谦辞，用于称自己或与自己有关的人或事物。⑨前缀，用于称人、排行次序、某些人等。（《现代汉语词典》2012：1430~1431）

　　"八小"的语义与"八"和"小"的词汇义无直接联系，尤其是其中的"小"，无法用它的任一词汇义来解释，所以必须另外寻找解释途径。"小"实际上是从"小学"缩减而来的，在特殊情况下"小学"的语义就凝集在"小"上。"八"和"小"分别是"第八"和"小学"的代表，要想获知"八小"的真正语义，就必须依据原式的构成成分的语义。可见，序数缩略表达式的语义与其构成成分的词汇义只存在间接关系，有时候仅凭构成成分的词汇义无法理解缩略形式的语义。所以说，序数缩略表达式的语义具有依赖性，其所依赖的是原式的语义。当然，在长期的语言运用中，有些缩略式的使用频率要远远高于原式，随着时间的推移，缩略式逐渐可以脱离原式而单独使用。

整体而言，对缩略式的理解，只有知道了原式才可以确定它的语义；若不知道原式，或者不能确定原式，就不知道或者无法确定它的真正语义。

（三）功能上具有指称性

序数缩略表达式一般都指称具体的对象，在功能上具有指称性，这种指称性可以划分为专指性和类指性两大类。前者如"四军医大（第四军医大学）、上海一百（上海市第一百货公司）、神六（神舟六号载人航天飞船）"等，后者如"大二（大学二年级）、内二科（第二内科）"等。这种指称功能所涉及的范围比较广泛，从我们收集的语料来看，有单位机构、组织、团体方面的，例如"一军医大、一中、二中院、一史馆、内一科"；有计划、法规、文件方面的，例如"十一五"规划；有会议、活动、事件方面的，例如"十四大、四中全会、十运会、二五普法、二战"；有科技方面的，如"长二捆、神六"，等等。

（四）具有一定的能产性

序数缩略表达式具有能产性，只要序数语法表达式有缩略的需要，就会形成序数缩略表达式，例如"八五计划、九五计划、十五计划、十一五计划……"，所以词典一般不收录这些序数缩略表达式。

3.5　序数表达式的特征

3.5.1　序数表达形式丰富多样

汉语序数表达形式丰富多样，具体体现在表达式的下位类型、构成成分、结构类型等方面。

（一）下位类型的多样性

汉语包括序数词汇表达式、语法表达式、缩略表达式，这些表达式的下位类型丰富多样。序数词汇表达式包括数字型词汇表达式和非数字型词汇表达式两大类，其中前者是纯粹由整数词语或数字串构成的表达式，后者包括系列性直接表序式、非系列性直接表序式、系列性间接表序式、非系列性间接表序式。序数语法表达式的下位类型相当多，有"第/老/₂初₂＋数"等专门性标记式，"X＋数""X＋数字串""名＋干支""名＋字母"等语序式，"数＋X""数字串＋X""干支＋X""字母＋X"等弱标记式。序数缩略表达式有顺序缩略式和逆序缩略式两大类。

（二）构成成分的多样性

序数表达式的构成成分在结构类型上具有多样性，可以是语素、词、短语，例如"冠军、状元、翌日"的构成成分都是语素；"中年妇女一、站前折返图三"中，"中年妇女、站前折返图"都是短语，"一、三"都是词。

序数表达式的构成成分在功能类型上也具有多样性，可以是名词性、形容词性、动词性的，也可以是数词、量词、助词等。例如"第一"中"第"是助词，"一"是数词。"挑战二"中"挑战"是动词。"图一、卷二"中"图、卷"分别是名词、量词。

（三）结构类型的多样性

序数表达式所属的语言结构类型具有多样性，可以是词、短语、缩略语。例如"正月、翌日、季军、一把手、二线"都是词，"第十、新意二、一号、三等、头个、首次"都是短语，"大四（大学四年级）、十六大（第十六次全国人民代表大会）、二中（第二中学）、一军医大（第一军医大学）、民一庭（第一民事审判庭）"都是缩略语。

3.5.2　序数表达式具有原型范畴特征

依据 Wittgenstein（1953）、Labov（1973）、Ungerer 和 Schmid（1996）的研究，原型范畴的研究成果可以归纳为三点：一是范畴的形成跟人的主观认知密切相关，范畴是围绕原型建立的，原型是认知上的参照点；二是范畴内部成员的地位不一致，具有典型性的程度差异，形成由典型成员向非典型成员过渡的连续统；三是范畴的边界具有模糊性，相邻范畴无法明确界定。用以上研究成果来衡量序数表达式，无疑具有原型范畴的某些特征，这主要体现在以下几个方面：

（一）序数表达式与非序数表达式的区分

一是存在部分表达式，它们既能表示序数，又能表示非序数。例如"大姐、三级、三伏、一班"，都能表示序数，分别指排行最大的姐姐、第三级、第三伏、第一个班；也能表示非序数，分别指对跟自己年龄相仿的女子的尊称，三个级别，初伏、中伏、末伏的合称，全班。

二是存在序数表达式向非序数表达式过渡的情况。汉语中有些具有序数义的短语，经过词汇化后演变成词，这些词已经不具有序数义或者序数义比较弱。例如"二手"是一个短语时，是能够表示序数的；"二手"作为一个词，《现代汉语词典》（2012：347）对它的释义是"指间接的，经人转手得来的或已经使用过再出售的"，显然它不能明确表示序数。"张三、李四"作为短语时表示排行，但作为词时已经不能表示排行，《现代汉语词典》（2012：1639）的释义是"泛指某人或某些人。"

（二）三类序数表达式的区分

从三类序数表达式的区分来看，序数缩略表达式与序数词汇表达式、序数语法表达式之间散布着一些非典型的成员。

序数缩略表达式与非数字型序数词汇表达式一般都具有形式的稳固性，但前者的稳固性来源于原式的制约和社会的约定俗成，后者的稳固性是语言历史演变的结果。两者在语义方面也有差异，前者的语义受原式的制约，具有一定的组合性、分析性，后者的语义一般具有凝固性。但是有些序数缩略表达式的语义已有一定的凝固性，例如"七七"是指人死后的第七个七天，虽然它是缩略形式，但意义已经凝固了，可以不借助原式来理解，所以《现代汉语词典》（2012）收录了它。

序数缩略表达式和序数语法表达式的数量比较多，都具有一定的能产性，语义都具有组合性，但是前者在形式上具有定型性，意义上具有依赖性。在两者之间存在一些游离不定的成员，例如"二厂"是"第二厂"的缩略形式，还是"数 + 名"类的序数语法表达式？这具有一定分歧，显然这是源于范畴边界的模糊性。

（三）三类序数表达式下位类别的区分

从三类序数表达式的下位类别来看，不同次类之间存在典型性差异，例如不受限的词汇表达式比受限的更具有典型性，专门性标记式中"第 + 数"比"数 + 来""下 + 数 + 量/名"更具有典型性。

总而言之，把序数表达式及序数表达式的下位类型当作原型范畴，更切合语言实际。不过，尽管序数表达式具有原型范畴的某些特征，整体而言，序数表达式与非序数表达式之间、三类序数表达式之间还是存在比较明显的差别。

3.5.3 以序数语法表达式为主导形式

汉语序数表达式的类别丰富，但从整体来看，以序数语法表达式为主导形式，这可以从以下几个方面来衡量。

3.5.3.1 序数语法表达式具有更多优势

一般而言，序数词汇表达式的形式比较简洁，表意比较明确，所以有些词汇表达式的使用频率比较高。例如表示亲属排行常用"长 + X、大 + X、老$_1$ + X、小$_1$ + X"，表示体育运动等竞赛的名次常用"冠军、亚军、季军"，表示第一常用"头$_1$ + X、首 + X"，表示连续列举或分述项目的次序常用整数词语。序数词汇表达式的下位类型很多，但以表示"第一、第二、最后"的居多。非数字型词汇表达式的构成手段不经济，不可能产生无限多的词汇形式来表达序数，所以它的能产性不高，表达的序数很有限，像天干地支通过排列组合最多也只能表示 60 以内的序数。数字型词汇表达式虽然具有能产性，但同基数的区分度不高，必须强烈依赖语境或搭配连用所构成的序列。

序数缩略表达式在序数语法表达式或者包含序数语法表达式的表达式的基础上构成，它的形式和语义都受到原式的制约，所以序数缩略表达式的使用也是有限的。

序数语法表达式主要由专门性标记、语序、弱标记等手段构成，它们具有经济性和能产性，利用这些手段能构成诸多序数语法表达式的下位类型，而且不同下位类型的语义区分也相当精细。另外，专门性标记手段和语序手段又使序数表达式具有较强的标记性。

从上面三类序数表达式的特征可见，序数语法表达式比其他两类序数表达式具有更多的优势，它既具有能产性，又具有一定的标记性，这使它成为汉语序数表达的主导形式。

3.5.3.2 序数语法表达式在汉语史中出现早、发展快、形式丰富

殷商甲骨卜辞中没有专用的序数表达式，基数表达和序数表达没有形式

上的区别，在整个上古汉语阶段，这种情况基本上没有改变。（参见孙锡信1992）但上古汉语时期，已有一些类似的专用序数语法表达式，例如：

（41）初一日五行，次二日敬用五事，次三日农用八政，次四日协用五纪，次五日建用皇极，次六日乂用三德，次七日明用稽疑，次八日念用庶征，次九日向用五福，咸用六极。（《尚书·洪范》）

上例中"初"和"次"都有标示序数的作用，"次"的基本语义是"顺序""述事时后项对前项之称"，这种语义与专门性标记有着内在的一致性。但"次"并没有进一步发展，它最后被专门性标记"第"替代。

上古汉语时期专门性标记比较贫乏，表示序数时经常采用词汇形式，例如用"伯、仲、叔、季"表示兄弟排行，用"正"表示第一。

中古汉语时期，"第"发展成真正的专门性标记。柳士镇（1992）指出，西汉时"第"已经用在数词之前，但到汉代末年才可以与名词组合，形成"第＋数＋中心词"的完整表达形式。这时期，"初$_2$"发展成表示时间的专门性标记，表示排行的"阿"也出现了，同时数词与虚词可以配合表示序数，例如：

（42）一则暗于兵机，二则人情离怨，三则有掣肘之患，四则天夺其魄。（《南齐书》卷二十八）

例（42）中"则"与数词"一、二、三、四"配合使用表示序数，也可看作专门性标记。

"第、初、阿、则"等专门性标记的出现，使序数表达有了比较明确的形式标记。这个时期，利用数词后置的语序手段构成的序数表达式也出现了，例如"卷一、卷二、卷三"。可以说，中古时期汉语的主要序数语法表达式基本上都已经出现了，当然此后也出现了一些新的序数语法表达式，如近代汉语时期出现的"数＋来"。

总而言之，序数表达从上古发展到现代汉语阶段，序数语法表达式出现较早，发展较快，形式逐渐增多，所以在序数表达中逐步取得主导地位，形成了形式相当丰富的序数语法表达式系统。

3.5.3.3 序数语法表达式占主导地位具有语言共性

（一）基数表达与序数表达的关系

数量范畴是语言的基本范畴之一，包括基数和序数两个重要方面。从心理学对儿童序数概念习得的研究成果来看，儿童序数概念的发展要晚于基数概念，序数是在基数上形成的。（参见方格、田红学、毕鸿燕 2001）早期婴儿只具有初级的序数概念，并且与基数概念相联系。（参见曹碧华、李富洪、李红 2007）这些研究成果说明，人类序数认知与基数认知密切相关，序数认知建立在基数认知基础上。受序数认知特点的影响，人类语言的序数表达，经常采用一种非常经济的表达方式，即采用有标记的形式从基数表达式派生。

依据现有的研究成果和本书的跨语言考察，世界语言中序数表达形式大致有三种基本类别：序数词汇表达式、语法表达式、缩略表达式。相对而言，非数字型序数词汇表达式不具有能产性，并且标记性不强。序数缩略表达式来源于序数语法表达式或者包含序数语法表达式的表达式，受它们的制约。大多数序数语法表达式是从基数表达式派生的[①]，它既具有经济性和能产性，又具有标记性。相对而言，只有序数语法表达式更符合人类语言序数表达的要求，这使语法表达式在序数表达中占主导位置。

需要强调的是，数词词语有表达基数和序数的功能，表达基数时，常采用无标记形式；表达序数时，常采用有标记形式。我们说大多数序数语法表达式是从基数表达式派生的，实质上从根本性来说，它是从数词词语派生的。

序数语法表达式的主导地位可以通过跨语言考察得到验证，以下跨语言的研究成果和我们所观察到的语言现象都进一步验证了这一点。

（二）跨语言研究成果的验证

Veselinova（1997）、Stolz（2001）从跨语言的角度观察基数表达式和序数表达式的关系，认为它们既不是毫无联系，也不是完全一致的。Stolz 和 Veselinova（2005）建立了包括 321 种语言的语种库，考察了

---

① 少数序数语法表达式是从天干地支、外文字母派生的，例如"甲等、乙等，A 级、B 级"。

"第一"至"第十"的表达形式，依据能否在基数表达式上添加专门性标记（指专门用于表达序数的词缀或辅助词），把序数表达式划分为八种模式，请看下表：

表 3.1 Stolz、Veselinova（2005）概括的序数表达式的八种模式

模式	序数表达式	语言数量	模式	序数表达式	语言数量
模式一	None	33	模式五	First/one-th，two-th，three-th	54
模式二	One，two，three	3	模式六	First，two-th，three-th	110
模式三	First，two，three	12	模式七	First，second，three-th	61
模式四	One-th，two-th，three-th	41	模式八	Various	7

Stolz、Veselinova（2005）所概括的序数表达式八种模式的涵义：

模式一：不存在序数表达式。

模式二：序数表达式与基数表达式中的数词词语在形式上一致①。

模式三：除了"第一"用词汇手段表达，其他序数表达式与基数表达式中的数词词语在形式上一致。

模式四：所有序数表达式通过添加专门性标记从基数表达式派生。

模式五：所有序数表达式通过添加专门性标记从基数表达式派生，但"第一"也可以用词汇手段表示。

模式六：除了"第一"用词汇手段表达，其他序数表达式都通过添加专门性标记从基数表达式派生。

模式七：除了"第一"和"第二"用词汇手段表达，其他序数表达式都通过添加专门性标记从基数表达式派生。

模式八：一部分序数表达式从基数表达式派生，还有一部分序数表达式与基数表达式不存在派生关系。

需要说明两点：①有些语言，例如英语用 one 表示"一"，用 first 表示"第一"，这是用异根手段表示序数。但异根手段从根本上来说是一种词汇手段，即用不同的词汇形式来表达语义，所以通过异根手段构成的序数表达式属于词汇表达式。②添加专门性标记是一种语法手段，所以利用

---

① Stolz、Veselinova（2005）所说的数词词语形式上的一致只是相对的，只指不添加词缀或辅助词也能利用数词词语表示序数，他们把语序等因素排除了。实际上，若把语序等因素考虑进去，序数表达式与基数表达式或多或少具有一些不一致性或区分性。

这种手段构成的序数表达式是语法表达式。

依据上述八种模式和相关数据可以得到以下几点认识：

A. 并不是所有语言都有序数表达式。

B. 有些语言不添加专门性标记也能表示序数。

C. 序数词汇表达式主要用于表示第一、第二，这说明序数词汇表达式是非常有限的。

D. 除表示序数时不添加专门性标记的 15 种语言（归入模式二和模式三的语言），除添加专门性标记时有例外，并且无规律的 7 种语言（归入模式八的语言），其他有序数表达式的 266 种语言，除了有些语言表示第一、第二时用词汇表达式，其他序数都是通过添加专门性标记来表达的，即 266 种语言中大多数序数都是用序数语法表达式来表达的，这占所考察的有序数表达式的语言（288 种）的 92.4%。这说明：同一种语言中序数语法表达式的数量远远多于序数词汇表达式，这是具有语言共性的。

E. 仅就通过添加专门性标记构成的序数语法表达式而言，有 273 种语言有此类表达式，占所考察的有序数表达式的语言（288 种）的 94.8%，这说明：从语种分布来看，序数语法表达的分布是相当广的。

（三）本书跨语言观察的验证

Stolz、Veselinova（2005）考察 321 种语言时，主要关注能否在基数表达式上添加专门性标记，他们把通过语序手段表达序数的语言归入模式二（序数表达式与基数表达式中的数词词语在形式上一致），请看下例：

（43）印度尼西亚语（Indonesian）（Kwee 1981：97，转引自 Stolz、Veselinova 2005）

①gadis　ke-tiga 第三个女孩　　　　②ke-tiga　gadis 三个女孩
　girl　def-three　　　　　　　　　def-three　girl
　the third girl　　　　　　　　　　the three girls

上述例句中，印度尼西亚语（Indonesian）通过数词与名词的不同语序来区分序数和基数。当数词位于名词后面时，表示序数；当数词位于名词前面时，表示基数。我们认为，虽然上例中序数表达式和基数表达式的数词表面上是一致的，但是它们在句法位置上存在差异，这种差异也是区别序数和基数的一种语法手段。

　　实质上，不仅通过添加专门性标记能构成序数语法表达式，语序、重叠、有无量词、有无中心语、词语之间的选择限制等语法手段，都能构成序数语法表达式。若把所有能区分基数、凸显序数的语法手段都纳入观察视野，我们发现，序数表达式的情况比 Stolz、Veselinova（2005）所描述的八种模式要复杂得多：

　　一方面，有些语言中存在多种模式。例如英语既可以在基数上添加"－th"来表示序数，也可以通过与基数表达式不同的语序来表示序数。请看下例：

基数：eight lessons 八课	nine pages 九页
序数：the eighth lesson 第八课	the ninth page 第九页
序数：lesson eight 第八课	page nine 第九页

　　从上面例子来看，英语可以归入 Stolz、Veselinova（2005）的模式二（序数表达式与基数表达式中的数词词语在形式上一致）和模式七（除了"第一"和"第二"用词汇手段表达，其他序数表达式都通过添加专门性标记从基数表达式派生）。实质上英语通过与基数表达式不同的语序来表达序数，虽然数词在形态上没有任何变化，但还是达到了区分基数和序数的目的，因此，语序也是表达序数的一种语法手段。

　　另一方面，当把所有能区分基数、凸显序数的语法手段都纳入观察视野时，我们发现序数语法表达式的分布范围更广，使用频率更高，主导地位更加突出。请看下表：

表 3.2　木佬语、黎语、苗语、桑孔语的基数、序数表达式

语言	基数——序数		基数——序数	
木佬语	ta^{24} ve^{31} 三天 三　天	ve^{31} ta^{24} 第三天 天　三	ta^{24} tsə^{24} 三年 三　年	tsə^{24} ta^{24} 第三年 年　三
黎语	fu^3 hom^1 ŋa:n^1 三个月 三　个　月	fu^3 ŋa:n^1 三月 三　月	pa^1 hom^1 ŋa:n^1 五个月 五　个　月	pa^1 ŋa:n^1 五月 五　月

续表

语言	基数——序数		基数——序数	
苗语	a^{44}ŋ^{h}e^{35} 一天 一 天	a^{44}ŋ^{h}e^{35}l^{h}a^{54} 初一 一 天 月	ku^{22}ŋ^{h}e^{35} 十天 十 天	ku^{22}ŋ^{h}e^{35}l^{h}a^{54} 初十 十 天 月
桑孔语	sem^{31}aŋ^{55} 三个 三 个	sem^{31}mbaŋ^{55} 第三 三 个	ŋa^{31}aŋ^{55} 五个 五 个	ŋa^{31}mbaŋ^{55} 第五 五 个

上表中，木佬语通过数词词语后置的语序手段来表达序数。黎语通过数名结构中不使用量词来表示序数。苗语通过在数量结构后面增加名词来表示序数。桑孔语通过数词词语对所搭配的量词的选择限制来表示序数，aŋ^{55}（个）是一般量词，用于表示人数；mbaŋ^{55}（个）是具有定指意义的量词，用于表示排行或名次。以上所列举的语言表示序数时，分别用了数词后置的语序手段、不使用量词、数量结构后面出现中心语、数词词语对所搭配的量词的选择限制，其中语序手段是显性的，后四种手段是隐性的，这些都属于语法手段，由这些手段所构成的序数表达式都是语法表达式。

前面我们指出，在 Stolz、Veselinova（2005）所考察的 288 种有序数表达式的语言中，通过添加专门性标记来表达序数的语言有 273 种，所占比例是 94.8%。这 273 种语言不包括印度尼西亚语类的语言，这些语言以语序、重叠等非添加专门标记的语法手段来表示序数，它们在 Stolz、Veselinova（2005）的模式中被归入模式二或模式三。若把以语序、重叠等语法手段构成的序数表达式都考虑进来，显然，序数语法表达式在 Stolz、Veselinova（2005）所考察的 321 种语言中的分布范围会更广，主导地位会更加突出。

中国有丰富的语言资源，在中国少数民族语言中，序数语法表达式是否处于主导地位？我们考察了 113 种民族语言，具体情况如下：

第一，不同语言表达序数的具体手段存在差异，例如白马语主要通过添加专门性标记来表达序数，傣语既用添加专门性标记手段，又用语序手段来表达序数。但是考察范围内的所有语言都有序数语法表达式，并且大多数序数都利用语法手段来表达，这说明序数语法表达式的语种分布很广、使用频率很高。

第二，许多语言都有序数词汇表达式，例如彝语、傈僳语、景颇语、阿侬语、载瓦语、勒期语、佤语都有一套专门表示亲属排行的词汇表达式，但是它们一般只限于表示第十以下的序数。

第三，序数缩略表达式在中国少数民族语言中的分布范围比较窄，出现频率比较低。

总而言之，从语种分布和使用频率来看，三种序数表达式中，序数语法表达式处于主导地位。

鉴于序数语法表达式在汉语序数表达中处于主导地位，本书把研究重点放在序数语法表达式上，从序数语法表达式的类别、语义特征、典型性问题、各形式的区分等方面进行聚焦式研究，期望通过序数语法表达式的研究，更系统、更深入地揭示汉语序数表达的特点。

小　结

Ⅰ. 在比较各种分类标准的基础上，选择表达手段作为序数表达式的分类标准，据此划分出三类序数表达式，即序数词汇表达式、语法表达式和缩略表达式。

Ⅱ. 序数词汇表达式是指利用词汇手段构成的具有序数义的语言结构。包括数字型词汇表达式和非数字型词汇表达式两大类，前者是能产开放的，但强烈依赖语境或序列；后者的形式比较固定，意义具有一定的凝固性，以表示第一、第二、最后的居多。

Ⅲ. 序数语法表达式是指表数成分（数词词语、数字串、天干地支、外文字母）与某些语言成分利用语法手段组合构成的具有序数义的语法结构。

Ⅳ. 序数缩略表达式是指利用缩略手段对序数语法表达式或者包含序数语法表达式的表达式进行缩合构成的具有序数义的缩略结构。该表达式在形式上具有简洁性和定型性，语义上具有依赖性，功能上具有指称性，还具有一定的能产性。

Ⅴ. 汉语序数表达式具有以下特点：表达形式丰富多样、具有原型范畴特征、以序数语法表达式为主导形式。

至此，我们可以确定现代汉语序数表达系统，下面用图列出具体分类：

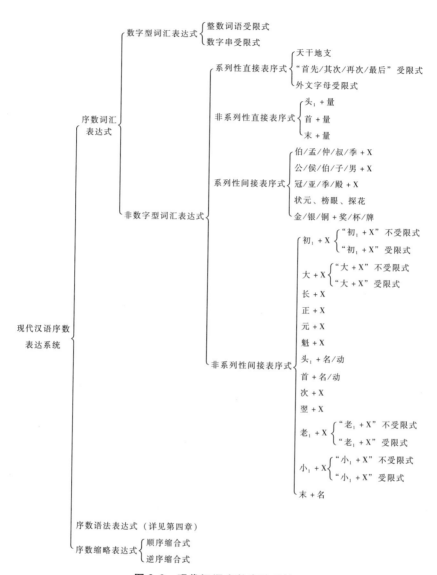

图 3.2　现代汉语序数表达系统

第四章　汉语序数语法表达式的类别及其基本特征

第三章对汉语序数表达式进行了整体考察，主要讨论了序数表达式的分类、序数表达式的类别和特征等问题。我们发现，汉语序数表达式的类别丰富，从动态使用情况来看，有以序数语法表达式为主导形式、以"第＋数"为典型形式的倾向，序数语法表达式在序数表达研究中具有重要的地位和独特的研究价值，本章对它进行全面的形式描写，尽可能展现它的基本形式和特征。

4.1　序数语法表达式的内涵和外延

4.1.1　序数语法表达式的内涵

序数语法表达式是指表数成分（数词词语、数字串、天干地支、外文字母）与某些语言成分利用语法手段组合构成的具有序数义的语法结构。

如此界定序数语法表达式，是基于以下考虑：

（一）序数语法表达式是一种语法结构

使用"语法结构"一语来界定序数语法表达式，是因为：

第一，汉语序数语法表达式可以是短语，例如"第十、回应一、三点钟"；也可以是词，它们被收入《现代汉语词典》（2012）中，例如"一把手、二房"；还有一些序数语法表达式有词汇化的趋向，如：

（1）1994 年才成立的"NETSCAPE 通讯公司"已成为其中的佼佼者，它推出的网络软件"全球网"，是目前互联网络的最主要应用软件，公司创建者安德利森今年 20 多岁，个人财产价值已达 20 亿美元，难怪传媒纷纷惊呼，"盖茨第二"诞生了！（《人民日报》

1995.12.07）

上例中"第二"不仅仅表示在序列中排在第二位，还指"与……相似"，显然语义已经发生变化，这种用例是词还是短语？词典并未收录它，我们把它处理为正处于词汇化过程中的语言单位。使用"结构"一词有个显而易见的好处，可以把词、短语、处于词汇化过程中的成分都概括进来，避免词与非词的纠缠。

第二，序数语法表达式是一种具有语法性质的结构。

汉语序数表达式可以运用语法、词汇、缩略等手段构成。语法手段对语法单位进行组合时具有操作上的规律性，也要求受其操作的语法单位组合能力强，并且可以被替换。序数语法表达式是通过语法手段构成的，这种结构具有临时性、能产性、多样性，所产生的意义具有分析性，所以它是语法结构。序数词汇、缩略表达式与序数语法表达式存在诸多不同，它们不完全具备以上特点，所以不是语法结构。序数词汇表达式是一种词汇结构，其中数字型词汇表达式是能产开放的，但强烈依赖语境或序列；非数字型词汇表达式在形式上具有一定的固定性，意义上具有凝固性，并且能产性不强。序数缩略表达式是一种缩略结构，它受原式（序数语法表达式或者包含序数语法表达式的表达式）的制约，形式上具有一定的定型性，有些构成成分不能随意更改，意义上具有依赖性，其意义同原式的意义直接联系。

（二）序数语法表达式中表数成分是数词词语、数字串、天干地支或外文字母

序数与数词词语密切相关，但序数表达式不一定就是或者不一定包含数词词语。例如"冠军、头名、首位、次日"都能表示序数，但表达式中并不包含数词词语。序数语法表达式中，表数成分可以是数词词语，如"第一、老二"中的"一、二"；也可以是非数词词语，如"五一七房间、三五九旅"中的表数成分是数字串，"甲等、乙级"中的表数成分是天干地支，"A 等、B 级"中的表数成分是外文字母。也就是说，序数语法表达式中表数成分可以是数词词语、数字串、天干地支或外文字母。

序数语法表达式中，数词词语主要是整数词语，还有一些小数和概数词语，不能是分数、倍数词语。概数词语只限于相邻的两个数词配合连用

的形式和不确定数词"几"，如"第一二位、第三四名、第几、（八月）初几"。

　　序数语法表达式中，数字串是指没有系位组合关系的一串数字，例如"一二九师、一零七国道"中的"一二九、一零七"。

　　程荣（1996）把天干地支看作是数词的附类，认为它们既具有替代或指代功能，又能表示序数，但是与数词、代词都存在区别。天干地支能表示序数，但前面不能加"第"。天干地支具有代词性，能指代对象，如"甲问乙""甲方和乙方"，但代词能带量词，它不能带量词。本书吸取以上观点的合理内核，结合天干地支既具有指代性又能表示序数的特点，认为天干地支与其他语言成分组合后在表示序数方面存在四类情况：

　　A."甲方、乙方"类的结构不能表示序数，只具有指代性，其中的"甲、乙"只是一种分类性指代符号。

　　B."天干地支＋年/月/日/时"可以表示时间次序，如"辛亥年、卯月、子时"。

　　C."天干地支＋等/级"能表示序数，如"甲等、乙级"。

　　D."天干地支＋类/组/式/班/区/队"类的结构能否表示序数必须依据语境来判定，例如"甲类、乙类传染病"中，"甲类、乙类"是根据传染病的危害程度划分出来的类别，具有序数义。"活用指甲类词用作乙类词"中，"甲类、乙类"仅仅指代两类词，不具有序数义。

　　需要强调的是，天干地支本身就包含有表示时间次序的词汇义，所以表示时间次序的B类，是天干地支的词汇性用法，本书把这类结构归入序数词汇表达式中。而C类、D类结构中，"甲等、乙级""甲类、乙类"类的结构表示非时间类的序数时，这种序数是一种临时性的组合意义，C类、D类结构根本上是由语法手段构成的表达式，所以它们把归入序数语法表达式。

　　在序数语法表达式中充当表数成分的天干地支，主要是"甲、乙、丙、丁"等在天干地支中排在前面的词，如"甲等、乙等"。

　　汉语中有时借用外文字母，它主要起指代作用，例如把两个人分别称为"A、B"，把三个杯子分别称为"杯子A、杯子B、杯子C"。在一定条件下，纯粹的外文字母可以表示序数，外文字母也可以与其他成分组合表示序数，如"A等、B级"，本书把由纯粹的外文字母构成的序数表达式归入词汇表达式中，把外文字母与其他成分组合构成的序数表达式归入语法表达式，主要是考虑到前者利用词汇手段来表示序数，而后者利用语法手段来表示序数，这里仅讨论后者。外文字母与其他语言成分构成的结构在表示序数上存在三类情况：

A. "学生 A、学生 B" 类的结构不能表示序数，只具有指代性，其中"A、B"只是一种分类性指代符号。

B. "A 等、B 级、α 射线、β 射线" 类的结构能表示序数。

C. "字母 + 类/组/式/班/区/队" 类的结构能否表示序数必须依据语境来判定，如"甲级队 A 组、B 组联赛"中，"A 组、B 组"是根据比赛成绩划分出来的类别，具有序数义。"通过抽签把球队分成 A 组、B 组"中，"A 组、B 组"仅仅指代两组比赛球队，不具有序数义。

能进入序数语法表达式的外文字母主要是拉丁字母、希腊字母，例如"A 级、B 等、南十字架座 α、南十字架座 β"。

认为序数语法表达式中一定包含数词词语、数字串、天干地支或外文字母，主要有以下几个原因：

首先，序数语法表达式是一种数量表达结构，它具有数量性，而汉语中表示数量通常是用数词词语，所以序数语法表达式的表数成分常常是数词词语，包括整数词语、小数和概数词语。数字串在一定条件下也能表示数量，所以有时序数语法表达式的表数成分也可以是数字串。外文字母、天干地支在一定条件下也能表示数量，所以当表示序数的条件具备时也可以充当序数语法表达式的表数成分。

其次，作为语法结构，应具有组合上的临时性、可替换性及一定的生成性，包含数词词语、数字串、天干地支或外文字母的序数表达式一般具有这几个特点。不包含这些成分的序数表达式生成性较弱，不具有组合上的临时性，替换受到限制。例如"孟春"中的"孟"只能被"仲""季"有限地替换。

再次，作为语法结构，其序数义是在组合过程中产生的，是一种临时性的组合意义。数词词语、数字串、天干地支、外文字母与语言单位组合，接受语法手段的具体操作时，能产生临时性语法组合意义。例如"第一、三五九旅、甲级、B 等"都能在语法组合中产生临时性的组合意义——序数义。若它们不与其他语言单位组合，只是单用，则不能产生临时性的组合意义。我们在第三章中介绍过天干地支是传统用于表示时间次序的词，另外，纯粹的天干地支、整数词语、数字串、外文字母都能在一定的语境或序列中表示序数。上述用法可以分为两大类，第一类是天干地支本身就已经包含了表示时间次序的词汇义，也就是说表示时间的序数义已经词汇化了，不需要经过语法手段的操作就具有序数义；第二类是纯粹的数词词语、数字串、天干地支、外文字母表示序数，这是一种受限性的词汇义，没有经过语法手段的操作。另外像"孟、仲、季"等所表示的序数义都是一种词汇义。这些用法都没有产生临时性的语法组合意义，本书把它们都归为序数词汇表达式。

第四，从语法手段的操作单位来说，只有数词词语、数字串、天干地支或外文字母的组合能力较强，数量较多，替换较自由，并且可以经过语法手段操作产生序数义，所以把它们看成是序数语法表达式的必有构成成分。

最后，大量的语料统计验证了数词词语、数字串、天干地支或外文字母是序数语法表达式的必有构成成分。由语法手段生成的序数语法表达式中大多数包含了整数词语，一部分结构中包含了数字串，少量结构中包含了小数、概数词语、外文字母、天干地支。例如"5.7 级地震、8.0 级地震"等包含小数词语的序数语法表达式使用范围窄，主要在科学领域使用。又如"甲等、乙级、A 等、B 级"等包含天干地支或外文字母的序数语法表达式使用范围也很窄，主要用于比赛、医疗单位、普通话、残疾、疾病等对象的等级划分。

（三）"某些语言成分"涵盖面广、概括性强

使用"某些语言成分"一语，是因为与数词词语、数字串、外文字母、天干地支结合的成分在形式和功能类型上具有多样性，它们可以是语素、词、短语，从词性上说可以是名词、量词、动词、形容词、助词、方位词等，我们无法使用一个具体的概念来概括，而"某些语言成分"涵盖面广、概括性强，包括了能进入序数语法表达式的所有成分。至于具体是哪些语言成分，将在后文详细讨论。

（四）序数义是序数语法表达式的基本语义

序数义是一种比次序义外延更小、内涵更丰富的语义，它包括数量性、序列性。数量性是指序数也是一种数，属于数量范畴。数量范畴主要用数词来表达，所以序数也主要用数词来表达。但数量范畴也可以不用数

词来表达，例如"若干""无数"类的词和"本本""人人"类的重叠形式都能间接表示数量，天干地支和外文字母在一定语境下也能表达数量，具有一定的数量性，如"甲级""A 等"分别指第一级、第一等。序列是指按次序排好的系列，序列性是指两个以上的事物形成系列，并且事物之间具有次序关系。

4.1.2 序数语法表达式的判定标准

我们主要依据序数的语义构成基础和序数表达式构成手段的差异，采用形式与语义相结合的办法分层来判定序数语法表达式，并且由于序数语法表达式的类别比较多，各类别的典型性差异又比较大，我们还对特殊情况做出规定或说明：

标准一：用"（在 X 中）次序是第几""（在 X 中）次序是几""（在 X 中）排行第几"类的疑问形式提问。

标准二：与一定语言单位组合的表数成分只能是数词词语、数字串、天干地支、外文字母，并且能被同类成分替换。

标准三：不是由缩略手段构成的简化形式。

相关规定与说明：

说明一：标准一是语义标准，只有符合标准一的才是序数表达式，才有资格进入下一个标准中进行核查。

说明二：标准二是形式标准，用于进一步缩小序数表达式的范围，排除序数词汇表达式。其中，天干地支本身就已经包含了表示时间次序的词汇义，当它与一定的语言单位组合时，若表示时间次序，则是序数词汇表达式；若表示非时间类的次序，则是序数语法表达式。纯粹的整数词语、数字串、天干地支、外文字母表示序数时，没有运用语法手段，这是序数词汇表达式。

说明三：标准三是形式标准，用于排除序数缩略表达式。

说明四："前五位、后六位、上一个、下一只"类的表达式比较特殊，所包含的数词词语不能表示次序，但表达式能整体表示固定次序，其中"前五位、上一个"类的表达式表示在序列中排在第一，"后六位、下一只"类的表达式表示在序列中排在最后。

采用以上三个标准和四条说明，目的是使序数语法表达式的判定更为准确。运用标准一可以把范围限定在序数表达式中。例如"三个学生"

"四间教室"只能用"多少"提问，不能用"在学生中次序是第几""在教室中次序是第几"提问，则这类表达式被排除在序数表达式之外。下面的表达式都可以通过标准一的核查：

　　A. 第一　表五　图1-2　南十字α　三点钟　五班长　二一七房间　甲等　A级　下一杯

　　B. 四军医大　二产　大二　神六　三小　十一五计划　内二科　民一庭　二甲　甲A

　　C.（排名分别是）十一、十五、十六　（分别住在）三零一、四零二、五零三

　　D. 冠军　孟春　戊戌头等　首项　大儿子　元月　正月　长子　次日　翌日　小舅

　　但只有A组和B组表达式能通过标准二的筛选，其中的表数成分是数词词语、数字串、天干地支、外文字母，并且能被同类成分替换。C组表达式的表数成分是数词词语、数字串等，但它们没有与其他语言单位通过语法手段组合。D组表达式中不包含数词词语、数字串、天干地支、外文字母，它们的表数成分是词汇性成分，被同类成分替换的能力要弱些，如"冠军"中的"冠"是词汇性表数成分，只能被"亚、季、殿"有限的替换。

　　通过标准三的核查，我们可以进一步排除序数缩略表达式。上面B组表达式的表数成分都是数词词语、天干地支、外文字母，但它们是由缩略手段构成的简化形式，所以虽然可以看作是特殊的语法表达式，但严格地说与语法表达式还是有区别。

4.1.3　与相关现象的区分

　　汉语中有些结构与序数语法表达式在一定程度相似，但两者的本质不同。从外延上进一步了解序数语法表达式，并与一些疑似结构进行比较，有助于深刻认识序数语法表达式的内在本质。

（一）包含表时成分的节日、事件、工程、机构、建筑名称

　　汉语中经常用包含表时成分的结构来给节假日、历史事件、工程、计划、机构、建筑等命名。例如：

A. 包含表时成分的节日名称

三八妇女节、五一劳动节、五四青年节、六一儿童节、八一建军节、十一国庆节

B. 包含表时成分的事件名称

五四运动、五卅运动、十月革命、二七大罢工、七七事变、八一南昌起义、六三政变、五·二〇血案、五一二汶川地震、一二·九戏曲节、七五打砸抢烧事件、九一三事件、九一一恐怖事件、五七指示、七·二一指示、九二共识、八七会议

C. 包含表时成分的工程名称

863 计划、985 工程、211 工程

D. 包含表时成分的机构、建筑名称

五七干校、七二一大学、八一电影制片厂、八一钢铁厂、八一队、七一纺织厂、二七区、五一百货大楼、五一路、八一路

E. 其他包含表时成分的名称

三八红旗手、五四奖章、五四青年标兵、八一勋章

这些名称中都包含了具有序数义的表时成分，这些成分大多数是具体的月份和日期，如"七七事变""九一一恐怖事件"中表时成分分别指七月七日、九月十一日。有些是具体的年份和月份，如"863 计划""985 工程"中表时成分分别指一九八六年三月、一九九八年五月。少数是具体的年份，如"九二共识"中表时成分指一九九二年。另外，有些名称中的表数成分只有部分数词表示时间，如"211 工程"是指面向二十一世纪重点建设一百所大学，"21"代表二十一世纪，是序数性成分，"1"代表"一

百所大学"，不表示时间，不是序数性成分。

上述 A 组的表时成分表示节日时间，B 组的表示事件发生的时间，C 组的表示工程、计划提出、制定或实现的时间，实际上这三组结构是用与节日或事件、计划、工程相关的时间来命名。随着使用时间的推移，这三组结构中有些表时成分的语义逐渐专门化、固化，从而可以单说，如"五四""985"可以分别独立于"五四运动""985 工程"单说。有些表时成分还发生语义转移现象，"八一"可以转指中国人民解放军，如"八一电影制片厂""八一礼堂"，"三八"可以转指妇女，如"三八红旗手"。D 组、E 组利用表时成分的固化语义或转指语义来给事物命名。

序数语法表达式的语义特征之一是序列性，序列性具体体现在由不同成员构成一个系列，并且系列成员之间具有次序关系。但"五四运动""985 工程""五七干校"等并没有序列性，也就是说这些结构并未与其他结构组成具有次序关系的系列，例如不存在以下说法：

*五五运动、*五六运动、*五七运动

*九八六工程、*九八七工程、*九八八工程

*五八干校、*五九干校、*六〇干校

上述 A-D 组都包含了表示时间的序数性成分，但这些表时数词词语或数字串在结构中只是一种区别符号，它们的作用在于区别此类节日、事件、工程、机构、建筑与彼类节日、事件、工程、机构、建筑，这些名称不具有序列性，所以它们不是序数语法表达式。

（二）包含主要起指代作用的天干地支、外文字母的结构

天干地支有时可以表示序数，如"甲等、乙等、甲级、乙级"，但是有时不具有严格的序数义，而是具有很强的代词性，主要起指代作用。例如"甲和乙打官司"，其中"甲、乙"指代某些人。所以有些包含天干地支的结构不具有序数义，主要起分类指代作用。例如：

（2）志国：五毛钱还让二叔写借条儿啊，（凑上）真是……兹有甲方贾志新为联系业务特向乙方贾圆圆，暂借交通费人民币五毛（笑）……（《我爱我家》）

（3）如<u>学生甲</u>能经常帮助同学，大公无私，乐于助人，为人诚恳正直；而<u>学生乙</u>却经常占小便宜，不愿帮助同学，自私自利，学习也不刻苦，并且经常向家长、老师及同学撒谎。（《儿童的心理世界——论儿童的心理发展与教育》）

例（2）中把借钱者和被借者分别称代为"甲方""乙方"，例（3）中表现好的学生称为"学生甲"，表现差的学生称为"学生乙"。实际上把借钱者称为"乙方"，被借者称为"甲方"，把表现好的学生称为"学生乙"，表现差的学生称为"学生甲"也未尝不可。这两组包含天干地支的结构不具有序数义，从结构本身我们并不知道借钱者和被借者、表现好的学生和表现差的学生的排序情况，它们主要用于分类指代，区别此方与彼方、此学生与彼学生，所以这两组结构都不是序数语法表达式。

外文字母有时可以表示序数，如"A 等、B 等"分别指第一等、第二等，但有时不具有严格的序数义，而是具有很强的代词性，主要起指代作用，所以有些包含外文字母的结构不具有序数义，主要起分类指代作用。例如：

（4）柳青远走高飞北师大，玲玲分配到<u>A 县</u>医院，叶芸则分到<u>I 县</u>剧团，淑华即将赴沪学习新式织布操作法。（《佳作 2》）

（5）翻开今年该校学生寒假通知书，除<u>A 面</u>是校方统一提供的《致家长的一封信》，<u>B 面</u>内容各班均不一样。（《人民日报》2006.01.25）

例（4）、（5）中"A 县、I 县""A 面、B 面"并没有表示排序，不具有序数义，它们所起的作用只是分类指代，区别此县与彼县、此面与彼面，所以这两组结构都不是序数语法表达式。

当然，还有一些包含天干地支、外文字母的结构，在有些语境中具有序数义，但是在有些语境中不具有序数义，只具有指代性。例如"（晋升为甲级队）甲组""（甲级联赛）A 组"都具有序数义，是序数语法表达式；"（实验分）甲组、乙组""（中美两队抽签后分别分在）A 组、B 组"都不具有序数义，不是序数语法表达式。

4.2　序数语法表达式里的数词

序数语法表达式对部分数词及数词的义项有一定的选择，对整数词语和数字串、数字的书写形式也有一定选择，下文分别讨论数词"一"的义项及分工、数词"几"的义项及分工、数词"二"与"两"的分工、整数词语和数字串、数字的书写形式。

4.2.1　数词"一"的义项及分工

数词"一"的使用频率相当高，义项也很多，这里列举几种主要的（参见《现代汉语词典》2012：1521～1522），例如：

A. 最小正整数。

B. 表示同一。如"咱们是一家人""你们一路走""这不是一码事"。

C. 表示另一。如"番茄一名西红柿"。

D. 表示整个；全。如"一冬""一生""一屋子人""一身的汗"。

E. 专一。如"一心一意"。

F. 表示动作是一次，或表示动作很短暂，或表示动作是试试的。如"笑一笑""看一眼"。

G. 用在动词或动量词前面，表示先做某个动作（下文说明动作结果）。如"一脚把它踢开""他在旁边一站，再也不说话"。

H. 与"就"配合，表示两个动作紧接着发生。如"一请就来""一说就明白了"。

I. 一旦、一经。如"一失足成千古恨"。

"一"的义项很多，并且有一定的分工，例如"一楼的人都出来了、一厂的职工都去了"中，若"一"指"最小正整数"，则"一楼、一厂"是指"第一楼、第一厂"；若"一"不表示数量，则"一楼、一厂"是指"全楼、全厂"。就序数表达而言，其中的表数成分"一"只能指"最小正整数"，如"一点钟、（三点）一刻、一师、一公司"。

4.2.2　数词"几"的义项及分工

数词"几"有两个义项，《现代汉语词典》（2012：609）的解释是：

A. 询问数目（估计数目不太大）。如"来了几个人?""你能在家住几天?"。

B. 表示大于一而小于十的不定的数目。如"几本书""十几岁"。

就序数表达而言,其中的表数成分"几"只能是第一个义项,如"第几个、几月"。

4.2.3 数词"二"与"两"的义项及分工

数词"二"有两个义项,《现代汉语词典》(2012:345~346)的解释是:

A. 一加一后所得的数目。

B. 两样。如"不二价""不二法门"。

C. 不专一。如"二心""三心二意"。

数词"两"有三个义项,《现代汉语词典》(2012:811)的解释是:

A. 一个加一个是两个。

B. 双方。如"两便""两全其美"。

C. 表示不定的数目,和"几"差不多。如"过两天再说""他真有两下子"。

就序数表达而言,其中的表数成分"二""两"均只能是第一个义项,而且两者在用法上有一定分工。朱德熙(1982)、方绪军(2000)、刘月华等(2001)等对两者的区分有详细研究,这里以序数、基数的区分为出发点,以"二""两"的分布为主线,具体介绍两者的分工。

(一)在名词性成分前

"数 + 量 + 名"结构在现代汉语中具有普遍性,但也存在一些"数 + 名"结构,如"三兄弟、两千座位、七昼夜、十三亿人民"。一般来说,"数 + 名"结构中用"两"表示基数,如"两夫妻、两兄弟、两国、两地、两公司"。用"二"既可能表示序数,又可能表示基数,但以表示序数居多,如"二妹、二女儿、二厂、二楼"都表示序数。请看下例:

(6)二原告提起诉讼,请求判令二被告将莫张氏交其赡养,由其负担生养死葬费用。(《人民日报》2004.07.21)

(7)《红河谷》的成功,不仅仅是一部电影的成功,同时,也是北京、上海二地电影人的一次成功的合作。(《作家文摘》1997,北大语料库》

上述例句中"二原告""二被告""二地"分别表示两个原告、两个被告、两个地方，显然都表示基数。

（二）在量词前

在度量衡量词前面，"二""两"均可使用，但有倾向性。一般在中国传统度量衡量词（如"斤、寸、丈"）前面倾向于用"二"，在新的度量衡量词（如"吨、公斤、公里"）前面倾向于用"两"，但在重量单位"两"前面只能用"二"。（参见刘月华等2001）如：

二斤	二寸	二丈	二升	二两
两吨	两公斤	两公里	两平方米	两公顷

在一般量词前面，一般用"两"表基数，如"两个、两件、两只、两名、两架、两次"，但"两点、两点钟、两时"等表示序数。若用"二"，则多数表示序数，如"二等、二级、二版、二类、二层、二号"，但也有少数表示基数，如"二位同志""新闻二则"等。

（三）其他位置

在以下几种位置上都用"二"：一是序数标记"第、老、初"等后面，二是序数表达式"X＋数"中，如"表二、图二"，三是数词表示列举项目或标题的次序。

另外，数数时要用"二"，如"一、二、三……"。在数词词语中，"十"前面只能用"二"，"百"前面可用"二"和"两"，"千、万、亿"前面多用"两"，如"二十、二百、两百、两千二百"。多位数的百位、十位、个位用"二"，如"三千二百二十二"。小数点前面用"二""两"都可以，小数点后面用"二"。分数中用"二"。有些固定结构中"二"和"两"不能替换，如"一刀两断、三长两断、二泉映月、一山不容二虎"。

至此，我们可以总结现代汉语数词系统中"两""二"表示基数和序数的分工。"两"有表示基数的倾向，但"两点、两点钟、两时"类的结构表示序数。"二"有表示序数的倾向，表示序数时一般只能用"二"。马庆株（1990）指出，"二"有发展为专门表示序数的倾向，表示基数的地盘正被"两"逐步占领。但是用"二"的结构不一定就表示序数，"二"的语义特征是［±次序］。整体而言，大多数"二＋量"结构表示序数，但"二 + 度量衡量词"、"二位"类的结构表示基数。多数"二 + 名"结构表示序数,但也有少数书面说法表示基数,例如"二地、二泉映月"。

4.2.4　整数词语与数字串

整数词语由系数词和位数词按十进制组合而成,能体现所有系位构造情况。数字串是指没有系位组合关系的一串数字,它是纯粹的编号,数量意义弱化。在读数字串时,不宜读为整数读法,而是按数字的出现顺序念读,其中的"一"有时读成"幺"。如:

整数词语	数字串
二千一百九十八	二幺九八
三千零六	三零零六

数词串与其他语言单位组合时,可以构成"数字串 + X""X + 数字串"两类结构,它们有三大用法:

第一种用法是与整数词语组合时,具有累计计数功能。如"356.214"中,小数部分就是数字串,它们表示数目。

第二种用法是称说不具有序数义的产品型号、事件、工程、计划等。如"三九胃泰、波音 777、东风标致 206、英雄铱金笔 610、九一八事件、九二共识、985 工程、211 工程、863 计划",根据序数和序数表达式的判定条件,它们不具有序列性,所以这类结构不是序数表达式,其中的数字串仅仅起区别功能,是一种区别性符号。

第三种用法是既有区别功用,又有排序定位功能。如"第二一五中学、一九九八年"分别指第二百一十五所中学、第一千九百九十八年,"二一五房"是指二楼十五号房间,"三一七国道"是指第三类国道中的第十七条,其中的数字串不仅具有区别功能,还具有排序定位功能。下文主要讨论数字串表示序数的用法:

数字串与相关成分构成"数字串 + 量/名""名/字母 + 数字串"等结构时,若排除数字串表示产品型号、事件名称、工程名称、计划名称等用法外,主要表示序数,如:

　　　　一二九师　　　三一二房间　　　三二一国道　　　一二四研究所

二三五号　　一九九五年　　九零幺路　　图 1 - 32

书面上，阿拉伯数字未显现其中的数字是否存在系位组合关系，只有在读数时或在语境中才能分辨出是数字串还是整数词语。例如"1456"不被念读或离开语境，我们无法知道各数字之间是否存在系位组合关系，也就是说无法分辨是数字串还是整数词语。例如在"阿拉伯数字 + 量/名"中，若能确定阿拉伯数字是不具有系位组合的数字串，并且排除数字串表示产品型号、事件名称、工程名称、计划名称等用法，则一般表示序数；若能确定阿拉伯数字是具有系位组合关系的整数词语，则不一定表示序数。例如：

表 4.1 "阿拉伯数字 + 量/名"表示序数的情况

用例	数字串	序数	整数词语	序数
523 栋	五二三栋	+	五百二十三栋	±
2009 年	二零零九年	+	两千零九年	±
330 次	三三零次	+	三百三十次	±
104 队	幺零四队	+	一百零四队	±
128 局	幺二八局	+	一百二十八局	±

（说明："+"指表示序数，"±"指表示序数和非序数两种可能）

从上表可见，数字串在一定范围内可作为区分基数、凸显序数的辅助手段，而整数词语不能当作区分基数、凸显序数的辅助手段。至此，我们可以总结出以下规律：

"阿拉伯数字 + 量/名"中，若阿拉伯数字表示的是数字串，排除数字串表示产品型号、事件名称、工程名称、计划名称等用法，"数字串 + 量/名"一般表示序数；若阿拉伯数字表示的是整数，则"数字串 + 量/名"不一定表示序数。

有些"数字串 + 量/名"的命名性很强，数量性和序列性很弱，其中的数字串实际上是一种区别性符号，用于区别此类对象与彼类对象。例如番号"三五九旅"具有很强的命名性，但它并不意味着"第三百五十九个旅"，也不意味着"三五九旅"前面必定有"一旅、二旅……三百五十八旅"，但是这些结构前面一般都能加专门性标记"第"，这说明它本身还是具有一点序数义。

　　另外，包含四个数字用于表示年份、班级届别的数字串，可简省成只包含两个数字的数字串，方法是保留后两个数字，如"一九九八年""（物理系）一九七七级""（政治系）一九九二届"可以简省为"九八年""（物理系）七七级""（政治系）九二届"。

4.2.5　数字的书写形式

现代汉语中，数字的书写形式有四种：

A. 汉字大写数字：零　壹　贰　叁　肆　伍　陆　柒　捌　玖　拾　佰　仟　万

B. 汉字小写数字：〇　一　二　三　四　五　六　七　八　九　十　百　千　万

C. 阿拉伯数字：0　1　2　3　4　5　6　7　8　9

D. 大写罗马数字：Ⅰ　Ⅱ　Ⅲ　Ⅳ　Ⅴ　Ⅵ　Ⅶ　Ⅷ　Ⅸ　Ⅹ　Ⅼ　Ⅽ　Ⅾ　Ⅿ

　　小写罗马数字：ⅰ　ⅱ　ⅲ　ⅳ　ⅴ　ⅵ　ⅶ　ⅷ　ⅸ　ⅹ　ⅼ　ⅽ　ⅾ

汉字大写数字是一种笔画比较繁复的写法，多用于商业、财会、金融等部门，人民币、债券、金融券上都使用大写数字，在填写支票、发票、财务账目、收付款凭证、合同等正式单据和文件时，涉及数目的，有些必须用大写数字，目的是防止篡改。从语料收集情况来看，汉字大写数字用于表示序数的频率相当低。

　　汉字小写数字使用范围相当广，很多表示序数的数字是用这种形式书写的。

　　阿拉伯数字是国际通用的数字，它具有笔画简单、结构科学、形体清晰、组数简短等优点。阿拉伯数字被广泛使用，但不能完全替代汉字数字，它只能与汉字数字并存并用，这就不可避免地产生了某些混乱，尤其是极易与汉字小写数字混淆。出于语言文字规范的需求，国家语委等中央七部门在1987 年 1 月 1 日联合发布了《关于出版物上数字用法的试行规定》，国家质量监督检验检疫总局、国家标准化管理委员会在 2011 年颁布了国家标准《出版物上数字用法》（GB/T 15835 - 2011）。这些规定对汉字数字和阿拉伯数字的使用有比较明确的、科学的分工，对社会有关方面产生了广泛的影响。当然我们应该承认，这两套数字体系的分工有时难免"剪不断，理还乱"，主要表现在：一是国家有关数字用法的合理规定未彻底贯彻，目前运用两套数字体系时仍然存在一些混乱；二是规定本身还存在一些问题和分歧；三是两套数字体系在使用上本来就有交叉，有些功能是兼具的。

罗马数字是古代罗马人的计数符号，共有七个基本符号，即 I、V、X、L、C、D、M，分别表示 1、5、10、50、100、500、1000。利用这些基本符号以及它们的组合，可以表示所有的正整数。目前，汉语书面语中应该怎样正确使用罗马数字，国家还没有制定明确的使用规范。一般，罗马数字的主要功能是表示序数。《中华人民共和国信息交换用汉字编码字符集基本集》（简称 GB 2312 ~ 1980）的第 02 区收录了 12 个大写罗马数字，而该区还收录了"1. ~ 20.""（1） ~ （20）""①~⑩""（一） ~ （十）"，并且在图形字符说明中把后四类都归入序号，可见，GB 2312 ~ 1980 默认罗马数字的功能是表示序数，充当序号。在汉语书面语中，罗马数字可用于表示书稿序言和目录的页码，章节的编号，期刊的卷数，电影、电视剧的集数、版本次序，事件次序，产品的开发代数，列举项目的次序，钟表上的时间等等。整体而言，罗马数字在书面语中使用频率不是很高，大多集中于使用前几个大写罗马数字，小写罗马数字的使用率较低。

由上可知，数字的书写形式中，除罗马数字一定表示序数，汉字数字和阿拉伯数字在表示基数和序数上并没有形成严格的分工和对立，而是呈现诸多交叉关系，所以我们在研究汉语序数时，汉字大写和小写数字、阿拉伯数字、罗马数字均纳入考察范围。

4.3　表达序数的语法手段与相应的语法表达式

邵敬敏（2000：5 ~ 6）指出，"语法形式可以分为显性语法形式和隐性语法形式两大类。汉语中显性语法形式是不多的，主要有虚词和语序；隐性语法形式较丰富，分布、组合、变换都属于隐性语法形式。"就序数表达而言，表达序数的专门性标记手段和语序手段都是显性的，我们把它们统称为强标记手段；句法、语义的限定手段是隐性的，我们把它称为弱标记手段。因此，汉语普通话中表达序数的语法手段包括两大类共三小类，即强标记手段和弱标记手段两大类，其中强标记手段包括专门性标记手段和语序手段。相应地，序数语法表达式包括两大类共三小类，即强标记式和弱标记式，其中强标记式包括专门性标记式和语序式。

4.3.1 专门性标记手段与专门性标记式

专门性序数标记是指具有序数标示作用、用于表示序数的词或词缀。利用专门性标记来标示序数，是汉语表达序数的重要语法手段之一。现代汉语中共有 13 个专门性序数标记，具体如下：

第	初$_2$	老$_2$	来	则	其
头$_2$	小$_2$	号①	前	后	上	下

这些专门性标记无论是实词还是虚词，实际上都发生了语法化，但语法化速度有快慢，虚实程度有高低，有的专门性标记虚化程度高，如"第、初$_2$、老$_2$、来、则、其"；有的虚化程度不高，如"头$_2$、小$_2$"；有的没有虚化，如"前、后、上、下"。

专门性标记在具体运用中也表现出很大差异，有些意义虚化，是附加性成分，具有很强的附着性，主要附着在数词词语上，如"第、初$_2$、老$_2$"；有的意义实在，是基本构成成分，具有很强的组配性，如"上、下、前、后"等。

有些专门性标记表示序数时不受任何限制，只要与数词词语组合就能表示序数，如"第、初$_2$、老$_2$"。有些专门性标记受到语境或搭配连用的限制，例如"号"只有在一定语境下才能与数词词语组合表示序数。又如"来"与数词组合表示序数时，必须是"一来""二来"等搭配连用才能表示序数。

从以上分析可知，不同专门性标记在虚化程度、组合性、受限性等方面存在差异，为了更清楚地了解现代汉语的专门性标记，我们可以依据这些特点对它们进行分类，具体的分类标准是：

A. 虚化程度。语义虚化程度越高，越接近语法标记；语义虚化程度越

---

① 有些学者认为"号"专门用于表示序数，例如张卫国（2004：186）指出，"现代汉语中，专门表示次序的词是'号'，如'第十二号'，'号'是个名词"。郭锐（2002：205）所建立的量词体系中，把"等、级、号"单列一类，称为编号量词（表示等级或编号单位）。我们在语料统计中发现，"号"与表数成分组合时，主要用于标示次序、编号，它有发展成典型的专门性标记的趋势，所以本书把它看作专门性标记。需要指出的是，"等、级"与表数成分组合时，没有出现主要表示序数的倾向，所以本书不把它们看作专门性标记。

低，越接近词汇标记。

B. 组合情况。语义虚化程度越高，越接近附加性成分，附着性越强；语义虚化程度越低，越接近组配性成分，组配性越强。

C. 表数成分替换能力。表数成分替换能力越强，能与越多的表数成分组合；表数成分替换能力越弱，越只能与少数表数成分组合。

D. 受限情况。包括不受限和受限两类情况。受限是指受到语境限制或者必须是同类表达式搭配连用。与之相反的是不受限，即任何情况下都可以表示序数。

根据以上四个参项，对现代汉语的专门性标记一一检验，得出一系列"特征束"，用这些"特征束"来界定专门性标记的不同类别，下表把这些"特征束"作形式化描写：

表 4.2　专门性标记区别特征分析表

专门性标记 \ 区别特征		语义虚化	附着性强	表数成分替换能力强	不受限
附着性语法标记	第	+	+	+	+
	初$_2$	+	+	−	+
	老$_2$	+	+	−	+
附着性准语法标记	来	+	+	−	−
	则	+	+	−	−
	其	+	+	−	−
附着性词汇标记	头$_2$	±	±	+	+
	小$_2$	±	±	−	+
组配性词汇标记	号	−	−	+	−
	前	−	−	+	−
	后	−	−	+	−
	上	−	−	−	−
	下	−	−	−	−

从上表可知，依据语义虚化程度、组合情况、表数成分替换能力、受限情况这四个参项，可以把专门性标记划分为以下四大类，相应地专门性标记式也划分为四大类：

（一）附着性语法标记与附着性语法标记式

附着性语法标记包括"第、初₂、老₂"，它们的语义已经虚化，在表达式中主要充当附加性成分，具有很强的附着性，所以把它们称为附着性语法标记。例如"第十"中"第"已经虚化，主要附着在数词"十"上。

"第、初₂、老₂"是词还是词缀，历来就有分歧，王力（1944/1985）、吕叔湘（1980）、朱德熙（1982）、黄伯荣和廖序东（2002）等认为"第、初₂、老₂"是词缀，邢福义（1996）、郭锐（2002）认为"第"是助词，马庆株（1995）认为"第、初₂"是序数助词，胡裕树（2002）、张斌（2002）、张谊生（2002）等认为"第、初₂、老₂"是助词。造成这些分歧的原因很多，一是助词和词缀的意义虚化，都具有附着性、缺乏独立性，这使两者的区分有一定难度；二是同一本教材中出现前后观点不一致的现象，在词汇部分认为"第、初₂、老₂"是词缀，在语法部分认为"第、初₂、老₂"是助词，这都源于同一教材的不同编写者缺乏统一认识。

尽管助词和词缀不容易区分，但从所附着的对象和所构成的语言单位来看，它们却是不同的。词缀所附着的对象是语素，所构成的语言单位是词。例如"刀子、瓶子、盖儿、亮儿、木头、苦头"中，"子、儿、头"是词缀，这些词缀附着在语素上构成新词。助词所附着的对象是词或短语，一般所构成的语言单位是短语。

从"第"的使用情况来看，它的语义虚化、具有附着性，既可以附着在数词前面，又可以附着在数词短语前面，如"第八""第三千五百三十九"中，"第"分别附着在数词"八"、数词短语"三千五百三十九"上。在一定条件下"第"可以隐匿，如"第十五、第十六""第二季度"隐匿"第"后分别变成"第十五、十六""二季度"，它们的基本语义未改变。而词缀一般不能隐匿，隐匿后语义可能会发生改变，如"刀子、瓶子、盖儿、亮儿、木头、苦头"隐匿词缀后，变成"刀、瓶、盖、亮、木、苦"，显然语义发生了改变。

依据以上特点，本书把"第"看成助词。"第"与"初₂、老₂"的语法功能具有一致性，应当把它们划为同一性质的单位。这样，"第、初₂、老₂"都可以看作助词。需要说明的是，我们不在助词与词缀的区分问题上过多纠缠，因为无论是划分为助词还是词缀，均不影响本书的结论。

附着性语法标记与数词词语、数字串组合构成的序数表达式就是附着性语法标记式，如"第三、初四、老五"。

（二）附着性准语法标记与附着性准语法标记式

附着性准语法标记包括"来、则、其"，它们的语义已经虚化，在结构中主要充当附加性成分，具有很强的附着性，而且它们组成的序数语法表达式均不能单独运用，必须相互依赖，按次序搭配连用。例如"则"与数词组合表示序数时，必须是"一则""二则""三则"等多个序数表达式搭配连用，以此构成序列，这体现了此类表达式强烈依赖于序列，这是受限性的一种体现，所以把它们称为附着性准语法标记。

附着性准语法标记与数词词语组合构成的序数表达式就是附着性准语法标记式，如"一来……二来……三来……""一则……二则……三则……""其一……其二……其三……"。

（三）附着性词汇标记与附着性词汇标记式

附着性词汇标记只包括"头$_2$、小$_2$"，它们已经有一定程度的虚化，但未完全虚化，同"第、老$_2$"等比较，还是具有一定的实在意义。

"头$_2$"主要指"次序在前的"，与本义"头部"相比，意义有一定程度的虚化，但还是具有一定的实在意义。

"小$_2$"主要用于表示排行。一方面，"小$_2$"与语义实在、能表示年纪大小的"小"相比，已经有一定程度的虚化，它既可以指称年纪大的人，也可以指称年纪小的人，但以指称年纪小的人为主。另一方面，"小$_2$"未完全虚化，还带有一定的实在意义，主要体现在表示排行时一般用于儿童和青少年，带有一点年纪小的意思。

正是由于语义有一定程度的虚化，这两个专门性标记在表达式中主要充当附加性成分，具有一定的附着性。依据语义未完全虚化和具有附着性这两个特点，本书把"头$_2$、小$_2$"称为附着性词汇标记。

附着性词汇标记与数词词语组合构成的序数表达式就是附着性词汇标记式，如"头三个、头五年、头十名、小二、小三、小四"。

（四）组配性词汇标记与组配性词汇标记式

组配性词汇标记包括"号、前、后、上、下"，它们仍具有较强的词汇义，是表达式的基本构成成分，具有很强的组配性，所以把它们称为组配性词汇标记。例如"二号""下一个"中"号""下"的语义都没有虚化，它们在表达式中充当基本构成成分，与数词词语或数量结构在序数语法表达式中的表义地位是平等的，所以具有组配性。另外，这类专门性标记表示序数时都受到限制，所以是不典型的专门性标记。

组配性词汇标记与数词词语、数字串组合构成的序数表达式就是组配性词汇标记式，如"一号、前三天、后十年、上一个、下一次"。

另外，书面上还借用非汉语书写符号作为专门性标记，包括"§、#、№、No.、no."，我们把它们统称为书写符号标记。书写符号标记与数词词语、数字串组合构成的序数表达式就是书写符号标记式，如"§1、2#、№3、No. 4、no. 5"。

4.3.2 语序手段与语序式

线条性是语言符号的特点之一，它制约着语言单位的出现次序，要求语言单位一个接一个地出现，这样形成语序。语序涉及多个语法结构或语法成分之间的位置关系，代表的是某些构成成分的出现次序，例如"数 + 量""形 + 名""动 + 名""副 + 动""名词 + 方位词"等。汉语中语序的不同有时会带来语法关系、语法意义的变化。

就汉语数量表达而言，数词词语等表数成分的常见位置是在量词、名词等前面，可以看作是无标记语序，例如"三个、四位、三姐、四公司"。与无标记语序相对的，是表数成分位于量词、名词等后面，这是有标记语序。后一种语序可以作为区分基数、凸显序数的手段，以此来构成序数表达式。请看下例：

> A. 基数：一个表　两个图　三条规则　四卷　五卷　六个链接
> 　　　　七个挑战
> B. 序数：表一　　图二　　规则三　　卷四　卷五　链接六
> 　　　　挑战七

上述 A、B 两组例子，在语义上的差异是 A 组表示基数，B 组表示序数；在语表上的主要差异是语序不同，A 组的数词均是前置的，B 组的数词均是后置的。这说明语序的不同可以用来区分基数、凸显序数。也就是说，序数表达式"X + 数"是利用表数成分后置的语序手段构成的，我们把这种语法表达式称为语序式，即利用与基数表达式不同的语序来表达序数的语法表达式。

4.3.3　弱标记手段与弱标记式

除了用专门性标记手段和语序手段构成的序数语法表达式，还有一类语法表达式也能表示序数，请看下例：

A. 序数：三月　　三女儿　　三中队　　三班　　三教室
　　基数：三个月　三个女儿　三个中队　三个班　三间教室
B. 序数：三姐　　三点钟　　三季度（三月）三日
　　基数：三姐妹　三小时　　三季　　三天

上述 A 组例句中，"三月"类的序数表达式与"三个月"类的基数表达式在语表上的差异是有无量词。"三月"等表示序数，"三个月"等表示基数，主要区分手段是数名组合时量词的有无，当数名组合不使用量词时表示序数，当数名组合使用量词时表示基数。B 组中，"三姐"类的序数表达式与"三姐妹"类的基数表达式在语表上没有显性差异，两者的表层形式都是"数 + X"。"三姐"等表示序数，"三姐妹"等表示基数，是靠数词"三"和"姐""姐妹"等词语在语法、语义上的双向选择与限制。也就是说，数词与"姐""点钟"类的词语组合，主要表示序数；数词与"姐妹""小时"类的词语组合，主要表示基数。

实质上，表达序数时词与词的组合都不是任意的，区分"三月、三姐"类的序数表达式和"三个月、三姐妹"类的基数表达式的手段可以概括为句法、语义的限定，这种限定体现在很多方面，例如数名结构中有无量词、数词词语对名词或量词的选择限制、同义词的分工、表示序数和基数时数目的读法不同、数目的大小，等等。

相对于专门性标记手段和语序手段来说，句法、语义的限定手段是隐性的，所以称为弱标记手段。

弱标记式是指利用弱标记手段，即句法、语义的限定来表示序数的语法表达式。如"二等奖、三时、四季度、五叔"。

从上面的分析可见，序数语法表达式包括两大类共三小类，即专门性标记式、语序式、弱标记式，下文依据不同标准划分出不同层次等级的次类：

第一层次的分类标准：序数语法表达式的构成手段。序数语法表达式的构成手段包括专门性标记手段、语序手段、弱标记手段，依据这三种构成手段划分出专门性标记式、语序式、弱标记式（"数①/数字串/干支/字母 + X"）。

第二层次的分类标准：专门性标记或表数成分的具体类别。专门性标记式可以依据专门性标记和表数成分的类别进一步分类，语序式和弱标记式可以依据表数成分的类别进一步分类。例如语序式可以划分为数词词语后置式"X + 数"、数字串后置式"X + 数字串"、干支后置式"名 + 干支、字母后置式"名 + 字母"四类。

由于有些序数语法表达式比较复杂，进行二次分类后，还可以进一步分类，所以还存在以下只针对部分次类的分类标准。

第三层次的分类标准：非表数成分的语法性质。例如语序式"X + 数"可进一步划分出"名 + 数""动 + 数""量 + 数""方位 + 数""字母 + 数"等次类。

最后，划分序数语法表达式的次类时，我们还考虑表示序数时是否受限。不同序数语法表达式表示序数的能力不一致，有的不受限制，例如"第一名、老三、初五、五月"。有的受到限制，这种限制有两种类型：

第一类限制：语境条件。有些语法表达式既可能表示序数，又可能表示非序数。也就是说，只有具备一定的句法、语义条件才能明确表示序数。例如"三等"既可能表示序数又可能表示非序数，分别指"第三等"或"共三等"。又如"三伏"既可能表示序数又可能表示非序数，分别指末伏或初伏、中伏、末伏的合称。

第二类限制：搭配连用。有些序数语法表达式表示事项或标题的次序时，必须与其他序数表达式搭配连用，以此形成序列。例如"数 + 则"表示事项次序时，"一则""二则"等必须搭配连用，这样才能形成序列，以此凸显它们的序数义。

有些序数语法表达式的次类有受限和不受限两类用法，形成受限与不受限的对立，我们把它们分别称为受限式和不受限式。有些次类只有受限用法，我们把它们称为受限式；有些次类只有不受限用法，我们在分类名称上不作标识。

---

① 这里的"数"是指数词词语，包括整数、小数、概数词语。

需要指出的是，有些序数语法表达式已经词汇化，例如"第一、一线、二线、一流、二流、三伏、一把手、二传手"，并且被收录进词典，但它们根本上是利用语法手段构成的，所以归入序数语法表达式。

4.4　专门性标记式

专门性标记式是指在表数成分上添加有序数标示作用的成分来表达序数的语法表达式。汉语普通话中有许多典型性不一的专门性标记，所以专门性标记式的类别比较多，具体分类如下图：

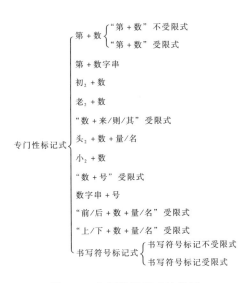

图 4.1　专门性标记式的类别

4.4.1　附着性语法标记式"第＋数"

汉语普通话中"第＋数"的使用频率非常高，它可以在语法结构中充当句法成分，也可以多项搭配连用，起语篇关联作用。下文依据是否受限划分为不受限式和受限式两大类。

4.4.1.1　"第＋数"不受限式

"第＋数"不受限式表示序数是不受限制的，它可以充当定语、状语、主语、宾语、谓语等句法成分。例如：

（8）他来到瑞昌市<u>第二</u>小学，看望孩子们，询问他们的学习生活情况。（《人民日报》2006.01.01）

（9）知识产权的保护只承认<u>第一</u>、不承认<u>第二</u>，技术创新成果的分享需要支付成本，核心技术和自主创新能力是买不来的。（《人民日报》2006.01.09）

（10）衡量收获大小自然要先看目标高低，大家都是练兵<u>第一</u>、名次<u>第二</u>，中美两队比法国队和挪威队的收获更为全面和丰富。（《人民日报》2006.01.24）

上述例句中，"第＋数"分别充当定语、宾语、谓语。有时候一定语境中可以隐匿一些成分，"第＋数"结构起着替代和指代功能。例（9）中"只承认第一，不承认第二"是指"只承认第一个，不承认第二个"，隐匿了量词"个"，例（10）中"练兵第一、名次第二"是指"练兵第一位、名次第二位"，隐匿了量词"位"。

4.4.1.2 "第＋数"受限式

"第一、第二、第三"等按次序搭配连用，或者和"首先、其次、再次、最后"等搭配连用，形成序列关系，表示连续列举或分述项目的次序。单独的一个"第＋数"无法形成序列，必须有多个结构搭配连用才能形成序列，以此凸显它们的序数义，所以可以把此类用法表达式的"第＋数"称为受限式。例如：

（11）他们说，<u>第一</u>，历史不是宗教。历史学家不接受教条，不向任何禁令低头；<u>第二</u>，历史不是道德。历史学家的作用不在于称颂什么还是宣判什么，而在于说明、解释；<u>第三</u>，历史不是时政的奴隶；<u>第四</u>，历史不等同于记忆；<u>第五</u>，历史不是法律的对象，确定历史真相既非议会、亦非法律的任务。（《人民日报》2006.01.17）

（12）<u>首先</u>是以人为本的理念。和谐社会是以人为本的社会，社会建设和社会管理也必须以人为本。……<u>第二</u>，共赢互利的理念。……<u>第三</u>，"增促社会进步、减缩社会代价"的理念。……<u>第四</u>，社会治理的理念。（《人民日报》2006.01.23）

上述例句中，"第一、第二、第三、第四、第五""首先、第二、第三、第四"搭配连用，形成序列，表示分述项目的次序。

4.4.2　附着性语法标记式"第＋数字串"

"第＋数字串"主要充当定语，和名词性成分组合构成"第＋数字串＋名"，还可以和量词组合构成"第＋数字串＋量"，如"第一二四中学、第三五九旅、第05号版本"。

4.4.3　附着性语法标记式"初$_2$＋数"

"初$_2$＋数"用于表示日期，其中"初$_2$"是附着性语法标记，数词只限于"一"到"十"。例如：

（13）据北京市气象部门预报，春节期间北京市有一次强冷空气活动，农历正月初三及后几天北京气温将明显下降。（《人民日报》2006.01.30）

另外，表示中学年级的"初一、初二、初三"，虽然与专门表示日期的"初$_2$一、初$_2$二、初$_2$三"同形，但实际上它们分别是"初级中学一年级、初级中学二年级、初级中学三年级"的缩略形式，这种用法的"初"意义很实在，它不是专门性标记。

4.4.4　附着性语法标记式"老$_2$＋数"

"老$_2$＋数"主要用于表示排行次序，其中"老$_2$"是附着性语法标记，数词只限于"二"到"十"。表示排行第一时，不是用"老一"，而是用"老大"（本书把"老大"看作序数词汇表达式，详见本书3.2.2.4.1节）。例如：

（14）老大叫雪天堂，老二叫雪明堂，老三叫雪星堂。（《小说月报》2006.05）

例（14）中，"老二"是指排行第二的人，"老三"是指排行第三的人。

4.4.5　附着性准语法标记式"数 + 来/则/其"①

"数 + 来/则/其"中，"来、则、其"的语义虚化，是附着性准语法标记。此类表达式用于表示连续列举或分述项目的次序，表示序数时受到限制，强烈依赖序列，必须是几个同类表达式搭配连用，这样才能形成序列，以此凸显它们的序数义，所以可以称为"数 + 来/则/其"受限式。例如：

（15）<u>一来</u>，可以帮你跑腿学舌端茶倒水，免得人家为你挂心惦念；<u>二来</u>他年龄又好，人又聪明，学啥都在火候趟头儿上。（《小说月报》2006.01）

（16）<u>一则</u>说明他敬业尽职，<u>二则</u>说明人事关系和谐。（方方《定数》）

（17）同时，西藏发展可再生能源还有其特殊意义：<u>其一</u>，青藏高原生态环境脆弱，利用石化能源面临巨大的环境挑战；<u>其二</u>，西藏的常规能源多由公路长途运输，煤炭每吨价格比内地高出 800 多元，每吨成品油价格高出 100 多元。（《人民日报》2006.01.12）

上述例句中，"一来、二来""一则、二则""其一、其二"分别指第一、第二。

4.4.6　附着性词汇标记式"头₂ + 数 + 量/名"

"头₂ + 数 + 量/名"中，"头₂"的意义未完全虚化，是附着性词汇标记，它用在数量或数名结构前面表示序列的首位。与"第/老₂/初₂ + 数"比较而言，前者表示的序数具有单体性（以单个个体为单位参与排序），而"头₂ + 数 + 量/名"表示的序数既可以是单体性的，也可以是多体性的（以多个个体为单位参与排序）。如：

（18）我一喊，枝儿<u>头一个</u>跑过来的……（陈建功、赵大年《皇城根》）

---

① "数 + 来/则/其"中，"来、则"位于"数"的后面，"其"位于"数"的前面。

（19）该市今年头三季度国民生产总值增长 18.3%，村以及村以上工业累计完成产值增长 36.3%，地方财政收入增长 26.3%。（《人民日报》1995.12.04）

上述例句中，"头一个"表示位于序列最前面的那个，它所表示的序数具有单体性。"头三季度"是指一年的前面三个季度，即第一、第二、第三季度，它所表示的序数具有多体性，是三个季度构成集合单位参与排序。

4.4.7 附着性词汇标记式"小₂＋数"

"小₂"与数词组合可以表示排行次序，一般用于儿童和青少年，但也可以用于年纪大的人。"小₂"与"老₂"不同，"老₂"表示排行次序时语义已经虚化，但"小₂"表排行次序时语义并未完全虚化，还带有一点年纪小的意思，所以"小₂"是附着性词汇标记。"小₂＋数"中，数词只限于"二"到"十"，而且数词可以儿化。例如：

（20）隔壁儿，西屋，老余家，小二，小时候他们管我叫小二德子，小二德子的。（《编辑部的故事》）

（21）小张：听说他们家小三儿都能下地拾麦穗了！（《我爱我家》）

上述例句中，"小二"是指排行第二的人，"小三儿"是指排行第三的人，数词"三"儿化。

与表示排行次序的"小₂＋数"同形的还有两种缩略形式，一种是小学一年级到六年级的缩略式"小一、小二、小三、小四、小五、小六"，另一种是汉字字号"小四号、小五号"等的缩略式"小四、小五"等。这两种缩略式与表排行次序的"小₂＋数"只是同形形式，缩略式中"小"的语义很实在。

4.4.8 组配性词汇标记式"数＋号"

"数＋号"主要有三类用法，一是计算人数或买卖成交的次数；二是表示种类数量；三是表示事物的次序、编号或农历每月的日期。具体用例分别如下：

（22）我们当初设想的是每平方米 25 元，人家出的这个价让村里的几百号泥水匠都很服气。（《人民日报》2006.01.10）

（23）早年间我们唱大鼓的也属江湖行当，祖师爷传下来的行当也有我们海户这一号，梅青湖照四大门我什么不知道啊？（《我爱我家》）

（24）随着中国神华能源股份公司浙江国华宁海电厂 2 号机组日前建成投产，我国电力装机容量突破 5 亿千瓦。（《人民日报》2006.01.04）

（25）别的事在 29 号我还一无所知，到了 30 号上午，我在门口就被人叫走了，被叫到训导部里听了一上午不着边际的训。（王小波《未来世界》）

上述例句中，前两例表示基数，"几百号"表示人的数量，"一号"表示种类数量；后两例表示序数，"2 号"是指第二号，"29 号""30 号"分别指一个月的第二十九、第三十天。

从所收集的语料来看，"数 + 号"的第一、二种用法的使用频率相当低，仅 22 例，第三种用法有 731 例。这说明"数 + 号"既能表示基数又能表示序数，但主要功能是表示序数，"号"有发展成现代汉语典型专门性序数标记的趋势，所以我们把"数 + 号"从下文要介绍的序数语法表达式"数 + 量"中划分出来单独立类，称为"数 + 号"受限式。

4.4.9　组配性词汇标记式"数字串 + 号"

由于"号"有发展成典型的专门性序数标记的趋势，与"数 + 号"的处理方法一样，我们把"数字串 + 号"从下文要介绍的序数语法表达式"数字串 + 量"中划分出来单独立类。

"数字串 + 号"表示序数时一般不受限制，从所收集的语料来看，这种表达式主要用于文件、命令、批复、通知、船只等事物的编号，例如"四二五号（决议）、三一五号（房间）、二九五号（档案）"。

4.4.10　组配性词汇标记式"前/后 + 数 + 量/名"

"前/后 + 数 + 量/名"中，"前、后"的语义没有虚化，是组配性词汇标记。这类表达式主要用于表示空间或时间，在一定语境下才能表示序数，所以可以称为"前/后 + 数 + 量/名"受限式。进入"前/后 + 数 + 量/名"的数词不受限制，例如：

（26）根据第一次全国经济普查和 2005 年<u>前三个季度</u>的数据，权威人士认为，"十五"的 GDP 年均增速将超过 9%，明显高于"九五"年均增速 8.3%。（《人民日报》2006.01.04）

（27）但也有例外，如上海地铁目前使用的车次号由 5 位数组成，<u>前 3 位</u>为列车识别符，<u>后 2 位</u>为目的地符，目的地代表列车的运行终点站。（何宗华、汪松滋、何其光《城市轨道交通运营组织》）

例（26）中"前三个季度"是指一年中最前面的三个季度，即第一、二、三季度。例（27）中"前 3 位""后 2 位"分别指序列中最前面三位和最后面两位，从上下文来看，实际上是把序列划分为两部分，"前 3 位""后 2 位"间接指序列的第一部分和第二部分。

4.4.11 组配性词汇标记式"上/下 + 数 + 量/名"

"上/下 + 数 + 量/名"中，"上、下"的语义没有虚化，是组配性词汇标记。这类表达式主要用于表示空间或时间，在一定语境下才能表示序数，所以可以称为"上/下 + 数 + 量/名"受限式。进入"上/下 + 数 + 量/名"的数词大多数是"一"，有时也可以是"两"，例如：

（28）守株的农夫天天守在那棵树旁，等待<u>下一只</u>匆忙的兔子。他等啊等啊，等了无数个日月，等到自己胡子都白了，也没有等到第二只兔子。（云弓《IT 新传奇》，《故事会》2009 年第 9 期）

（29）在 2002~2006 年欧盟第六个框架研究计划中，对氢能和燃料电池研究的投资为 2500 万~3000 万欧元，比<u>上一个框架计划</u>提高了 1 倍。（《人民日报》2006.01.20）

例（28）中，"下一只"表示第二只，因为结合上下文语境来看，"下一只匆忙的兔子"就是指下文的"第二只兔子"。例（29）中，"上一个"表示第五个，因为结合上下文语境来看，"上一个框架计划"是指第六个框架研究计划前面的一个计划，即第五个框架研究计划。

4.4.12　书写符号标记式①

书写符号标记式是指现代汉语书面语中，借用№、No.、no.、§、#②等非汉语的书写符号标记构成的语法表达式。书写符号标记只能用在阿拉伯数字前后，构成"书写符号标记 + 数/数字串"或"数/数字串 + 书写符号标记"，包括不受限式和受限式两类。

4.4.12.1　书写符号标记不受限式

书写符号标记不受限式中，阿拉伯数字前面主要使用编号符"№"，有时还会借用英语单词 number 的缩写形式"No.""no."，这类表达式在表示序数时不受限制。例如：

（30）图 8.8 表示，在父图 No.0 上的子任务 P 和 Q 均已分解出对应的两个子图：No.1 和 No.2。（郑人杰《实用软件工程》）

（31）曹宪志，许可证合同的价格问题，中国专利，1986，№5，pp. 25～26。（曾鹏飞《技术贸易实务》）

例（30）中"No.0"是指第一个（母图），它的表数成分是"0"，这比较特殊，一般数词"0"不能进入序数语法表达式中，我们所收集到的语料中也仅见此例。"No.1、No.2"分别指第一个、第二个（子图）。例（31）中"№5"是指期刊的第五期。

4.4.12.2　书写符号标记受限式

阿拉伯数字前面使用节符号"§"，构成"§ + 阿拉伯数字"，可以表示书籍、文章的章节编号，但必须是多个同类表达式搭配连用。阿拉伯数字

---

① 书面上，"Ⅰ.……Ⅱ.……"是罗马数字带圆点，"1.……2.……"是阿拉伯数字带圆点，"①……②……"是阿拉伯数字带空圆，"（一）……（二）……"是汉字小写数字带小括号，这些都是序数性书写符号，能表示连续列举或分述项目的次序，属于纯粹用数字构成的序数词汇表达式。这种序数词汇表达式与书写符号标记式不同，前者的数字和圆点、空圆、小括号不存在语法组合关系；后者的数字和书写符号存在语法组合关系，所以把前者归为序数词汇表达式，后者归为序数语法表达式。

② 《中华人民共和国国家标准信息交换用汉字编码字符集基本集》（简称 GB 2312～1980）中，"№"被称为编号符，"§"被称为节符号，"#"被称为数码符号。

后面使用数码符号“#”（汉语通常以其外观称它为“井号”或“井字”），构成“阿拉伯数字 + #”，可以表示序数，但并不是所有使用“#”的表达式都能表示序数，如“90#、93#、97#汽油”分别指含有 90%、93%、97% 异辛烷的汽油，这三个表达式都不表示序数。以上两类表达式在表达序数时都受到一些限制，所以可以称为书写符号标记受限式。例如：

（32）§1.1 地球科学
§1.2 海洋科学的发展史
§1.3 中国的海洋科学（冯士筰、李凤岐、李少菁《海洋科学导论》）

（33）石龙路 SB 进站信号机显示白色灯光车场出场调车进路排妥、信号开放后，车场列车由出场线出场，经石龙路站8#、10#道岔运行至石龙路站上行站线。（何宗华、汪松滋、何其光《城市轨道交通运营组织》）

例（32）中“§1.1”“§1.2”“§1.3”分别指书籍的第一章第一、二、三节，例（33）中“8#”“10#”分别指第八号、第十号（道岔）。

4.5　语序式

语序式是指利用与基数表达式不同的语序来表达序数的语法表达式。汉语普通话中，基数表达式的表数成分通常是前置的，利用语序手段构成的序数表达式中表数成分（数词词语、数字串、干支、字母）都是后置的。依据表数成分的类别，可划分为四大类，具体分类如下图：

- 语序式
  - X + 数
    - 名 + 数
    - 动 + 数
    - 量 + 数
    - 方位 + 数
    - 字母 + 数
  - X + 数字串
    - 名 + 数字串
    - 字母 + 数字串
  - “名 + 干支”受限式
  - 名 + 字母
    - “名 + 字母”不受限式
    - “名 + 字母”受限式

图 4.2　语序式的类别

4.5.1　数词词语后置式"X+数"

能进入"X+数"中充当 X 的主要有名词、动词、量词、方位词、字母，据此，"X+数"又可以划分为"名+数""动+数""量+数""方位+数""字母+数"等次类。

4.5.1.1　名+数

"名+数"中，非表数成分是名词或名词短语，表数成分是数词词语，前者主要有以下几类：

A. 图表、资料、作品。如：图、彩图、站前折返图、表、附表、附件、附录、曲线、例、实例、练习、习题。

B. 思想内容、行为动机。如：公理、公设、公式、定律、新意、属性、策略、方案、方式、操作步骤、操作、途径、过程、扩散过程、原因、实验、动作。

C. 时间。如：星期、周、礼拜。

D. 事物。如：十字架（星座名）、参宿（星座名）、血管紧张素、限制性内切酶、固溶体、内科。

E. 称谓。如：患者、中年妇女。

"名+数"中，以抽象名词居多，个体名词相当少，可以说"名+数"对个体名词，尤其是空间性很强的个体名词有很强的排斥性，如不能说"铅笔一、电视二、刀子三、足球四、自行车五、树六"。请看下例：

（34）在创制天文仪器方面，我国古代天文学家也作出了杰出的贡献，创造性地设计和制造了许多种精巧的观察和测量仪器（见彩图一）。（贾荷陵《简明天文学》）

（35）瓶颈二：慈善机构募捐能力较弱，动员社会资源的能力较差。（《人民日报》2006.01.25）

上述例句中，"彩图一"是指第一个彩图，"瓶颈二"是指第二个瓶颈，这两个表达式的构成成分"彩图""瓶颈"都是名词，数词"一""二"都位于名词后面。

在书面上，有些"名+数"的表数成分是罗马数字，或者是带有空圆的阿拉伯数字、带有小括号的汉语小写数字等，GB 2312~1980 规定这些都是序数性书写符号（详见本书 4.2.5 节）。可见部分"名 + 数"利用语序手段表达序数时，书面上也可以利用序数性书写符号来凸显序数。例如：

（36）包括目标软件远销德国的《天骄Ⅱ》，登陆了澳大利亚市场的游戏蜗牛的《航海世纪》在内，我国游戏开发企业向海外输出的原创网络游戏数量已经达到 10 余款。（《人民日报》2006.01.10）

（37）策略（七）称为"保持自我"，如"努力不让别人知道自己的感受"，"努力不与别人交往"，以及"不让别人知道事情有多严重"，等等。（王登峰、张伯源《大学生心理卫生与咨询》）

（38）图①：工作人员在展示拍卖的爱心毛衣。（《人民日报》2006.01.16）

上述例句中，"天骄Ⅱ"的表数成分是罗马数字"Ⅱ"，"策略（七）"中数字"七"带了小括号，"图①"中数字"1"带了空圆，它们都是序数性书写符号。

4.5.1.2　动 + 数

"动 + 数"中，非表数成分是动词或动词短语，表数成分是数词词语。这类表达式比较少，实际上，进入表达式的动词性成分已经体词化了。请看例句：

（39）链接一　专家教您放鞭炮……
　　　链接二　烟花爆竹分四级……
　　　链接三　北京烟花爆竹限放时间……（《人民日报》2006.01.16）

（40）挑战一，欧盟成员国百姓与欧洲政治家之间的政治互信亟需重建；挑战二，根植于欧洲本土的恐怖主义需要得到有效遏制；挑战三，民族融合政策值得反思；挑战四，欧盟吸收 10 个新成员国后出现的"消化不良"亟待找到良方；挑战五，新一轮东扩之后欧盟核心力量构建迫在眉睫……这些挑战中哪一个都不容易得到轻松解决。（《人民日报》2006.01.06）

上述例句中，"链接""挑战"都是动词，但动词性很弱，"链接一、链接二、链接三"分别指第一、二、三个链接，"挑战一、挑战二、挑战三、挑战四、挑战五"分别指第一、二、三、四、五个挑战。

4.5.1.3 量+数

"量+数"中，非表数成分是量词"卷"，表数成分是数词词语。这种表达式的使用频率很低。现代汉语中书籍、文章卷次的常见表示方法是"第+数+卷"，"量+数"常用于古书的引用或介绍。例如：

（41）"……诗之措辞不必副乎意，犹酒之尽变米形，饮之则醉也。"（《围炉诗话·卷一》），吴修龄先生将意（内容）比喻为米。（《人民日报》2006.01.24）

（42）在明代茅元仪的《武备志》卷133中，记载有一种叫做"火龙出水"的火箭，已是一种两级火箭。（阴法鲁、许树安《中国古代文化史（三）》）

上述例句中，"卷一""卷133"分别指第一卷、第一百三十三卷，其中的非表数成分是量词"卷"。

4.5.1.4 方位+数[①]

"方位+数"中，非表数成分是单音节方位词"左""右"，表数成分是数词词语。这种表达式主要表示空间位置的排序，它以方位词来确定序列的空间方向，以数词词语表示具体次序。例如：

（43）大英博物馆主席约翰·薄毅德先生（右一）、大英博物馆东方部副主任白珍女士（右二）与王书平（左）一起展示画作《腾飞》。（《人民日报》2006.01.24）

（44）"四川杰出创新人才奖"获得者、四川移动通信的带头人李华（左二），成为人们关注的对象。（《人民日报》2006.01.18）

---

① "方位+数"有些缩略的痕迹，像是"方位+第+数+量"缩略而来的，但后者很少见或很少与"方位+数"在语篇中同现，并且不属于高频使用的固定短语，所以本书不把"方位+数"处理为缩略式。

例（43）中"右一""右二"表示右边第一个、右边第二个，例（44）中"左二"表示左边第二个。

4.5.1.5　字母＋数

"字母＋数"中，非表数成分是字母，表数成分是数词词语。当字母所指事物可以划分为不同类别时，后面的数词词语用于表示不同类别的编号或次序。这种表达式常用于命名，是一种大名冠小名的命名方法。例如：

国际标准纸张尺寸（ISO 216）

A0	A1	A2	A3	A4	A5	A6	A7	A8	A9	A10
B0	B1	B2	B3	B4	B5	B6	B7	B8	B9	B10
C0	C1	C2	C3	C4	C5	C6	C7	C8	C9	C10

以上是国际标准化组织 ISO 216 国际标准中规定的 A、B、C 三组纸张的不同类型，以 A0、B0、C0 纸为起点，从大到小依次给不同大小的纸张编号命名。又如：

（45）然后就顺序进行，从 M2 到 M3，到 M4，直到 M5。（王小波《未来世界》）

（46）4∶30　实况足球：2006 年中国四国女足锦标赛（挪威—中国）CCTV－5（《人民日报》2006.01.20）

例（45）中"M2""M3""M4""M5"分别指排在第二、第三、第四、第五的被检查人，例（46）中"CCTV－5"是指中央电视台第 5 频道。

4.5.2　数字串后置式"X＋数字串"

能进入"X＋数字串"中充当 X 的主要是名词和字母，据此，"X＋数字串"可以划分为"名＋数字串"和"字母＋数字串"两类。

4.5.2.1　名＋数字串

"名＋数字串"中非表数成分是名词性成分，表数成分是数字串。它常用于表示多层序数，如：

（47）<u>图 1 - 32</u>　直拍正手快搓（代红、齐朝勇、胡永强《乒乓球 羽毛球 网球》）

（48）大学生中性心理活动现象非常普遍，而其中出现性意识困扰的比率也相当高（见<u>表 11.1</u>）。（王登峰、张伯源《大学生心理卫生与咨询》）

上述例句中，名词后面的表数成分是数字串，"图 1 - 32"可以读为"图一杠三二"，是指第一章中的第三十二个图，"表 11.1"可以读为"表一一点一"，是指第十一章中的第一个表，这两个用例都包含了两种序数，两种序数之间有包容和被包容的关系。

4.5.2.2　字母 + 数字串

"字母 + 数字串"中，非表数成分是字母，表数成分是数字串。这类表达式常用于命名，例如：

我国国道主干线的命名格式为：G + 三个阿拉伯数字。一般该表达式中的阿拉伯数字之间不具有系位组合关系，"G"是"国"字的汉语拼音首字母。第一个数字表示国道的类别，1、2、3 分别表示以北京为中心的放射线国道、南北纵线国道、东西横线国道。第二、三个数字表示国道的排列编号，以北京为中心的放射线国道是以正北方向开始按顺时针方向升序编排，南北纵线国道是由东向西升序编排，东西横线国道是由北向南升序编排。如"G201、G202、G203"分别表示第二类国道中由东向西的第一、第二、第三号线。

我国铁路系统常用"字母 + 数/数字串"编排列车车次，如"T201"是指特快第 201 次列车，字母"T"是"特"字的汉语拼音首字母。需要说明的是，列车车次中的表数成分是数词词语还是数字串，在口语中是有一定条件的：

当列车车次是四位数时，口语中按数字出现次序一个一个地读，则表数成分是数字串。例如"G1044"是指高速动车第一零四四次列车，其中字母"G"是"高"字的汉语拼音首字母。

当列车车次是两位或三位数时，口语中既可以按数字出现次序一个一个地读，也可以按系位组合去读。例如"Z37"是指直达特快第 37 次列车，其中字母"Z"是"直"字的汉语拼音首字母，若口语中读成"Z 三七"时表数成分是数字串，读成"Z 三十七"时表数成分是数词词语。"K598"是指快速第 598 次列车，字母"K"是"快"字的汉语拼音首字母，若口语中读成"K 五九八"时表数成分是数字串，读成"K 五百九十八"时表数成分是数词词语。

需要指出的是，给国道、列车车次命名的"字母 + 数字串"，在口语中这些字母也可以直接读成所代表的汉字，如"Z37"可以读成"直 37"，"K598"可以读成"快 598"。

4.5.3　干支后置式"名 + 干支"

"名 + 干支"中，表数成分是天干地支，非表数成分是名词或名词短语。天干地支具有代词性，常用于指代对象，所以有些"名 + 干支"主要用于分类指代，但是在一定语境下也可以表示序数，可以称为"名 + 干支"受限式。如：

　　（49）晚饭后作家甲和乙来到朱小芬的房间，他们是来跟她谈稿子的。（夏民利《中国当代历届"获奖作品佳作"丛书（一）》）
　　（50）其中主星甲的目视星等 1.39 等，伴星乙为 1.86 等。（王林英《十万个为什么》）

例（49）中"作家甲和乙"是对两位作家的一种指代，其序数义非常弱，甚至没有。例（50）中"主星甲""伴星乙"是依据星星的亮度排列出来的次序，具有一定的序数义。

4.5.4　字母后置式"名 + 字母"

"名 + 字母"中，表数成分是拉丁字母、希腊字母等，非表数成分是名词或名词短语。这类表达式比较少，包含不受限式和受限式两类。

4.5.4.1　"名 + 字母"不受限式

有些"名 + 字母"表示序数是不受限制的，如"星座名 + 希腊字母/拉丁字母"，这是一种恒星命名法，一般它是依据恒星在星座中的亮度等

级，从亮到暗依次用字母来命名，星座中最亮的星为 α，其次为 β，再次
为 γ，依次类推。命名时，先用希腊字母，当希腊字母用完后，就用小写
拉丁字母，然后用大写拉丁字母。如"小犬 α、小犬 β"分别指小犬座中
第一、第二亮的星。"南十字 α、南十字 β、南十字 γ、南十字 δ"分别指
南十字座中第一、第二、第三、第四亮的星。

当然，给恒星命名的时代科技水平还不高，无法精确测量恒星的亮
度，所以从现代科学角度来看，能体现亮度等级的"星座名 + 希腊字母/
拉丁字母"也有一些例外，有些星座中，α 星未必就是亮度最大的那一
颗星。例如"猎户座 α"实际上比"猎户座 β"的亮度等级低，这是因
为给它们命名时无法测量其精确亮度，只好按从上到下的空间顺序来
排列。

另外，还有些"星座名 + 希腊字母/拉丁字母 + 数"，其中的表数成分
有两个，一个是希腊字母或拉丁字母，另一个是数词词语。这类包含两个
表数成分的表达式只用于双星或聚星中子星的命名，所以我们不再单设一
类，只在这里附带介绍。例如"网罟 ζ^1、网罟座 ζ^2"分别指网罟 ζ 中第
一、第二亮的星，"猎户 π^1、猎户 π^2、猎户 π^3、猎户 π^4、猎户 π^5、猎户
π^6"分别指猎户 π 中第一、二、三、四、五、六亮的星。

4.5.4.2 "名 + 字母"受限式

由于字母具有代词性，常用于指代对象，所以有些"名 + 字母"主要
用于分类指代，但是在一定语境下也可以表示序数，其中表数成分由字母
充当。例如：

(51) 男人 A：怎么回事儿？她跟你离，你跟她离呀。
　　男人 B：我跟她离了。(《在纽约》)
(52) 比如，在图 3 - 13 中，图 (a)、(b) 和 (c) 是等价的，
它们代表着同一个程序结构。(郑人杰《实用软件工程》)

例 (51) 中"男人 A""男人 B"是对两个人的指代，序数义很弱，
甚至没有。例 (52) 中"图 (a)、(b) 和 (c)"表示序数，是指第一、
二、三个图，这是按空间位置排列的次序。

4.6　弱标记式

弱标记式是指利用句法、语义的限定来表达序数的语法表达式。它包括四大类，具体分类如下图：

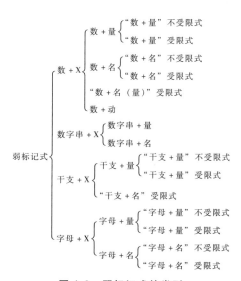

图 4.3　弱标记式的类别

4.6.1　弱标记式"数 + X"

能进入"数 + X"的非表数成分 X 主要是量词、名词、名量兼类词，还有少量动词，所以"数 + X"可以划分为四个次类。

4.6.1.1　数 + 量

（一）"数 + 量"不受限式

马庆株（1990）依据量词是否具有次第义，把量词划分为序量词和基量词，序量词具有次第义，基量词不具有次第义。实际上，很多序量词的语义特征都不稳定，既可以表示序数又可以表示基数，也就是说很多量词都是序量、基量兼类。为了方便后文称说，我们借鉴马庆株（1990）提出的"序量词""基量词"这两个术语，但是赋予它们新的概念内涵。本书的序量词是指进入"数 + 量"后只能表示序数不能表示基数的量词，如"三点钟、八时"中的"点钟、时"。基量词是指进入"数 + 量"后只能表示基数不能表示序数的量词，如"一个、三只"中的"个、只"。进入"数 + 量"后既可能表示基数又可能表示序数的量词称为基序兼类量词，如"一等、三级"中的"等、级"。

我们考察了吕叔湘（1980）《现代汉语八百词》、郭先珍（1987）《现代汉语量词手册》、何杰（2000）《现代汉语量词研究》中名词、量词搭配表，发现能进入"数 + 量"不受限式的序量词相当少，仅"时、点钟、流、世"等量词，如：

（53）是没有问清谁将在凌晨四时走完最后的路。（毕淑敏《预约死亡》）

（54）他醒来时，窗外已是灰蒙蒙的，大概有四点钟光景。（王小波《未来世界》）

上述例句中，"四时""四点钟"都指一天的第四个小时，其中的"时""点钟"都是序量词。

（二）"数 + 量"受限式

有些"数 + 量"可能表示序数，也可能表示基数，也就是说，只有在一定语境下才能明确表示序数，所以可以称为"数 + 量"受限式。进入这类表达式的量词都是基序兼类量词，请看下例：

（55）①他记得自己是在盖四层的时候从脚手架上摔下来的。（《小说月报》2006.03）

②那是一家大型百货商场，有四层楼都营业，各层之间有电动滚梯相通，但只有向上时滚梯在动，向下的滚梯一律停开。（刘心武《缺货》）

（56）①这就是1972年7月7日人民日报五版上关于尼克松总统在记者招待会上讲话的那条新闻。（《人民日报》2006.01.08）

②本报讯市场报明年一月一日起由对开四版改为对开八版。（《人民日报》1996.10.28）

例（55）、（56）的①中，"四层"是指第四层，"五版"是指第五版。
②中，"四层"是指四个楼层，"四版""八版"分别指共有四版、共有八
版。显然，"数＋层""数＋版"表示序数时都受到限制。

依据所收集的语料，并结合吕叔湘（1980）《现代汉语八百词》、郭先
珍（1987）《现代汉语量词手册》、何杰（2000）《现代汉语量词研究》中
名词、量词搭配表，我们发现基序兼类量词相当多，具体如下（按量词所
计量对象的语义来分类）：

A. 计量作品。如：页、卷、回、版。

B. 计量建筑物。如：层、栋、排、道、条、段。

C. 计量集合性的人、事物或者事件。如：套、台、期、代、次、届、
回、度。

D. 计量等级。如：等、级、类、档。

E. 计量时间。如：年、日、分、秒。

同"数＋量"不受限式比较，"数＋量"受限式表示序数的用例非常
多，进入受限式的量词以"等、级、类、层、年、日、点、分、期、次、
届"等居多，请看下例：

	序数	基数
三等	三等公民	分为三等
三级	三级甲等医院	省、市、县三级政府机构
三栋	住在三栋	有三栋楼房
20 年	公元20 年	距今20 年
八日	腊月八日	住了八日

"数＋量"主要用于计量事物，表示基数，但是在一定条件下也能表示
序数，它表示基数还是序数一般不会产生混淆和引起歧义，这是因为有一系
列的手段来分化基数和序数，具体的分化手段将在后文详细分析。

4.6.1.2　数＋名

"数＋名"具有较高的指称性，能构成事物名称。例如：三儿子、二
姐、二表哥、二姨夫、二师哥、二老板、二班长、四班、五年级、十四中
学、三医院、一棉纺织集团公司、六分公司、一市话局、二集团、二系、

九农场、六居委会、一分区、八纵队、九大队、二马路、二桥、三楼、二单元、五门、44 斋、三产业、三季度、二十年代、十五世纪。"数 + 名"所构成的名称主要有称谓名称、机构名称、地域名称、建筑名称、场所名称等，这些名称一般都是系列性的，例如"一分公司、二分公司、三分公司、四分公司""一季度、二季度、三季度、四季度"。

（一）"数 + 名"不受限式

进入"数 + 名"不受限式的名词性成分主要有以下几类：

第一类：称谓类

A. 亲属称谓。如：儿子、女儿、闺女、姑娘、妞儿、丫头、媳妇、儿媳妇儿、姑爷、哥、哥哥、姐、姐姐、弟、弟弟、妹、妹妹、姐夫、妹夫、嫂、表哥、姑、姑姑、姑夫、伯、伯母、叔、婶、舅、舅妈、舅母、姨、姨夫、爷、奶奶、娘、太太、姨太、老婆。

B. 职位、社会身份称谓。如：连长、排长、班长、小姐、少爷、师傅、师兄、师弟、师姐、师妹。

第二类：机构群体、地域区划类①

A. 单位机构。如：中学、党校、分校、医院、厂、分厂、药厂、机床厂、公司、分公司、冶金建设公司、集团、工程局、市话局、分场、院、系、农场、车间。

B. 群体组织。如：支部、分会、总队、大队、小队、中队、支队、区队、纵队、联队、年级。

C. 地域区划。如：区、分区、社区、地委、村。

第三类：建筑、场所类。如：食堂、国道、街、巷、桥、标段、楼、单元、门、斋、房间、室、教室、寝室。

第四类：具体实物类。如：公交车、信箱、柜台。

第五类：时间类。如：世纪、年代、年度、财政年度、纳税年度、季度、月、月份。

第六类：抽象事物类。如：产业、频道。

---

① 有些"数 + 社会机构"类的表达式明显是序数缩略表达式，例如"国棉一厂"是指"国营第一棉纺织厂"，本书把这类归入序数缩略表达式中。有些"数 + 名"没有明显的缩略痕迹，可以看作"数"和"名"的直接组合，如"宁海县塑料九厂""广州中药一厂"，所以本书把这类归入序数语法表达式中。

上面的名词性成分与数词词语组合构成的"数 + 名",只要不是出于特殊表达的需要,并且数词不是专用基数词时,总是表示序数。"数 + 名"中,称谓类和机构群体、地域区划类的名词性成分最常见,如:

(57) 大儿子和<u>二儿子</u>生的也是儿子,只有老儿子得了个闺女,所以母亲很是稀罕小越,见了小越就爱搂一搂,亲一亲。(《小说月报》2006.03)

(58) 往西过了<u>二食堂</u>,院最深处还有一幢和我们楼一模一样的<u>23 楼</u>。高洋杨丹家住那楼。(王朔《看上去很美》)

上面例句中,"二儿子""二食堂""23 楼"分别指第二个儿子、第二食堂、第二十三号楼,表达式中"儿子""食堂""楼"都是名词。

(二)"数 + 名"受限式

有些"数 + 名"既可能表示序数,又可能表示基数,也就是说,只有在一定语境下才能明确表示序数,所以可以称为"数 + 名"受限式。为了便于比较,我们把表示序数和基数的用例分别列出来,①表示序数,②表示基数。如:

(59) ①乔迈取意于荞麦,原为一种成熟短、产量不高的北方作物,往往被农家用于救灾救急时播种,东北农村有谚曰:"一伏萝卜二伏菜,<u>三伏</u>才是种荞麦。"(《作家文摘》1995,北大语料库)

②长得是挺一般,说他是国家恋爱队的是因为他那种专业态度:冬练三九,夏练<u>三伏</u>,时不时自己把自个集训一下,就为了一旦上场,攻必克,战必胜——关山平。(王朔《给我顶住》)

上述例句的①中"三伏"是指第三伏,②中"三伏"是指初伏、中伏、末伏的合称或从初伏第一天到末伏第十天的一段时间。显然,"三伏"在①中表示序数,在②中表示基数。又如:

(60) ①由江泽民总书记奠基、铁道部大桥局<u>三处</u>承建的我国首座现代化大型悬索桥——海湾大桥日前在汕头竣工。(《人民日报》1995.12.23)

②一个大劲儿，喀嚓一声，肩、肘、腕三处关节一起响，感觉脱了环儿，英勇负伤。（王朔《看上去很美》）

名词性成分"处"具有多义性，既可以指"机关单位"，又可以指"地方"。例（60）的①中"三处"是指机关单位第三处，②中是指三个地方。显然，"三处"在①中表示序数，在②中表示基数。"数 + 名"受限式还有很多，如：

	序数	基数
三春	农历三月称为三春	春季三个月称为三春
三冬	农历十二月称为三冬	冬季三个月称为三冬
五更	现在五更了	一夜分五更
五环	北京市五环路	奥运五环标志

整体而言，"数 + 名"的不受限式要远远多于受限式，所以"数 + 名"倾向于表示序数。需要指出的是，现代汉语中存在一些表示基数的"数 + 名"：

一是古代汉语用法的保留。数词词语直接用在名词性成分前面充当定语，在语义上强调整体性，如"一针一线、四小龙、七昼夜、两兄弟、两婆媳、三室一厅"。其中有些表示集体或成对的事物，不适合用量词，有些可以添上量词。例如"两千座位、翻了一山又一山"。

二是名词性成分前面的数目比较大时，经常不使用量词，如"十三亿中国人民、十万儿童"。

三是一些特殊结构。这些特殊结构表示数量时受到严格的限制，例如"另一类型、后一阶段"中数词限于"一"，"四大名旦、十大名牌"中名词性成分前要用"大"。

相对而言，"数 + 名"表示序数时受到的限制要少些，这种用法的使用频率相当高。邢福义（1996）指出，现代汉语数量系统的基本面貌是"数不离量，量不离数"。数词一般不与名词性成分直接组合，表示事物数量的最基本用法是"数 + 量 + 名"，但该表达式表示序数受到限制。而有些"数 + 名"表示序数时强烈排斥量词，表达式中一旦插入量词，就不能表示序数。请看下例：

序数	基数	序数	基数
三儿子	——三个儿子	五班长	——五位班长
九分区	——九个分区	三医院	——三个医院
四大队	——四个大队	三年级	——三个年级
三　楼	——三层楼	三季度	——三个季度

从上面例句可见，"数 + 名"表示序数时，排斥量词。有些"数 + 名"类的弱标记式中添加量词后，不再表示序数。

4.6.1.3　数 + 名（量）①

"数 + 名（量）"中，数词词语后面的成分是名量兼类词，一般作名词时表示序数，作量词时不一定表示序数，所以这类表达式必须依据语境才能明确表示序数，可以称为"数 + 名（量）"受限式。这类表达式的用例不多，为了便于比较，我们把表示序数和基数的用例分别列出来，①表示序数，②表示基数。如：

（61）①一个女人急切地说："陈医生叫你马上去，八床昏迷了，问你昨天怎么给的药。"（王朔《过把瘾就死》）

②冰箱彩电录像机音响全自动洗衣机，不锈钢厨房用品，抽油烟机，高级缎面绣花被八床捍成一座小山包。（池莉《太阳出世》）

（62）①林正书想到战士们整个夏天都没有闻到水果香味，就把西瓜均匀地切成 27 块，让通信员去叫在附近施工的二排战士。（《人民日报》1995.12.11）

②教堂礼拜厅为拱顶建筑，面积约 300 平方米，厅内摆着几十排木制长凳，可同时容纳 1000 人做礼拜。（《人民日报》1996.11.27）

③而在柏林爱乐音乐厅，买一张小泽征尔指挥的柏林爱乐乐团演奏的交响乐门票，13 排中间——应该说接近最好的了，43 欧元，相当于一个德国教授工资的 1/100。（《人民日报》2006.01.11）

---

① "数 + 名（量）"中，数词词语后面的成分是名量兼类词。"数 + 量/名"中，数词词语后面的成分是量词或者名词。

例（61）、（62）的①中，"八床""二排"都表示序数，"八床"是指八号床，其中"床"是名词；"二排"是指军队的编制单位第二排，其中的"排"是名词。②中，"八床""几十排"都表示基数，其中的"床""排"都是量词。③中"13 排"是指在空间序列中排在第 13 位的那排，其中的"排"是量词。又如：

	序数	基数
三局	铁道部三局	下了三局棋
三所	环卫三所	三所房子
三队	刑警三队	中日韩三队人马

上述例句中，若数词词语后面的成分是名词，则表示序数；若是量词，则不一定表示序数。

4.6.1.4　数 + 动

从所收集的语料来看，"数 + 动"的用例相当少，能进入这种表达式的动词性成分仅"审、传"等。如：

（63）专门印制的"图书质量卡片"上有图书的字数、差错情况、一审、二审、三审、校对人员的名字等内容。（《人民日报》1995.12.07）

（64）在排球队中，主攻一般不参与防守，所以主攻的一传、拦网和防守能力普遍较差，这也是以往辽宁队强攻突出，而防守差的直接原因。（《人民日报》2006.01.16）

例（63）中"一审、二审、二审"是指对书刊报纸等印刷品进行第一次、第二次、第三次审查。另外，"一审、二审"还有成词的用法，成词的"一审、二审"是名词，专用于指法院对诉讼案件的第一级、第二级审判。例（64）中"一传"是指排球运动中第一次传球。

4.6.2　弱标记式"数字串 + X"

"数字串 + X"中，充当 X 的成分主要是量词和名词，所以可以把

"数字串 + X"划分为"数字串 + 量""数字串 + 名"两类。

4.6.2.1 数字串 + 量

"数字串 + 量"中,表数成分是数字串,非表数成分是量词。一般这种表达式表示序数时不受限制,例如:

一九八次（列车） 一零六六次（列车） 一一三栋（宿舍）
二零一二年 一九九八年 九八年
二零零六级（学生） 九九级（研究生） 八二届（本科生）

4.6.2.2 数字串 + 名

"数字串 + 名"中,表数成分是数字串,非表数成分是名词。这种表达式可以称说不具有序数义的产品型号、事件、工程、计划等,如"九一八事件、985 工程、211 工程、863 计划"。排除以上用法,则一般都能表示序数。例如:

一四三中学 五三五医院 七零二研究所 一三六信箱
一二七师 三六八团 三五九旅 三一七国道
四零三宿舍 三一二教室 二一七房间 五三八路[①]（公交车）

4.6.3 弱标记式"干支 + X"

能进入"干支 + X"充当表数成分的主要是天干地支中排在前几位的词,如"甲、乙、丙"等。充当非表数成分 X 的主要是量词或名词,这里把"干支 + X"结构划分为"干支 + 量""干支 + 名"两类。

4.6.3.1 干支 + 量

（一）"干支 + 量"不受限式

能进入"干支 + 量"不受限式的量词常是"等"和"级",请看下例:

---

① 路,《现代汉语词典》（2012：845）的释义之一是："名词,路线。三路进军、17 路公共汽车。"

（65）消费者应到具备整形外科手术条件的三级<u>甲等</u>医院进行整形手术，术前仔细阅读医院手术知情同意书，填写保存企业提供的产品临床应用协议书（"三联单"）。（《人民日报》2006.01.06）

（66）去年选择来海南春训的<u>甲级</u>球队有16支，而今年前来海南的中超和中甲球队已经接近20支，其中11支集中在金鑫足球训练基地。（《人民日报》2006.01.04）

例（65）、（66）中，"甲等""甲级"都指在序列中的等级是第一。"干支＋等/级"常用于表示体育比赛、单位、事物的等级，如"甲级联赛、三级甲等医院、甲等奖学金、普通话二级甲等、甲级战犯"。

（二）"干支＋量"受限式

天干地支具有代词性，常用于指代对象，除了"干支＋等/级"表示序数不受限制，很多"干支＋量"主要用于分类指代，只有在一定语境下才能表示序数，所以可以称为"干支＋量"受限式。为了便于比较，我们把表示基数和分类指代的用例分别列出来，①表示序数，②表示分类指代。如：

（67）①据了解，香港的消费物价指数分为<u>甲类</u>、<u>乙类</u>、<u>丙类</u>，分别根据较低、中等和较高开支范围的住户的开支模式编制而成。（《新华社2004年新闻稿》，北大语料库）

　　②与词类活用相关的是词的兼类问题，一般认为，活用是指属于<u>甲类</u>的词，在特定的条件下，按照一定的语言习惯灵活用做<u>乙类</u>的词，在句中临时改变其语法功能，词义也随之发生了变化。（《语言学论文》，北大语料库）

例（67）的①中，"甲类、乙类、丙类"是指消费物价指数从低到高的次序，所以它们是序数表达式。②中，"甲类、乙类"仅仅指代不同类别的词，不能表示次序，所以不是序数表达式。

4.6.3.2　"干支＋名"受限式

"干支＋名"主要用于分类指代，但是在一定语境下也能表示序数，所以可以称为"干支＋名"受限式。进入此表达式的名词性成分常是"班、区、式、队、小队"等。为了便于比较，我们把表示序数和分类指代的用例分别列出来，A 组表示序数，B 组表示分类指代。如：

（68）①今年 4 月 24 日晚 22 时许，中国石油化工股份有限公司山西运城石油分公司半坡油库<u>甲区</u> 6 号大型储油罐发生特大火灾，造成直接经济损失 325 万元。（《新华社 2004 年新闻稿》，北大语料库）

②但是，"身份"平等了，人们的"权利"并没有平等，即便是城市户口与城市户口还有着不同的分量，一个城市之中，<u>甲区</u>与<u>乙区</u>的户口往往也有着不同的"含金量"！（《江南时报》2007.04.04）

例（68）的①中"甲区"与文中未出现的"乙区、丙区"等在空间位置上存在次序关系，能体现某区域的次序和序列位置，所以"甲区"能表示序数。②中，"甲区、乙区"仅仅指代不同的区域，不能表示次序，不是序数表达式。

4.6.4　弱标记式"字母＋X"

能进入"字母＋X"充当表数成分的主要是字母表中排在前几位的字母，如"A、B、C""α、β、γ"等，非表数成分是量词或名词，这里把"字母＋X"划分为"字母＋量""字母＋名"两类。

4.6.4.1　字母＋量

（一）"字母＋量"不受限式

能进入"字母＋量"不受限式的量词常是"等"和"级"，请看下例：

（69）据他讲，该机的 27 项技术指标，全都达到电子工业部部

颁标准中的A等，故该机有27A之别称。（《人民日报》1998.03.09）

（70）假设我们将仿品分为 ABC 三个等级，那么，这些坤包可以达到A级品。（《人民日报》2006.01.11）

例（69）中"A等"是指技术指标的等级是第一，例（70）中"A级"是指仿品的等级是第一。这种表达式常用于表示体育比赛、单位、事物等的等级，如"A级赛事、A级电影节、A等品、A级车"。

（二）"字母＋量"受限式

字母具有代词性，常用于指代对象，除了"字母＋等/级"表示序数不受限制，很多"字母＋量"主要用于分类指代，只有在一定语境下才能表示序数，所以可以称为"字母＋量"受限式。为了便于比较，我们把表示序数和分类指代的用例分别列出来，①表示序数，②表示分类指代。如：

（71）①新模式将付汇单位按信誉度高低分为 A、B、C、D 四类，同时将结算方式按其风险性分为不同类别，两者挂钩，实行不同的结算方式。A 类单位可办理各种付汇业务；B 类单位可办理除预付款 90 天以上到货和超比例……（《人民日报》2001.12.11）

②根据两年来的实际情况和今后科普工作发展的需要，2004 年度设立的项目有 A、B 两大类。其中，A 类为科普出版和大众媒体科普宣传，B 类为科普研究、科普展览、科普宣传品和科普教材。（《人民日报》2004.06.09）

例（71）的①中"A 类、B 类"是按信誉度对付汇单位做的分类排序，能体现单位信誉度的高低和在序列中的位置，所以是序数表达式。②中"A 类、B 类"仅仅是分类指代科普工作，不表示序数，所以不是序数表达式。

4.6.4.2 字母＋名

（一）"字母＋名"不受限式

"字母＋名"不受限式比较少，常用于星星、射线的命名，能进入这种表达式的名词性成分常是"星、射线"等。如：

> （72）在《郑和航海图》中，从苏门答腊往西途中所经过的地点，共有64处当地所见北辰星（即北极星）和华盖星（即小熊星座β星、γ星等八颗星）地平高度的记录，这是航海中利用了天文定位法的明证。（阴法鲁、许树安《中国古代文化史（三）》）
>
> （73）核辐射，指放射性原子核发射α射线、β射线、γ射线或中子。（《现代汉语词典》2012：527）

例（72）中"β星、γ星"是指小熊星座中亮度为第二、第三的星星。例（73）中"α射线、β射线、γ射线"是按射线发现时间先后命名的射线名称[①]，它们间接表示了序数。

（二）"字母＋名"受限式

除了"字母＋星/射线"表示序数不受限制，很多"字母＋名"主要用于分类指代，它们只有在一定语境下才能表示序数，所以称为"字母＋名"受限式。进入这种表达式的名词性成分常是"班、区、式、队、小队"等。为了便于比较，我们把表示序数和分类指代的用例分别列出来，A组表示序数，B组表示分类指代。如：

> （74）①订A区12排6号，电脑显示出在这个位置观看比赛的视觉图，真有一种身临其境的感觉。（《人民日报》1995.03.13）
>
> ②例如，某市有若干个区，其中A、B两区相距五十公里（参见图3.24），A区有丰富的铁矿资源，并准备建一纺织厂，B区计划建设钢铁厂和棉纺厂职工宿舍（a图）……（郑人杰《实用软件工程》）

例（74）的①中，"A区"与文中未出现的"B区、C区"等在空间位置上存在次序关系，能体现某区域的在序列中的次序，"A"也具有一定的数量性，所以"A区"是序数表达式。②中，"A区、B区"仅仅是分类指代不同区域，它们不是序数表达式。

---

① 参见阎康年（1987：52~62）《卢瑟福与现代科学的发展》，科学技术文献出版社。

4.7 序数语法表达式的基本特征

4.7.1 形式多样化

序数语法表达式主要运用专门性标记、语序和弱标记手段构成，它的类别比较多，依据构成手段可以分为三大类，各类又可以根据构成成分的不同划分出若干次类。具体如下：

A. 专门性标记式包括以下次类：附着性语法标记式"第 + 数""第 + 数字串""初$_2$ + 数""老$_2$ + 数"，附着性准语法标记式"数 + 来/则/其"，附着性词汇标记式"头$_2$ + 数 + 量/名""小$_2$ + 数"，组配性词汇标记式"数 + 号""数字串 + 号""前/后 + 数 + 量/名""上/下 + 数 + 量/名"，书写符号标记式。

B. 语序式包括以下次类：数词词语后置式"X + 数"、数字串后置式"X + 数字串"、干支后置式"名 + 干支"、字母后置式"名 + 字母"。

C. 弱标记式包括以下次类："数 + X""数字串 + X""干支 + X""字母 + X"。

可见，序数语法表达式的类别相当多，表示序数的语法形式呈现多样化。

4.7.2 不同表达式有不同分工

现代汉语序数语法表达式类别丰富，专门性标记比较多，尤其值得关注的是，不同表达式存在明确的分工或倾向性的分工，具体表现在：

专门性标记式各司其职，"第 + 数"表示一般序数，"数 + 号"既可以表示日期，又可以表示编号，而"初$_2$ + 数"只能表示时间，"老$_2$/小$_2$ + 数"只能表示排行，"数 + 来/则/其"只能表示连续列举或分述项目的次序。

就"数 + 名/量"表示序数和基数的功能来看，"数 + 量"主要用于计量，主要功能是表示基数。"数 + 名"倾向于表示序数，表达式中排斥量词，若加入量词，就会改变表达式性质。就序数表达式而言，"数 + 名"以不受限式为主，受限式比较少；"数 + 量"以受限式为主，不受限式相当少。也就是说，不受限的"数 + 名/量"中，充当非表数成分的以名词性成分为主，量词非常少；受限的"数 + 名/量"中，充当非表数成分的以量词为主，名词性成分非常少。这些规律同表达式表示序数和基数的倾向性分工是一致的。"数 + 量"的主要功能是表示基数，所以表示序数时受限式居多，不受限式少。"数 + 名"的主要功能是表示序数，所以表示序数时不受限式居多，受限式少。由此，我们总结出一些倾向性规律：

基数：数 + 量　　>　　数 + 名

序数：数 + 名　　>　　数 + 量

上述序列是指表示基数时"数 + 量"优于"数 + 名"，表示序数时"数 + 名"优于"数 + 量"。

4.7.3　不同表达式的典型性不一致

不同的序数语法表达式，在典型性上存在差异。一般而言，序数语法表达式的序数范畴化程度越高、所分布的语体越广、使用频率越高，就越典型；序数范畴化程度越低、所分布的语体越窄、使用频率越低，就越不典型（详见本书5.2.2节）。

从序数范畴化程度来看，越是专门用于表达序数的语法手段或语法表达式，范畴化程度越高，典型性越高；越是可以表达非序数的语法手段或语法表达式，范畴化程度越低，典型性越低。大多数专门性标记仅用于表达序数范畴，所以专门性标记式的序数范畴化程度很高，典型性也比较高。构成语序式的语序手段、构成弱标记式的句法语义限定手段都不是专门用于表达序数范畴的，它们还可以表达其他范畴，所以语序式和弱标记式的序数范畴化程度比较低，典型性也比较低。

从所分布的语体来看，序数语法表达式所分布的语体越广，典型性越高；所分布的语体越窄，典型性越低。专门性标记式和弱标记式所分布的语体比较广，在口语语体和书面语体中的分布频率都比较高，所以典型性较高。语序式主要分布在书面语体中，所以典型性较低。

从使用频率来看，序数语法表达式的使用频率越高，典型性越高；使用频率越低，典型性越低。在1400万字的现代汉语语料中，专门性标记式、弱标记式、语序式的出现频率分别是26850例、16035例、4116例，这说明专门性标记式的典型性比较高，语序式的典型性比较低。

综上所述，可以排出三大序数语法表达式的典型性序列：

专门性标记式 ＞ 弱标记式 ＞ 语序式

使用频率高————————————————→ 低

典型性高 ————————————————→ 低

上述序列中，"＞"左边的序数语法表达式，其典型性要高于"＞"右边的序数语法表达式。专门性标记式是最典型的语法表达式，弱标记式次之，语序式是最不典型的。

4.7.4　专门性标记丰富，标序能力有级差

现代汉语的专门性序数标记相当多，如"第、初$_2$、老$_2$、来、则、其、号"等。不同专门性标记标识序数的能力有强弱之分，呈现出层级性："第、老$_2$、初$_2$"的语义虚化，具有附着性，标记序数时不受限制，标序能力最高。"来、则、其"和"头$_2$、小$_2$"的标序能力次之，其中"来、则、其"的语义虚化，但标记序数时受到限制；"头$_2$、小$_2$"的语义未完全虚化，标记序数时不受限制。"号、前、后、上、下"的语义未虚化，标记序数时受到限制，标序能力最低。

小　结

Ⅰ.序数语法表达式是指表数成分（数词词语、数字串、天干地支、外文字母）与某些语言成分利用语法手段组合构成的具有序数义的语法结构。这是一种语法结构，其中的表数成分可以是数词词语、数字串、天干地支或外文字母，序数义是它的基本语义。

Ⅱ.汉语普通话中表示序数的语法手段有三大类，即专门性标记手段、语序手段、弱标记手段。相应地，序数语法表达式也有三大类，即专门性标记式、语序式、弱标记式。

Ⅲ.汉语普通话的序数语法表达式具有以下基本特征：形式多样化；不同表达式有不同分工；不同表达式的典型性不一致；专门性标记丰富，标序能力有级差。

至此，我们可以用图表列出序数语法表达式的具体类别：

序数语法表达式
- 专门性标记式
  - 第 + 数
    - "第 + 数" 不受限式
    - "第 + 数" 受限式
  - 第 + 数字串
  - 初₂ + 数
  - 老₂ + 数
  - "数 + 来/则/其" 受限式
  - 头₂ + 数 + 量/名
  - 小₂ + 数
  - "数 + 号" 受限式
  - 数字串 + 号
  - "前/后 + 数 + 量/名" 受限式
  - "上/下 + 数 + 量/名" 受限式
  - 书写符号标记式
    - 书写符号标记不受限式
    - 书写符号标记受限式
- 语序式
  - X + 数
    - 名 + 数
    - 动 + 数
    - 量 + 数
    - 方位 + 数
    - 字母 + 数
  - X + 数字串
    - 名 + 数字串
    - 字母 + 数字串
  - "名 + 干支" 受限式
  - 名 + 字母
    - "名 + 字母" 不受限式
    - "名 + 字母" 受限式
- 弱标记式
  - 数 + X
    - 数 + 量
      - "数 + 量" 不受限式
      - "数 + 量" 受限式
    - 数 + 名
      - "数 + 名" 不受限式
      - "数 + 名" 受限式
    - "数 + 名（量）" 受限式
    - 数 + 动
  - 数字串 + X
    - 数字串 + 量
    - 数字串 + 名
  - 干支 + X
    - 干支 + 量
      - "干支 + 量" 不受限式
      - "干支 + 量" 受限式
    - "干支 + 名" 受限式
  - 字母 + X
    - 字母 + 量
      - "字母 + 量" 不受限式
      - "字母 + 量" 受限式
    - 字母 + 名
      - "字母 + 名" 不受限式
      - "字母 + 名" 受限式

图 4.4　序数语法表达式的类别

第五章 汉语序数语法表达式的认知语义特征及表示序数的条件

本书第二章探讨了汉语序数的语义构成基础和序数参照，本章以序数与基数的对比为基础，从语义特征、认知特征等角度进一步做出细化的、延伸性的分析。主要从以下三个方面展开研究：

（一）序数语法表达式的必有语义特征和可有语义特征。

（二）序数语法表达式的典型性问题。

（三）序数语法表达式，尤其是弱标记式在表达序数时，必须具备的句法、语义条件。

5.1 序数语法表达式的必有、可有语义特征

语义特征理论的核心内容是语义特征分析法，这种分析方法的最大贡献在于可以分辨不同结构在语义上的差异、检验语法结构能否成立、考察某些语义特征对语法结构的影响。邵敬敏、周芍（2005）将语义特征划分为四类：自然性语义特征、附属性语义特征、聚合性语义特征、组合性语义特征。本书要讨论的序数语法表达式的语义特征是一种聚合性语义特征，包括必有特征与可有特征两大类。

实质上，语义特征不是句法结构的所有本质属性的反映，它只是与其他句法结构的最低区分度，体现为一组区别性特征，这组特征既包括这个结构与同一语义范畴的其他句法结构所共有的、其他语义范畴的句法结构所不具有的语义特征，又包括这个句法结构与同一语义范畴的其他句法结构区别开来的语义特征。这两类语义特征都具有区别性，能区别不同对象，只是发挥区别作用的范围大小不同。

我们换一个角度来认识语义特征，若以某个范畴为基点，会发现不同语义特征在同一范畴中的地位存在差异。有些语义特征是范畴成员的必有

内涵特征，能适用于整个范畴，可以作为范畴赖以形成或分类的标准，缺少或改变任何一个语义特征都会导致范畴的改变，依据这类语义特征就能对一个范畴进行充分必要的描写。有些语义特征是范畴中部分成员的可有独特特征，不适用于整个范畴，它无法作为范畴形成或分类的标准。例如下面两组动词都是与眼睛相关的动作行为：

  A. 看、瞄、瞧
  B. 看见、瞅见、瞧见、窥见、瞥见

  上面两组动词在语法上有多种对立表现，例如 A 组动词能构成否定祈使句"别看/瞄/瞧了"，B 组动词不能构成否定祈使句。马庆株（1988）认为，A、B 两组动词最主要的区别是语义特征不同，A 组是自主动词，具有语义特征［＋自主］；B 组是非自主动词，具有语义特征［－自主］。在自主与非自主这对语义语法范畴中，［±自主］成为必有内涵特征，至于上面两组动词中，"看"这种动作行为的方式、结果、所附带的感情色彩等则不是范畴的必有内涵特征，而是范畴中部分成员的可有独特特征。

  一个范畴的内涵特征是必有的，它决定于一定文化、认知背景下人们对范畴的一般性认识，但范畴成员的独特特征是可有的，至于具有哪些独特特征则取决于具体情况。例如我们对"母亲"的一般性认识是：［＋女性，＋生殖关系，＋养育关系，＋长辈］，这些特征是必有的；［±年龄大、±文化程度高、±多次生育、±提供卵子、±人工受孕］等语义特征是由具体情况决定的，这些特征只是可能存在的。根据两类语义特征在必有性和可有性上的对立，我们区分必有和可有两类语义特征：

  必有语义特征是指一个范畴的所有成员必须具有的内涵特征，这类特征是有限的。

  可有语义特征是指一个范畴的部分成员可能具有的独特特征，这类特征是无法穷尽列举的。

  本节在区分必有语义特征、可有语义特征的思路下，分析序数语法表达式的两类语义特征。

  语义特征的提取可以采用多种方法，如对立比较、词语解释、变换分析、组合分析等。本书主要采用词语解释法，并结合对立比较来提取语义特征。就序数语法表达式而言，其必有语义特征的提取建立在与相关句法结构，尤其是与基数语法表达式的比较基础上。

请看《现代汉语词典》对"序数"和"基数"的解释：

> 序数：表示次序的数目。（《现代汉语词典》2012：1471）
>
> 基数：①一、二、三……一百、三千等普通整数，区别于第一、第二、第三……第一百、第三千等序数。②作为计算标准或起点的数目。（《现代汉语词典》2012：601）

序数语法表达式表示序数，基数语法表达式表示基数。从上面的释义可见，表示数目是它们的共同特征，这一特征可以与其他句法结构区分开来。它们的区别在于是表示次序还是表示计数。结合《现代汉语词典》对序数的解释及序数语法表达式与基数语法表达式的比较结果，我们可以归纳以下四点：

第一，序数建立在同一集合中两个或两个以上相互联系的事物进行比较的基础上，序数的构成暗含了比较，序数本身具有对比性，相应地序数语法表达式也具有对比性。

第二，序数是一种数目，它具有数量性。序数语法表达式作为序数的一种语言表达形式，也具有数量性。

第三，序数是表示次序的数目，只要有次序关系，就会形成序列，所以序数具有序列性，相应地序数语法表达式也具有序列性。

第四，就序数语法表达式与序数词汇、缩略表达式的区别而言，序数语法表达式的构成手段是语法手段，序数词汇、缩略表达式的构成手段是词汇、缩略手段，它们的区别在于构成手段的差异，即表达序数的手段是否具有语法性。

据此我们可以概括序数语法表达式的必有语义特征：［＋对比性］、［＋数量性］、［＋序列性］、［＋表序手段的语法性］。［＋表序手段的语法性］在第三章已经讨论，下文不再赘述。

除了必有语义特征外，有些序数语法表达式还具有一些可有语义特征，例如"一厂、二科、三处"具有命名性，"一来……二来……""一则……二则……""其一……其二……"具有列举性和语篇关联性。本书仅讨论两类可有语义特征，即定位性和命名性。

5.1.1　必有语义特征之一：对比性

序数语法表达式的对比性体现在很多方面，如序列单位进行比较时是单比还是通比，所比较的序列单位是单个个体还是多个个体的集合，是同一集合内的单层比较还是多个具有包含关系的集合的逐层比较，是顺向比较还是逆向比较。本书的第二章对此有详细讨论，这里仅介绍对序数语法表达式的语义有较大影响的单比性与通比性、单体性与多体性。

5.1.1.1　单比性与通比性

在进行比较构成序数时，比较可以在个体与个体之间进行，也可以在某个个体与集合中其他所有个体之间进行，所以比较有单比和通比之分，相应地序数语法表达式的对比性存在单比与通比之分。

单比性是指序数语法表达式所表示的比较是个体与个体之间的。例如"三哥"暗含了与"大哥、二哥"等个体的比较，"三等奖"暗含了与"一等奖、二等奖"等个体的比较，这两例所暗含的比较都是在个体与个体之间进行的，都有客观的比较标准，前者以时间先后为标准，后者以属性等级地位为标准。

通比性是指序数语法表达式所表示的比较是个体与它所在集合的其他所有个体之间的。例如"中国第一村——华西村"暗含了华西村与全中国所有村子的整体比较，"天下第一才子"暗含了所指对象与天下所有才子的整体比较，这两例所暗含的比较都是在特定个体与它所在集合的其他所有个体之间进行的，比较标准带有很强的主观性。

5.1.1.2　单体性与多体性

在进行比较构成序数时，所比较的单位可以是由单个个体构成的个体单位，也可以是由多个个体构成的集合单位，所以比较有单体和多体之分，相应地序数语法表达式的对比性存在单体与多体之分。

单体性是指序数语法表达式所表示的排序单位是由单个个体构成的。例如"第一个电站、第二副总统、表三、四季度、五楼"，它们所表示的比较单位都是由单个个体构成的。

多体性是指序数语法表达式所表示的排序单位是由多个个体构成

的。例如：

　　（1）2005 年前三季度，全省农民人均现金收入 4000 元，同比增
长 12.9%。（《人民日报》2006.01.12）

　　（2）《上农》是专讲农业政策的；后三篇总结了先秦的农业生产
经验，反映了战国时期的农业生产技术水平。（阴法鲁、许树安《中
国古代文化史（三）》）

　　例（1）中"前三季度"是以三个季度为集合单位参与排序，例（2）
中"后三篇"是以三篇为集合单位参与排序，这两个序数语法表达式都具
有多体性。

5.1.2　必有语义特征之二：数量性

　　序数语法表达式和基数语法表达式的共有语义特征是数量性，分别表
示数点（数轴上的特定点）、数段（从原点到特定点的距离）。两种表达式
的数量性主要由表数成分来体现，严格地说，大多数是由数词来体现的，
所以讨论序数语法表达式的数量性，就是讨论表数成分的数量性。先来看
看数词的主要功能：

　　A. 累计计数功能。例如"三个""四件"中，"三""四"都表示累
计数目。

　　B. 区别功能。例如"三九胃泰"中，"三九"仅仅起区别作用，它与
"三十九""第三十九"毫无关系。

　　C. 排序定位功能。例如"第三个""第四个"中"三""四"表示序位。

　　D. 既有区别功能，又有排序定位功能。例如"一四三中学"中，"一
四三"的主要作用是编号，以此制造区别，同时也有排序定位功能。

　　在一定条件下，数词被凸显的方面不同，其功能也不同：

　　当凸显 A 时，数词表示基数，即数段，它具有明显的数量性。

　　当凸显 B 时，数词不具有数量性，它仅仅是区别性符号。

　　当凸显 C、D 时，数词表示序数，即数点，但必须以 A 为前提条件，
因为若某些对象无法被累计计数，则无法被区别，也无法被排序。可见，
数词凸显 C、D 时仍然暗含 A 的含义，即隐含数段的含义。也就是说，数
词表示序数时，包含了两层含义。请看下图：

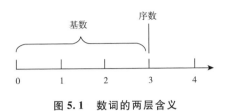

图 5.1　数词的两层含义

如上图所示，数词具有排序定位功能或者既有区别功能又有排序定位功能时，主要表示序数，即数轴上的数点。例如"第三"中，"三"表示数轴上的第三个点，但它同时也暗含了数段，即从原点到第三个点之间的一段距离。也就是说，数词表示序数时，主要表示数轴上的特定数点，但也暗含了数段，即从原点到特定点的距离。

汉语序数语法表达式中有四类表数成分：

第一类：数词词语。如"第一、二楼、第三百五十一位"中，表数成分分别是数词词语"一、二、三百五十一"。

第二类：数字串。如"三五九旅、四一二房、二一五九次（列车）"中，表数成分是数字串"三五九、四一二、二一五九"。

第三类：天干地支。如"甲等、乙等、丙等"中，表数成分是天干地支"甲、乙、丙"。

第四类：外文字母。如"A 级、B 级、C 级"中，表数成分是外文字母"A、B、C"。

虽然序数语法表达式都具有数量性，但内部还是存在一定差异，包含不同表数成分的序数语法表达式具有不同的数量性，具体体现在表数成分表示序数时所暗示的数段与它表示基数时所指数段的差异。有的表数成分表示序数时所暗示的数段等于它表示基数时所指数段，例如"五"在"第五"中主要表示次序和位置，即表示数轴上的第五个点，但也间接表示了数段（从原点到第五个点的距离），它在序数语法表达式中所暗示的数段与它表示基数时所指数段一致。有的表数成分表示序数时所暗示的数段与它表示基数时所指数段不一致，例如"403 房间"是指四楼第三间房，"403"中的数字分开表示次序和数量，"4"表示第四，所暗示的数量是从原点到第四个点的距离，"3"表示第三，所暗示的数量是从原点到第三个点的距离，所以"403"在序数语法表达式中并不意味着四百零三，这与"403"表示基数时所指数段，即四百零三（从原点到第四百零三个点的距离）并不一致。下文依据同一表数成分表示序数时所暗示的数段与表示基数时所指数段之间的关系，把序数语法表达式的不同数量性概括为数量实指、数量虚指、数量无指三大类。

5.1.2.1 数量实指

数量实指是指同一表数成分表示序数时所暗示的数段与表示基数时所指数段一致。其中又可以依据是直接一致还是间接一致，分为直接实指和间接实指两类。

（一）数量直接实指

数量直接实指是指表数成分表示序数时所暗示的数段与表示基数时所指数段直接一致。数量直接实指的序数语法表达式中，表数成分主要是数词词语和部分数字串。例如"第三排"中，"三"既表示次序和位置（数轴上的第三个点），又暗示数段（从原点到第三个点的距离）。"四十二楼"中，"四十二"既表示次序和位置（数轴上的第四十二个点），又暗示数段（从原点到第四十二个点的距离）。"一四三中学"中，"一四三"既表示次序和位置（数轴上的第一百四十三个点），又暗示数段（从原点到第一百四十三个点的距离）。显然，以上表数成分在序数语法表达式中所暗示的数段与它们表示基数时所指数段是一致的，所以是数量直接实指。

（二）数量间接实指

数量间接实指是指表数成分表示序数时所暗示的数段与表示基数时所指数段间接一致。数量间接实指的序数语法表达式中，表数成分主要是数字串，这些数字串采取分段的方式表示序数，它的各分段都能暗示数段，并且所暗示的数段与它们表示基数时所指数段是一致的，所以可以看作数量间接实指。例如"308教室"是指三楼八号教室，它不等于"第三百零八间教室"，可见"308"在"308教室"中不能暗示数段"三百零八"，但是"308"中的数字能分开暗示数段，"3"和"8"所暗示的数段分别是从原点到第三个点的距离、从原点到第八个点的距离，这又与"3"和"8"表示基数时所指数段是一致的，所以可以看作是间接实指。又如"107国道"是指以北京为起始点按顺时针方向排列的第七条国道，它不等于"第一百零七条国道"，可见"107"在"107国道"中不能暗示数段

"一百零七"，但是"1"和"07"能够分开暗示数段，这与它们表示基数时所指数段是一致的，所以可以看作是间接实指。

5.1.2.2　数量虚指

数量虚指是指表数成分表示序数时所暗示的数段比较虚弱。数量虚指的序数语法表达式中，表数成分是天干地支、外文字母等。天干"甲、乙、丙、丁……癸"，地支"子、丑、寅、卯……亥"，外文字母"A、B、C、D……Z"分别构成一个系列，各成分之间存在固定次序，这与自然数列"1、2、3、4……"的次序性是一致的，所以它们在一定语境下也相当于自然数列，从而具有较强的数点性，但是数段性比较虚弱，所以称为数量虚指。例如"C等"是指第三等，并且意味着前面还有"A等、B等"，所以"C"所暗示的数段大致相当于从原点到"三"这个点的距离。又如"乙级"是指第二级，意味着前面还有"甲级"，所以"乙"所暗示的数段大致相当于从原点到"二"这个点的距离。

5.1.2.3　数量无指

数量无指是指表数成分表示序数时虽然能够指示数点，但不能暗示数段。数量无指的序数语法表达式中，表数成分主要是数字串，它们不能暗示数段，也就是说无法与该表数成分表示基数时所指数段形成对比，它只是一个区别性符号，所以称为数量无指。例如"一一九师"不等于"第一百一十九个师"，也不等于"一百一十九个师"，它并不意味着前面必定有"一师、二师……一一八师"。这是因为部队番号并不是按"1、2、3、4……"这样的次序严格排列的，它中间还有一些空额，这样做主要是为了军事保密，也方便以后建立新的单位时使用。从功能上看，番号的最主要作用是制造区别，但是这些番号前面一般都能加专门性标记"第"，并且能以表数成分的大小表示相对次序和相对位置，所以番号本身还是序数。

5.1.3　必有语义特征之三：序列性

序数与基数的最主要区别是序列性，序列是指集合成员各有次序。实际上，只要有次序关系，就会形成系列，［＋次序］就暗含了［＋系列］，但具有系列关系，不一定就具有次序关系，所以为了方便后文分析，我们把［＋序列］分解成两个语义特征，即［＋系列］、［＋次序］。

系列是指相互关联的一组事物构成的集合。单个成员无法构成系列，只有两个或两个以上的成员才可能构成系列，所以系列构成的最基本条件是有两个或两个以上的成员。成系列的事物很多，例如"笔、墨、纸、砚""锅、碗、瓢、盆""油、盐、酱、醋""赤、橙、黄、绿、青、蓝、紫""喜、怒、哀、乐"，等等。系列不一定就是序列，上面所述系列均不是序列，只有当系列成员具有次序关系时才能构成序列，例如"昨天、今天、明天、后天""起点、中点、终点""助教、讲师、副教授、教授""股长、科长、处长、厅长、部长""儿童、少年、青年、中年、老年"。又如"初一、初二、初三、初四""周一、周二、周三、周四""第一季度、第二季度、第三季度、第四季度""第一作者、第二作者""一年级、二年级、三年级、四年级"。但需要说明的是，上面所列序列中，"昨天、今天、明天、后天"类的序列不是序数，因为它们不具有数量性，只有"初一、初二、初三、初四"类的序列才是序数，它们具有数量性。

尽管序数语法表达式都具有序列性，但从不同角度观察，发现它们的序列性存在很大差异，体现出不同特点。例如序列性存在强弱之分，有的序数语法表达式的序列性很强，它能无限延伸，如"第一个、第二个、第三个……""第一名、第二名、第三名……""大女儿、二女儿、三女儿……"。有的序数语法表达式的序列性比较弱，序列中其他成员都是隐含的，不用或者不能用序数语法表达式表达出来，如：

A. 天下第一山、＊天下第二山、＊天下第三山

B. 第一时间、＊第二时间、＊第三时间

C. ＊第一者、＊第二者、第三者

D. ＊第一感、＊第二感、＊第三感、＊第四感、＊第五感、第六感

上述 A、B 两组所表示的序数是在通比手段下构成的，意义有所引申，除非特别对比强调，"第二山、第三山""第二时间、第三时间"才会说。C、D 两组中"第一者、第二者""第一感、第二感、第三感、第四感、第五感"所指对象是默认的，无标记的，不能用有标记的"第一、第二……"来表达。

序列除了有强弱之分外，还表现出无限与有限、匀整与非匀整、显性与潜性等特点，下文详细分析这些特点。

需要指出的是，在讨论序数语法表达式的序列性时，会涉及到包含序数语法表达式的更大的序数语法表达式，如上文讨论的"第一山、第一时间、第三者、第六感"都是包含序数语法表达式的表达式。之所以如此，是因为有时候有些序数语法表达式的序列性，在包含它的表达式中能更好地被观察到。

5.1.3.1　无限与有限

序数语法表达式具有序列性，而序列是由若干单位构成的有次序的系列，系列单位可多可少，可以包含两个单位，也可以包含多个或无数个单位，所以序列表现出无限性与有限性的对立。

（一）无限性

无限性序列具有能产性，只要有表达的需要就可以在后面添加新的单位。例如序列"例一、例二、例三"，当需要增加新的单位时，都可以继续排序，产生"例四、例五、例六……"。而且这种序列的排序是严格的，按照"一/大（表排行）、二、三、四、五……"的次序依次排列，序列中不会出现空位，即不会出现没有"第一"却有"第二"、只有"第一"却没有"第二、第三……"等现象。这样的序列有很多，例如：

  A. 第一章、第二章、第三章、第四章、第五章、第六章……
  B. 第一阶段、第二阶段、第三阶段、第四阶段、第五阶段……
  C. 第一中学、第二中学、第三中学、第四中学、第五中学……
  D. 二零一一年、二零一二年、二零一三年、二零一四年……
  E. 一楼、二楼、三楼、四楼、五楼、六楼、七楼、八楼……
  F. 优惠一、优惠二、优惠三、优惠四、优惠五、优惠六……

实际上，如果排序，只有排在前面的才是重要的、受关注的；如果排序数目非常大，像"第一千五百万台笔记本""第八万八千八百八十八位医生"，事实上是不太被关注的，所以这样的排序没有多大意义。邢福义（1996：190）指出，理论上"第三万三千三百三十三"这样的序数形式完全可以成立，但事实中一般不会出现数目如此大的序数，这样长的序数形式在语言的实际运用中不大可能出现。

（二）有限性

序数语法表达式的有限性体现在很多方面，例如序列单位是有限的、不仅单位有限而且序列不完整、有些事物受认知的影响不排序，等等。请看下例：

1. 封闭性序列

    A. 一时、二时、三时、四时、五时、六时……二十四时

    B. 一月、二月、三月、四月、五月、六月……十二月

    C. 第一宇宙速度、第二宇宙速度、第三宇宙速度、第四宇宙速度

    D. 第一产业、第二产业、第三产业

    E. 第一人称、第二人称、第三人称

    F. 第一世界、第二世界、第三世界

    G. 工作岗位、地方：（第）一线、（第）二线

       战略防线：一线、二线、三线

    H. （第）一手、（第）二手

上述 A-H 组的序列单位都是有限的，不能随意增加，所以称为封闭性序列。A 组是小时序列，只包含二十四个单位。B 组是月份序列，只包含十二个单位。C 组分别指 7.9 千米/秒、11.2 千米/秒、16.7 千米/秒、110～120 千米/秒，这是宇宙速度序列，只包含四个单位。D 组分别指农业、工业、服务业，这是产业序列，只包含三个单位。E 组分别指说话人（我、我们）、听话人（你、你们）、说话人和听话人之外的其他人或事物（他、她、它、他们），这是代词序列，只包含三个单位。F 组分别指超级大国，介于超级大国和发展中国家之间的发达国家，亚洲、非洲、拉丁美洲以及其他地区的发展中国家，这是国家类别序列，只包含三个单位。G 组比较特殊，语义不同，形成两种序列。第一种是工作岗位序列，只包含两个单位，"（第）一线"是指直接从事生产、教学、科研等活动的地方或岗位，"（第）二线"是指非直接从事生产、教学、科研等活动的地方或岗位。第二种是国防上的战略防线序列，包含三个单位，"一线"是指战争的最前线，"二线"是指战争中的第二道防线，"三线"是指国防上的后方、支援前线的战略基地。H 组只包含两个单位，"（第）一手"是指亲自

实践、调查得来的；直接得来的。"（第）二手"是指间接的；辗转得来的。与"（第）一手"相比较，"（第）二手"在语义上涵盖面比较广，只要是间接的都可称为"（第）二手"，包括了多次辗转得来的，所以"（第）一手、（第）二手"并不是实指序列，而是各自有新的含义。

2. 仅有"第一"，其他的没有或少见

　　A. 第一夫人（狭义的"第一夫人"是指国家最高领导人的妻子）、*第二夫人、*第三夫人……

　　B. 第一时间、*第二时间、*第三时间……

　　C. 第一感觉、*第二感觉、*第三感觉……

上述 A-C 组的序列都只包含一个单位，即"第一"。A 组中"第一夫人"指国家最高领导人的妻子时，理论上，国家领导人可以按政治地位排序，如"总统、第一副总统、第二副总统……"，相应地其配偶也可以排序，如"第一夫人、第二夫人、第三夫人……"，但实际上只有"第一夫人"，没有"第二夫人、第三夫人……"。也就是说，除了"第一夫人"，其他的都是隐含的或者不排序。B 组中"第一时间"是指距事情发生后最近的时间，理论上"第一时间"之后还存在"第二时间、第三时间……"，但只有"第一时间"具有认知凸显性，容易被关注，所以一般只有"第一时间"。C 组中"第一感觉"是指最初、最早的感觉，理论上"第一感觉"之后还存在"第二感觉、第三感觉……"，但一般只有"第一感觉"。

3. 仅有"第二"，没有或少见"第一"

　　A. 心脏（*第一心脏）、第二心脏（足）

　　B. 矿业（*第一矿业）、第二矿业（废金属回收再生业）

上述序列只有一个单位，即"第二"，并且都带有类比色彩，用于转指与序数语法表达式中名词所指事物相似的其他事物。"第二心脏"转指人的足。由于人的脚上分布着全身的代表区和五脏六腑的反射点，在人体器官中它的地位仅次于心脏，所以医学界把它称为"第二心脏"。"第二矿业"是指废金属回收再生业。由于废金属回收再生业在工业中占据相当重要的地位，并且发展成独立的工业体系，可以很好地弥补矿业生产的不足或者节省资源，与矿业存在相似之处，所以称为"第二矿业"。

4. 仅有"第三"，没有或少见"第一""第二"

A. 夫妻中男方（＊第一者）、女方（＊第二者）、第三者
B. 原告（＊第一人）、被告（＊第二人）、第三人

上述序列都只包含一个单位，即"第三"，"第一""第二"一般是隐含的或者少见。"第三者"特指插足他人家庭，跟夫妇中的一方有不正当男女关系的人。与"第三者"相对应的是同其保持不正当或暧昧关系的人及其配偶，但夫妇双方一般不用"第一者""第二者"来表示，这样夫妻中男方、女方、第三者这三种身份在语言表达中就出现不对称现象，即只有"第三者"，没有"第一者""第二者"。"第三人"在法律上是指民事、行政诉讼中，相对于原告、被告的公民、法人或其他组织。法律上与"第三人"相对应的是原告、被告，但原告、被告一般不用"第一人""第二人"来表示，这样相互对应的原告、被告、第三人这三种身份在语言表达中就出现不对称现象，即只有"第三人"，没有"第一人""第二人"。

5. 仅有"第六"，其他的没有或少见

这种序列中只有一个"第六"，其他的都是隐含的或者少见，如：

视觉、听觉、嗅觉、味觉、触觉、第六感
＊第一感、＊第二感、＊第三感、＊第四感、＊第五感、第六感

人类的普通感觉（五感）包括视觉、听觉、嗅觉、味觉、触觉，但人类发现这五种感觉之外还存在超感官知觉，它类似于直觉或预感。"第六感"是指五种感觉之外的第六种感觉，它与视觉、听觉、嗅觉、味觉、触觉相对应，但语言中视觉、听觉、嗅觉、味觉、触觉一般不用"第一感、第二感、第三感、第四感、第五感"来表达，这样就出现不对称现象，即只有"第六"，没有"第一、第二、第三、第四、第五"。

实际上，上面分析的序列单位的缺位现象都受认知心理的影响，心理因素促使语言结构只反映与客观现象对称并置的某一项，其他项被忽略。有时对称并置的客观现象对人的心理刺激是不一样的，对人的刺激比较强的，就更容易引起人的关注，就更具有认知凸显性或感知凸显性，从而会

构成专门的语言结构来反映它。例如国家最高领导人的妻子与其他人的妻子对称并置，但国家最高领导人的妻子更容易引起关注，人们在心理上会认为她是特殊的，所以会产生专门的序数语法表达式"第一夫人"来反映此对象。又如视觉、听觉、嗅觉、味觉、触觉与直觉或预感对称并置，但前五种感觉是常见的，不太容易引起人的关注，所以没有产生专门的序数语法表达式来反映它。但直觉或预感被认为是神秘的、不可常见的、无法具体描述的，它更容易引起人的关注，所以产生了专门的序数语法表达式"第六感"来反映它。

另外，受认知心理的影响，有些现象并不排序。比如，通常是一分为二的事物，如苹果一分为二，但分出来的两半并不会被排序，所以没有"第一半、第二半"的说法，这也是受限性的一种表现。

5.1.3.2　匀整与非匀整

序数语法表达式经常借用自然数列来构成，一般以"一、二、三、四、五……"按次序排列构成表达式。整体来看，序数语法表达式是匀整的，例如：

　　A. 星期一、星期二、星期三、星期四、星期五、星期六
　　B. 一季度、二季度、三季度、四季度
　　C. 一年级、二年级、三年级、四年级、五年级、六年级
　　D. 一楼、二楼、三楼、四楼、五楼、六楼

上述序数语法表达式均由"一、二、三、四……"按次序排列而构成，序列完整，没有缺位，并且"一、二、三、四……"在形式上没有异化形式，这体现出匀整的一面。

但从另一方面来看，有些序数语法表达式具有非匀整性，主要体现在以下几个方面：

第一，序列中存在缺位现象。如有"第一"没有"第二"、有"第二"没有"第一"、有"第三"没有"第一、第二"等现象，这些现象上文已经讨论过，这里不再赘述。

第二，序数语法表达式表示排行第一时，不能用数词"一"，必须用"大"。如：

> A. 老大（＊老一）、老二、老三、老四、老五……
>
> B. 大舅（＊一舅）、二舅、三舅、四舅……
>
> C. 大师兄（＊一师兄）、二师兄、三师兄……

上述例子中，表排行第一时不能用"老一""一舅""一师兄"，因此，包含数词"二、三、四……"的序数语法表达式与不包含数词的序数语法表达式形成匀整与不匀整的对立。

第三，表示排行的附着性语法标记"老"和附着性词汇标记"小"只能附在数词"二"到"十"的前面；表示日期的附着性语法标记"初"只能附在数词"一"到"十"的前面。排行或日期在"十"以后的均采用不带标记的形式。例如：

> A. 表排行：老大、老二、老三、老四……老十、十一……
>
> 　　　　　小二、小三、小四……小十、十一……
>
> B. 表日期：初一、初二、初三、初四……初十、十一、十二……
>
> 　　　　　三十一

第四，表示第一、第二和末尾时，除了分别能用数词"一""二"和相应的表示末尾的数词外，还存在其他形式，如：

> A. 一月/元月/正月、二月、三月、四月、……十二月
>
> B. 一点钟、二点钟/两点钟、三点钟、四点钟……十二点钟
>
> C. 一时、二时/两时、三时、四时……二十四时
>
> D. 大舅、二舅、三舅、四舅……七舅/小舅/老舅

上述例子中，A 组是表示月份的序列，"一月"也可以用"元月、正月"表示。B 组、C 组是表示钟点序列，"二点钟、二时"也可以用"两点钟、两时"表示。D 组中"七舅"是排行最末的舅舅，也可以用"小舅、老舅"表示。

5.1.3.3 显性与潜性

语言是发展的、动态的，它具有自我调节功能，所以总是处于从无序

到有序的运动过程中，一方面能不断产生新成分弥补各种缺漏或满足新的需求，另一方面又能在动态中保持一种相对的平衡。语言发展的基本形式是显性语言的潜化和潜性语言的显化，王希杰（1994、1995）指出，"语言＝显语言＋潜语言"，"所谓显性语言就是到目前为止人们已经在使用的并且得到社会公认的那个部分，是我们大家都很习惯了的东西。所谓潜在的语言世界指的是，按照语言的结构规则和组合规则所构造和组合起来的一切的可能的语言形式的总和，但是它们还没有被这个语言社团所利用和开发。"近几十年来，在汉语发展的大浪潮中，一些序数语法表达式在多种原因的推动下，从潜性走向显性，例如"第一丈夫、第一先生、第一老公、一哥、一姐、第三状态、第三医学、第二课堂、第三课堂、第四媒体、第五媒体、第二职业、第三职业"，下文仅以"第一丈夫、第一先生、第一老公""一哥、一姐""第一状态、第二状态、第三状态""第一课堂、第二课堂、第三课堂"为个案，分析序数语法表达式的四种潜显现象。

（一）第一丈夫、第一先生、第一老公

1. "第一丈夫、第一先生、第一老公"的语义

狭义的"第一夫人"是指国家最高领导人的妻子，这是在男性担任国家最高领导人的现实情况下产生的一个称呼语。从语法和逻辑上说，国家最高女领导人的丈夫也可以用"第＋一＋X"来称呼，例如"第一丈夫、第一先生、第一老公"，但这几个合乎语法、合乎逻辑的序数语法表达式并没有和"第一夫人"同时产生，而是呈现出组配性不对称现象：

第一夫人（女性）　：　？（男性）

相当长一段时间内，女性担任国家最高领导人的情况比较少，其配偶也没有专门的称呼语。但是近些年来，世界上越来越多的女性进入政界担任国家最高领导人。比如，1979年玛格丽特·希尔达·撒切尔成为英国历史上第一位女首相，2000年塔里娅·哈洛宁成为芬兰第一位女总统，2005年安格拉·默克尔成为德国历史上第一位女总理，2007年克里斯蒂娜·费尔南德斯成为阿根廷首位民选女总统，等等。女性国家领导人的增多，引发了她们的丈夫如何被称呼的问题。在这样的背景下，"第一丈夫、第一先生、第一老公"等出现。2008年底，教育部、国家语委发布了《2007

年中国语言生活状况报告》，在新词新语名单中就有"第一老公"，除此之外，报刊和网络上还频频出现"第一丈夫""第一先生"，这三个序数语法表达式都不是指第一个丈夫，而是指国家最高领导人的丈夫。请看下面例句：

（3）克拉克于 1981 年结婚，丈夫罗杰在克赖斯特彻奇市医学院任教，是个只知教学不问政治、满面书倦气的学者。他只希望作了第一丈夫后，不至于干扰他正常的教学和研究工作。（《人民日报》1999.12.26）

（4）（标题）菲律宾"第一先生"为助妻脱困将远走他国（《人民日报》2005.06.30）

（5）最近，《欧洲日报》盘点了现任和往届各国女性元首丈夫的酸甜苦辣事，将"第一老公"们的难言之隐一一道来。（腾讯新闻2007.07.30）

例（3）中"第一丈夫"是指新西兰女总理海伦·克拉克的丈夫罗杰。例（4）中"第一先生"是指菲律宾女总统格洛丽亚·马卡帕加尔·阿罗约的丈夫何塞。例（5）中"第一老公"是指国家最高领导人的丈夫，这是以政治地位为参照构成的序数语法表达式。

2."第一丈夫、第一先生、第一老公"的产生动因

一种语言现象的出现并不是毫无根由的，语言系统内外的因素都会对语言现象的出现产生重要影响。例如"裸考（不加任何分项而参加高考）"的产生，一方面与 2006 年取消高考加分制、仅凭考试成绩录取的高考政策密切相关；另一方面与"裸奔、裸捐、裸退"等"裸 + X"类词语的强大类推作用密切相关。同样，"第一丈夫、第一先生、第一老公"的出现与各种外因和内因都存在密切联系。

第一，社会文化、社会心理等外因的诱发。在"第一丈夫、第一先生、第一老公"表示国家最高女领导人的丈夫这一用法出现之前，也存在女性担任国家最高领导人的现象，但是为什么没有产生相应的词语来称呼她们的丈夫？而现在为什么又有相应的词语来称呼他们？显然称呼对象是客观存在的，变化的是人的观念及语用需求。当社会还没有提出这个语用需要时，就不会产生相应的词语；只有当社会生活真正需要时，

才会出现相应的词语。随着女性社会地位的提高、女性群体影响的增大，越来越多的女性参与政治并且成为国家最高领导人，在执政期间取得了卓越的成绩，所以世界对国家最高女领导人越来越关注，进而也越来越关注其配偶。在这样的社会背景下，"第一丈夫、第一先生、第一老公"应运而生。

　　第二，语言规律、类推作用等内因的制约。新的语用需求产生时，选择什么形式来表达特定对象，这受语言规律的制约和类推作用的影响。当社会需要称呼国家最高女领导人的配偶时，一方面，语言的自我调节机制制约新称呼语的语法结构，使其和"第一夫人"在内容上对立，在形式上对称，从而产生新的平衡，即：

语义内容：国家最高领导人的妻子（简称为妻子）：国家最高领导人的丈夫（简称为丈夫）

　　　　　　妻子　　　：丈夫　　　　　妻子　　　：丈夫
表达形式：第一夫人：　？　──────→　第一夫人：第一丈夫/第一先生/第一老公

　　另一方面，语言的经济性原则也会影响新称呼语的语法结构。产生新称呼语最方便、最快捷的方式就是在原有结构的基础上进行类推，汉语中已经存在"第一夫人"，在此基础上类推而产生相似结构可以说不失为上策。

　　这样，在语言系统外因和内因的共同作用下，"第一丈夫、第一先生、第一老公"闪亮登场。

　　3. "第一丈夫、第一先生、第一老公"之间的差异

　　当社会需要给某一事物命名时，人们应当及时给予恰当的名称，否则"名不正则言不顺"。但是任何事物或现象都有一个发展过程，命名也是如此，它应在长期的语言实践中决定分工与取舍，因此同一时期不同词语并存是很正常的现象，"第一丈夫、第一先生、第一老公"这三个序数语法表达式并存的现象也并不罕见，例如"世贸"词群有"世界贸易组织、世贸组织、世贸、WTO"，"电邮"词群有"电子邮件、电邮、伊妹儿、E-mail"。但是语言发展的事实表明，语义和用法都完全相同的词语，很难长期并存，它们的并存只是一种暂时现象。由于经济性原则不允许语言中出现可有可无现象，随着语言的发展，同一对象的不同说法最终或者保留一个，淘汰其他；或者在语义、色彩、用法、功能等方面产生差别，从而

构成一组近义词语。"第一丈夫、第一先生、第一老公"也面临着词群的遴选或分化，它们的新义项产生时间还很短，在各大权威网站、报刊、书籍及语料库中的使用频率还比较低，目前还无法对其在实际语言中的运用情况进行详细地跟踪观察和社会调查，但截至 2010 年 1 月 1 日，依据从北大语料库、《人民日报》电子版（1946～2011）、人民数据库、中国期刊网等收集的语料来看，"第一丈夫"有 33 例，"第一先生"有 39 例，"第一老公"有 5 例。显然，前两个序数语法表达式的使用频率略高于"第一老公"，这可能与语体色彩相关。"丈夫"具有书面语色彩，"先生"具有正式性，所以它们更适合于正式场合称呼国家最高领导人的配偶，而"老公"具有很强的口语色彩和非正式性，所以在正式场合中使用频率要低一些。

实际上，"第一丈夫、第一先生、第一老公"还有表示某人的第一位配偶的临时用法，但用例非常少。例如：

（6）小小年纪就模仿谈恋爱，学武打，说谁是谁的<u>第一丈夫</u>、第二丈夫。（《人民日报》1988.04.01）

（7）女演员克里丝婷·拉赫蒂所导演的处女作《我的<u>第一先生</u>》被选为今年的开幕片。（《江南时报》2001.01.19）

（8）好几次，我和杨干事送她们回去，她在"大屁股"上放浪形骸大放厥词，说什么高军是她的<u>第一老公</u>，我是她的第二老公……（瞿世平《绿色狂舞》2006：26～27）

上述例句中，"第一丈夫""第一先生""第一老公"都是以时间先后为参照，指某人的第一位丈夫。

另外，由于"先生"一词具有多义性，"第一先生"除能表示国家最高女领导人的丈夫、某人的第一位配偶外，还有其他用法。例如：

（9）去年十几家报刊刮起一阵"中国公关神话"旋风，鼓吹"中国公关<u>第一先生</u>"、"中国公关奇人"。（瞿向东《公共关系与市场文化》，中国商业出版社 1995：10）

（10）巴金回忆自己的童年，曾说过："我的<u>第一先生</u>就是我的母亲，她给我讲故事，念歌谣……"。（邱易东《文学家之梦》1994：19）

（11）再加上他（戈尔巴乔夫）的夫人赖莎的出色表演，使苏联的<u>第一先生</u>和第一夫人光芒四射。（任国富《话说里根一家》1989：151）

上面例句，三个"第一先生"的语义都不相同，主要差异在于序数参照不同。例（9）中"第一先生"是指在公关领域中地位居第一的人，其序数参照是属性评价地位。例（10）中"第一先生"是指教育巴金的第一位老师，其序数参照是时间先后。例（11）中"第一先生"是指苏联的最高领导人戈尔巴乔夫，其序数参照是社会衔位。

从以上分析来看，"第一老公"口语性强，不太适合在正式场合使用。"第一先生"比较正式，但已有丰富的语义，语义负荷很大，容易产生歧义。"第一丈夫"书面色彩浓厚，较适合在正式场合使用。但是这三个序数语法表达式究竟会怎样发展，则要视语言的发展而定。

（二）一哥、一姐

1. "一哥、一姐"的语义及使用情况

汉语一般用数词表示排行，例如"二叔、三叔、四叔……"，但是有例外，即表示排行第一时必须用"大"，不能用数词"一"。例如表示在兄弟姐妹中排行第一时用"大哥、大姐"，不能用"一哥、一姐"。实际上很长一段时间内，"一哥、一姐"只是两个表示基数的自由短语。例如：

（12）母亲说，我的出生本是个多余，上头有了<u>一哥一姐</u>，挺全乎的，谁知我打了个时间差，意外溜到了人间。（李少英《离聚两依依》，《北京纪事》2007.02）

例（12）中"一哥""一姐"分别指一个哥哥、一个姐姐，它们都不能表示序数。

近些年来，有些报刊和网络上出现"一哥""一姐"表示序数的用法。我们在北大语料库、《人民日报》电子版（1946～2011）、人民数据库、中国期刊网中进行搜索，发现"一哥"表示序数的用法有两种，"一姐"表示序数的用法只有一种。请看下例：

（13）据悉，《闯关东》开播时也有媒体报道李幼斌片酬每集15万元，已经成为"电视<u>一哥</u>"，但同样被制片方否认。（《京华时报》

2008. 12. 13）

（14）如恒大地产所言不虚，那该公司将在土地储备、开工量两大指标上，将现在的地产<u>一哥</u>万科彻底甩在身后，位居全国第一。（《京华时报》2009.07.20）

（15）在乒乓球女子单打的比赛中，"乒坛<u>一姐</u>"张怡宁在近4年的比赛中鲜尝败绩，作为土生土长的北京人，此次家乡作战她更没有理由让金牌旁落。（《江南时报》2008.08.22）

上述例句中，例（13）中"一哥"是指在电视行业居首位的男性。例（14）中"一哥"是指在地产业居首位的企业。例（15）中"一姐"是指在乒乓球上居首位的女性。实际上，上述三个例句代表了"一哥"和"一姐"的基本用法。

沈家煊（1999：4）指出，"语言系统的不对称可分为组配的不对称和功能的不对称。组配上对称不一定功能上也对称，而功能上的不对称总是跟组配上的不对称联系在一起的。"我们对"一哥""一姐"的使用情况进行了调查，发现两者虽然能形成组配上的对称（聚合上的对称），但在功能上存在不对称现象，这主要体现在它们都能表示在某一领域居第一者，但"一哥"的分布范围、使用频率和指称范围要大于"一姐"。

第一，"一哥"与"一姐"在分布范围和使用频率上存在差异。"一姐"常用于音乐、影视娱乐、女子运动项目等领域，其他领域使用的相当少，仅发现几例，例如"电力一姐、搜索一姐、百货一姐、宠物一姐、酒城一姐、路桥一姐、基金领域的一姐"。"一哥"的使用范围相当广、使用频率高，不仅可以用于音乐、影视娱乐、体育领域，还可以用于商业、金融、工业、技术、地产、网络、旅游等领域，例如"华语影坛一哥、摇滚乐一哥、皮划艇一哥、泳坛一哥、基金投资界一哥、上海汽车业的一哥、技术一哥、网络一哥"。以上现象与男性的社会主导地位相关，男性在社会各行各业居主导地位，而女性长期受社会分工模式、社会地位等因素的影响，暂时在多数行业中还无法同男性取得旗鼓相当的成绩，这些反映在语言上，就出现"一姐"比"一哥"的使用范围窄的现象。

第二，"一哥"与"一姐"在指称范围上存在不对称现象，如：

个人或有性别特征的团体	无性别特征的社团
一哥	一哥
一姐	*

　　"一姐"只能指称女性个人或女性团体，而"一哥"不仅可以指称男性个人或男性团体，还可以指称不带性别特征的团体、企业、事物等，例如：地产一哥万科、地板一哥圣象、动画片一哥迪士尼和梦工场、网上搜寻器"一哥"Google、自助餐"一哥"金钱豹（中国）餐饮集团、国零售"一哥"联华、手机"一哥"诺基亚、港股"一哥"汇丰控股。显然，以上例子中"一哥"的语义已经泛化，不限于指称男性个人或男性团体，而是扩大到非人的事物。以上现象与人的认知倾向密切相关，长期受男性主导地位的影响，在认知上更容易把社团形象拟男性化，并且在语言上也有反映，由此出现不对称现象。

　　从上述分析可见，"一哥""一姐"主要用于表示"在某领域中占据首要地位者"，突出了所指对象的属性等级地位，所以该序数语法表达式的构成参照是地位。至此，可以总结它们的基本语义：

　　"一哥"是指在某领域中占据首要地位的男性、男性团体及其他不带性别特征的团体、企业、事物等。

　　"一姐"是指在某领域中占据首要地位的女性、女性团体。

　　2. "一哥、一姐"的产生动因

　　在"一哥、一姐"出现之前，汉语中表示"在某领域中占据首要地位者"时，常用"老大、头儿、一把手、大哥、大姐"等词语。"一哥、一姐"之所以能够流行，主要有以下原因：

　　第一，语言使用者求新求异求变的心理。面对熟悉的语言结构时，会产生厌倦感和审美疲劳，于是通过偏离语言规律的方式来创造新的语言结构。当要表达"在某领域中占据首要地位者"时，用违背语言规律（"一"一般不能与"哥、姐"组合表示序数）的方式构成"一哥、一姐"，以此来制造陌生感。

　　第二，"一哥、一姐"具有较强的表达力，较精准地表达了语义。虽然其他词语也能表示相同的语义，但是存在一定的局限和不足。例如"老大"还能指黑社会首领，这具有贬义色彩，用它来指称"某领域中占据首要地位者"时会带有一些消极意义。"头儿"只是口语中一种能增加亲切感的称谓，不适合用于正式场合。"一把手"常用于表示领导班子中居首位的负责人，突出了社会衔位的高低，但长期的使用让它带有一些政治色彩，用它来指称"某领域中占据首要地位者"时也会带上一些政治色彩。"大哥、大姐"既可以称呼排行第一的哥哥和姐姐，也可以称呼跟自己年纪相仿的人，显然它们的语义负荷已经很大了；同时，"大哥、大姐"中的"大"更倾向于突出长幼关系，而不是地位关系，所以它们不太适合用于表示"某领域中占据首要地位者"。相比而言，"一哥、一姐"形式新颖，表义单一，借数词"一"突出了序位关系，能更准确地表达第一的涵义，所以在社会上广泛流行。

（三）第一状态、第二状态、第三状态

先看下面例句：

（16）医学家把健康称为人体"第一状态"，把身患疾病称为人体"第二状态"，亚健康是指介于健康与疾病之间的边缘状态，又叫慢性疲劳综合征或第三状态。（《健康时报》2001.04.12）

上例中，"第一状态""第二状态""第三状态"分别指人体的健康状态、疾病状态、亚健康状态。实际上，相当长一段时间内，人们普遍只注意到人体的健康和疾病这两种状态，忽视了处于两者之间的中间状态。随着社会的发展、医学的进步、认识的提高，人们逐渐认识到这种中间状态，即亚健康。这种状态没有很明显的临床表现，在各种医学仪器的检查下，身体的各项指标都未能达到构成某种疾病的程度，从医学上无法确诊为某种疾病，然而又确实存在身体不适，如食欲不振、失眠健忘、头晕脑痛、焦虑忧郁、神经衰弱等，实际上它是疾病的前期状态，世界卫生组织将这种介于健康与疾病之间的状态称作"第三状态"。现实世界中，人体的健康、疾病、亚健康三种状态并存，当人们也关注到它们的并存时，人的认识结构中就打破了原有的"健康现象、疾病现象"二分并立系统，形成了"健康现象、疾病现象、亚健康现象"三足鼎立局面。现实世界或认识的改变，在语言中也会有相应的体现，于是出现了"第三状态"，以此来指称亚健康现象。但是在它出现的初期阶段，健康现象和疾病现象无相应的序数语法表达式来指称，即在一定时期内没有"第一状态、第二状态"，这样就导致不对称现象出现：

？（健康）:？（疾病）:第三状态

语言具有自我调节的机制，追求新的对称也是语言自我调节机制之一，为了解决"第三状态"的出现造成的不对称局面，于是出现了"第一状态、第二状态"，所以可以说这两个序数语法表达式是语言自我调节的产物。至此，我们可以把"第一状态、第二状态、第三状态"的产生过程归纳如下：

<u>语义内容</u>：健康现象：疾病现象——健康现象：疾病现象：亚健康现象
<u>表达形式</u>：健康　　：疾病　　——健康　　：疾病　　：第三状态

↓　　　↓

第一状态：第二状态：第三状态

与"第一状态、第二状态、第三状态"的产生历程相似的序数语法表达式还有很多，例如"第一医学、第二医学、第三医学"，它们是在人们的认识发生改变的背景下产生的，原来不属于传统医学范围内的"康复医学"也被归入医学范围内，并被称为"第三医学"。"第三医学"的产生造成不对称现象出现，即"临床医学、预防医学、第三医学"，于是语言进行自我调节，最终又形成新的对称，即"第一医学、第二医学、第三医学"。又如"第一职业、第二职业"，它们是在二十世纪八十年代中国改革开放的大背景下产生的，受商品经济的冲击，人们开始从事本职工作之外的工作，如家教、钟点工、摆摊等，这些工作被称为"第二职业"，这个序数语法表达式的产生造成不对称现象出现，即"本职工作、第二职业"，于是语言进行自我调节，最终又形成新的对称，即"第一职业:第二职业"。

（四）第一课堂、第二课堂、第三课堂

由于社会的迅猛发展，人们越来越认识到人才培养和全面发展的重要性，而学生的学习负担日益加重，课堂教学暴露出各种弊端，人们开始把视线转向课堂之外，对过去已有的课外活动给予了新的认识和评价，并增加了新的内容，提出"第二课堂"的理念，它包括文娱体育、文化科技、学生社团、读书演讲等有组织、有规模的课外活动，其形式多样，如讲座、报告、竞赛、班会、游戏、晚会等等。"第二课堂"也是一种教学形式，是课堂教学的延续或补充。现实世界或认知世界中，形成了"课堂教学、课外活动"二分并立系统，现实世界或认识的改变在语言中也会有相应的体现，于是出现序数语法表达式"第二课堂"。在"第二课堂"出现的初期阶段，没有相应的序数语法表达式来指称"课堂教学"，于是出现不对称现象：

? （课堂）：第二课堂

语言具有自我调节的机制，追求新的对称也是语言自我调节机制之一，为了解决"第二课堂"的出现造成的不对称局面，相应地就把课堂教学称为"第一课堂"。

实际上，在提出"第二课堂"后不久，人们又认识到社会实践活动对人才培养的重要性，为了突出社会经验和社会实践活动的地位，提出了"第三课堂"，于是形成"课堂教学、课外活动、社会实践"三足鼎立局面，相应地语言中也出现新的序数语法表达式，形成对称局面，即"第一课堂、第二课堂、第三课堂"。至此，我们可以把"第一课堂、第二课堂、第三课堂"的产生过程归纳如下：

语义内容：课堂教学──→课堂教学：课外活动──→课堂教学：课外活动：社会实践
表达形式：课堂　　──→课堂　　：第二课堂
　　　　　　　　　　　　　　　　↓
　　　　　　　　　　第一课堂：第二课堂──→第一课堂：第二课堂：第三课堂

从上面的分析可见，不同序数语法表达式的出现有不同原因，"第一丈夫、第一先生、第一老公"是在国家最高女性领导人增多、她们越来越得到社会关注的背景下，语言系统进行自我调节、寻求新的平衡的产物。"一哥、一姐"是在语言使用者求新求异求变心理的背景下，语言系统寻求精准表达的产物。"第一状态、第二状态、第三状态""第一课堂、第二课堂、第三课堂"是在认识得到提高的背景下，语言系统满足语用需求及维持相对平衡的产物。近些年来，汉语中涌现了一批新的序数语法表达式或者新的义项，除了上文所列举的外，还有很多。例如：第 X 季（电视剧、长篇小说等的分部，相当于"第 X 部"）、小三（第三者）、第四媒体（网络）、第五媒体（手机短信）。虽然这些序数语法表达式产生的内因、外因不尽相同，但它们有一个共同特点，即都是从无到有，从隐性走向显性。

5.1.4　可有语义特征之一：定位性

序数语法表达式都能表示事物在序列中的次序和位置，但是它们所表示的位置存在精确与非精确之分。有些序数语法表达式能表示事物在序列中的精确位置，例如"第三个"意味着在序列中处于第三位，"四哥"意味着在序列中处于第四位。有些序数语法表达式不能表示事物在序列中的精确位置，而只能表示事物的相对的、不精确的位置，例如"一二九师"并不意味着在序列中处于第一百二十九位。

定位性是指能否表示事物在序列中的精确位置的特性。序数语法表达式的定位性包括直接定位、间接定位、不能定位三种情况。

5.1.4.1　直接定位

直接定位是指序数语法表达式能直接表示序列中的精确位置。具有直接定位性的序数语法表达式中，表数成分主要是数词词语、部分数字串、天干地支、外文字母等。除了序列首位是位于其他序位之前，序列末位是位于其他序位之后，其他任何序位都是依据前面和后面的序位共同确定的，例如"第二栋"所表示的精确位置是序列中的第二个位置，即第一栋之后、第三栋之前。又如"C 等"所表示的精确位置是序列中的第三个位置，即"A 等、B 等"之后、"D 等"之前。

5.1.4.2　间接定位

间接定位是指序数语法表达式只能间接表示序列中的精确位置。具有间接定位性的序数语法表达式中，表数成分主要是数字串，这种数字串采取分段的方式表示序数。例如"1011 房"是指十楼的第十一间房，"10"表示第十，"11"表示第十一。虽然"1011 房"不等于"第 1011 间房"，也不能表示在序列中位于第一千零一十一个，即不能表示位于第 1 间房、第 2 间房……第 1010 间房之后、第 1012 间房之前，但是它能分别表示位于楼层序列的第十个、房间序列的第十一个，即位于第 1 楼、第 2 楼……第 9 楼之后、第 11 楼之前，第 1 间房、第 2 间房……第 10 间房之后、第

12 间房之前，所以是一种间接的精确定位。又如"317 国道"是指编号为"3"的东西横线中第十七条国道，"3"表示东西横线国道的编号，"17"表示第十七。虽然"317 国道"不等于"第 317 条国道"，也不能表示位于序列的第三百一十七个，即不能表示位于第 1 条国道、第 2 条国道……第 316 条国道之后、第 318 条国道之前，但是它能表示位于第三类国道的第十七个位置上，即 301 国道、302 国道……316 国道之后、318 国道之前，所以是一种间接的精确定位。

5.1.4.3 不能定位

不能定位是指序数语法表达式不能表示序列中的精确位置，只能表示相对位置。这类序数语法表达式中的表数成分主要是数字串。例如由于部队番号的特殊性，在利用数字编号时，并不是按"1、2、3、4……"这样的次序严格排列的，而是留下一些空位，所以"358 旅、359 旅"不等于"第 358 个旅、第 359 个旅"，也不能表示位于序列的第三百五十八、第三百五十九位，即不能表示序列中的精确位置。但是它们意味着"358 旅"在"359 旅"之前，"359 旅"在"358 旅"之后，也就是说，能以表数成分的大小表示相对次序和相对位置。

5.1.5 可有语义特征之二：命名性

命名性是指有些序数语法表达式或者包含序数语法表达式的表达式能充当专名或类名去称谓某个或某类事物的特性，例如"三候车室、第四中学、第五百货商店、五三五医院"都具有命名性，它们与特定的事物形成稳定的联系。

命名有广义和狭义之分，狭义命名是指赋予专有事物以名称，例如人名、地名、建筑物名称、工厂名称、公司企业名称、社会团体名称等。广义命名是指赋予一般事物甚至普通概念以名称。狭义命名和广义命名具有相通性，所以把它们放在一起讨论。命名方法有很多，潘文国（1994）介绍了很多命名方法，如写实型命名、纪念型命名、夸饰型命名、符号型命名、技巧型命名、审美型命名。符号型命名中有一种序数命名，是指以序数来给事物命名。有些序数语法表达式或者包含序数语法表达式的表达式具有序数命名性，这种命名不能直接反映命名对象的特点，它忽略了不同个体的内在差异，几乎不带命名者的主观情感或愿望，仅以序数作为事物的区别符号，所以是一种符号性命名法。例如就"第三食堂"而言，其中的名词"食堂"所指称的事物存在许多个体，对这些个体加以区分和命名的最经济、最快捷的办法就是冠以数字符号，用"第三"来区分食堂，就增加了食堂的内涵，缩小了外延，从而形成特定食堂的名称。

5.1.6　从语义特征看序数语法表达式与相关现象的区分

对比性、数量性、序列性（包括［＋系列］、［＋次序］）、表序手段的语法性是序数语法表达式的必有语义特征，定位性、命名性等是序数语法表达式的可有语义特征，但是只有必有语义特征是区别序数语法表达式和非序数表达式的必要条件。也就是说，假如一个句法结构缺少了某个必有语义特征，它就不再属于序数语法表达式。

为进一步理解序数语法表达式，我们必须区分一些相关的非序数现象，主要包括无对比性、数量性和序列性的现象，有对比性但无数量性和序列性的现象，有对比性和数量性但无序列性的现象，有对比性和序列性但无数量性的现象，有对比性、数量性、序列性但无表序手段的语法性的现象。请看以下六组例子：

> A. 桌子、大米、高兴、绿油油
>
> B. 锅、碗、瓢、盆
>
> 　　赤、橙、黄、绿、青、蓝、紫
>
> 　　京剧、昆剧、越剧、粤剧、豫剧、黄梅戏、梆子戏
>
> 　　大白菜、花菜、芹菜、韭菜、菠菜、卷心菜
>
> 　　公共汽车、无轨电车、出租汽车、地铁、轻轨、有轨电车
>
> C. 三八妇女节、五一劳动节、六一儿童节、十一国庆节
>
> 　　五四运动、十月革命、九一一事件、五一二汶川地震
>
> 　　863 计划、985 工程、211 工程、六三三学制、九二共识
>
> 　　五七干校、八一农机厂、五一百货大楼、八一路、二七区
>
> 　　三八红旗手、五一劳动奖章、五四青年标兵、八一勋章
>
> D. 春季、夏季、秋季、冬季
>
> 　　小学、初中、高中、大学、硕士、博士
>
> 　　秘密、机密、绝密
>
> 　　优秀、良好、及格、不及格

　　　　助教、讲师、副教授、教授

　E. 首先、其次、再次、最后

　　　　内一科、内二科、内三科

　F. 第一季度、第二季度、第三季度、第四季度

　　　　一年级、二年级、三年级、四年级

　　　　第一作者、第二作者、第三作者

　　　　表一、表二、表三、表四

　　　　一等奖、二等奖、三等奖

　　A 组成员之间不具有对比性，也不具有数量性、序列性，所以不是序数语法表达式。

　　B 组都是相互关联的成组事物，分别构成厨具、颜色、戏曲、蔬菜、交通工具等系列，这些系列成员之间具有对比性，但是不具有数量性，成员之间也没有次序关系，也就是说它们不具备数量性和序列性，所以不是序数语法表达式。

　　C 组分别是节假日、历史事件、工程计划、机构或建筑、奖品或称号集合，它们都包含了具有序数义的表时成分。如"863 计划"是指一九八六年三月提出并实行的计划，其中"863"是表时成分。虽然表时成分表示序数，但"863 计划"本身却不能表示序数，因为它并不能与其他结构构成序列，也就是说这类结构只具有对比性、数量性，不具有序列性，例如不存在以下说法：

　　　　五一劳动节、*五二劳动节、*五三劳动节、*五四劳动节

　　　　九一一事件、*九一二事件、*九一三事件、*九一四事件

　　　　863 计划、*864 计划、*865 计划、*866 计划

　　　　五七干校、*五八干校、*五九干校、*六〇干校

　　D 组分别是季节、学历、密级、成绩、职称系列，成员之间有次序关系。例如"春季、夏季、秋季、冬季"四季之间具有时间先后关系，所以该组都具有对比性、序列性，但都没有表达数量，不具有数量性，所以这组不是序数语法表达式。

　　E 组都表达了序数，具有对比性、数量性和序列性，但表达序数的手

段分别是词汇和缩略手段，这两类手段不具有语法性，所以不是序数语法表达式。

F组分别是季度、年级、作者、图表、奖项系列，成员之间有次序关系。例如"一等奖、二等奖、三等奖"这三种奖项之间具有地位差异，也就是说具有序列性，同时都以数词形式表达了数量，因而具有数量性，所以这组既具有对比性、序列性又具有数量性，它们是序数语法表达式。

通过以上分析可以看出，A、B、C、D、E、F六组的主要区别是：

A组	B组	C组	D组	E组	F组
［－对比性］	［＋对比性］	［＋对比性］	［＋对比性］	［＋对比性］	［＋对比性］
［－数量性］	［－数量性］	［＋数量性］	［－数量性］	［＋数量性］	［＋数量性］
［－系列性］	［＋系列性］	［－系列性］	［＋系列性］	［＋系列性］	［＋系列性］
［－次序性］	［－次序性］	［－次序性］	［＋次序性］	［＋次序性］	［＋次序性］
				［－表序手段	［＋表序手段
				的语法性］	的语法性］

5.2　序数语法表达式的典型性问题

5.2.1　多样性基础上的倾向性研究

形式语法追求规律的绝对性，而认知功能语法主张规律的倾向性。后者认为语言规律不是绝对的，它只能体现为一种概率或倾向性。"语言共性及语言里的一般规律往往体现为某种趋势，而不一定是绝对的"。（张敏1998：6）"当语言研究进行到一定程度，除了继续进行穷尽性研究之外，应该转向倾向性研究"。（储泽祥2010：5）就汉语序数语法表达式的研究而言，我们在第四章全面描写了它的形式类别，发现其形式多样，类别丰富，但是多样性考察只是语言研究者的任务之一，倾向性研究也是一项重要任务，后者能够回答各成员在多样性大家族中的地位。本书主张多样性基础上的倾向性研究，这种研究建立在语言的典型性、非离散性、连续性基础上，重视统计法和定性定量分析法，其主体内容是优先序列研究，考察语法语义结构的典型性问题也属于倾向性研究。

不同类别的序数语法表达式之间存在典型性差异，形成从典型到比较典型到不典型的连续体。基于此，本节尝试从语法、语义等方面揭示和总结序数语法表达式各种典型性不一的特征，并分析各种特征在专门性标记式、语序式、弱标记式中的不同表现，以此确定序数语法表达式各次类的典型性等级。基本研究思路是：从语法、语义、认知等角度确定序数语法表达式典型性的评估指标，建立多层级的典型性评估体系；利用分层级的评估体系，结合数据统计，评估相应层级的序数语法表达式的典型性程度，从而排出典型性等级序列。

5.2.1.1 典型性评估指标

语法结构的典型性差异是各层面的诸多因素共同作用的结果，从根本上说，确定一个范畴成员的典型性，要看成员享有的共同属性的多少，享有的共同属性越多，就越具有典型性。我们以序数语法表达式的类别、语义特征为基础，尽可能地寻找出影响其典型性的各种因素，然后确定典型性的评估指标。同时，考虑到不同影响因素在不同层面的作用力度可能并不一致，不同因素中所包含的次因素的数量及作用也不一致，为了更精确地探讨典型性问题，揭示不同因素的作用力度和作用结果，我们把各种影响因素量化，以得分数的高低来评估各类成员的典型性。量化方法如下：

三大序数语法表达式的各种特征中，都包括了不同次类特征，并且最多的包含了四个次类特征。相应地，每一个典型性评估指标都包含了次指标，并且最多的包含了四个次指标。因此，我们采用四分制对评估指标进行量化。若采用二分制、三分制，则部分次指标无法量化；若采用五分制、六分制等，则分值不好分配。有四个次指标的，依据典型、比较典型、不太典型、不典型分别赋值4分、3分、2分、1分；有三个次指标的，依据典型、比较典型、不典型分别赋值4分、3分、1分；只有两个次指标的，依据典型、不典型，分别取四分制的两端，赋值4分、1分。

5.2.1.2 两级典型性评估体系

序数语法表达式的类别相当多，我们在第四章建立了一个具有层级性的序数语法表达式系统，它的每一个类别下面都有若干次类，而有些类别相当复杂，甚至存在三级、四级分类。语法结构中各成员的典型性体现在同一范畴内，而不同影响因素在不同层面的作用力也是有差异的，所以我们的评估必须分层级进行。为此，我们根据不同影响因素在序数语法表达式的不同分类层级中的表现和作用，建立了两级典型性评估体系：

Ⅰ级评估体系：专门性标记式、语序式、弱标记式之间的典型性评估体系。

Ⅱ级评估体系：专门性标记式、语序式、弱标记式内部的典型性评估体系。

需要说明的是，Ⅱ级评估体系主要针对专门性标记式、语序式、弱标记式的一级分类。

5.2.1.3　典型性评估方法与步骤

评估方法有两类：

第一类：通过语料的数据统计，观察评估指标或评估次指标在每一类中的表现情况，依据优势差异给出所对应的分值。例如在评估体系中，"受限情况"的三个次指标，即"不受限""搭配受限""语境受限"，分别被赋值4分、3分、1分。在以"受限情况"评估某一类成员时，若该类成员中"不受限"的用例在数量上占优势，则该类成员的"受限情况"指标得4分；若"搭配受限"的用例在数量上占优势，则该类成员的"受限情况"指标得3分；若"语境受限"的用例在数量上占优势，则该类成员的"受限情况"指标得1分。

第二类：根据评估体系，给出相应的分值。例如评估专门性标记的虚化程度和附着程度时，可以直接根据评估体系给出得分。

我们分层级、分步骤对序数语法表达式的典型性进行评估：

第一步：利用Ⅰ级评估体系对专门性标记式、语序式、弱标记式进行评估，得出一个综合值，依据综合值大小排出典型性序列。

第二步：利用Ⅱ级评估体系对专门性标记式、语序式、弱标记式的内部成员进行评估，得出一个综合值，依据综合值大小排出典型性序列。

5.2.2　三大序数语法表达式之间的典型性问题

5.2.2.1　三大序数语法表达式之间的典型性评估体系

基数和序数是数量范畴的两个重要方面，相对于基数而言，序数总是有标记的，而汉语的序数表达，其标记性集中体现在序数语法表达式上，但是三大序数语法表达式，即专门性标记式、语序式、弱标记式的标记性强弱并不一致，典型性也不一致。我们从以下三个方面评估三大序数语法表达式的典型性差异：

评估指标一：序数范畴化程度

范畴化是指运用语言对世界进行分类的过程。（参见赵艳芳 2001，钱冠连 2001）分类结果是形成一个个范畴，用语言符号表达出来，就体现为词或句法结构。不同范畴与词或句法结构不是一一对应的，而是体现了错综复杂的关系，既可能是一个范畴对应多个词或句法结构，也可能是一个词或句法结构对应多个范畴。就序数范畴而言，其范畴化的实现手段具有多样性，形成一个范畴对应多个表达手段或表达式的局面，并且多个表达手段或表达式之间存在范畴化的程度差异。一般而言，表达手段或表达式越是专门用于表达序数的，序数范畴化程度越高，典型性就越强；越是还可以表达其他范畴的，序数范畴化程度越低，典型性就越弱。

三类序数语法表达式中，专门性标记式是通过添加专门性标记构成的，而专门性标记专门用于标示序数，所以专门性标记式专门用于表示序数，不能或很少表示其他范畴，它的序数范畴化程度非常高，典型性最强。然而，构成语序式的语序手段、构成弱标记式的句法语义限定手段（弱标记手段）都不是专门用于表达序数范畴的，它们还可以表达其他范畴，相应地，所构成的序数表达式的序数范畴化程度比较低，典型性也低。

鉴于此，专门性标记式的序数范畴化程度高，是典型的序数语法表达式，赋值 4 分；语序式和弱标记式的序数范畴化程度低，典型性较弱，赋值 1 分。

评估指标二：分布的语体范围

语体是语言的功能变体，是适应不同交际领域的需要所形成的语言运用特点的体系。随着语法研究的深入，学界越来越认识到语体对语法规律概括的影响，强调语体意识在语法研究中的重要性。（参见胡明扬 1993，陶红印 1999，张伯江 2007）实际的语言运用离不开语体的限制，特定的词、句法结构往往跟某些语体有密切的关系。在序数表达中，不同序数语法表达式分布的语体范围是不同的。一般而言，分布的语体范围越广，典型性越强；分布的语体范围越窄，典型性越弱。就口语语体和书面语体而言，专门性标记式和弱标记式的分布范围广，它们既可以高频地出现在口语语体中，也可以高频地出现在书面语体中，但是语序式的分布范围窄，它主要分布在书面语体中。

鉴于此，专门性标记式和弱标记式分布的语体范围广，典型性较强，赋值 4 分；语序式分布的语体范围窄，典型性较弱，赋值 1 分。

评估指标三：使用频率

范畴中典型成员具有语言交际上的常用性，所以在特定范围内，范畴成员的出现频率越高，就越典型；相反，出现频率越低，就越不典型。本书统计了自建现代汉语语料库（1400 万字）中各类序数语法表达式的使用频率，并且考虑到这级评估对象只有三个，所以把使用频率划分为三个等级，即高、较高、低，分别赋值为 4 分、3 分、1 分。

上文中我们共确定了三个典型性评估指标及相关赋值，至此，可以归纳三大序数语法表达式之间的典型性评估体系，如表 5.1 所示：

表 5.1 三大序数语法表达式之间的典型性评估体系

评估指标	序数范畴化程度		分布的语体范围		使用频率		
	高	低	广	窄	高	较高	低
分值	4	1	4	1	4	3	1

5.2.2.2 三大序数语法表达式的相关因素统计结果

依据三大序数语法表达式之间的典型性评估体系，"序数范畴化程度""分布的语体范围"这两个评估指标都可以直接得分，我们只需要统计三大序数语法表达式的使用频率，统计结果如表 5.2：

表 5.2 三大序数语法表达式的使用频率统计

序数语法表达式	专门性标记式	语序式	弱标记式
使用频率	26850	4116	16035
百分比	57.1%	8.8%	34.1%

注：统计弱标记式的使用频率时，考虑到"数＋年/月/日/点/时/分"在新闻报道语体中的用例相当多，统计工作量太大，我们只抽样统计了新闻报道语体中的部分"数＋年/月/日/点/时/分"用例。实际上这样做不会影响本书的结论，因为从下表的分值可以推测，即便弱标记式的使用频率增高，分值增加，也不会改变它们在典型性序列中的地位。

从表 5.2 可知，在使用频率上，专门性标记式的使用频率最高，得 4 分；弱标记式的使用频率次之，得 3 分；语序式的使用频率最低，得 1 分。

5.2.2.3 三大序数语法表达式之间的典型性评估结果

根据三大序数语法表达式的典型性评估体系和相关因素的统计结果，

我们可以得出典型性评估结果，如表 5.3 所示：

表 5.3　三大序数语法表达式之间的典型性评估结果

类别＼分值＼指标	序数范畴化程度	分布的语体范围	使用频率	总分
专门性标记式	4	4	4	12
语序式	1	1	1	3
弱标记式	1	4	3	8

从表 5.3 可知，专门性标记式得分最高，其次是弱标记式，语序式得分最低。因此，序数语法表达式在典型性上存在以下序列，该序列左端的序数语法表达式的典型性最强，右端的典型性最弱：

专门性标记式　＞　弱标记式　＞　语序式

5.2.3　三大序数语法表达式内部的典型性问题

5.2.3.1　三大序数语法表达式内部的典型性评估指标

评估指标一：专门性标记的语义虚化程度

专门性标记的语义虚化程度在一定程度上也能体现序数语法表达式的典型性，虚化程度越高，越具有序数表达的专门性，就越典型。"第、初$_2$、老$_2$、来、则、其"的语义都比较虚，可以赋值 4 分；"头$_2$、小$_2$"的语义有一定程度的虚化，可以赋值 3 分；"号、前、后、上、下"仍具有较强的词汇义，语义没有虚化，赋值 1 分。

另外，书写符号标记式比较特殊，"No、NO.、no."是英语单词的缩写，有较强的词汇义；"#"相当于汉语中的"号"，它不具有专用性，使用时受到语境限制；分节符号"§"虽具有专用性，但具有搭配受限性。后两种非汉语书写符号的语义虚实不好判断，考虑到它们不是汉语本有的，只是被借用来表示序数，在汉语中不具有典型性，所以统一赋值 1 分。

评估指标二：专门性标记的附着程度

专门性标记的组合情况在一定程度上也能体现序数语法表达式的典型性，一般而言，附着性越强，组配性就越弱，序数语法表达式也就越典型；附着性越弱，组配性就越强，序数语法表达式也就越不典型。"第、初₂、老₂、来、则、其、头₂、小₂"的附着性强、组配性弱，可以赋值 4 分；"号、前、后、上、下"的意义实在，是结构的基本构成成分，具有很强的组配性，附着性很弱，可以赋值 1 分。

评估指标三：数量指称能力

所有序数语法表达式都具有数量性，但是在数量指称能力上存在很大差异，体现出四种数量性特征，即数量直接实指、间接实指、虚指、无指。数量直接实指的序数语法表达式是最典型的，例如"第三中学"意味着"第三所中学"。数量间接实指的序数语法表达式典型性次之，例如"504 办公室"不等于"第五百零四间办公室"，也不表示"五百零四间办公室"，但是能表示"五楼的第四间办公室"。数量虚指的序数语法表达式不太典型，例如"甲等、图 B"的数量性都比较虚弱。数量无指的序数语法表达式是最不典型的，例如"第七二一研究所"不等于"第七二一间研究所"，也不表示"七百二十一间研究所"。可见序数语法表达式在数量指称能力方面存在程度差别，具体如下（数量指称能力等级从左往右依次减弱）：

数量直接实指　＞　数量间接实指　＞　数量虚指　＞　数量无指

鉴于此，我们给数量直接实指的序数语法表达式赋值 4 分，数量间接实指的赋值 3 分，数量虚指的赋值 2 分，数量无指的赋值 1 分。

评估指标四：表数成分替换能力

实际上，考察序数语法表达式中表数成分的替换能力，就是考察它的序列性。序数语法表达式中的表数成分有四大类，即数词词语、数字串、天干地支、拉丁字母。不同的序数语法表达式，其中的表数成分被替换的情况并不一致。有的可以无限替换，例如"第一"中的表数成分"一"可以被"二、三、四……"替换。有的只能有限替换，例如"老二"中的表数成分"二"只能被"三、四……十"替换，"星期三"中的表数成分"三"只能被"一、二、四、五、六"替换。有的无法替换，例如"第一时间"中的表数成分"一"不能被"二、三、四……"替换，"第三者"中的表数成分"三"不能被"一、二、四……"替换。可见序数语法表达式的序列性存在程度差别，具体如下（序列性从左往右依次减弱）：

$$无限替换 \quad > \quad 有限替换 \quad > \quad 不能替换$$

相对而言，表数成分能无限替换的序数语法表达式应该是最典型的，只能有限替换的典型性次之，不能替换的是不典型的。

鉴于此，我们给表数成分能无限替换的序数语法表达式赋值 4 分，只能有限替换的赋值 3 分，不能替换的赋值 1 分。

评估指标五：单比性与通比性

序数语法表达式所表示的比较可以是个体与个体之间的，也可以是个体与它所在集合的其他所有个体之间的，所以它具有单比性和通比性之分。如"一楼"暗含了与"二楼、三楼"等个体的比较，这种比较是在个体与个体之间进行的，所以表达式具有单比性。"（天下）第一楼"暗含了与天下所有楼的比较，这种比较是在特定个体与它所在集合的其他所有个体之间进行的，所以表达式具有通比性。序数语法表达式具有单比性时，所暗含的比较一般有客观的比较标准，所以客观性强，理解起来也容易；序数语法表达式具有通比性时，所暗含的比较一般有主观的比较标准，所以主观性强，理解起来难度更大。典型的序数语法表达式应该具有单比性，而具有通比性的序数语法表达式是不典型的。

鉴于此，我们给具有单比性的序数语法表达式赋值 4 分，具有通比性的序数语法表达式赋值 1 分。

评估指标六：单体性与多体性

序数语法表达式所表示的排序单位可以是由单个个体构成的个体单位，也可以是由多个个体构成的集合单位，所以它具有单体性和多体性之分。如序列"第一名、第二名、第三名"的排序单位都是单个个体，所以具有单体性的。"前三天、后五天"的排序单位都是多个个体构成的集合，所以具有多体性。排序单位是单个个体时，理解起来更容易；排序单位是多个个体的集合时，理解起来难度更大。典型的序数语法表达式应该具有单体性，而具有多体性的序数语法表达式是不典型的。

鉴于此，我们给具有单体性的序数语法表达式赋值 4 分，具有多体性的序数语法表达式赋值 1 分。

评估指标七：定位能力

序数语法表达式的定位能力有三类情况，即直接定位、间接定位、不能定位。能直接定位的序数语法表达式是最典型的，例如"第三天"表示位于序列的第三个位置。间接定位的序数语法表达式是比较典型的，例如"第402房间"表示位于楼层序列的第四个位置、房间序列的第二个位置。不能定位性的序数语法表达式是不典型的，例如"第119师"不能表示位于序列的第一百一十九个位置。可见序数语法表达式在定位能力方面存在程度差别，具体如下（定位能力等级从左往右依次减弱）：

直接定位 ＞ 间接定位 ＞ 不能定位

鉴于此，我们给能直接定位的序数语法表达式赋值4分，间接定位的赋值3分，不能定位的赋值1分。

评估指标八：受限情况

不同序数语法表达式表示序数的能力不一致，表示序数时有的不受限制，例如"第一、老三、初五、五月"。有的受到限制，所体现的受限性主要有两种类型：一是搭配受限，即有些序数语法表达式标示事项或标题的次序时，必须与其他同类表达式搭配连用。例如"数＋则"标示事项次序时，"一则、二则"等必须搭配连用。二是语境受限，即有些序数词语法表达式表示序数时必须依赖语境，例如"三等、三栋、三排、三组、三伏"等，它们只有在一定语境下才能明确表示序数。典型的序数语法表达式应该是不受限的，而两类受限性中，第一种搭配受限相对于第二种语境受限来说，在表达序数方面要典型些。

鉴于此，我们给不受限的序数语法表达式赋值4分，搭配受限的序数语法表达式赋值3分，语境受限的序数语法表达式赋值1分。

评估指标九：使用频率

范畴中典型成员具有语言交际上的常用性，所以在特定范围内，范畴成员的出现频率越高，就越典型；相反，出现频率越低，就越不典型。考虑到这级评估对象很多，所以把使用频率划分为高、较高、较低、低四个等级，分别赋值4分、3分、2分、1分。

5.2.3.2　专门性标记式的典型性评估

（一）专门性标记式的典型性评估体系

以上九个评估指标都能影响专门性标记式内部的典型性，需要说明的是，在设立次评估指标时，考虑到专门性标记式不具有"数量虚指"特征，所以"数量指称能力"评估指标中未设"数量虚指"次评估指标。我们建立的专门性标记式典型性评估体系如表 5.4 所示：

表 5.4　专门性标记式的典型性评估体系

评估指标	标记虚化程度			标记附着程度		数量指称能力			表数成分替换能力			单比通比		单体多体		定位能力			受限情况			使用频率			
	虚化	半虚化	未虚化	强	弱	直接实指	间接实指	数量无指	无限替换	有限替换	不能替换	单比性	通比性	单体性	多体性	直接定位	间接定位	不能定位	不受限	搭配受限	语境受限	高	较高	较低	低
分值	4	3	1	4	1	4	3	1	4	3	1	4	1	4	1	4	3	1	4	3	1	4	3	2	1

（二）专门性标记式的相关因素统计结果

依据专门性标记式的典型性评估体系，"专门性标记的语义虚化程度""专门性标记的附着程度"这两个评估指标都可以直接得分，我们需要统计专门性标记式下位类别的数量指称能力、表数成分替换能力、单比性与通比性、单体性与多体性、定位能力、受限情况和使用频率，统计结果如表 5.5.1 和表 5.5.2：

表 5.5.1　专门性标记式部分相关因素的分布情况

数据类别 \ 指标	数量指称能力			表数成分替换能力			单比通比	
	直接实指	间接实指	数量无指	无限替换	有限替换	不能替换	单比	通比
第+数	23053		126	22193	703	283	22963	216
第+数字串	5		9	5	9		14	
$初_2$+数	374				374		374	
$老_2$+数	363				363		363	
数+来/则/其	223				223		223	
$头_2$+数+量/名	267			267			267	
$小_2$+数	38				38		38	
数+号	754			726	28		754	
数字串+号	10	4		14			14	
前/后+数+量/名	624			624			624	
上/下+数+量/名	839				839		839	
书写符号标记式	161			161			161	

表 5.5.2　专门性标记式部分相关因素的分布情况

数据类别 \ 指标	单体多体		定位能力			受限情况			使用频率
	单体	多体	直接定位	间接定位	不能定位	不受限	搭配受限	语境受限	
第+数	23179		23053		126	22479	700		23179
第+数字串	14		5		9	14			14
初₂+数	374		374			374			374
老₂+数	363		363			363			363
数+来/则/其	223		223				223		223
头₂+数+量/名	221	46	267			267			267
小₂+数	38		38			38			38
数+号	754		754					754	754
数字串+号	14		10	4		14			14
前/后+数+量/名	344	280	624					624	624
上/下+数+量/名	836	3	839					839	839
书写符号标记式	161		161			19	132	10	161

注：统计专门性标记式的"单体性与多体性"特征时，"前/后/上/下+半+名/量"表示序数的用例全看做单体性的。

（三）专门性标记式的典型性评估结果

根据专门性标记式的典型性评估体系和相关因素的统计结果，我们可以得出典型性评估结果，如表 5.6 所示：

表 5.6　专门性标记式的典型性评估结果

分值类别 \ 指标	标记虚化程度	标记附着程度	数量指称能力	表数成分替换能力	单比通比	单体多体	定位能力	受限情况	使用频率	总分
第+数	4	4	4	4	4	4	4	4	4	36
第+数字串	4	4	1	3	4	4	1	4	1	26
初₂+数	4	4	4	3	4	4	4	4	2	33
老₂+数	4	4	4	3	4	4	4	4	2	33
数+来/则/其	4	4	4	3	4	4	4	3	2	32
头₂+数+量/名	3	3	4	4	4	4	4	4	2	32
小₂+数	3	3	4	3	4	4	4	4	1	30

续表

指标 / 分值 / 类别	标记虚化程度	标记附着程度	数量指称能力	表数成分替换能力	单比通比	单体多体	定位能力	受限情况	使用频率	总分
数 + 号	1	1	4	4	4	4	4	1	3	26
数字串 + 号	1	1	4	4	4	4	4	4	1	27
前/后 + 数 + 量/名	1	1	4	4	4	4	4	1	3	26
上/下 + 数 + 量/名	1	1	4	3	4	4	4	1	3	25
书写符号标记式	1	1	4	4	4	4	4	3	2	27

每一个因素对专门性标记式下位类别的影响是不同的，这些因素共同作用导致这些下位类别的典型性程度不同。从上表可知，"第 + 数"得分最高，"上/下 + 数 + 量/名"得分最低。专门性标记式下位类别的典型性序列如下（序列左端的专门性标记式的典型性最强，右端的典型性最弱）：

$$第 + 数 \ > \ 老_2 + 数；初_2 + 数 \ > \ 数 + 来/则/其；头_2 + 数 + 量/名 \ > \ 小_2 + 数 \ > \ 数字串 + 号；书写符号标记式 \ > \ 第 + 数字串；数 + 号；前/后 + 数 + 量/名 \ > \ 上/下 + 数 + 量/名$$

5.2.3.3　语序式的典型性评估

（一）语序式的典型性评估体系

前文所列九个评估指标中，只有数量指称能力、定位能力、受限情况、使用频率能影响语序式的典型性。需要说明的是，在设立次评估指标时，考虑到语序式不具有以下特征，所以未设相应的次评估指标：不具有"数量无指"特征，所以"数量指称能力"评估指标中未设"数量无指"次评估指标；不具有"不能定位"特征，所以"定位能力"评估指标中未设"不能定位"次评估指标；不具有"搭配受限"特征，所以"受限情况"评估指标中未设"搭配受限"次评估指标。我们建立的语序式典型性评估体系如下表所示：

表 5.7　语序式的典型性评估体系

评估指标	数量指称能力			定位能力		受限情况		使用频率			
	直接实指	间接实指	数量虚指	直接定位	间接定位	不受限	语境受限	高	较高	较低	低
分值	4	3	2	4	3	4	1	4	3	2	1

（二）语序式的相关因素统计结果

依据语序式的典型性评估体系，我们需要统计语序式下位类别的数量指称能力、定位能力、受限情况和使用频率，统计结果如表 5.8：

表 5.8　语序式相关因素的分布情况

数据类别 ＼ 指标	数量指称能力			定位能力		受限情况		使用频率
	直接实指	间接实指	数量虚指	直接定位	间接定位	不受限	语境受限	
X + 数	1934			1934		1934		1934
X + 数字串		1991			1991	1991		1991
名 + 干支			48	48			48	48
名 + 字母			143	143			143	143

（三）语序式的典型性评估结果

根据语序式的典型性评估体系和相关因素的统计结果，我们可以得出典型性的评估结果，如表 5.9 所示：

表 5.9　语序式的典型性评估结果

分值 ＼ 指标 类别	数量指称能力	定位能力	受限情况	使用频率	总分
X + 数	4	4	4	3	15
X + 数字串	3	3	4	4	14
名 + 干支	2	4	1	1	8
名 + 字母	2	4	1	2	9

每一个因素对语序式下位类别的影响是不同的，这些因素共同作用导致这些下位类别的典型性程度不同。从上表可知，"X＋数"得分最高，"名＋干支"得分最低。至此，我们可以得到语序式下位类别的典型性序列，该序列左端的语序式典型性最强，右端的典型性最弱：

$$X＋数 \quad > \quad X＋数字串 \quad > \quad 名＋字母 \quad > \quad 名＋干支$$

5.2.3.4 弱标记式的典型性评估

（一）弱标记式的典型性评估体系

前文所列九个评估指标中，只有数量指称能力、定位能力、受限情况、使用频率能影响弱标记式的典型性。需要说明的是，在设立次评估指标时，考虑到弱标记式不具有"搭配受限"特征，所以"受限情况"评估指标中未设"搭配受限"次评估指标。我们建立的弱标记式典型性评估体系如表 5.10 所示：

表 5.10　弱标记式的典型性评估体系

评估指标	数量指称能力				定位能力			受限情况		使用频率			
	直接实指	间接实指	数量虚指	数量无指	直接定位	间接定位	不能定位	不受限	语境受限	高	较高	较低	低
分值	4	3	2	1	4	3	1	4	1	4	3	2	1

（二）弱标记式的相关因素统计结果

依据弱标记式的典型性评估体系，我们需要统计弱标记式下位类别的数量指称能力、定位能力、受限情况和使用频率，统计结果如表 5.11：

表 5.11　弱标记式相关因素的分布情况

数据　　指标　　类别	数量指称能力				定位能力			受限情况		使用频率
	直接实指	间接实指	数量虚指	数量无指	直接定位	间接定位	不能定位	不受限	语境受限	
数＋X	11724			350	11724		350	7318	4756	12074
数字串＋X	3395	91		42	3395	91	42	3528		3528
干支＋X			193		193			80	113	193
字母＋X				240	240			24	216	240

（三）弱标记式的典型性评估结果

根据弱标记式的典型性评估体系和相关因素的统计结果，我们可以得出典型性的评估结果，如表 5.12 所示：

表 5.12　"数/数字串/干支/字母＋X"式的典型性评估结果

分值　　指标 类别	数量指称能力	定位能力	受限情况	使用频率	总分
数＋X	4	4	4	4	16
数字串＋X	4	4	4	3	15
干支＋X	2	4	1	1	8
字母＋X	2	4	1	2	9

从表 5.12 可知，"数＋X"得分最高，"数字串＋X"次之，"干支＋X"得分最低。至此，经过评估我们可以得到弱标记式下位类别的典型性序列，该序列左端的弱标记式典型性最强，右端的典型性最弱：

数＋X　＞　数字串＋X　＞　字母＋X　＞　干支＋X

5.2.4　序数语法表达式典型性问题考察的理论意义和应用价值

上文依据两级评估体系得出相应的评估结果，其典型性序列如下：

Ⅰ级评估结果：

专门性标记式　＞　弱标记式　＞　语序式

Ⅱ级评估结果：

第＋数　＞　老$_2$＋数；初$_2$＋数　＞　数＋来/则/其；头$_2$＋数量/名　＞　小$_2$＋数　＞　数字串＋号；书写符号标记式　＞　第＋数字串；数＋号；前/后＋数＋量/名　＞　上/下＋数＋量/名

$$X + 数 \quad > \quad X + 数字串 \quad > \quad 名 + 字母 \quad > \quad 名 + 干支$$
$$数 + X \quad > \quad 数字串 + X \quad > \quad 字母 + X \quad > \quad 干支 + X$$

依据 I 级评估结果（三大序数语法表达式之间的典型性评估结果）可知，专门性标记式是最典型的序数语法表达式。依据 II 级评估结果（三大序数语法表达式内部的典型性评估结果）可知，"第 + 数"是最典型的专门性标记式。结合 I 级和 II 级评估结果，我们可以知道，"第 + 数"是最最典型的序数语法表达式。

对序数语法表达式的典型性问题进行考察，确定典型和非典型成员，建立典型性等级序列，不仅有一定的理论意义，还具有较大的实用价值。

就理论意义而言，序数语法表达式典型性问题的考察具有以下意义：

第一，验证"语言规律具有倾向性"。序数语法表达式中典型成员、非典型成员的确定是"语言规律只是一种倾向性"的语言观的验证，也为现代原型范畴理论提供了一个鲜明的个案研究。现代原型范畴理论被引介到汉语语法研究以后，在很多方面得到了合理应用。但目前为止，还少见有相关论文或著作能回答以下问题：哪种序数语法表达式是最常用、最典型的？序数语法表达式的典型性等级序列是什么？这都是本节所回答的问题，也是我们对序数语法表达式的典型性问题进行考察的意义所在。

第二，科学定位研究重点。通过序数语法表达式典型性问题的考察，我们可以确定不同成员在序数语法表达系统中的地位和价值，这可以作为进一步分析和研究的理论依据，有助于我们准确定位研究重点，也有助于准确把握序数语法表达式与其他序数表达式之间的关系，更有助于认识序数表达与基数表达的关系。首先，依据典型性问题考察结果，我们可以把重点放在典型的序数语法表达式上，在寻找序数语法表达式的使用规律时，主要针对典型的序数语法表达式，而非典型的序数语法表达式则具体问题具体分析，这样使研究既重点突出，又考虑周全，而不至于眉毛胡子一把抓或顾此失彼。其次，在处理序数语法表达式和其他序数表达式的关系时，既以典型的序数语法表达式的特点为主要区分手段，又充分考虑到非典型成员的特点，这样可以深入认识序数语法表达式与序数词汇表达式、序数缩略表达式之间的关系。最后，在处理序数表达与基数表达的关系时，以典型的序数语法表达式、典型的基数表达式为比较对象，有助于深入认识序数表达和基数表达的区分，准确揭示两者的差异点。

第三，探求多样性基础上的倾向性研究方法。序数语法表达式典型性问题的考察体现了对多样性基础上的倾向性研究方法的探求，这可以为其他语言现象的研究提供研究思路、模式和方法。在多样性研究基础上，我们把影响序数语法表达式典型性的各种因素以赋值的方式量化，并构建分层级的典型性评估体系，结合评估体系和统计数据以得分高低排出典型性等级序列。在具体研究中，我们运用了两种手段：一是量化手段，主要是给各典型性影响因素及次影响因素按典型性的影响大小赋值。这种手段的运用可以更好地体现各典型性影响因素及次影响因素的作用力度，从而可以更细致、更精确地体现典型性差异。二是统计手段，主要是在一定规模的语料范围内，对各类序数语法表达式的典型性影响因素的分布情况进行全面的统计，然后依据数据差异给出所对应的分值。这种手段的运用在一定程度上可以克服研究者的主观随意性，起到纠偏的作用。可以说，较之以往的典型性问题考察，我们更注重材料的充分验证和数据的有力支撑。

就应用价值而言，序数语法表达式典型性问题的考察具有以下意义：

其一，对汉语教学具有理论指导作用。一方面，可以为汉语教材的编写提供参考实据。高质量的汉语教材对语法知识点的编排是分层级的，而典型性等级序列就能提供依据。另一方面，考试大纲的制定和语文知识的测试中，命题难度等级的确定也要依据典型性等级序列。

其二，为编纂语法描写大全提供依据。目前，已有一批优秀的字典、词典，可以说字典、词典的编纂日趋成熟，形成一系列的理论和方法，但语法描写大全的编纂还处于摸索阶段。汉语各类短语、句型、句类、句式系统的建设是我们亟需完成的一项重要任务，序数语法表达式典型性等级序列的考察就是对此任务的一种探索，其考察结果可以体现序数语法表达式中不同成员的地位，这可以为语法描写大全的编纂提供一定的依据。

其三，为计算机自动处理汉语序数提供依据。计算机自动处理汉语序数时涉及序数和基数的识别，我们可以利用序数语法表达式的典型性等级序列，进行分类处理。典型的序数语法表达式采用一般规则去处理，不典型的序数语法表达式采用特殊方法去处理。例如采用词库方法，把特殊用法的表达式放入词库中。又如充分利用语法、语义标记，即利用与表数成分组合的词语所提供的信息去识别和处理特殊用法。

5.3　序数语法表达式表示序数的条件

序数语法表达式表示序数时，必须具备一定的语法、语义条件。我们认为，构成成分和语法表达式自身的特点、序数域、非序数性搭配成分都能制约语法表达式对序数的表达。需要指出的是，不同序数语法表达式所受的具体制约因素是不同的，这都要视具体情况而定；不同语言因素对序数语法表达式的制约力度是不同的，各制约因素之间具有一定的层级性。例如就"第一"而言，其中的"第"能标示语法表达式具有序数性，"第"和"一"的组合可以看作是"第一"具有序数性的语法条件，并且只要满足此语法条件我们就可以判定它能够表示序数，这时语境因素不是"第一"表示序数的必要条件。又如就"三级"而言，它既可能表示序数，也可能表示基数。仅仅依据语法形式，无法判定它是否表示序数，所以还必须依据语境因素，这时语法因素、语境因素都是"三级"表示序数的必要条件。下文从五个方面展开讨论。

5.3.1　构成成分的标示作用

语法表达式中，专门性标记、数词"二"、数字串等具有一定的序数标示作用，当包含这些成分时，在一定程度上就以显性手段标示了此结构具有序数义。但构成成分的标示能力有强弱差异，例如"第"只要和数词词语、数字串组合，就一定表示序数，它的序数标示能力非常强。又如"二"和名词、量词等成分组合后，倾向于表示序数，但是也存在表示基数的用法，可以说它只具有一定的序数标示能力。另外，数字的书写形式、数词词语所带的序数性书写符号，也具有标示序数的作用。下文分别讨论各种序数标示现象。

5.3.1.1　"第"类专门性标记的标示作用

语法表达式中，若和数词词语、数字串组合的成分是专门性标记"第、初$_2$、老$_2$、小$_2$、№、No.、no.、§"，则该语法表达式一定表示序数。具体情况如下：

"第"是汉语中典型的附着性语法标记，它具有非常强的序数标示能力，只要表数成分与它组合，所构成的语法表达式就一定表示序数，例如

"第十、第三五九旅"都表示序数。

"初₂"是汉语中表示农历日期的专门性标记，当它与"一、二、三……十"组合时，所构成的语法表达式一定表示序数，例如"初一、初三"分别表示一月中的第一天、第三天。

"老₂"是汉语中表示排行的专门性标记，当它与"二、三……十"组合时，所构成的语法表达式一定表示序数，例如"老二、老三"分别表示排行第二、第三。

"小₂"是汉语中表示排行的专门性标记，一般用于儿童和青少年。当它与"二、三……十"组合时，所构成的语法表达式一定表示序数，例如"小二、小三"分别表示排行第二、第三。

"№、No.、no.、§"是非汉语书写符号，当它们与数词词语或数词串组合时，所构成的语法表达式一定表示序数。如"№2、No.2、no.2"都表示第二，"§5.4"表示第五章第四节。

5.3.1.2　"来"类专门性标记的标示作用

语法表达式中，若和数词词语、数字串、数量短语、数名短语组合的是"来"类专门性标记，则该语法表达式可能表示序数，所以"来"类专门性标记有一定的标示序数的能力。这类专门性标记主要有"来、则、其、号、前、后、上、下、#"。

"来、则、其"都可以和整数词语组合，具体情况如下：

"来"作为助词，用在"一、二、三"等整数词语后面，所构成的表达式有两类用法，一类是表示连续列举或分述的项目顺序，另一类是表示概数。请看下例：

（17）金家的厨房则占用了倒座儿的一间，<u>一来</u>为了宽敞，<u>二来</u>为了紧挨着隔壁的餐厅。（陈建功、赵大年《皇城根》）

（18）那时的二姐<u>二十来岁</u>，还是个大孩子，在附近一个公社工作。（《人民日报》2006.01.07）

上述例句中，例（17）的"一来……二来……"用于列举原因，具有序数性。例（18）的"二十来岁"用于表示概数，不具有序数性。

"则"作为助词，用在"一、二、三"等整数词语后面，表示连续列举或分述的项目顺序；作为量词与整数词语组合时，表示分项或者自成段落的文字的条数。如：

（19）厂内各条大道上，洒水车定时洒水，<u>一则</u>可吸尘，<u>二则</u>湿润空气。（《人民日报》1995.12.11）

（20）她在小报上登了<u>一则</u>求医广告，收到这样一个偏方：牛眼珠一对，水黄牛不限，但须原生于同一牛身上者。（王小波《2015》）

上述例句中，例（19）的"一则……二则……"用于列举理由，具有序数性。例（20）的"一则"表示广告条数，不具有序数性。

"其"用在"一、二、三"等整数词语前面时，所构成的表达式有两类用法，一类是表示连续列举或分述的项目顺序，另一类是引申用法。请看下例：

（21）对于这件事有三种可能的解释：<u>其一</u>，不小心掉进去的；<u>其二</u>，自己跳进去的；最后，被猪赶进去的。（王小波《未来世界》）

（22）看来，老爷子还是只知<u>其一</u>，不知<u>其二</u>。（陈建功、赵大年《皇城根》）

例（21）中"其一……其二……"用于列举理由，具有序数性。例（22）"其一……其二……"用于固定短语"只知其一，不知其二"中，该固定短语的意思是"知道的不全面，即只知某一方面，不知另一方面"，它不表示序数。

从上文可见，"来、则、其"都可以与整数词语组合，所构成的语法表达式只有在一定条件下才能够表示序数，其条件就是：同类表达式搭配连用，例如"数＋来"表示序数时，不能是单个"数＋来"，必须是"一来""二来""三来"等多个表达式搭配连用，这体现了表达式之间的依赖性。

"号"与数词词语组合时，所构成的语法表达式"数＋号"既能表示基数又能表示序数，但主要表示序数，常用于表示日期、次序和编号。例如"（七月）五号、（江汉路）一号"。"号"与数字串组合时，一定表示序数，主要用于文件、命令、批复、通知、轮船等事物的编号，例如"四二五号决议、00327 号渔"。所以说，"号"有一定的序数标示能力。

"前、后、上、下"主要用于表示空间或时间，它们与数量短语或数名短语组合后，所构成的语法表达式可能表示序数，所以"前、后、上、下"有一定的序数标示能力，例如"前一季度、后五名、上一年、下一学期"在一定语境下都能表示序数。

"#"是非汉语书写符号，具有一定的序数标示能力。当"#"与数词词语组合时，所构成的语法表达式可能表示序数，也就是说在一定语境下才能表示序数，例如"8#、10#"分别可以表示第八号、第十号。

5.3.1.3　表数成分"二"和数字串的标示作用

"二"和"两"存在倾向性分工，"两"主要用于表示基数，"二"主要用于表示序数（详见本书 4.2.3 节）。当"二"与量词、名词组合时，所构成的语法表达式主要用于表示序数，例如"二等、二号、二月、二妹"，所以说数词"二"具有一定的序数标示能力。

数字串与相关成分构成"数字串 + 量/名""名/字母 + 数字串"时，排除表示编码、产品型号、事件、工程、计划等用法，它经常用于表示序数，如"二一五九次、二零零五年、三二一国道、一二九师、表 1 - 1、图1.1"，所以说数字串在一定范围内可作为区分序数的形式标记，它具有一定的序数标示能力。

5.3.1.4　序数性书写符号的标示作用

从书面上来看，语法表达式中表数成分采用某些书写形式书写时，语法表达式一定表示序数，所以这些书写形式具有非常强的序数标示能力，可以称为序数性书写符号。这类序数性书写符号包括罗马数字、带小括号或空圆的阿拉伯数字、带小括号的汉语小写数字。具体情况如下：

当语法表达式中表数成分采用罗马数字书写形式时，罗马数字标示该语法表达式一定表示序数。请比较下面三个例句：

（23）这项荫及后世的幸福工程，分三期建设。（《人民日报》1995.08.11）

（24）Onyx 公司不得不中断三期临床试验，并留下一个未解的难题：溶瘤病毒虽然瓦解了肿瘤本身，但已经转移的肿瘤细胞仍可能再

次作恶。(《人民日报》2006.01.12)

（25）2005 年 11 月 14 日，疫苗通过科技部专家组验收，11 月 22 日进入 I 期临床研究。(《人民日报》2006.01.22)

"数＋期"既可能表示基数，也可能表示序数，它是一种受限的序数语法表达式，表示序数时必须具备一定的条件。例（23）中"三期"表示基数，指总共三期。例（24）中"三期"表示序数，指第三期。实际上，"三期"在例（23）、（24）都是借助语境因素区分基数和序数。例（25）中"I 期"的表数成分是"I"，此罗马数字标示语法表达式一定表示序数，也就是说，我们可以不依靠语境，仅从表数成分的书写形式上就可判定语法表达式表示序数，而例（23）、（24）没有从书写形式上标示语法表达式是否表示序数。

当语法表达式中表数成分采用带小括号或空圆的阿拉伯数字书写形式时，它们标示该语法表达式一定表示序数。请比较下面例句：

（26）全国十大机场之一的西昌青山机场航运能力得到加强，至成都航班由一周三班改为七班，并新开辟至昆明的航线。(《人民日报》1995.04.20)

（27）咱们五班的同学又聚到一起来了。(王朔《刘慧芳》)

（28）课后，我回到办公室，正准备处理一些杂事，高二(5) 班的班主任孙老师进来了。(《小说月报》2006.06)

"班"是名量兼类词，"数＋班"中，一般"班"作名词表示"为了工作或学习等目的而编成的组织"或"军队编制的基层单位"时，语法表达式表示序数。"班"作量词用于人群或定时开行的交通运输工具时，语法表达式不一定表示序数，所以它是一种受限的序数语法表达式，表示序数时必须具备一定的条件。例（26）中"三班""七班"表示基数，分别指共三班、共七班。例（27）中"五班"表示序数，指第五班。实际上，例（26）、（27）中"数＋班"都是借助语境因素区分基数和序数。例（28）中"(5) 班"的表数成分是"(5)"，这种带小括号的阿拉伯数字标示语法表达式一定表示序数，也就是说，我们可以不依靠语境，仅从表数成分的书写形式上就可以判定语法表达式表示序数，而例（26）、（27）没有从书写形式上标示语法表达式是否表示序数。下面例句中语法表达式的表数成分使用带空圆的阿拉伯数字书写形式：

(29) <u>图④</u>：晚上 8 时，准备睡觉的孩子们开始洗脚，方式却与众不同。(《人民日报》2006.01.15)

例（29）中"图④"的表数成分是"④"，这是带空圆的阿拉伯数字书写形式，它标示语法表达式一定表示序数。

当语法表达式中表数成分采用带小括号的汉语小写数字书写形式时，它标示该语法表达式一定表示序数。例如：

(30) <u>策略（四）</u>与<u>策略（三）</u>关系很密切，也是注重事情有利的一面，但更多的是从自己的观念上下功夫，称为"充满希望的思考"。(王登峰、张伯源《大学生心理卫生与咨询》)

上例中，"策略（四）""策略（三）"的表数成分是"（四）""（三）"，它们在书面上采用带小括号的汉语小写数字书写形式，这样我们不需要其他条件，仅从书写形式上就可以判定它们一定表示序数。

5.3.2　近义词的分工

汉语中，有些近义词，例如"年度、周年、载、年""季度、季""号、天、日""点、点钟、时、小时""刻、刻钟""分、分钟""秒、秒钟"等，它们与数词词语组合时，在表示序数、基数方面存在分工。具体情况如下：

5.3.2.1　年度、周年、载、年

"年度、周年、载、年"能和数词词语或数字串组合，所构成的表达式在表示基数、序数方面有一定的分工。"年度"和数词词语、数字串构成的表达式都表示序数，例如"2011 年度、九九年度"。"周年、载"和数词词语构成的表达式都表示基数，例如"五十周年、十二载"。"年"和数字串构成的表达式一定表示序数，但"年"和数词词语构成的表达式既可能表示序数，也可能表示基数，一般需要依据具体语境来判定，例如：

（31）镇海楼是广州有名的古建筑，是越秀山上的一大景点，它修建于明洪武<u>十三年</u>（公元 1380 年），距今已有 600 多年。（马跃《中国国家地理》上册）

（32）有庆躺在坑里，越看越小，不像是活了<u>十三年</u>，倒像是家珍才把他生出来，我用手把土盖上去，把小石子都捡出来，我怕石子硌得他身体疼。（余华《活着》）

上述例句中，"十三年"必须通过语境的限定来表示序数或基数。例（31）中"洪武"是年号，它限定了后现数量短语一般表示时点，所以"十三年"在年号后出现时表示第十三年。例（32）的上下文语境限定了"十三年"表示共十三年。

5.3.2.2　季度、季

"季度"和"季"都能和数词词语组合，所构成的表达式在表示基数、序数上存在分工，"数 + 季度"只能表示序数，"数 + 季"只能表示基数。例如：

（33）到了<u>四季度</u>更是不得了，每天平均有三起登门要钱的，厂长只好东躲西藏，避而不见。（《人民日报》1995.12.06）

（34）领导干部一年<u>四季</u>为集体为大家辛苦忙碌，节日里陪陪家人、走走亲友、逛逛公园，都在情理之中。（《人民日报》2006.01.27）

例（33）中"四季度"表示序数，指第四季度。例（34）中"四季"表示基数，指共四季。实际上，"数 + 季度""数 + 季"都可以不依赖语境分别表示序数和基数。

5.3.2.3　号、天、日

"号、天、日"都能和数词词语组合表示时间，所构成的表达式在表示序数、基数上存在分工。"号"和数词词语构成的表达式都表示序数，例如"五月十号、二月三号"。"天"和数词词语构成的表达式都表示基数，例如"五天、七八天"。"日"和数词词语构成的表达式既可能表示序数，也可能表示基数，一般需要依据具体语境来判定。例如：

（35）十一月三日，全天在清洁车辆厂值班，晚上回家，独自一个看毛泽东同志著作《论持外战》《敦促杜聿明投降书》至十时就寝。（王朔《枉然不供》）

（36）人民检察院自收到移送审查起诉的案件材料之日起三日以内，应当告知犯罪嫌疑人有权委托辩护人。（《中华人民共和国刑事诉讼法》）

上述例句中，"三日"必须通过语境的限定来表示序数或基数。例（35）中"十一月"和"三日"共同表示时点，"三日"表示第三日。例（36）的上下文语境限定了"三日"表示天数。

5.3.2.4　时、点、点钟、小时

"时、点、点钟、小时"都能和数词词语组合表示时间，所构成的表达式在表示序数、基数上存在分工。"时、点、点钟"和数词词语构成的表达式都表示序数，即时点，如"三时、四点、五点钟"。"小时"和数词词语构成的表达式只能表示基数，即时量，如"三小时、四小时"。

5.3.2.5　刻、刻钟

"刻、刻钟"是量词，都能和数词词语组合表示时间，所构成的表达式在表示序数、基数上存在分工。"刻"只能和数词"一""三"组合，所构成的表达式表示序数，如"（三点）一刻、（七时）三刻"。"刻钟"和数词词语构成的表达式只能表示基数，如"一刻钟、三刻钟"。

5.3.2.6　分、分钟

"分、分钟"是量词，都能和数词词语组合表示时间，所构成的表达式在表示序数、基数上存在一定分工。"分钟"和数词词语构成的表达式只能表示基数，如"一分钟、三十分钟"。"分"和数词词语构成的表达式既可能表示序数，也可能表示基数，一般需要依据具体语境来判定，例如：

（37）出租车停下，下午六点<u>十分</u>。（《小说月报》2006.03）

（38）当日，张琳在男子 1500 米自由泳决赛中夺冠，成绩为<u>14 分</u>36 秒 12。（《人民日报》2006.01.24）

上述例句中，"数 + 分"必须通过语境的限定来表示序数或基数。例（37）中"六点"和"十分"共同表示时点，"十分"表示第十分钟。例（38）的上下文语境限定了"14 分"只能表示基数。

5.3.2.7 秒、秒钟

"秒、秒钟"是量词，都能和数词词语组合表示时间，所构成的表达式在表示序数、基数上存在一定分工。"秒钟"和数词词语构成的表达式只表示基数，如"一秒钟、三十秒钟"。"秒"和数词词语构成的表达式既可能表示序数，也可能表示基数，一般需要依据具体语境来判定，例如：

（39）富蕴县地震台微震仪器记录了爆炸时间：11 时 2 分零<u>7 秒</u>。（《人民日报》1995.07.26）

（40）在当日结束的第二十八届达喀尔拉力赛汽车赛上，阿尔方德以 53 小时 47 分<u>32 秒</u>的成绩夺得汽车组冠军。（《人民日报》2006.01.17）

上述例句中，"数 + 秒"必须通过语境的限定来表示序数或基数。例（39）中"11 时""2 分"和"7 秒"共同表示时点，"7 秒"表示第七秒钟。例（40）中上下文语境限定了"32 秒"只能表示基数。

5.3.3 语法表达式特点的影响

各种语法表达式在语法上的特点也会影响序数表达，例如专门性标记式主要以专门性标记标示序数，语序式以表数成分后置语序标示序数，这些都是显性手段。弱标记式以隐性手段表示序数，它们在使用时一般不会产生混淆、引起歧义，这与各类弱标记式的特点密切相关，以下主要讨论弱标记式的特点。

5.3.3.1 有无量词对"数 + 名"的影响

汉语的量词具有句法强制作用，数名结构表示基数时，一般必须使用量词，所以表示事物数量的基本结构是"数＋量＋名"。

就弱标记式"数＋名"而言，表示序数时，它强烈排斥量词，表达式中一旦插入量词，就不能表示序数。请看下例：

序数	基数	序数	基数
九月——九个月		七世纪——七个世纪	
八连——八个连		三师——三个师	
十教室——十间教室		五会议室——五个会议室	

上述例句说明，有些"数＋名"表达式中插入量词时，不能表示序数，只能表示基数。

5.3.3.2 "数字串＋X"表示序数的倾向性

"数字串＋X"包括"数字串＋量""数字串＋名"，其中的数字串具有一定的序数标示作用。"数字串＋量"和"数字串＋名"在表示序数上具有一些特点，一般，"数字串＋量"都用于表示序数，如"一九九五年、五二三栋、二一五九次（列车）、四二五号（决议）、九九级（研究生）"。多数"数字串＋名"用于表示序数，如"三五九旅、一四三中学、二一一房间、四一三宿舍、三一一国道"，但也有一些不表示序数，如"863 计划、985 工程、211 工程、（波音）777 型、九一一事件"。以上两组例子的主要区别在于是否具有序列性，也就是说这些表达式是否与其他表达式组成具有次序关系的系列，例如：

A. 二一一房间、二一二房间、二一三房间、二一四房间……
　　一四一中学、一四二中学、一四三中学、一四四中学……
B. 863 计划、＊864 计划、＊865 计划、＊866 计划……
　　九一一事件、＊九一二事件、＊九一三事件、＊九一四事件……

A 组的"数字串＋名"都表示序数，均具有序列性，每个表达式与同类的其他表达式都具有次序关系，如"二一一房间"与"二一二房间"具有空间关系，"一四一中学"与"一四二中学"具有编号上的先后关系。B 组的"数字串＋名"不能表示序数，它们不具有序列性，不存在与它们具有次序关系的其他同类表达式。

5.3.3.3 "干支/字母 + 等/级"表示序数的绝对性

干支和字母具有指代性，"干支/字母 + 量"主要用于分类指代，它们表示序数时以受限式居多，不受限式相当少，但"干支/字母 + 等/级"一定表示序数，如"甲等、乙等""甲级、乙级""A 等、B 等""A 级、B 级"，它们可以不依赖语境而表示序数。

5.3.3.4 "干支/字母 + 名"表示序数受到较多限制

干支和字母具有指代性，"干支/字母 + 名"主要用于分类指代，它表示序数的用例比较少，并且必须依赖具体语境。如"甲组、A 组"常用于分类指代，表示序数时受到较多限制。"干支/字母 + 名"表示序数不受限制的情况相当少，如"β 星、γ 星"是按星星在星座中的亮度等级来命名的，"α 射线、β 射线、γ 射线"是按射线被发现的时间先后来命名的，它们都具有对比性、数量性和序列性，所以都是序数表达式。

5.3.4 序数域的诱导

5.3.4.1 序数域

序数域是指多个数量表达式连用，若其中某个数量表达式表达序数，在一定条件下就会形成序数氛围，这种氛围限制域内的其他数量表达式，使之也表达序数。

数量表达式可以单项运用，也可以多项连用。如"七斤三两""三分二十秒""第一、二名""十一栋三单元五二一室"就是多项数量表达式连用。连用包括有直接组合关系的连用和无直接组合关系的连用。有直接组合关系的连用式各项之间，其关系有加合、并列、偏正、主谓四种。具体如下：

加合关系：一米八三、八小时三十分钟、三百二十九元七角五分
并列关系：一栋两栋、三步两步、第一二年、二等三等
偏正关系：三个五十元、三个第一名、第一个五年、1998 年 7 月 5 日
主谓关系：八元一袋、二班五个、五个人二等奖、二班第一名

　　加合关系是指连用项之间具有相加关系，连用项相加就能得到实际数量，如"八小时三十分钟"表示时量，是指八个小时加三十分钟。并列关系是指连用项之间是并列的，没有主次之分。偏正关系是指连用项之间具有限定与被限定的关系，如"三个第一名"中，"三个"用于限定"第一名"的数量。主谓关系是指连用项之间具有陈述与被陈述的关系，如"二班第一名"中，"第一名"对"二班"进行陈述说明，"第一名"是陈述项，"二班"是被陈述项。

　　当多项数量表达式连用，连用项之间具有加合关系时，各连用项均表示基数，如"三分二十五秒""四斤二两"。

　　当多项数量表达式连用，连用项之间具有并列关系时，要求各连用项性质一致。若其中一项或几项表示基数，则其他项也应该表示基数。若其中一项或几项表示序数，则其他项也应该表示序数。也就是说，当其中一个或几个连用项是序数表达式时，就会形成序数域，这种序数域会制约其中的连用项，要求各项的性质保持一致，即都要有序数义。

　　当多项数量表达式连用，连用项之间具有偏正关系或主谓关系时，并未要求各连用项性质一致，即并未要求各连用项都表示基数或都表示序数。如"三个第一名"中，定语"三个"表示基数，中心语"第一名"表示序数。"第一个五年"中，定语"第一个"表示序数，中心语"五年"表示基数。又如"二班第二名"中主语和谓语都表示序数，"二班五个"中，主语"二班"表示序数，"五个"表示基数。可见，这类连用不会形成序数域。

　　多项数量表达式可以间隔性连用（被其他语法成分隔开），连用项之间没有直接组合关系。例如：

　　（41）对外开放——中国加入 WTO，进出口增长迅猛，从第八位上升到第三位。（《人民日报》2006.01.04）

　　例（41）中，"第八位"和"第三位"间隔连用，分别充当"从""到"的宾语。

　　有时候多项数量表达式间隔性连用，并不要求各连用项性质一致，如"三个人坐在第一排"中，"三个人"和"第一排"间隔性连用，它们的性质并不一致。但是，有时候多项数量表达式间隔性连用，会要求各连用项性质一致。当语法、语义上要求各连用项具有相同性质时，若其中一项或几项表示基数，则其他项也应该表示基数；若其中一项或几项表示序数，则其他项也应该表示序数，这时就会形成序数域。下文分别讨论并列性连用、间隔性连用所形成的序数域对序数表达的诱导作用。

5.3.4.2 并列性连用形成的序数域的作用

并列性连用要求各连用项性质一致，若其中一个或几个连用项是序数表达式，就会形成序数域，这种序数域会制约处于其中的语法表达式，要求它们也具有序数义。如：

（42）无证收购、贩卖木材情节严重或数额巨大构成投机倒把罪的，分别依照刑法<u>第一百一十七条或一百一十八条</u>的规定定罪处刑。（《关于办理盗伐滥伐林木案件应用法律的几个问题的解释》）

（43）在总成绩上徐浪排名升至32位，门光远、卢宁军和周勇分别是<u>第51名、55名和72名</u>。（《人民日报》2006.01.09）

"第一百一十七条"带有专门性标记"第"，依据句法形式就可以判断它表示序数，"一百一十八条"表示序数还是基数要视具体语境而定。它们在例（42）中并列性连用，这种并列关系要求各连用项性质一致，而"第一百一十七条"具有序数义，这样"第一百一十七条或一百一十八条"形成序数域，使处于序数域中的"一百一十八条"也表示序数。"55名""72名"表示序数还是基数要视具体语境而定，它们在例（43）中和"第51名"并列性连用，这种并列关系要求各连用项性质一致，而"第51名"从句法形式上标示了它具有序数义，这样"第51名、55名和72名"形成序数域，使处于序数域中的"55名""72名"也具有序数义。

5.3.4.3 间隔性连用形成的序数域的作用

间隔性连用（被其他句法成分隔开）的各连用项之间没有直接组合关系，当语法、语义上要求各连用项具有相同性质时，若其中一个或几个连用项是序数表达式，就会形成序数语义域。或者各连用项用于标示连续列举或分述项目的次序时，也会形成序数域。这种序数域会制约处于其中的语法表达式，要求它们也具有序数义。如：

（44）第八赛段中国车手表现都不错，其中成绩最好的是三角轮胎统一润滑油车队的老将卢宁军，他获得赛段39名，三菱车队的门光远紧随其后，是第40名，东风帕拉丁车队的徐浪和周勇分列49和77位。（《人民日报》2006.01.09）

（45）一则说明他敬业尽职，二则说明人事关系和谐。（方方《定数》）

"第40名"带有专门性标记"第"，我们依据语法形式就可以判断它表示序数，"39名""49和77位"表示序数还是基数要视具体语境而定。例（44）中，"39名""第40名""49和77位"间隔性连用，在句子中都充当宾语，这种间隔性连用和相同的句法位置要求各连用项性质一致，而"第40名"具有序数义，这样就形成序数域，使处于序数域中的"39名""49和77位"也具有序数义。"一则""二则"表示序数还是基数要视具体语境而定，它们在例（45）中间隔性连用，并且起语篇关联作用，所以不能被理解成基数，这样就形成序数域，使"一则""二则"都具有序数义。

5.3.5　非序数性语法成分的制约

序数语法表达式入句后，句子中的非序数性语法成分对它有一定的制约作用，这可以进一步显示序数语法表达式的序数义。以下从不同句法位置来看非序数性语法成分对序数语法表达式的制约作用。

5.3.5.1　非序数性定语对序数语法表达式的制约

有些非序数性定语能制约后现数量结构，要求它具有序数义。例如：

（46）这一两个线索的线头，不妨从南甲开始，从藏历十六绕回土蛇年，也就是西历公元1929年开始。（《小说月报》2006.02）

（47）与此同时，金花公司也由一个三级房地产开发公司发展成为一个自有资产4.2亿元，产业涉及金融投资、生物制药、科技、工

贸、文化娱乐和物业管理等领域的大型跨国民营股份集团公司。（《人民日报》1995.12.07）

"公元"出现在数量结构的前面时，要求后现数量结构必须具有序数义。单独来看，"1929年"表示序数还是基数要视具体语境而定，但是例（46）的"公元1929年"中，"公元"充当"1929年"的定语，它制约了"1929年"，使其具有序数义。"三级"表示序数还是基数要视具体语境而定，"三级房地产开发公司"可以指称不同级别的多个公司，也可以指称第三级的多个或一个公司。例（47）的"一个三级房地产开发公司"中，"一个"做定语，它从语义上制约后现中心语"三级房地产开发公司"，使之只能指称一个公司，所以其中的"三级"只能表示序数。若"三级"表示基数，则"三级房地产开发公司"指称多个公司，显然定语"一个"在语义上无法与之匹配。

5.3.5.2 非序数性中心语对序数语法表达式的制约

有些非序数性中心语能制约前现数量结构，要求它具有序数义。例如：

（48）当时，他正在小区巡逻，听到其他保安的呼叫后，他迅速赶到起火的楼下，发现3层的阳台上有个女孩正在大声哭喊"救命"。（《京华时报》2006.12.15）
（49）他悄悄回到十五层那套住宅，一直待到深夜。（《小说月报》2006.06）

"3层"表示序数还是基数要视具体语境而定。例（48）的"3层的阳台"中，"3层"与"阳台"具有定中关系，从常理来说，一个阳台不可能有三层，"3层的阳台"应该是指第三层楼上的阳台，所以中心语"阳台"制约着"3层"，使之表示序数。"十五层"可能表示序数，也可能表示基数。例（49）的"十五层那套住宅"中，中心语"那套住宅"要求定语具有方所性，这样才能限定"那套住宅"的具体位置，而定语"十五层"只有在表示序数时才具有方所性，所以中心语"那套住宅"在语义上制约着定语"十五层"，使之具有序数义。

5.3.5.3　非序数性谓语对序数语法表达式的制约

句子中有些非序数性谓语或谓语中心语能制约数量结构，要求它具有序数义。例如：

（50）他家住在六层，每次都要爬长长的台阶，但老胡的心情很好。（《小说月报》2006.03）

（51）我所在的企业在全国500家大型企业中排名14位。（《人民日报》1995.03.13）

"六层"可能表示序数，也可能表示基数。例（50）中谓语"住在"要求宾语具有方所性，而宾语"六层"只有在表示序数时才具有方所性，所以谓语"住在"在语义上制约着"六层"，使之具有序数义。"14位"可能表示序数，也可能表示基数。例（51）中谓语"排名"在语义上制约着宾语，要求宾语"14位"具有序数义，所以例中"14位"表示序数。

小　结

Ⅰ. 所有序数语法表达式都具有对比性、数量性、序列性、表序手段的语法性，但内部存在一定差异。在对比性上，有单比性与通比性、单体性与多体性的差异。在数量性上，有数量直接实指、数量间接实指、数量虚指、数量无指等区别。在序列性上，有强与弱、无限与有限、匀整与非匀整、显性与潜性等差异。

Ⅱ. 序数语法表达式除了具有必有语义特征外，有些次类还具有一些可有语义特征，例如定位性、命名性。在定位性上，存在直接定位、间接定位、不能定位等差异。

Ⅲ. 不同类别的序数语法表达式之间存在典型性差异，我们利用分层级的评估体系，结合数据统计，评估相应层级的序数语法表达式的典型性程度，得出以下典型性序列：

专门性标记式　>　弱标记式　>　语序式

第 + 数　>　老$_2$ + 数；初$_2$ + 数　>　数 + 来/则/其；头$_2$ + 数 +

量/名 > 小₂ + 数　>　数字串 + 号；书写符号标记式　>　第 + 数字串；数 + 号；前/后 + 数 + 量/名　>　上/下 + 数 + 量/名

X + 数　>　X + 数字串　>　名 + 字母　>　名 + 干支

数 + X　>　数字串 + X　>　字母 + X　>　干支 + X

Ⅳ. 序数语法表达式表示序数时，必须具备一定的语法、语义条件，主要条件有：构成成分的标示作用、近义词的分工、语法表达式特点的影响、序数域的诱导、非序数性语法成分的制约。

第六章　汉语序数语法表达式的专题研究

语言研究必须是静态与动态相结合，前面的章节对汉语的序数语法表达式进行了静态考察，本章从动态角度考察序数语法表达式入句后的一些表现。序数语法表达式可以与相关成分组合构成更大的表达式，例如"第三中学"就是由序数语法表达式"第三"和名词"中学"构成的更大的表达式。我们把序数语法表达式和包含序数语法表达式的表达式统称为序数语法表达式，本章分六个专题展开讨论：

（一）"第＋数/数字串＋X"的类别

（二）序数语法表达式的多项连用

（三）序数标记"第"的隐现机制

（四）序数语法表达式中量词的隐现机制

（五）映射高程度性质/情态的"第一＋X"

（六）映射类似关系的"第二＋X""X＋第二"

6.1　"第＋数/数字串＋X"的类别

"第＋数/数字串"的最主要用法是和量词构成"第＋数/数字串＋量"，其次是充当修饰语，和名词性成分、动词性成分、形容词性成分构成偏正结构。汉语中最典型的序数语法表达式是"第＋数"，所以下文重点讨论"第＋数＋X"的类别。

6.1.1　第＋数字串＋量/名

"第＋数字串"和量词组合构成"第＋数字串＋量"，这类表达式的用例比较少，它常用于文件、命令、物体的编号，其中的数字串一般都能指称实际数量。例如"第 004 号课题、第 05 号版本"，其中的数量串分别指称实际数量"四、五"。

"第 + 数字串"和名词性成分组合构成"第 + 数字串 + 名",能进入这类表达式的名词性成分主要是"军、师、旅、团、医院、学校、研究所"等,其中有些表达式的数字串能指称实际数量,有些不能指称实际数量。例如:

　　A. 第一二四中学、第一六四中学
　　B. 第三五九旅、第二一九团、第四六六医院、第 8604 部队

上述 A 组例子中,数字串都能指称实际数量,"第一二四中学、第一六四中学"分别指第一百二十四所中学、第一百六十四所中学,"一二四、一六四"分别指称实际数量"一百二十四、一百六十四"。B 组例子中,数字串都不能指称实际数量,如"第三五九旅、第四六六医院"并不意味着第三百五十九个旅、第四百六十六家医院,"三五九、四六六"不能指称实际数量"三百五十九、四百六十六"。

6.1.2　第 + 数 + 量

能和"第 + 数"组合的量词很多,主要有以下几类:

A. 个体量词。如:个、位、号、名、部、本、册、卷、辑、版、篇、编、章、节、条、款、项、道、段、回₁、页、张、幅、首、堂、封、幕、出、盘、句、块、面、片、盏、枚、颗、粒、只、支、根、株、件、桩、起、笔、所、座、幢、家、间、台、艘、辆、列、架。

B. 集合量词。如:对、双、套、组、丛、束、捆、群、排、行、批、伙。

C. 种类量词。如:种、类、样、等、级、流、品。

D. 部分量词。如:丝、缕、股、点。

E. 度量量词。如:斤、米、公里、升。

F. 时量词。如:年、季、周、天、日、夜、秒钟、分钟。

G. 动量词。如:次、回₂、遍、下、顿、轮、局、趟、通、番、阵。

H. 临时量词。如:杯、波、瓶、箱、袋、栏、窖、口。

从"第 + 数 + 量"的入句情况来看,它可以直接进入句子充当主语、宾语、定语、状语等句法成分。例如:

　　(1) 两个支柱产业,<u>第一个</u>是农副产品加工业。(《人民日报》

1995.12.22）

（2）1到9月份，全省工业经济效益综合指数为84.83，在全国排第14位。（《人民日报》1995.12.07）

（3）据土耳其阿纳多卢通讯社5日报道，该国第二名禽流感患者、现年15岁的法特玛·考奇耶特当天凌晨在东部凡省的百年医院医治无效去世。（《人民日报》2006.01.6）

（4）我第一次认识东史郎是在1994年8月，那是东史郎先生战后第二次来到中国，此前他曾在1987年12月专程来过南京谢罪。（《人民日报》2006.01.05）

例（1）中"第一个"充当主语，实际上它后面省略了名词短语"支柱产业"，这个名词短语在上文出现过。例（2）中"第14位"充当宾语，例（3）中"第二名"充当定语，例（4）中"第一次""第二次"充当状语。

6.1.3　第＋数＋名

"第＋数＋名"中，"第＋数"作定语修饰后面的名词性成分。

6.1.3.1　"第＋数＋名"的构成

能进入"第＋数＋名"的名词性成分①很多，可以分为以下几类：

（一）称谓

A. 职位、职称称谓。如：首相、副首相、副总理、副总统、副议长、副参谋长、副主席、副书记、副司令员、政委、书记、副部长、副主任、副总设计师。

B. 职业、社会身份称谓。如：老板、署名人、作者、报告者、引路人、执政者、赞助人、完成人、责任人、杀手、得分手、受害者、金牌大户、纳税大户、主人、自由人、夫人。

C. 性状凸显称谓。如：雅人、风流才子、高手、贤妻良母、黑手。

D. 通用称谓。如：人、男人。

---

① 能进入"第＋数＋名"的名词性成分包括名词、名词短语、名词性语素，但以名词居多，以下统称为"名"。

"第 + 数 + 职位/职称称谓"中，职位、职称称谓所指对象可以进一步分类，这些分类成员形成一个系列，系列中成员处于不同的等级位置。例如"书记"可以进一步按地位分出"第一书记、第二书记、第三书记"等，它们分别指排在第一位、第二位、第三位的书记。"第 + 数"的主要作用是对同一系列中成员的等级地位进行排序编号，体现的是一种抽象的社会地位。请看下例：

（5）1975 年费萨尔国王遇刺身亡后，阿卜杜拉进入政府，被任命为<u>第二副首相</u>。（《人民日报》2006.01.22）

（6）当时他是沔水镇革命委员会<u>第五副主任</u>，兼教育局副局长，沔水师范副校长。（池莉《来来往往》）

上述例句中，"第二副首相"是指在多位副首相中排在第二位的人，"第五副主任"是指在多位副主任中排在第五位的人。

"第 + 数 + 职业/社会身份称谓"中，职业、社会身份称谓所指对象在社会不同领域中有不同身份、不同贡献，例如"赞助人"可以按赞助多少分为"第一赞助人、第二赞助人、第三赞助人"。"第 + 数"的主要作用是按社会影响的大小对职业、社会身份称谓所指对象的社会地位进行排序，从而实现其社会评价。请看下例：

（7）记者就此采访了项目<u>第一完成人</u>、中国石油化工股份有限公司石油化工科学研究院副总工程师宗保宁。（《人民日报》2006.01.12）

（8）正因为吴健雄对物理学的杰出贡献，人们尊称她为"<u>物理科学第一夫人</u>"、"世界最顶尖女性实验物理学家"、"核子物理的女皇"。（王林英《十万个为什么》）

上述例句中，"第一完成人"是指在所有完成人中排在第一位的人，"第一夫人"是指在所有物理学领域的女科学家中排在第一位的人。这两个例子中，"第 + 数"分别表示项目完成人和物理学领域里女科学家的贡献大小。

"第 + 数 + 性状凸显称谓"中，性状凸显称谓的特征义十分显著，称谓本身就含有特征语素，如"雅人、风流才子、高手、贤妻良母、黑手"分别含有"雅、风流、高、贤、良、黑"等表示特征的成分。"第＋数"的主要作用是按程度高低对各种属性进行排序，它使抽象程度具体化，从而实现对性状凸显称谓所指对象的社会地位的主观评价。例如：

（9）他转身面对小白人，一字一顿地说："你是个雅人，天下第一雅人……"（王朔《你不是一个俗人》）

（10）贾母截断尤氏，厉声说："你倒是天下第一贤妻良母，看起来，倒是我忒狠心了！"（刘心武《秦可卿之死》）

上述例句中，"第一雅人"是指在雅人中排在第一位的人，即最雅的人。"第一贤妻良母"是指在贤妻良母中排在第一位的人，即最贤良的妻子、母亲。这两个例子中，"第＋数"分别对称谓语中"雅""贤""良"的性状程度进行排序定位，从而实现社会地位的主观评价。

"第＋数＋通用称谓"中，"第＋数"的作用有两种：一是对涉事对象进行排序编号，二是对属性地位进行主观评价。例如：

（11）在海上拖航过程中，由于承拖方或者被拖方的过失，造成第三人人身伤亡或者财产损失的，承拖方和被拖方对第三人负连带赔偿责任。（《中华人民共和国海商法》）

（12）"我看不出来。"二姐说，"人人都说周总理是中国第一男人。"（夏民利《中国当代历届"获奖作品佳作"丛书（二）》）

例（11）中，按事件责任大小，利用"第三"对事件涉及者进行排序编号。例（12）中，利用"第一"对"男人"的社会地位进行主观评价。

（二）机构群体、地域区划

A. 单位机构。如：小学、中学、师范学校、聋校、大学、中山大学、军医大学、中级人民法院、庭、医院、人民医院、骨科医院、剧院、梆子剧院、毛纺厂、水厂、自来水厂、电厂、炼钢厂、制革厂、橡胶厂、机械制造厂、通用机械厂、化纤厂、啤酒厂、糖厂、食品厂、机床厂、汽车厂、汽车制造厂、集团公司、分公司、建设公司、物资供销公司、工业公司、稽查局、工程局、航务工程局、煤矿、国民银行、百货商店、房建段、核电站、水电站、加油站、基地、电台、炼油设计研究院、勘测设计院、测绘大队、保管队、研究所、规划所、药检所、军休所、机械工业部、垃圾中转场、历史档案馆、完成单位、车间、部门、警务站、系、局、处、科①。

B. 群体组织。如：创作集体、委员会、党支部、部队、炮兵、野战军、军、军团、师、师团、旅、团、旅团、梯团、大队、支队、纵队、救助飞行队、联队、小组、村民小组、巡回检查组、梯队、集团、阵营。

C. 地域区划。如：国、经济强国、共和国、城、县、区、州、镇、乡、村。

"第 + 数 + 单位机构名称"的命名性很强，其中"第 + 数"的主要作用是给单位机构排序编号。请看下例：

（13）刚刚荣获 2005 年度国家最高科学技术奖的中科院院士、中国人民解放军第二军医大学东方肝胆外科医院院长吴孟超说，别看外科临床挺"风光"，其实搞基础研究比什么都重要。（《人民日报》2006. 01. 13）

（14）邓稼先就任二机部第九研究所理论部主任后，先挑选了一批大学生，准备有关俄文资料和原子弹模型。（《人民日报》2006. 01. 04）

例（13）中"第二"表示军医大学的编号，例（14）中"第九"表示研究所的编号。

"第 + 数 + 群体组织名称"的命名性很强，其中"第 + 数"的主要作用是给群体组织排序编号。例如：

（15）当时，护国军编为三个军；第一军出四川，为护国军的主力，担任主攻任务，总司令为蔡锷；第二军出广西，转战湘、粤，牵制袁军入川，总司令为李烈钧；第三军留守云南，总司令由唐继尧兼任。（《人民日报》1995. 12. 28）

---

① "局、处、科"有多种用法，这里指机关单位。

（16）新疆生产建设兵团党委组织部<u>第三党支部</u>建立学习考勤制度和学习记录制度。（《人民日报》2006.01.21）

例（15）中"第一、第二、第三"表示军队的编号，例（16）中"第三"表示支部的编号。

"第＋数＋地域区划名称"中，"第＋数"的作用有两种：一是给地域区划排序编号，二是评价地域区划的社会地位。请看下例：

（17）1月21日，巴黎市<u>第四区</u>一个小体育馆变成了中国文化展示场：法国邮政局集邮部在此举办中国狗年生肖邮票和法国印象派杰作纪念邮票首发式，请来狗年生肖邮票设计人、旅法中国艺术家李中耀为邮票当场签名题字。（《人民日报》2006.01.23）

（18）11月23日，被称为"中国粉条<u>第一乡</u>"的山东省平阴县旧县乡，迎来了一群不同肤色的远方客人。（《人民日报》1995.12.18）

例（17）中"第四"表示社区的编号，例（18）中"第一"表示特定乡村的社会评价地位。

（三）建筑场所。如：教室、排演厅、员工大厦、议会大厦、食堂、楼、殿、街、站台、候车室、出口、处₂、站、战场。

"第＋数＋建筑场所名称"中，"第＋数"的作用有两种：一是对建筑场所排序编号，二是评价建筑场所的社会地位。例如：

（19）1991年7月9日上午，萨尔州大学电气工程系大楼的<u>第一教室</u>里云集了近百人，李伟的博士论文答辩正在这里举行。（《人民日报》1995.12.08）

（20）漫步长安街及其延长线，栋栋熠熠生辉的高大建筑将神州<u>第一街</u>装点成灯光艺术的长廊。（《人民日报》2006.01.28）

上述例句中，"第一教室"的"第一"表示教室的编号，"第一街"的"第一"以排序定位方式对"街"进行社会评价。

（四）山川、海洋等自然地名。如：松花江、沉淀池、水源地、洞、窟、福地、峰、山、泉。

"第＋数＋自然地名"中，"第＋数"的作用有两类：一是对自然地名排序编号，二是对社会地位进行主观评价。例如：

(21) 在第二松花江岸，造纸厂、火力发电厂、化肥厂、化纤厂由上而下，相依而建。(马忠普《企业环境管理》)

(22) 大明湖以及号称"天下第一泉"的趵突泉现仍为旅游胜地。(马跃《中国国家地理》上册)

例 (21) 中，"第二松花江"的"第二"表示松花江的编号，它与"第一松花江"并存。例 (22) 的"第一泉"中，用"第一"对泉进行排序，从而实现对"趵突泉"的社会评价。

(五) 具体实物。如：脑室、颈椎、腰椎、指、掌骨、肋、掌骨、指节、指间垂线、趾、心脏、神经、花、票、轨、轨道、钩、扣子、领扣、签、圈、稿、炉、等尺、芯、墙、环城林带、标段、航段、联、管、链、剪、刀、杆、犁、频道、牌、抗体、路、跑道、线、起跑线。

"第＋数＋具体实物名称"中，"第＋数"的主要作用是给具体实物排序编号，只有少数是评价社会地位的。例如：

(23) 从第三指关节 (拇指为第二指关节) 背侧纹中点到甲根和皮肤交界之中点距离，与此点到指顶端内距离比相等。(郭哲华《疾病的自我诊断学》)

(24) 一位农村妇女凭借手中的剪刀，从山村剪到城市，从宁夏剪到全国，"剪"出楼房和小轿车，她就是被称为"西北第一剪"的伏兆娥——巧手剪出新天地。(《人民日报》2006.01.22)

例 (23) 的"第三指关节""第二指关节"中，分别用"第三""第二"给指关节排序编号。例 (24) 的"第一剪"中，用"第一"对剪纸艺术进行社会地位的评价。

(六) 时点、时段。如：周期、生长高峰、反抗期、关键期、周年、学期、任期、纪、春、季度、财季、赛季、阶段、时刻。

"第＋数＋时间名称"中，"第＋数"的主要作用是对事件的不同发展阶段或者时间序列中时点、时段进行排序编号。例如：

（25）在 2005 年 12 月 12 日至 2006 年 1 月 15 日世界杯门票销售的第三阶段，世界各地有 600 多万名球迷订购 25 万张球票。（《人民日报》2006.01.18）

（26）普京责成俄政府和俄天然气工业股份公司在 2006 年第一季度仍按 2005 年价格向乌克兰供应天然气，但条件是乌方应在 2005 年 12 月 31 日结束之前同俄方签署从明年第二季度起按市场价格购买俄天然气的合同。（《人民日报》2006.01.01）

上述例句中，"第三阶段"的"第三"表示世界杯门票销售阶段的编号，"第一季度"的"第一"表示季度的编号。

（七）抽象事物。如：高度、宇宙速度、剂量、维、限、语言、外语、课、课堂、信号、信号系统、字符、定律、公设、标准、品牌、例、题、话轮、人称、交响曲、乐章、抒情段、媒体、工作、职业、产业、支柱产业、学士学位、生命、现场、作案现场、过渡系、冷却系统、病症、病因、发展水平、势力、性、性征、顺序、生产力、动力、状态、看点、出发点、奇观、要务、方面、层次、部分、应力、招、资源、波、落点、停点、行为、动作、反应、回合、战、仗、战役、案、印象、感觉、感想、感官、要求、需要。

"第 + 数 + 抽象事物名称"中，"第 + 数"的作用有两种，一是给抽象事物名称排序编号，二是以排序方式进行地位评价。例如：

（27）我仔细审视着何建生，他给我的第一印象就是帅气。（《小说月报》2006.02）

（28）目前开机的有电视剧《西安大追捕》（十集）、《一九九五打拐第一案》（五集）和《刑警日记》（五集）。（《人民日报》1995.12.15）

上述例句中，"第一印象"是以排序方式表示最初的印象，"第一案"是以排序方式对案件的社会影响进行地位评价。

6.1.3.2　"第 + 数 + 名"的命名性

命名性是指某些语言结构能充当专名或类名去称谓某个或某类事物的

特性（参见陆丙甫1988，张敏1998）。张敏（1998：236～237）认为，"形＋名"结构具有称谓性和分类性，不具有述谓性，而称谓性实际上可以说是一种"可命名性"，即可以用"形＋名"结构给某一类事物赋予一个类名，其作用就像一个表类指的单个名词。我们批判地借鉴张敏（1998）的观点，认为只有命名性（与张敏所说的称谓性、可命名性的内涵一致）才是"形＋名"结构的整体特征，而分类性和述谓性是定语的功能属性。这种看法与陆丙甫（1988）的观点一致，他认为与定中结构粘合式、组合式相对应的意义区别是称谓性、非称谓性，"形＋名"结构构成了事物的称谓方式，具有给事物命名的作用。

我们认为，"第＋数＋名"与"形＋名"具有一定的一致性，它也具有命名性，可以稳定地指称某类对象。例如：

> 第一中级人民法院、第二小学、第三毛纺厂、第四人民医院、第九研究所、第十建设公司、第一教室、第一排演厅、第三世界、第四区、第三野战军、第五大队、第二十五师、第八巡回检查组、第十九标段、第四交响曲、第一跑道、第八频道、第六感觉、第一宇宙速度、第三定律、第二语言、第三产业、第二顺序、第三年度、第四阶段、第十一赛段、第三方、第三者、第二赞助人、第一作者、第一责任人、第一完成人、第五副主任、第一书记、第一副参谋长、第一首相

"第＋数＋名"中"第＋数"的语义功能，同"形＋名"中形容词的功能具有一致性，"第＋数"和形容词都是一种性质定语，能回答"什么＋名？"。具体表现在：

"第＋数"的功能不是计量，而是通过次序给后面名词性成分所代表的事物分类。例如"第一教室"的"第一"表示教室的次序，"白纸"的"白"表示纸的颜色，这些事物属性显然具有分类功能，可以把"第一教室、第二教室、第三教室""白纸、红纸、黄纸"等区分开来。所以"第一教室""白纸"都能命名客观世界的一类事物，一看到这两个结构，头脑中就有这两类事物的明确意象。

命名的主要任务是分类，本质是制造区别，给一事物赋予同其他事物区别的标记。从语言结构类型来看，汉语中存在以下命名方式：

一是词式命名，如"山、峰、江、湖、黑板、开关、日食、司机、作家、学者"。

二是短语式命名，如"购物中心、百货公司、人民代表大会、女子足球、外资企业、彩色显示器、干部培训班"。

三是缩略语式命名，如"北大、影协、央视、职高、党支书、社科、人代会、三中、二战、一附院"。缩略语式命名是在短语式命名基础上的进一步命名，但不是重新命名。

命名方法有很多种，如"初级阶段、高级阶段、成熟阶段、研究论证阶段、扶贫攻坚阶段""女子中学、回民中学、职业中学、民族中学、十八里铺中学"均以事物的特征来命名。"第＋数＋名"可以构成短语式序位分类名称，这种分类名称忽略不同个体的内在本质差异，几乎不带命名者的主观情感或愿望，仅以序数作为事物的分类符号，所以是一种符号性命名法。"第＋数＋名"构成的序数分类名称主要是以排序标准作为分类根据，给名词所代表的事物分类，名词冠以序数构成新的名称。比如就"第＋数＋阶段"而言，事物可以按时间先后划分为不同的发展阶段，以"第＋数"来区分不同阶段，增加了名词所指事物的内涵，缩小了外延，形成新的名称。又如就"第＋数＋中学"而言，名词"中学"所指称的事物存在许多个体，对这些个体加以区分的最经济、最快捷的办法就是冠以数字符号。序位分类名称具有整体性、简洁性、规律性，在街道、巷路、居住区、建筑物、机构单位、群体组织等命名上应用得相当广泛。如"第一医院、第二小学、第三毛纺厂、第四研究所"都是单位机构名称，"第一教室、第二员工大厦、第三登机口、第四候车室"都是建筑物、公共场所名称。

序数分类名称包含了对比，这种对比限于同一集合内，对比结果用不同序数来表示，所以经常会形成序列性名称，这些名称具有稳定性，约定俗成后一般不宜随意改动，但是它也具有能产性，只要有表达需求，就会增加新的成员。例如：

第一阶段、第二阶段、第三阶段、第四阶段……

第一中学、第二中学、第三中学、第四中学……

第一巡回检查组、第二巡回检查组、第三巡回检查组……

第一主任、第二主任、第三主任、第四主任……

有些序列性名称中，某些成员是隐含的，如"第三者"是指当事双方以外的人或团体，特指插足他人家庭，跟夫妇中的一方有不正当男女关系的人。就"第三者"的后一种语义而言，它所在的序列暗含了分类，共分出三类人，即夫妇双方、第三者，但夫妇双方一般不用"第一者""第二者"来表达。当然，在特殊的语境下，尤其是在对举语境中，这些隐含成员也会出现。例如：

（29）志新：你做学问你图舒心成嘛？再说你们那题目，你说你大姑娘家年轻轻的正经连个第二者还没捞上呢还第三者……（《我爱我家》第 25 集）

（30）制裁还彻底摧毁了伊拉克的整个中产阶级，许多工程师、医生和政府公务员都要寻找第二职业，甚至第三职业，例如当计时修理工，或者开着自家的破车到街上载客。（《京华时报》2003 年 1 月 23 日）

上述例句中，"第二者"是指夫妇双方中的一方，它与"第三者"形成对应。"第一职业"是指本职工作。职业原本没有"第一"之说，随着社会经济的发展，有的人在本职工作之外从事其他工作，以此来增加收入、改善生活，或者实现自己的某些心愿，这种工作与本职工作形成对立，于是出现"第二职业"，甚至是"第三职业"，它们专门用于指称在本职工作以外所从事的工作。随着语言的发展，在"第二职业""第三职业"的基础上就推衍出"第一职业"。

6.1.4　第＋数＋动

"第＋数＋动"的用例比较少，进入该表达式的动词性成分很多已经体词化了，"第＋数"主要作定语。若进入该表达式的动词性成分没有体词化，则"第＋数"主要作状语。请看下例：

（31）实践证明，死刑第二审案件开庭审理，对于充分保障被告人诉讼权利，切实保证死刑案件审判质量，具有十分重要的作用。（《人民日报》2006.01.17）

（32）当然屈膝、弓背积蓄力量及蹬地、发力是一个比较理想化的说法，因为根据第一发球和第二发球的不同需要，击球点是相应要有前后变动的，但"力争高点"却是在选择击球点时最基本的原则。（代红、齐朝勇、胡永强《乒乓球 羽毛球 网球》）

上述例句中，"第二审"是对"审理"行为的排序，是指上级法院按照上诉程序对第一审案件进行第二级审理。"第一发球、第二发球"是体育运动中对"发球"动作的时间排序。其中动词"审""发球"已经体词化了，"第＋数"在表达式中充当定语。

（33）广东省质量协会近日进行的一项旅游服务质量专项调查显示，被访者第一关注"质量保证"，"价格"在各种列出的因素中排倒数第一。（《人民日报》2006.01.18）

（34）喜的是，前不久市有关部门进行了市民十满意的问卷调查，天津市民第一满意该市的城市治安，其次就是对市场供应满意。（《人民日报》1996.06.11）

上述例句中，"第一关注"是对"关注"行为的程度排序，是指"最关注"。"第一满意"是对"满意"行为的程度排序，是指"最满意"。其中动词"关注""满意"是谓语中心语，"第＋数"是状语。

6.1.5　第＋数＋形

"第＋数＋形"中，"第＋数"作状语修饰后面的形容词，能进入这种表达式的形容词有"大、长、高、好、难、奇、理想、恐惧、聪明、漂亮、优秀"等。请看下例：

（35）科比·布莱恩特在本场比赛独得81分，刷新他职业生涯中的单场最高得分纪录，这也是NBA历史上单场得分第二高的纪录。（《人民日报》2006.01.24）

（36）你是怎样运筹这"天下第一难"的呢？（《人民日报》1995.12.18）

例（35）的"第二高"中，"第二"用于度量"高"的程度，它使程度具体化。例（36）的"第一难"中，"第一"用于度量"难"的程度，凸显了属性的最高程度。

6.1.6　第＋数＋大＋X

"第＋数＋大＋X"的出现频率相当高，其中"大"比较特殊。

6.1.6.1　"第＋数＋大＋X"的构成

"第＋数＋大＋X"中，只能进入"大"，不能容纳"小"。能进入这种表达式的数词主要是"一"至"十"，其他数词短语的出现频率很低，例如"第十一大资产管理公司、第十四大采购国、第四十七大银行"是比较少见的。充当 X 的主要是名词性成分，也有少量动词性成分。请看下例：

（37）水稻为世界<u>第二大谷类作物</u>，在我国为最大的粮食作物，年产 18992 万吨。（《人民日报》1995.12.19）

（38）波黑和平面临的<u>第三大挑战</u>是恢复经济。（《人民日报》1995.12.15）

上述例句中，充当 X 的分别是名词性成分"谷类作物"、动词"挑战"。

6.1.6.2　认知凸显与性质凸显标记"大"

很多学者注意到"大"的特殊用法，如宋玉柱（1994）、沈阳（1996）等。项开喜（1998）、陈青松（2004）指出，"大＋名"中"大"具有凸显功能，能突出或显现后边名词的某个或某些性质细节。谷晓恒、李晓云（2005）指出，"数＋大＋名"中"大"凸显了名词指称对象的典型特征和结构所示的语义信息。实际上，"第＋数＋大＋X"中"大"也具有凸显功能，它是一个性质凸显标记。

同一范畴中成员的地位是不一致的，存在典型与非典型的差异。典型成员具有更多的与同类成员共有的属性，它具有认知上的显著性。一般，等级系列中等级高的成员比等级低的成员更加突出，例如各种类型的公司中，规模大、资本雄厚、生产能力强的公司更具有显著性，又如"总统、将军、教授"等处于职务或职称序列中的最高级，无疑比"职员、士兵、助教”更具有显著性。语言并非完全任意的，句法结构具有象似性，认知上的显著性往往会在句法结构上有体现。“第＋数＋大＋X”就是一种凸显语义成分的有标记形式，所表示的信息是说话人认知上的显著性信息，其中的“大”就是一个语义凸显标记，它用于标记表达式中“X”所指事物具有典型性特征，这些事物在某种属性上超过一般事物，在同一范畴上是最典型、最重要的，我们把这种用法的“大”称为性质凸显标记。例如：

（39）2004 年，俄罗斯已取代德国成为芬兰<u>第一大贸易伙伴</u>。（《人民日报》2006.01.09）

（40）由职业经理人成长为全球<u>第二大芯片生产厂商</u>掌门人的曹兴诚，一路走来，因其鲜明的个性、独到的管理理念和高超的经营手段而受到业内人士的关注。（《人民日报》2006.01.18）

上述例句的“第一大贸易伙伴”“第二大芯片生产厂商”中，“第一”“第二”作定语，指称对象在序列中的次序。“大”对后面的名词性成分起着语义制约作用，用于标记对象的典型性，凸显它们的贸易量、芯片生产量非常大，远远超过一般对象。

6.1.6.3　“第＋数＋大＋X”的类别与性质凸显的差异

根据“第＋数＋大＋X”中“大”与“X”的句法关系，可以把该语法表达式划分为三类：

A. 第一大国、第一大省、第一大县、第二大城市、第三大党、第二大洲、第一大岛、第一大湖、第一大河、第一大港、第一大案。

这类表达式中，充当“X”的都是名词性成分。该表达式在句法上可做两种分析：若把“第一大国”分析成“第一／大国”，则“大”具有形容词的基本意义和主要功能，能够度量事物的体积、面积、数量、力量、强度等，进而发挥分类功能。若分析成“第一大／国”，则“大”不具有度量分类功能，只是一个性质凸显标记，用于标示社会团体、山川河流等事物具有典型性。

B. 第一大贸易国、第五大原油出口国、第一大牛奶生产国、第二大进口市场、第一大西瓜批发市场、第一大汽车物流服务供应商、第四大实际投资方、第二大投资对象、第二大空难事件。

这类表达式中,充当"X"的是名词性成分。该表达式在句法上只能分析成"第+数+大/+X","大"与后面的名词性成分不具有句法组合关系,但语义上"大"还是能度量它后面名词性成分的中心语,如"大国、大市场、大供应商、大投资方、大事件"。显然,"大"的度量意义、分类功能已经弱化,突出社会机构、团体、事件的典型性的功能更强。

C. 第一大贸易伙伴、第四大旅游地、第二大谷类作物、第二大水体、第六大支柱产业、第三大力量、第三大公害、第五大发明、第二大空间、第二大挑战、第三大发现。

这类表达式中,充当"X"的有名词性成分和动词性成分,其中动词性成分的动词性减弱,指称性增强,作用相当于名词性成分。该表达式在句法上只能分析成"第+数+大/+X","大"与后面的成分不具有句法组合关系,例如一般不能单说"大贸易伙伴、大旅游地、大谷类作物、大水体"。显然,"大"的度量意义更加弱化或者已经消失,它演变成性质凸显标记,用于标示处所、抽象事物、动作、事物的典型性。

从"第+数+大+X"的三种类别来看,"大"的句法功能逐步变化,语义逐渐虚化,性质凸显功能越来越强,呈现出一个渐变性序列:

句法:能与 NP 搭配 > 不能与 NP 搭配

语义:实 > 虚

语用:度量功能 > 性质凸显功能

"大"在第一类表达式中有两种用法,语义还比较实在;在第二类表达式中语义虚化,具有性质凸显功能;到第三类表达式中,"大"的语义进一步虚化,成为一个语义空泛的性质凸显标记。这个序列与"第+数+大+X"中 X 的变化有一致性,X 从有空间义的名词变为无空间义的抽象名词和动词,"大"也经历了从有度量功能到无度量功能的转移,其语义逐步虚化,最后成为一个意义空泛的性质凸显标记。

6.1.6.4 性质凸显的多样性与主观性

"大"作为性质凸显标记,所凸显的性质具有多样性。例如:

(41) 的确,目前台湾是香港第四大贸易伙伴和第五大出口市场,

也是香港居民<u>第四大</u>旅游地；300 多家台湾公司在香港设立地区总部
或办事处，越来越多的台湾企业到香港融资、上市；1988 年以来，台
胞经港澳赴大陆近 4000 万人次。（《人民日报》2006.01.29）

上述"第 + 数 + 大 + X"中都含有"大"，但它所凸显的性质是不同
的，所选择的凸显点分别是贸易量很高、出口量很大、旅游选择地很好。

"第 + 数 + 大 + X"对凸显成分的选择具有主观性，与 X 所指对象在
认知域中的位置有关，只有排在序列前面、重要的事物才具有认知显著
性；排在序列后面、不重要的事物不具有认知显著性，所以表达式中只能
出现"大"，不能出现"小"。

6.2　序数语法表达式的多项连用

序数语法表达式可以单项运用，也可以多项连用，其中多项连用包括
三大形式，即紧接性连用式、临接性连用式、间隔性连用式。具体如下：

A. 紧接性连用式：多项序数语法表达式之间没有其他句法成分、标点
符号，它们在线性序列中紧挨在一起，彼此之间有直接组合关系，基本形
式是"AB"。例如"第一条第一款""第二十七军七十九师二三五团三
营"。

B. 临接性连用式：多项序数语法表达式之间没有其他句法成分，但有
虚词和标点符号，它们之间有直接组合关系，基本形式是"A 和 B"。例如
"第一和第二趾""第一、二位"。

C. 间隔性连用式：多项序数语法表达式被其他句法成分隔开，它们之
间没有直接组合关系，基本形式是"A …… B"。例如"一来 …… 二
来……""从第八位上升到第三位"。

下文分别讨论序数语法表达式连用的三种基本形式，其中紧接性连用
和临接性连用是讨论重点。

序数语法表达式连用时经常涉及成分的隐现。本书区分构成成分和共
有成分，构成成分是指构成序数语法表达式的成分，共有成分是指序数语
法表达式连用时各连用项都包含的成分。构成成分不一定是共有成分，但
共有成分一定是构成成分，下文仅考察共有成分的隐现问题。总体而言，
共有成分的隐现包括五种情况，即全显、全隐、前隐、后隐、中隐，这五

种情况我们将在连用式的次类中一一介绍，这里仅介绍共有成分隐现的判定标准。

序数语法表达式连用时所隐现的共有成分经常是专门性标记、名词性成分、量词。名词性成分和量词的隐现比较好辨别，例如：

（42）（标题）办<u>二三产业</u>　建设多层新居　强化文化提升（《人民日报》2006.01.22）

（43）今日本报分别在<u>二、八</u>版刊登双方主题发言人的发言摘要、讨论答问摘录和中方会议主持人的综述，以飨读者。（《人民日报》1995.12.29）

上述例句中，"二三产业"的第一项隐去了名词"产业"，"二、八版"的第一项隐去了量词"版"。连用式中连用项"数＋X"是否隐匿共有成分"第"①，我们根据具体情况分别对待：

第一，连用式中其他连用项带"第"时，若连用项"数＋X"不能带"第"，或者虽然可以带"第"，但一般不带，则认为"数＋X"中没有隐匿"第"。例如"一九九五年第五个月"中，"一九九五年"前面一般不带"第"，则认为它并未隐匿"第"。

第二，连用式中其他连用项带"第"时，若连用项"数＋X"可以带"第"，并且经常带"第"，则认为"数＋X"隐匿了"第"。例如"第1卷9页"中，"9页"隐匿了"第"。

第三，连用式中其他连用项没有带"第"，则连用项"数＋X"不存在共有成分"第"的隐匿问题。例如"二单元、三单元"中两个连用项都不带"第"，则不存在共有成分"第"的隐匿问题。

6.2.1　紧接性连用式

6.2.1.1　结构形式

紧接性连用式的出现频率比较高，而且同类序数语法表达式的连用相

---

① 连用式的连用项"第＋数＋X"隐匿共有成分"第"与非连用时"第＋数＋X"隐匿"第"有相同点，但也存在一些差异。例如前者以共有成分为前提，后者以隐匿"第"后仍然能够表示序数为前提。

当多。它的最大特点就是连用项之间没有其他句法成分和标点符号，在线性序列中具有紧接性。下文以序数语法表达式的基本形式为参照，根据连用式中各连用项共有成分的隐现情况，把紧接性连用式划分为全显式、全隐式、前隐式、后隐式、中隐式五个次类。

（一）全显式

全显式是指各连用项中不存在共有成分的隐匿现象。例如：

（44）仲裁法第五十八条第一款第一项规定的"没有仲裁协议"是指当事人没有达成仲裁协议。（《最高人民法院关于适用〈中华人民共和国仲裁法〉若干问题的解释》）

（45）评剧《呼兰河》一度二度创作都很精彩，电视剧不但保留了原评剧剧本中的唱词，还融进现代影视的表现手段，并强化了全剧的故事性和戏剧冲突，富有浓厚的地域特色。（《人民日报》2006.01.13）

例（44）中"第五十八条第一款第一项"的共有成分"第"、例（45）中"一度二度"的共有成分"度"都出现了，它们没有共有成分的隐匿现象。

（二）全隐式

全隐式是指各连用项中都存在共有成分的隐匿现象。例如：

（46）江西省各批次的高招录取工作将不再设调剂志愿，录取过程中也不进行调剂录取，而是在每个批次的第一二志愿录取结束后，将缺额院校剩余招生计划数定时向考生公布，考生可以在规定时间里三次填报缺额院校志愿，然后按考生填报的志愿择优录取。（《人民日报》2004.07.01）

（47）美国队获本次比赛冠军，中国队获亚军，日本队和加拿大队分获第三四名。（《人民日报》1996.05.20）

上述例句中，"第一二志愿"的第一项隐匿了共有成分"志愿"，第二项隐匿了共有成分"第"，"第三四名"的第一项隐匿了共有成分"名"，第二项隐匿了共有成分"第"。

（三）前隐式

前隐式是指连用前项隐匿了共有成分。例如：

　　（48）这把大会主席也惊呆了，他翻了半天，点道：<u>二百七十一页第二段</u>。（夏民利《中国当代历届"获奖作品佳作"丛书（二）》）

　　（49）有一次，我们<u>一二单元</u>和他们<u>三四单元</u>分成两拨在操场上玩攻城，那是很激烈的游戏，需要身体直接冲撞，一拨画一个四方城门，最里角画一个半圆叫堡垒，双方对攻，互相推搡，除了不许打脸拳击五脏一切手段均可，先踩着对方堡垒的算赢。（王朔《看上去很美》）

上述例句中，"二百七十一页第二段"的第一项隐匿了共有成分"第"，"一二单元""三四单元"的第一项隐匿了共有成分"单元"。

（四）后隐式

后隐式是指连用后项隐匿了共有成分。例如：

　　（50）1949 年 5 月参加革命工作，1979 年加入中国共产党，历任<u>第二机械工业部（现中国核工业总公司）九院</u>副院长……（《人民日报》2006.01.08）

　　（51）1951 年至 1955 年任志愿军<u>第二十七军七十九师二三五团三营</u>教导员、团政治处副主任。（《人民日报》1995.12.29）

上述例句中，"第二机械工业部（现中国核工业总公司）九院"的第二项隐匿了共有成分"第"，"第二十七军七十九师二三五团三营"中第二、三、四项隐匿了共有成分"第"。

（五）中隐式

中隐式是指连用中项隐匿了共有成分。例如：

　　（52）1956 年至 1958 年任陆军<u>第四十一军一二三师三六八团第一副团长</u>兼参谋长。（《人民日报》1995.12.29）

上例中，"第四十一军一二三师三六八团第一副团长"的第二、三项隐匿了共有成分"第"。

上述五种连用都具有紧接性，彼此之间没有语音停顿，但是它们在语义、语用上存在差异：全显式中不存在共有成分的隐匿现象，它重在强调各连用项的独立性。全隐式重在强调连用的整体性。前隐式和后隐式中带"第"的连用项都能影响不带"第"的连用项的性质，但前隐式中连用后项带"第"有强调连用后项的意味。中隐式比较特殊，用例相当少，这种用法可能是源于前后项语义内容的变化，如"第四十一军一二三师三六八团第一副团长"的第一、二、三项都是军队编制单位，而第四项是职位，前后语义内容不同。

6.2.1.2　语法关系

紧接性连用式的各连用项之间包括三种语法关系，即并列、偏正、主谓。

（一）并列关系

并列关系是指连用项之间是并列的，没有主次之分。但内部又有一些差异，可以分为两种类型，一种是连用项属于同一序列中的不同成员，另一种是连用项属于不同序列中的成员。例如：

（53）本次艺术节上，名人展（国家一二级画师）、农民书画展、职工书画展、儿童书画展、家庭书画展等二十多个展点的三千多幅作品吸引了上万名群众。（《人民日报》1995.12.22）

（54）2006 年 1 月 14 日星期六　第八版（《人民日报》2006.01.14）

例（53）中"一二级"表示同一序列的两种等级，例（54）中"2006 年 1 月 14 日"和"星期六"属于不同序列中的成员，但指称同一天。

（二）偏正关系

偏正关系是指连用项之间具有限定与被限定的关系。例如：

（55）6 月任叶挺领导的国民革命军第 11 军 24 师独立团参谋长，曾奉命回乡招募新兵，首先动员自己的 3 个弟弟应招入伍。（《人民日

报》2006.01.20)

(56)上海市旅游委 23 日发布了<u>2006 年第 1 号公告</u>，宣布取消 23 家饭店的星级。(《人民日报》2006.01.24)

例（55）中"第 11 军"和"24 师"都是军队编制单位，"第 11 军"包容了"24 师"。例（56）中"2006 年"与"第 1 号公告"具有限定与被限定的关系，在语义上连用前项缩小了连用后项的处延。

（三）主谓关系

主谓关系是指连用项之间具有陈述与被陈述的关系。这类用例非常少，如"二班第三名"中，"第三名"对"二班"进行陈述说明，"第三名"是陈述项，"二班"是被陈述项。又如"第一组 A 等"中，"A 等"对"第一组"进行陈述说明，"A 等"是陈述项，"第一组"是被陈述项。

6.2.2 临接性连用式

6.2.2.1 结构形式

临接性连用式的连用项之间没有其他句法成分，但有"和、或、或者、及、以及、暨、的"等虚词，或者书面上使用标点符号，最常见的是顿号，也有用连接号的，还有少量用逗号的。同紧接性连用式一样，临接性连用式也存在共有成分的隐现现象，下文依据连用项共有成分的隐现情况，把临接性连用式划分为全显式、全隐式、前隐式、后隐式。

（一）全显式

全显式是指各连用项中不存在共有成分的隐匿现象。例如：

(57)<u>第二节、第三节</u>，河南队仍然保持比分领先。(《人民日报》2006.01.08)

(58)参观自动化中央监控室，我们在主人的带领下，看到了地下污水处理厂的真面目：沉沙池、<u>第一沉淀池、第二沉淀池</u>……全部密封得严严实实，看不到一点污水，闻不到一点异味。(《人民日报》2006.01.19)

上述例句中，"第二节、第三节"中共有成分"第""节"全都出现了，"第一沉淀池、第二沉淀池"中共有成分"第""沉淀池"全都出现了。

（二）全隐式

全隐式是指各连用项中都存在共有成分的隐匿现象。例如：

（59）从1989年至1994年，宁夏河套灌区农业综合开发<u>第一、二期</u>工程圆满完成，并且通过了国家验收。（《人民日报》1995.12.11）

（60）是<u>第二、三、四届</u>全国政协委员，<u>第五、六、七届</u>全国政协常委。（《人民日报》1995.12.23）

上述例句中，"第一、二期"的第一项隐匿了共有成分"期"，第二项隐匿了共有成分"第"。"第二、三、四届""第五、六、七届"的第一项隐匿了共有成分"届"，第二项隐匿了共有成分"届"和"第"，第三项隐匿了共有成分"第"。

（三）前隐式

前隐式是指连用前项隐匿了共有成分。例如：

（61）但好景不长，在<u>第二、第三场</u>比赛之中，田忌的赛马却都取得了胜利。（王林英《十万个为什么》）

（62）朱德同志在这次战争中虽然不是主将，但他披坚执锐，斩将搴旗，始终站在最前线，他先后率领的<u>第六、第三支队</u>在护国战争最关键的一仗——泸纳战役中，担负了重要战斗任务。（《人民日报》1995.12.28）

上述例句中，"第二、第三场"的连用前项隐匿了共有成分"场"，"第六、第三支队"的连用前项隐匿了共有成分"支队"。

（四）后隐式

后隐式是指连用后项隐匿了共有成分。例如：

（63）在总成绩上徐浪排名升至32位，门光远、卢宁军和周勇分别是<u>第51名、55名和72名</u>。（《人民日报》2006.01.09）

（64）无证收购、贩卖木材情节严重或数额巨大构成投机倒把罪的，分别依照刑法<u>第一百一十七条或一百一十八条</u>的规定定罪处刑。（《关于办理盗伐滥伐林木案件应用法律的几个问题的解释》）

上述例句中，"第 51 名、55 名和 72 名"中后面两项隐匿了共有成分"第"，"第一百一十七条或一百一十八条"中连用后项隐匿了共有成分"第"。

6.2.2.2　语法关系

临接性连用式的各连用项之间包括并列和偏正两种语法关系，其中并列关系的用例比较多。

（一）并列关系

并列关系是指连用项之间是并列的，没有主次之分。在结构形式上使用虚词"和、或、或者、及、以及、暨"等，或者书面上使用顿号、连接号、逗号等标点符号。例如：

（65）南京、呼和浩特、济南、西安等市，今年分别是实行"禁改限"的<u>第一、二、三年</u>，除夕夜无事故报告。（《人民日报》2006.01.30）

（66）这次规划开发的度假区介于<u>318 和 320 国道</u>之间。（《人民日报》1995.12.06）

上述例句中，"第一、二、三年"中三个连用项在语义上是并列的，"318 和 320 国道"中两个连用项之间也具有并列关系。

（二）偏正关系

偏正关系是指连用项之间具有限定与被限定的关系。例如：

（67）同时，开办木工厂、碾米坊，组织制药、编织和烧炭，把农场建成为<u>第 359 旅的第一模范农场</u>。（《人民日报》2006.01.26）

（68）于是，日本统计出有一半以上的成年人有"过劳死"之忧；德国人把疲劳视为<u>90 年代的第一病症</u>；美国政府则投入很大力量研究

对付"慢性疲劳综合症"……（《人民日报》1995.12.18）

上述例句中，"第359旅的第一模范农场"中"第359旅"是"第一模范农场"的领属定语，"90年代的第一病症"中"90年代"是"第一病症"的时间定语。

6.2.3　间隔性连用式

间隔性连用式的连用项之间有其他句法成分。例如：

（69）同时，西藏发展可再生能源还有其特殊意义：其一，青藏高原生态环境脆弱，利用石化能源面临巨大的环境挑战；其二，西藏的常规能源多由公路长途运输，煤炭每吨价格比内地高出800多元，每吨成品油价格高出100多元。（《人民日报》2006.01.12）

（70）对外开放——中国加入WTO，进出口增长迅猛，从第八位上升到第三位（《人民日报》2006.01.04）

上述两例是间隔性连用式的两种类别，例（69）中"其一""其二"是两项序数语法表达式间隔性连用，用于表示列举。例（70）中"第八位""第三位"在同一句子中分别充当"从""上升到"的宾语。

另外，紧接性连用式、临接性连用式、间隔性连用式可以共用，例如：

（71）本法第二十二条第一款第一项、第二项规定的企业管理者，国务院和地方人民政府规定由本级人民政府任免的，依照其规定。（《中华人民共和国企业国有资产法》）

（72）2004年外贸进出口总额为11548亿美元，是2000年的2.4倍，世界排位从2000年的第八位上升到第三位，占世界贸易总额的比重从3.6%上升到6.2%。（《人民日报》2006.01.04）

例（71）的"第二十二条第一款第一项、第二项"中第一、二、三项是紧接性连用，第一、二、三项与第四项是临接性连用。例（72）中"2000年的第八位"是临接性连用，"2000年的第八位"与"第三位"是间隔性连用。

6.3 序数标记"第"的隐现机制

汉语中表示序数时，经常使用专门性标记"第"，但是它在一定条件下可以隐匿，例如"第三产业、第三医院"都能隐匿"第"。20世纪以来，有些学者注意到"第"的隐现现象。王力（1944/1985：244）认为用不用"第"与表达习惯有关，但表示纪时、排行、官爵等级、分类列举，一定不用或可以不用"第"。马庆株（1990）指出，"数+量"前出现"第"时一定表示序数，不出现"第"时可能存在歧义。邢福义（1996：190）认识到"三楼、四车厢"等隐含了"第"，可以通过同义变换把"第"补出。储泽祥（1997、2010）探讨了表示方所的"序数+量词"式的数量短语，认为能进入此短语的量词有"号、栋、层"等可加"第"类，"辆、艘、间"等必加"第"类。李宇明（2000）通过"第+数+X"来观察充当X的量词或名词的语法性质：X是量词时，"第一辆、第三棵"类的表达式去掉"第"就不能表示序数；X是名词时，部分表达式去掉"第"仍表示序数，如"第二车厢、第三小学"。

以上研究极富启发性，但是就目前的研究现状而言，仍然有一些需要进一步讨论的问题。专门性标记"第"有哪些语义功能？各语义功能在句法上有什么表现？"第"隐现的规律是什么？制约它隐现的机制有哪些？本节就以上问题提出一些看法。以下是几点说明：

（一）"第"标记的序数语法表达式包括"第+数"和"第+数/数字串+X"两类，其中"数字串"是指没有系位组合关系的一串数字，在读数字串时，不宜读为整数读法，而是按数字的出现顺序念读。例如"第三五九旅、四零三房间"中的"三五九、四零三"就是数字串。"数"是指数词词语，包括数词和数词短语。

（二）"第+数"在间隔连用、表示连续列举或分述项目的次序时，可能存在"第"的隐匿现象。例如"第一，历史不是宗教；第二，历史不是道德；第三，历史不是时政的奴隶。"这类现象中"第"隐现的规律较明显，本节不作重点考察。

（三）有些"第+数+X"可以被缩略，例如"第二次世界大战、第二炮兵"分别被缩略成"二战、二炮"。虽然在缩略时"第"被隐去，但是这种缩略现象与"第"在句法上的隐匿本质上是不同的，所以下文不涉及这类缩略现象。

根据以上情况，我们把论题封闭在"第＋数/数字串＋X"的范围内，只讨论"第＋数/数字串＋X"中"第"的隐现问题，并且不涉及"第＋数/数字串＋X"的缩略现象。

6.3.1　三种隐现情况与可能隐匿"第"的"第＋数/数字串＋X"

6.3.1.1　"第"隐现的三种情况

情况一：必隐。有些序数语法表达式一般不带"第"，如纪时的"一九九八年五月六日七点钟"，表示排行的"三哥、四叔"，表示班级的"六年级、七班"，表示等级的"一品（官）、九段（棋手）"。这些必须隐匿"第"的序数表达式是常用的，无"第"时不会影响理解，而且形式上比较简洁，有词汇化的倾向。

情况二：必现。若"第"隐匿，则不能表示序数，如"第三个、第四天、第五根"。

情况三：可隐可现。这里分两类情况：一是若"第"隐匿，则有表示基数或序数的歧义，即必须依赖语境来表示序数，如"第三等、第四层"；二是若"第"隐匿，仍然表示序数，但语义上存在细微差别，如"第二医院、第三季度"。

"第"必隐、必现的规律比较明显，而哪些"第＋数/数字串＋X"中的"第"可以隐匿则需要进一步探讨，下文重点探讨"第"可以隐匿的规律。

6.3.1.2　可能隐匿"第"的"第＋数/数字串＋X"

"第＋数/数字串＋X"中，如果"第"可以隐匿不用，必须满足两个条件：

条件一："第＋数/数字串＋X"与"数/数字串＋X"是相对的形式，其中的数词词语、数字串、X都相同，并且语义也相同。

条件二："数/数字串＋X"在句法上合格，在语义上表示序数。

在1400万字的语料中，我们寻找形式上相对的"第＋数/数字串＋X"和"数/数字串＋X"。若不存在相对形式，则无所谓"第"的隐现现象；

若存在相对形式，则归为"第"的隐现现象。同时，我们扩大语料范围，一是在北京大学中国语言学研究中心现代汉语语料库、《人民日报》电子版（1946～2011）中，针对本书的 1400 万字的语料中无相对形式的"第＋数/数字串＋X"、无相对形式的"数/数字串＋X"（表示序数），进一步核查确定其是否有相对形式；二是根据吕叔湘（1980）《现代汉语八百词》的名词、量词配合表中所收集的量词，考察"第＋数/数字串＋量词"和表示序数的相对形式"数/数字串＋量词"。这样，归纳出可能隐匿"第"的具体形式。可能隐匿"第"的"第＋数/数字串＋X"可以表示空间、时间、地位、编号等次序，其中的 X 比较复杂，量词、名词、动词性成分都可以。依据常表示的次序类别和 X 的类别，可能隐匿"第"的"第＋数/数字串＋X"包括七类：

A 类：第＋数＋栋/层/排$_1$①/页/卷/回$_1$②/版$_1$③

B 类：第＋数＋期/代/世/手④/次/届/胎/度⑤/回$_2$/版$_2$

C 类：第＋数＋等/级/流/类/档/名/位⑥

D 类：第＋数/数字串＋号⑦

E 类：表示机构群体或建筑场所的"第＋数/数字串＋N"，其中的名词性成分经常是：～厂、～矿、～院、～场、～公司、～站、～所、～部、～局、～处、～科、～学校、～党校、～小学、～中学、～大学、～组、～队、～部队、～军、～师、～旅、～团、～营、～连、～排$_2$、

① "排"用于表达序数有两种用法，一是作量词，用于成行列的东西；二是作名词，表示军队的编制单位。（参见《现代汉语词典》2012：966）这里把上述用法的"排"分别称为"排$_1$、排$_2$"。

② "回"用于表达序数有两种用法，一是表示说书的一个段落，章回小说的一章；二是表示事情、动作的次数。（参见《现代汉语词典》2012：576）这里把上述用法的"回"分别称为"回$_1$、回$_2$"。

③ "版"用于表达序数有两种用法，一是报纸的一面为一版；二是书籍排印一次为一版。（参见《现代汉语词典》2012：35）这里把上述用法的"版"分别称为"版$_1$、版$_2$"。

④ 仅涉及下围棋时计算步数和"第一手（资料）、第二手（材料）"类的用法。

⑤ "度"作量词时，有两种用法，一是相当于"次"；二是作计量单位，如"一度电""150度近视"。（参见《现代汉语词典》2012：323）本节仅涉及第一种用法。

⑥ "名、位"用于表达序数有两种用法，一是表示名次，如"全国第一名、总分第二位"；二是用于人，如"第三名记者、第四位教授"。（参见《现代汉语词典》2012：906、1359）只有表示名次时可能隐匿"第"，本节仅涉及第一种用法。

⑦ "号"用于表达序数有两种用法，一是表示一般的次序；二是表示一个月里的日期。（参见《现代汉语词典》2012：519）第二种用法一般不带"第"，本节仅涉及第一种用法。

～楼、～厦、～室、～房间、～厅、～堂、～馆、～街、～路、～桥、～车间、～区、～站台、～单元。

F类：其他"第＋数＋N"，其中的名词性成分经常是：产业、季度、线、频道、把手①。

G类：表示动作事件的"第＋数＋V"，其中的动词性成分经常是：审。

以上七类表达式隐匿"第"后，仍可能表示序数。其他"第＋数/数字串＋X"隐匿"第"后，不能表示序数。两者的差异，举例比较如下：

可能隐匿"第"	不能隐匿"第"
第三栋（A类）——三栋	第三间——＊三间
第三期（B类）——三期	第三天——＊三天
第三等（C类）——三等	第三种——＊三种
第三号（D类）——三号	第三个——＊三个
第三厂（E类）——三厂	第三国——＊三国
第三产业（F类）——三产业	第一人——＊一人
第一审（G类）——一审	第一选择——＊一选择

上面例子中，左边一栏是可能隐匿"第"的 A-G 类表达式，这七类表达式隐匿"第"后，有的不依赖语境也可表示序数，如"第三厂、第三产业"；有的依赖语境可以表示序数，如"第三栋、第三期"。右边一栏都不能隐匿"第"，若隐匿"第"后，一般都不能表示序数。"第＋数/数字串＋X"中，"第"可能隐去不用的，大致限于上述七类表达式。

就上述七类表达式而言，"第"隐现的情况到底如何？我们可以用统计数据说明问题。1400 万字的语料中，七类"第＋数/数字串＋X"和表示序数的相对形式"数/数字串＋X"的出现频率，在一定程度上能说明"第"的隐现情况。请看下表：

---

① 《汉语大词典》第 6 卷（1990：422）的释义："把手，具有熟练操作技能的人。引申指负责人。与序数字连用。"

表6.1 七类"第+数/数字串+X"和相对形式"数/数字串+X"的出现频率

第+数/数字串+X	数量	比例	数/数字串+X	数量	比例
第+数+栋	0	0%	数+栋	1	100%
第+数+层	74	59.7%	数+层	50	40.3%
第+数+排₁	14	77.8%	数+排₁	4	22.2%
第+数+页	29	55.8%	数+页	23	44.2%
第+数+卷	60	87%	数+卷	9	13%
第+数+回₁	12	92.3%	数+回₁	1	7.7%
第+数+版₁	51	32.7%	数+版₁	105	67.3%
第+数+期	129	64.8%	数+期	70	35.2%
第+数+代	82	91.1%	数+代	8	8.9%
第+数+世	60	37.3%	数+世	101	62.7%
第+数+手	36	53.7%	数+手	31	46.3%
第+数+次	1427	86.2%	数+次	229	13.8%
第+数+届	732	59.4%	数+届	501	40.6%
第+数+胎	5	50%	数+胎	5	50%
第+数+度	0	0%	数+度	10	100%
第+数+回₂	19	70.4%	数+回₂	8	29.6%
第+数+版₂	43	89.6%	数+版₂	5	10.4%
第+数+等	5	1.8%	数+等	279	98.2%
第+数+级	16	3.3%	数+级	462	96.7%
第+数+流	13	6.7%	数+流	182	93.3%
第+数+类	59	67%	数+类	29	33%
第+数+档	1	100%	数+档	0	0%
第+数+名	133	95%	数+名	7	5%
第+数+位	239	97.2%	数+位	7	2.8%
第+数/数字串+号	77	9.7%	数/数字串+号	720	90.3%
表示机构群体或建筑场所的"第+数/数字串+N"	330	26.2%	表示机构群体或建筑场所的"数/数字串+N"	930	73.8%
其他"第+数+N"	182	48%	其他"数+N"	197	52%
表示动作事件的"第+数+V"	116	65.9%	表示动作事件的"数+V"	60	34.1%
总计	3944	49.4%	总计	4034	50.6%

说明：本表的统计数据包含重复用例。1400万字的语料中表示序数的"数+栋""第+数+档"各1例、"数+度"10例，未见表示序数的相对形式，但是在北京大学中国语言学研究中心现代汉语语料库、《人民日报》电子版（1946~2011）中，发现它们的表示序数的相对形式，所以本书把"第+数+栋/档/度"列入可能隐匿"第"的序数语法表达式中。

观察以上统计数据，可以看出：

第一，总体而言，七类"第＋数/数字串＋X"与相对形式"数/数字串＋X"的出现频率大略持平。

第二，"第＋数＋版₁""第＋数＋世""第＋数＋等/级/流""第＋数/数字串＋号"、表示机构群体或建筑场所的"第＋数/数字串＋N"比相对形式的出现频率要低得多。也就是说，当 X 是"版₁、世、等、级、流、号"或者表示机构群体、建筑场所的名词性成分时，倾向于隐匿"第"。尤为值得关注的是，"第＋数＋等/级/流""第＋数/数字串＋号"隐匿"第"的比例非常高，都达到了 90% 以上。这主要是因为"等、级、流"本身就暗含了序列意义，"号"专门表示编号，它们与数词词语或数字串组合时主要功能是表示地位等级或编号次序，所以对"第"的依赖性不高。这一现象郭锐（2002：205）、张卫国（2004）也曾观察到了。

第三，"第＋数＋排₁/卷/回₁""第＋数＋期/代/次/回₂/版₂""第＋数＋类/名/位"、表示动作事件的"第＋数＋V"比相对形式的出现频率要高得多。也就是说，当 X 是量词"排₁、卷、回₁、期、代、次、回₂、版₂、类、名、位"或者动词性成分"审"时，倾向于出现"第"。尤为值得关注的是，"第＋数＋回₁/代/名/位"不隐匿"第"的比例非常高，达到了 90% 以上，这说明"回₁、代、名、位"与数词词语组合表示序数时，对"第"的依赖性很高，也说明与"等、级、流"相比，"名、位"不是典型的表示地位等级次序的量词。

第四，"第＋数＋层/页""第＋数＋手/届/胎"、其他"第＋数＋N"与相对形式的出现频率大致持平。也就是说，当 X 是量词"层、页、手、届、胎"或名词"产业、季度、线、频道、把手"时，用不用"第"没有明显倾向。

6.3.2 "第"的语义功能与句法作用

6.3.2.1 "第"的语义功能

讨论"第"的隐现，首先必须弄清如下问题：起什么作用的"第"可能隐匿，起什么作用的"第"不能隐匿。

"第"的主要语义功能是"序数化"，数词词语、数量短语前面添加

"第"之后，都能表示序数。例如"五、六、七根、八次"前面添加"第"后，构成序数语法表达式"第五、第六、第七根、第八次"。实际上，排除序数的引申用法，"第"的"序数化"功能有三个层面：

一是区别作用。请看下例：

    A. 三个、四个、五个　　→　　第三个、第四个、第五个
    B. 三根、四根、五根　　→　　第三根、第四根、第五根

依据上述例子可见，"数＋个""数＋根"都表示基数，添加"第"后表示序数，这说明其中的"第"有区别作用，没有"第"就不能表示序数，这也表示"第"在句法上有强制性作用。

二是择定作用。请看下例：

A. 三层楼、四层楼、五层楼 → 第三层楼、第四层楼、第五层楼
B. 三级、四级、五级　　　 → 第三级、第四级、第五级

"数＋层＋楼""数＋级"既可能表示序数，又可能表示基数，也就是说，存在表示基数或序数的歧义。"第＋数＋层＋楼""第＋数＋级"只能表示序数。可见其中的"第"有择定作用。

三是强化作用。请看下例：

A. 一医院、二医院、三医院　 →　第一医院、第二医院、第三医院
B. 一季度、二季度、三季度　 →　第一季度、第二季度、第三季度

"数＋医院""数＋季度"本来就表示序数，添加"第"后仍然表示序数，并且凸显了序数，这说明其中的"第"有强化作用。需要指出的是，像"一桥"与"第一桥"、"一厂"与"第一厂"都表示序数，但形式上的差异，也标明语义上存在差异，此问题后文将会讨论。

"第"的语义功能呈等级分布，可以形成以下蕴含序列：

       区别作用　＞　择定作用　＞　强化作用

"＞"表示左边的作用蕴含右边的作用，"第"有区别作用时，一定也有择定作用和强化作用；"第"有择定作用时，一定也有强化作用。反之则不能成立。不过，"第"有区别、择定和强化作用时，主要语义功能是区别；"第"有择定和强化作用时，主要语义功能是择定。

6.3.2.2 "第"的句法作用

形式与语义是相互匹配、相互验证的，"第"在语义功能上的差异，在句法上也有相应的表现。若有区别作用的"第"隐匿，则"数/数字串 + X"不能表示序数；若主要有择定作用的"第"隐匿，则还可能表示序数；若仅有强化作用的"第"隐匿，则仍然表示序数。可见，有区别作用的"第"具有句法强制性，它不能随意隐匿；主要有择定作用和仅有强化作用的"第"不具有句法强制性，它可能隐匿。请看表 6.2：

表 6.2 "第"的语义功能、句法作用与"第"隐现的关系

第 + 数/数字串 + X	"第"的语义功能	"第"的句法作用	"第"的隐匿
"第 + 数 + 个"类	区别 + 择定 + 强化	强制性	不能
A 类：第 + 数 + 栋/层/排$_1$/页/卷/回$_1$/版$_1$	择定 + 强化	非强制性	可能
B$_1$ 类：第 + 数 + 期/代/手/次/届/胎/度/回$_2$/版$_2$	择定 + 强化	非强制性	可能
B$_2$ 类：第 + 数 + 世	强化	非强制性	可能
C$_1$ 类：第 + 数 + 等/级/类/档/名/位	择定 + 强化	非强制性	可能
C$_2$ 类：第 + 数 + 流	强化	非强制性	可能
D 类：第 + 数/数字串 + 号	择定 + 强化	非强制性	可能
E 类：表机构群体或建筑场所的"第 + 数/数字串 + N"	强化	非强制性	可能
F 类：其他"第 + 数 + N"	强化	非强制性	可能
G 类：表动作事件的"第 + 数 + V"	强化	非强制性	可能

从表 6.2 可见，"第 + 数 + 个"类的表达式中，"第"的语义功能是区别作用，与之相对的是句法的强制性，这种情况下"第"一般是不能隐匿的。A-G 类表达式中，"第"的主要语义功能是择定或强化作用，与之相

对的是句法的非强制性，这种情况下"第"可能隐匿。

6.3.3 序数参照的类别与变化

序数的构成暗含了比较，即采用一定的比较视角，依据一定的比较标准，对同一集合中两个或两个以上有联系的事物辨别差异。构成序数时所依据的排序标准就是序数参照，不同序数参照与"第"的隐现存在密切联系。

6.3.3.1 序数参照的类别

序数参照包括四类（详见本书2.2节）：

一是空间参照，包括空间关系参照和空间度量参照两个次类。依据空间参照可以确定事物的空间次序，例如按垂直的上下空间方位把楼层排序为"第一层楼、第二层楼、第三层楼"，按高度把楼房排序为"第一座高楼、第二座高楼、第三座高楼"。

二是时间参照，包括时间先后参照和时间度量参照两个次类。依据时间参照可以确定事物的时间次序，例如按时间先后排序为"第一天、第二天、第三天"，按学习汉语的时间长短把学生排序为"第一组学生、第二组学生、第三组学生"。

三是地位参照，包括社会衔位参照、属性等级地位参照、属性评价地位参照三个次类。依据地位参照可以确定事物的地位次序，例如按警衔高低把警督排序为"一级警督、二级警督、三级警督"，按价值高低把文物排序为"一级文物、二级文物、三级文物"，按对属性的主观评价把属性最显著的"关"称为"天下第一关"、把与心脏相似的事物称为"第二心脏"。

四是编号参照，包括非命名编号参照、命名编号参照两个次类。依据非命名编号参照构成的序数，不体现空间、时间、地位次序，不具有命名作用，只起区分作用，例如把不同的书编号为"一、二、三……"。依据命名编号参照构成的序数，不体现空间、时间、地位次序，但具有命名作用，能作事物的专名或类名，例如把运动员称为"一号、二号……"。具有命名作用是命名编号参照与空间、时间、地位、非命名编号参照的最主要区别。

需要指出的是，构成序数时可以依据一种参照，也可以依据多种参照。后者实际上是一种混合参照，常见的混合参照有"空间＋命名编号"

"时间＋命名编号""地位＋命名编号"。例如"二姨、三姨"就是依据混合参照"时间＋命名编号"构成的序数，它们既能体现时间先后次序，又是具有血缘关系的几个姨的命名性编号。

6.3.3.2　七类"第＋数/数字串＋X"与相对形式"数/数字串＋X"的序数参照

（一）A类表达式"第＋数＋栋/层/排₁/页/卷/回₁/版₁"主要表示依据空间参照构成的序数，但"第＋数＋栋/排₁/页/卷/回₁"有时也可以表示依据时间参照构成的序数。相对形式"数＋层/排₁/页/卷/回₁/版₁""数＋栋"分别表示依据空间参照、混合参照"空间＋命名编号"构成的序数，不能表示依据时间参照构成的序数。例如：

（73）事后，她家的房被专家鉴定为二类房，<u>第一层</u>要维修，<u>第二层</u>拆掉重建。（《人民日报》2006.01.23）

（74）该市场共分三个交易大厅：<u>一层</u>为机械设备城，<u>二层</u>为汽车城，三层为电器城。（《人民日报》1995.10.24）

例（73）中"第一层"与"第二层"具有上下空间关系，它们表示的是空间次序，这是依据空间参照构成的序数，"第"隐匿后不会带来语义的变化，如例（74）就是如此，"一层"与"二层"还是上下空间关系，表示空间次序。又如：

（75）林家在第一排的倒数<u>第二栋</u>。（琼瑶《雁儿在林梢》）

（76）总厂用公益金修建了一栋2100平方米的职工宿舍，目前正准备修<u>第二栋</u>。（《人民日报》1981.02.11）

（77）浙江省湖州市凤凰<u>二栋</u>二七九楼　孙根荣。（《人民日报》2005.04.11）

例（75）中"第二栋"是指空间位置排第二的楼房，这是依据空间参照构成的序数，"第"隐匿后基本语义不变，如例（77）就是如此，"二栋"是指依据空间位置编号为第二的楼房，这是依据混合参照"空间＋命名编号"构成的序数，它与"第二栋"的不同之处在于前者有命名作用。

例（76）中"第二栋"是指时间先后上排第二的楼房，这是依据时间参照构成的序数，显然，它与例（77）中"二栋"的基本语义不同，这时"第"不能隐匿，否则基本语义就改变了。从语料统计来看，没有表示时间次序的"数＋栋"，这说明"数＋栋"不能表示依据时间参照构成的序数，所以"第＋数＋栋"表示依据时间参照构成的序数时，"第"不能隐匿。

可见，当序数参照是空间时，"第＋数＋栋/层/排₁/页/卷/回₁/版₁"可以隐匿"第"，隐匿后基本语义不会改变，这是因为它和相对形式的序数参照完全或者大致一致。当序数参照是时间时，不能隐匿"第"，否则基本语义发生改变，这是因为它和相对形式的序数参照不一致，后者的序数参照只能是空间或"空间＋命名编号"。

（二）B类表达式"第＋数＋期/代/世/手/次/届/胎/度/回₂/版₂"和相对形式"数＋期/代/世/手/次/届/胎/度/回₂/版₂"主要表示依据时间参照构成的序数。例如：

（78）2006 年至 2010 年是《全民健身计划纲要》<u>第二期</u>工程的第二阶段，会议提出了未来 5 年群众体育发展的基本要求。（《人民日报》2005. 12. 22）

（79）控制性枢纽工程建设取得突破，三峡工程实现<u>二期</u>工程蓄水、发电、通航等目标。（《人民日报》2006. 01. 08）

例（78）中"第二期"是指时间先后上排第二的一个阶段，这是依据时间参照构成的序数，"第"隐匿后不会带来语义的变化，如例（79）就是如此，"二期"也表示依据时间参照构成的序数。

可见，"第＋数＋期/代/世/手/次/届/胎/度/回₂/版₂"可以隐匿"第"，隐匿后基本语义不会改变，这是因为它和相对形式"数＋期/代/世/手/次/届/胎/度/回₂/版₂"的序数参照一致。

（三）C类表达式"第＋数＋等/级/流/类/档/名/位"和相对形式"数＋等/级/流/类/档/名/位"主要表示依据地位参照构成的序数。例如：

（80）开阔的草原适宜善于竞走奔跑的大型食草动物生活，如野驴、野牛、黄羊等，以穴居为主的啮齿类动物也是草原上常见的<u>第一</u>

级消费者。(沙润《地球科学精要》)

（81）消费者按其取食的对象可以分为几个等级：草食动物以植物作为直接食物，为<u>一级</u>消费者；肉食动物以草食动物为食物，为次级消费者（<u>二级</u>消费者或<u>三级</u>消费者）等。(沙润《地球科学精要》)

例（80）中"第一级"是指地位排第一的一个等级，它是依据地位参照构成的序数，"第"隐匿后基本语义不变，如例（81）就是如此，"一级"也表示依据地位参照构成的序数。

可见，"第+数+等/级/流/类/档/名/位"可以隐匿"第"，隐匿后基本语义不会改变，这是因为它和相对形式"数+等/级/流/类/档/名/位"的序数参照完全一致。

（四）D类表达式"第+数/数字串+号"和相对形式"数/数字串+号"主要表示依据编号参照或者混合参照"空间+命名编号""时间+命名编号""地位+命名编号"构成的序数。例如：

（82）《第一次全国经济普查主要数据公报（第一号）》主要公布了法人单位、产业活动单位和个体经营户的基本情况，<u>第二号</u>、<u>第三号</u>公报将于本月14日、16日陆续发布。(《人民日报》2005.12.07)

（83）（标题）<u>一号</u>公报6日发布，<u>二号</u>、<u>三号</u>公报14日、16日陆续发布 (《人民日报》2005.12.07)

例（82）中"第一号""第二号""第三号"是指依据时间先后编号为第一、第二、第三，这是依据混合参照"时间+命名编号"构成的序数，"第"隐匿后基本语义不变，如例（83）就是如此，"一号""二号""三号"也表示依据混合参照"时间+命名编号"构成的序数。

可见，"第+数/数字串+号"可以隐匿"第"，隐匿后基本语义不会改变，这是因为它和相对形式的序数参照完全一致。

（五）E类表达式"表示机构群体或建筑场所的'第+数/数字串+N'"和相对形式"数/数字串+N"主要表示依据编号参照或者混合参照"空间+命名编号""时间+命名编号""地位+命名编号"构成的序数，但是E类表达式有时也可以表示单纯依据地位参照构成的序数，而相对形式不能表示单纯依据地位参照构成的序数。例如：

（84）1948 年沈阳解放后改为沈阳兵工<u>第一厂</u>。（《大地》2001 年第 24 期）

（85）……他领导的三峡动力集团，成了当今中国响当当的"连杆王"——全国连杆专业生产<u>第一厂</u>。（《人民日报》1995.08.16）

（86）<u>一厂</u>厂长卞鸿义和七厂厂长徐永标，对此有几点体会。（《人民日报》1995.09.05）

例（84）中"第一厂"是指编号为第一的厂，编号时可能没有也可能有时间、空间等依据，所以它是依据编号参照或者混合参照构成的序数，"第"隐匿后基本语义不变，如例（86）就是如此，"一厂"是表示依据编号参照或者混合参照构成的序数。例（85）中"第一厂"是指地位排第一的厂，这是单纯依据地位参照构成的序数，显然它与"一厂"的基本语义不同，这时"第"不能隐匿，否则基本语义就改变了。从语料统计来看，没有表示地位次序的"数 + 厂"，这说明"数 + 厂"只能表示依据编号参照或者混合参照构成的序数，不能表示单纯依据地位参照构成的序数，所以"第 + 数 + 厂"表示单纯依据地位参照构成的序数时，"第"不能隐匿。

（87）武汉长江二桥位于"万里长江<u>第一桥</u>"的武汉长江大桥下游 6.8 公里处。（《人民日报》1995.06.19）

（88）然而今天再来看<u>一桥</u>，就显然感到它狭窄，不能和我们的时代相称了。（《人民日报》1995.08.26）

例（87）中"第一桥"是指地位排第一的桥，依据下文内容可知它指"武汉长江大桥"，这是单纯依据地位参照构成的序数。例（88）中"一桥"是指根据时间先后编号为第一的桥，这是依据混合参照"时间 + 命名编号"构成的序数。显然"第一桥"和"一桥"的语义不同。从语料统计来看，未见表示地位高低次序的"数 + 桥"，这说明"数 + 桥"只能表示依据混合参照构成的序数，不能表示单纯依据地位参照构成的序数，所以"第 + 数 + 桥"表示单纯依据地位参照构成的序数时，"第"不能隐匿。

可见，当序数参照是编号或者混合参照时，表示机构群体、建筑场所的"第 + 数/数字串 + N"可以隐匿"第"，隐匿后基本语义不会改变，这是因为它和相对形式"数/数字串 + N"的序数参照完全一致。当序数参照单纯是地位时，不能隐匿"第"，否则语义发生改变，这是因为它和相对形式的序数参照不一致，后者的序数参照是编号或者混合参照。

（六）F 类表达式"其他'第 + 数 + N'"、G 类表达式"表示动作事件的'第 + 数 + V'"和相对形式都表示依据混合参照"空间 + 命名编号""时间 + 命名编号""地位 + 命名编号"构成的序数。例如：

（89）2005 年第四季度，全国共报告法定甲、乙类传染病 902018 例，死亡 3241 人。（《人民日报》2006.01.12）

（90）到了四季度更是不得了，每天平均有三起登门要钱的，厂长只好东躲西藏，避而不见。（《人民日报》1995.12.06）

例（89）中是指依据时间先后编号为第四的季度，它是依据混合参照"时间 + 命名编号"构成的序数，"第"隐匿后基本语义不变，如例（90）就是如此，"四季度"也表示依据混合参照"时间 + 命名编号"构成的序数。

可见，"第 + 数 + 产业/季度/线/频道/把手""第 + 数 + 审"可以隐匿"第"，隐匿后基本语义不会改变，这是因为它和相对形式"数 + 产业/季度/线/频道/把手""数 + 审"的序数参照完全一致。

综上所述，可以总结如下：

表 6.3　七类"第 + 数/数字串 + X"及其相对形式的序数参照与"第"隐现的关系

第 + 数/数字串 + X	序数参照	数/数字串 + X	序数参照	"第"的隐匿
A 类：第 + 数 + 层/排₁/页/卷/回₁/版₁	空间	数 + 层/排₁/页/卷/回₁/版₁	空间	可能
A 类：第 + 数 + 栋	空间	数 + 栋	空间 + 命名编号	可能
A 类：第 + 数 + 栋/排/页/卷/回₁	时间	*	*	不能
B 类：第 + 数 + 期/代/世/手/次/届/胎/度/回₂/版₂	时间	数 + 期/代/世/手/次/届/胎/度/回₂/版₂	时间	可能
C 类：第 + 数 + 等/级/流/类/档/名/位	地位	数 + 等/级/流/类/档/名/位	地位	可能

续表

第 + 数/数字串 + X	序数参照	数/数字串 + X	序数参照	"第"的隐匿
D 类：第 + 数/数字串 + 号	编号	数/数字串 + 号	编号	可能
	混合	数/数字串 + 号	混合	可能
E 类：表示机构群体或建筑场所的"第 + 数/数字串 + N"	编号	数/数字串 + N	编号	可能
	混合	数/数字串 + N	混合	可能
	地位	*	*	不能
F 类：其他"第 + 数 + N"	混合	数 + N	混合	可能
G 类：表示动作事件的"第 + 数 + V"	混合	数 + V	混合	可能

从表 6.3 可见，七类"第 + 数/数字串 + X"和相对形式"数/数字串 + X"的序数参照不是完全一致的。有时，"第 + 数/数字串 + X"表示在某种序数参照下构成的序数，但"数/数字串 + X"并不能表示在相同序数参照下构成的序数。总之，当两者的序数参照完全或者大致一致，"第"的隐匿不会改变基本语义时，"第"可以隐匿；当两者的序数参照完全不一致，"第"的隐匿会改变基本语义时，"第"不能隐匿。

"第"的语义功能和句法作用、序数参照的类别和变化都对"第"的隐现有句法、语义的强制作用，我们把这些称为强制性影响因素。另外，还有些因素虽然对"第"的隐现没有强制作用，但会有倾向性影响，我们把这些称为倾向性影响因素。需要指出的是，这些倾向性影响因素不仅影响七类"第 + 数/数字串 + X"中"第"的隐现，也可能会影响其他"第 + 数/数字串 + X"中"第"的隐现。下文主要讨论这些倾向性影响因素。

6.3.4 表数成分和 X 的影响

6.3.4.1 数字串与数词"二"的影响

"第 + 数/数字串 + X"的表数成分包括数词词语和数字串两类。数字串与量词、名词性成分组合，排除表示事件、工程、计划代号和产品型号，常用于表示序数，如"九零三号单元、四二三房间、一四三中学"，所以说数字串具有一定的序数标示作用，"数字串 + X"有表示序数的倾向。从语料统计来看，"第 + 数字串 + X"出现 11 例，表示序数的相对形式"数字串＋X"出现94例，这说明"数字串＋X"表示序数时不太受限制，它对"第"的依赖性比较低，这样降低了"第"的出现频率。例如：

(91) 北京一四三中学副校长张毅、教师刘晓荣说，尽管许多镭射电影和录像片内容明显不适合青少年观看，但那些经营者为了赚钱，仍放任甚至诱使学生步入其中。(《人民日报》1995.12.29)

上例中，"一四三中学"是"第一四三中学"隐匿"第"的形式，它的序数性比较明确，可以不用"第"来强化或凸显。

现代汉语中，"两"主要用于表示基数，"二"主要用于表示序数（马庆株1990）。"二"与量词、名词性成分组合，主要用于表示序数，如"二等、二号、二月、二妹"，所以说"二"具有一定的序数标示能力，"二＋X"有表示序数的倾向，它对"第"的依赖性比较低，这样降低了"第"的出现频率。从语料统计来看，有些"第＋数＋X"一般不会隐匿"第"，但表数成分是"二"时，隐匿"第"的几率又会增高，这说明"二"对"第"的隐匿有一定影响。例如除表示会议、战争的次序，"第＋数＋次"一般不能隐匿"第"，但"第二次"隐匿"第"的现象比较多，如"二次创业、二次分配、二次开发、二次污染、二次资源"。

6.3.4.2　数目大小的影响

不管表数成分所表示的数目是大还是小，有些序数语法表达式倾向于出现"第"，如"第＋数＋代/次/回$_2$/版$_2$"；有些倾向于隐匿"第"，如"第＋数＋等/级/流/号"、表示机构群体或建筑场所的"第＋数＋N"。但是有些序数语法表达式中，表数成分所表示的数目大小在一定程度上会影响"第"的隐现，当表示"十"以上序数时，更倾向于隐匿"第"，如"第＋数＋排$_1$/层/手"。请看表6.4：

表6.4　数目大小与"第"隐现的关系

数目大小	（第）＋数＋排$_1$				（第）＋数＋层				（第）＋数＋手			
	第＋数＋排$_1$		数＋排$_1$		第＋数＋层		数＋层		第＋数＋手		数＋手	
十以下	14	100%	0	0%	73	65.2%	39	34.8%	32	71.1%	13	28.9%
十以上	0	0%	4	100%	1	8.3%	11	91.7%	4	18.2%	18	81.8%

从表 6.4 可见，表示"十"以下的序数时，"第 + 数 + 排$_1$/层/手"倾向于不隐匿"第"，但表示"十"以上的序数时，隐匿"第"的比例都非常高，均超过 80%，这说明数目大小有时会影响"第"的隐现。另外，口语中表示"十"以上的序数时，更倾向于不带"第"，如"（今天学习）十六课""十九周（考试）""（请翻到）三十五页""（坐在）三十排"。

6.3.4.3 X 类别的影响

"第 + 数/数字串 + X"中 X 的范围比较杂，量词、名词、动词性成分都可以，"第"的隐现与表数成分和不同类别的 X 组合的性质、功能有关。例如 X 是量词、名词性成分时，可构成"数 + 量 + 名"和"数 + 名"两种形式。在形式上，前者使用量词，后者不使用量词。在功能上，一方面，"数 + 量 + 名"是现代汉语中最常见的基数表达形式；"数 + 名"是古代汉语名量词兴起前最常见的基数表达形式（王力 1989：24），它在现代汉语中表达基数受到很多限制，当属古代汉语用法的遗留。另一方面，现代汉语表达序数的重要语法手段之一是数词和名词组合不使用量词，"数 + 名"的主要功能是表达序数。因此，现代汉语中"数 + 量 + 名"和"数 + 名"在形式和功能上基本形成对立。请看下例：

> 基数（使用量词）：三个女儿　三个中队　三个食堂　三个月　三个季度
>
> 序数（不使用量词）：三女儿　三中队　　三食堂　　三月　　三季度

"数 + 量 + 名"表示基数，"数 + 名"表示序数，虽不是绝对的，但具有很强的倾向性，这种功能上的倾向性差异本身就可能导致"第"隐现的差异。相对而言，"数 + 量 + 名"表示序数时对"第"的依赖性很强，则提高了"第"的出现频率；"数 + 名"表示序数时对"第"的依赖性很弱，则降低了"第"的出现频率。

6.3.5 序数域的诱导

6.3.5.1 "第 + 数/数字串 + X"与数量表达式的连用

"第 + 数/数字串 + X"可以单项运用，也可以与其他数量表达式（包括基数表达式和序数表达式）连用。从形式上看，"第 + 数/数字串 + X"

与其他数量表达式的连用包括三大形式：一是紧接性连用式（连用项在线性序列中紧挨在一起），如"第 11 军 24 师""第二栋五十间房子"；二是临接性连用式（连用项之间仅有虚词或标点符号），如"第二产业和第三产业""第四期的五篇文章"；三是间隔性连用式（连用项被其他句法成分隔开，连用项之间没有直接组合关系），如"从第八位上升到三位""第一点，……第二点，……"。从语法关系上看，"第＋数/数字串＋X"与其他数量表达式的连用包括有直接组合关系的连用和无直接组合关系的连用，后者就是指间隔性连用式。有直接组合关系的连用项之间，其语法关系有三种，即并列、偏正、主谓。请看下例：

> 并列关系：第二和第三产业；第三排或四排
>
> 偏正关系：第五师十三旅；第四公司的二会议室；第四中队的三位同志
>
> 主谓关系：第九中学一流水平；第三位同学八十分
>
> 无直接语法关系：从第八位上升到三位；第一点，……第二点，……

6.3.5.2　序数域的形成及制约作用

序数域是指多个数量表达式连用，若其中某个数量表达式表达序数，在一定条件下就会形成序数氛围，这种氛围限制域内的其他数量表达式，使之也表达序数。"第＋数/数字串＋X"与其他数量表达式连用，有时候会形成序数域，这种序数域对"第"的隐现有制约作用，具体情况如下：

第一，"第＋数/数字串＋X"与其他数量表达式连用，具有并列关系时，要求各连用项都表示序数，这时就会形成序数域，这种序数域制约其中的连用项，使之具有序数义。若连用项"第＋数/数字串＋X"隐匿"第"后不会导致序数域的消失，则"第"可以隐匿。例如：

> 第二期、第三期——第二期、三期　　第一卷和第十卷——第一卷和十卷
>
> 第七张、第八张——第七张、八张　　第七张、八张——＊七张、八张

上述例句中，多项数量表达式连用下形成了序数域，除了"第七张、八张"外，都能隐匿"第"。"第七张、八张"之所以不能隐匿"第"，是

因为隐匿"第"后,连用前项不能表示序数,序数域也随之消失。

第二,"第+数/数字串+X"与其他数量表达式连用,具有偏正关系或者主谓关系时,并未要求各连用项都表示序数,即其他数量表达式可能表示序数,也可能表示基数。例如"第一个五年"中,定语"第一个"表示序数,中心语"五年"表示基数。又如"三个人第一名"中,主语"三个人"表示基数,谓语"第一名"表示序数。在上述情况下并不会形成序数域,因此有时候连用项"第+数/数字串+X"不能隐匿"第"。例如:

> 偏正关系:第四公司的第二会议室 = 第四公司的二会议室
> 　　　　　第三中队的第一场比赛 ≠ 第三中队的一场比赛
> 主谓关系:第九研究院第一流水平 = 第九研究院一流水平
> 　　　　　第一支队第三次 ≠ 第一支队三次

上述例子中,制约"第"能否隐现的因素不是序数域,而是"第"的语义功能和句法作用。"第二会议室""第一流"中,"第"具有语义强化作用,句法上没有强制性,所以能够隐匿。"第一场""第三次"中,"第"具有语义区别作用和句法强制作用,所以不能隐匿。

第三,"第+数/数字串+X"与其他数量表达式间隔性连用,当句法、语义环境要求各连用项都具有序数义时,就会形成序数域。若"第+数/数字串+X"隐匿"第"后不会导致序数域的消失,则"第"可以隐匿。例如:

(92) 对外开放——中国加入 WTO,进出口增长迅猛,<u>从第八位上升到第三位</u>(《人民日报》2006.01.04)

(93) 凭借着改革开放的强大动力,20 多年来,福建发力"抢跑",全省 GDP 总量迅速<u>从全国二十三位跃升至第十一位</u>,人均 GDP 达到第七位。(《人民日报》2006.01.06)

上述两例中,"从……上升到……""从……跃升至……"要求其中的连用项要么都表示序数,要么都表示基数。例(92)中"第八位""第三位"间隔性连用,并且都充当宾语,相同的句法位置要求它们具有相同的性质，这样就形成序数域，它使连用项即使隐匿"第"后仍然能够明确地表示序数，如例（93）就是如此，连用项"二十三位"因序数域的制约而可以不带"第"。

从上面的分析可见，即使"第"具有语义区别作用和句法强制作用，但是在"第＋数/数字串＋X"与其他数量表达式连用情况下，有时也可能隐匿"第"，这主要是序数域对"第"的隐现有制约作用。请看下例：

第三、第四个——第三、四个　　第三趟和第四趟——第三趟和四趟
第三天或第四天——第三天或四天　从第一章到第七章——从第一章到七章

上述"第＋数＋个/趟/天/章"中，"第"具有语义区别作用和句法强制作用，所以一般不能隐匿，但是在多项数量表达式连用形成序数域的前提下，"第"可以隐匿。

总体来看，不管是七类"第＋数/数字串＋X"，还是其他"第＋数/数字串＋X"，当多项数量表达式连用形成序数域，且隐匿"第"后不会导致序数域消失，则"第"都可能隐匿。

6.3.6　非序数性句法成分的干扰

句子中有些非序数性句法成分能制约与之组合的数量表达式，要求它具有序数义。当"第＋数/数字串＋X"与这些具有制约作用的非序数性句法成分组合时，由于语境已经使序数义比较明确，所以"第"可能隐匿。请看下例：

（94）第四轮将于3月中旬举行，丁俊晖将出战现世界排名第十位的霍金斯。（《人民日报》2006.01.14）

（95）彭帅、李娜、郑洁进入WTA单打排名前50位；彭帅女子单打最高排名达到31位，创历史新高……（《人民日报》2006.01.17）

例（94）中"排名"在语义上制约着数量表达式，要求它具有序数义，所以"第十位"即使隐匿"第"，句法环境仍然决定了"十位"具有序数义，例（95）就是如此，因"排名"的语义制约作用，"31位"只能

表示序数，所以"第"可以隐匿。又如：

（96）目击者对新华社记者说，位于加沙市中心一栋16层楼<u>第三层的一间办公室</u>遭到3枚导弹攻击。（《新华社2004年新闻稿》，北大语料库）

（97）该办公楼共5层，起火点在<u>4层的一间办公室</u>。现场火势不大，4层的职工发现火情后全部撤离，但升起的滚滚浓烟将5层笼罩。（《京华时报》2007.07.25）

例（96）中"第三层的一间办公室"是指第三层楼上的一间办公室。"4层"可能表示基数，也可能表示序数，在例（97）的"4层的一间办公室"中，"4层"与"一间办公室"具有定中关系，从常理来说，一间办公室不可能有4层，显然，"4层"只能理解为第4层楼。可以说，中心语制约了充当定语的数量表达式，要求它具有序数义，所以即使"4层"隐匿了"第"，句法环境仍然决定了它具有序数义。

6.3.7　语用动机的驱使

A-G类表达式中，"第"不起区别作用，并且如果"第"隐匿后不会完全改变序数参照，那么它可能隐匿。所有"第"字序数表达式，若表数成分是数字串或数词"二"，或者表示"十"以上序数，或者X是名词性成分，或者与数量表达式连用形成序数域，或者与之组合的非序数性句法成分使它的序数义非常明确，那么"第"可能隐匿。但是什么时候隐去为好？什么时候出现为好？这就要从语用上寻求解释了。

首先，当需要突出、强调序数时，"第"倾向于出现。当不需要突出、强调序数，而是需要追求语言的简洁性时，"第"倾向于隐匿。例如：

（98）（标题）全国人大常委会决定<u>八届</u>人大<u>四次</u>会议明年3月5日召开

（正文）全国人民代表大会常务委员会关于召开<u>第八届</u>全国人民代表大会<u>第四次</u>会议的决定（《人民日报》1995.12.29）

上例标题中"八届""四次"都隐匿了"第"，这是因为新闻标题要求简洁明了，而正文中"第八届""第四次"都出现了"第"，这是出于突出、强调序数的语用动机。

其次，语体风格不同，"第"的隐现频率不同。请看下表基于五种语体的统计数据：

表 6.5　五种语体中七类"第 + 数/数字串 + X"和相对形式的出现频率

序数语法表达式 / 语体	口语语体		文艺语体		新闻语体		科技语体		公文语体	
第 + 数/数字串 + X	75	35.7%	478	39.2%	2421	48.2%	539	54.4%	431	80.7%
数/数字串 + X	135	64.3%	742	60.8%	2602	51.8%	452	45.6%	103	19.3%

由上表可见，口语语体和文艺语体中"第"的隐匿频率比较高，新闻语体和科技语体中"第"的隐匿没有明显倾向，公文语体中"第"隐匿的频率比较低。

再次，命名性的差异会影响"第"的隐现。命名性是指某些语言结构能充当专名或类名去称谓某个或某类事物的特性（参见陆丙甫 1988，张敏 1998：237），具体体现在有些语言结构与特定的事物形成稳定的联系，能构成事物的称谓方式，具有给事物命名的作用，它所构成的名称包括专名和类名。就七类"第 + 数/数字串 + X"与相对形式"数/数字串 + X"而言，有时候它们之间存在有无命名性的差异。如例（75）、（76）中的"第二栋"没有与特定的楼房形成稳定的联系，不具有命名性；例（77）中的"二栋"指称特定的楼房，它具有命名性。又如：

（99）由江苏省援建的被誉为"西藏第一路"的拉萨江苏路，8月 16 日在欢庆的鞭炮声中正式通车。（《人民日报》1999.08.18）

（100）3 年来，在对济南市经十路、经一路、纬二路、纬六路等主干道改造的同时，投资 3.4 亿元全面治理 2640 条背街小巷，惠及百万老城区居民。（《人民日报》2007.09.30）

例（99）中"第一路"是指在地位上排在第一的道路，依据后文内容可知，它用于评价拉萨的江苏路，显然不具有命名性。例（100）中"一路"是指依据空间关系编号为第一的道路，它与特定的道路形成稳定的联系，是某条道路的特有名称，所以具有命名性。

　　有些"第 + 数 + X"一般不能隐匿"第"，但是在有些地域或者某些领域用于指称特定对象，具有命名性时，"第"却能够隐匿。例如"第 + 数 + 段①/条/道"一般不能隐匿"第"，但是表示居民区编号、街道和河流名称时，"第"却能够隐匿。又如"第 + 数 + 套/台"一般不能隐匿"第"，但是表示电视节目编号时，"第"却能够隐匿。由于这两类表达式的使用领域比较窄，所以把它们处理为特殊情况，未把它们收入七类可能隐匿"第"的序数表达式中。请看下例：

居民区编号：天津王串场新村一段、二段、三段、四段……二十一段
街道名称：北京西城区小市二条、三条、四条、五条、六条、七条
　　　　　北京朝阳区建外二道街、三道街
河流名称：吉林省延边安图县二道白河、三道白河、四道白河、五道白河
电视节目编号：中央电视台一套节目、二套节目、三套节目……
　　　　　　　中央电视台一台、二台、三台、四台……

　　可见，有些"第 + 数/数字串 + X"隐匿"第"后会具有命名性，所以当需要具有命名性时，"第"可以隐匿。

　　最后，在有些俗语中，一般不能隐匿"第"的"第 + 数 + X"却经常能隐匿"第"，例如"一回生，二回熟""一遭生，二遭熟"。除了俗语的因素之外，对举格式明显起影响作用。"第 + 数 + X"对举，可以造成一个序列"一……二……"，以此可以凸显序数，所以"第"可以隐匿。

　　我们从以下几个方面讨论了"第"的隐现机制：

　　①受表达传统的影响，表示纪时、排行、班级时，"第"必须隐匿。

　　②从表达式类别看，本书所列举的 A-G 类表达式可能隐匿"第"。

　　③从"第"看，除语义上有区别作用、句法上有强制性的情况，"第"在语义上主要有择定或强化作用，句法上有非强制性时，"第"可能隐匿。

　　④从序数参照看，"第 + 数/数字串 + X"与相对形式"数/数字串 + X"的序数参照完全不一致时，"第"不能隐匿；序数参照完全或者大致一

---

　　① "段"与数词词语组合时，可以表示段位，如"九段棋手"，这种用法一般不带"第"。它还可以表示事物的一部分，如"三段文章"。此处指后一种用法。

致时，"第"可能隐匿。

⑤从表数成分的类别和数目大小看，表数成分是数字串或数词"二"时，可能隐匿"第"；部分"第 + 数 + X"表示"十"以上的序数时，倾向于隐匿"第"。

⑥从数词词语与不同类别 X 组合的功能来看，"数 + 名"比"数 + 量 + 名"更倾向于表示序数，前者隐匿"第"的可能性更高。

⑦从多项数量表达式连用看，若连用形成序数域，且"第"的隐匿不会导致序数域消失，则"第"可能隐匿。

⑧从表达式入句看，当非序数性句法成分使与之组合的数量表达式的序数义比较明确时，"第"可能隐匿。

⑨从语用看，要求语言简洁明了时，"第"可能隐匿。不同语体中，"第"的隐匿频率不同：口语语体 > 文艺语体 > 新闻语体 > 科技语体 > 公文语体（"＞"表示在左边的语体中"第"隐匿的可能性大于右边的语体）。当需要具有命名性时，或在俗语中构成对举格式时，都有可能突破句法限制而隐匿"第"。

以上 9 类隐现机制，从强制性的差异来看，①～④属于强制性影响因素，⑤～⑨属于倾向性影响因素。从作用范围和层次来看，一方面，经过②、③的筛查初步限定了可能隐匿"第"的范围是七类"第 + 数/数字串 + X"，④的筛查进一步限定了七类"第 + 数/数字串 + X"中可能隐匿"第"的情况，⑤～⑨则是对隐匿范围的再次限定，它们的关系可以表示如下：

②｜③　→　④　→　⑤｜⑥｜⑦｜⑧｜⑨

②和③之间是并列关系，⑤、⑥、⑦、⑧、⑨之间也是并列关系。"→"右边的筛查，以"→"左边的为前提，因此，它们是有层次性的。另一方面，⑤～⑨这五个因素不仅是对七类"第 + 数/数字串 + X"的考察，也是对被②、③、④所排除的情况的进一步考察，旨在揭示突破句法、语义强制作用的条件和原因。需要指出的是，以上任何几个因素综合在一起，都会增强"第"隐匿的可能性。

另外，"第"是助词还是词缀，历来就有分歧，王力（1944/1985）、吕叔湘（1980）、朱德熙（1982）、黄伯荣和廖序东（2002）等认为"第"是词缀，邢福义（1996）、郭锐（2002）、胡裕树（2002）、张斌（2002）、张谊生（2002）等认为"第"是助词。从上文的讨论来看，"第"的语义虚化、具有附着性，既可以附着在数词前面，又可以附着在数词短语前面，如"第八""第三千五百三十九"中，"第"分别附着在数词"八"、数词短语"三千五百三十九"上。在一定条件下"第"可以隐匿，并且不会改变基本语义。而词缀的主要功能是构词，它只能附着在语素上构成新词，如"瓶子、盖儿、木头"中，词缀"子、儿、头"附着在语素上构成新词。这些词缀是不能隐匿的，隐匿后会改变语义，如上面例子隐匿词缀后变成"瓶、盖、木、文艺工作"，显然语义发生了改变。依据这些特点，本书把"第"看作助词。（详见本书4.3.1节）

6.4 序数语法表达式中量词的隐现机制

汉语中有些序数语法表达式在形式上的主要区别是有无量词，即量词有个隐现问题。请看下例：

A. 第 + 数 + 量 + 名——第 + 数 + 名

第一个季度——第一季度　　　第一座长桥——第一长桥

B. 第 + 数字串 + 量 + 名——第 + 数字串 + 名

第216号病房——第216病房　第四十二号楼——第四十二楼

C. 数 + 量 + 名——数 + 名

四号车厢——四车厢　　　　　三层楼——三楼

D. 数字串 + 量 + 名——数字串 + 名

四二三号宿舍——四二三宿舍　903号单元——903单元

黄伯荣、廖序东（2002：20）指出，"序数词在特定情况下也可以直接修饰名词，多数是组成专名，中间不用量词。例如'第二车间、第三林场、第四餐厅'。"本书不赞同把"第 + 数"看作序数词，但这段话启发我们去思考以下问题："（第）+数"在什么条件下可以不用量词而直接修饰名词？序数语法表达式中哪些量词可以隐匿？制约量词隐现的因素是什么？量词隐匿前后序数语法表达式有何区别？本节主要探讨以上问题，以下是几点说明：

（一）包含量词的序数语法表达式包括以下几类：（第）+数/数字串 + 量 + （X）、干支/字母 + 量 + （X）、头₂/上/下/前/后 + 数 + 量 +

（X）、量＋数，但只有"（第）＋数/数字串＋量＋（X）"涉及量词的隐匿问题。

（二）"（第）＋数/数字串＋量＋（X）"多项连用时量词可隐匿，如"第一、二次""第二、第三场""一二级演员""二、三等奖"中，连用前项分别隐匿了量词"次、场、级、等"。"（第）＋数/数字串＋量"有时在某些句法位置上可隐匿量词，如"排名第二位""位居世界第三名""住在三二五号"中量词"位、名、号"都可隐匿。以上现象未涉及不同序数语法表达式的区分，不属本节的关注范围。

（三）"（第）＋数/数字串＋量＋X"中，X可以是名词性成分，也可以是动词性成分，但一般只有在X是名词性成分时，才存在量词隐匿前后序数语法表达式之间的区分问题，本节重点关注此类现象。

根据以上情况，我们把论题封闭在"（第）＋数/数字串＋量＋名"的范围内，以量词的隐现为视点，探讨管控量词隐现的机制，揭示量词隐匿前后序数语法表达式之间的差异。

6.4.1　量词隐匿的三种情况

"（第）＋数/数字串＋量＋名"里量词的隐现，一般会存在以下三种情况：

情况一：量词不能隐匿，否则句法不合格。

第一个同学——＊第一同学

第一株桃树——＊第一桃树

第一批游客——＊第一游客

一期工程——＊一工程

二级文物——＊二文物

第二种自然灾害——＊第二自然灾害

第一股寒流——＊第一寒流

第一米布——＊第一布

第三顿饭——＊第三饭

第三次会议——＊第三会议

第一桶金——＊第一金

第二杯牛奶——＊第二牛奶

第二个刘翔——＊第二刘翔

第一部《大藏经》——＊第一《大藏经》

第一位中国作者——＊第一中国作者

第一位吃螃蟹的人——＊第一吃螃蟹的人

上述"（第）＋数/数字串＋量＋名"都不能隐匿量词，否则句法上不合格。这些表达式中，各类量词都有，如个体量词"个、株"，集合量词"批、期"，种类量词"级、种"，部分量词"股"，度量量词"米"，动量词"顿、次"，临时量词"桶、杯"。名词性成分既有一般的，也有专有的；既有光杆形式，也有非光杆形式。

情况二：量词隐匿，句法合格，基本语义变化。

第一个人——（围棋）第一人	第一位男人——（天下）第一男人
第一条路——（西南）第一路	第一座长桥——（神州）第一长桥
第一个村——（中国）第一村	第一座高山——（世界）第一高山
第二个心脏——第二心脏	第二个敦煌——第二敦煌

上述"（第）＋数/数字串＋量＋名"隐匿量词后，虽然在句法上合格，但基本语义发生了变化。例如"第一座长桥"是指在空间位置或时间先后上排第一的一座长桥，它隐匿量词后变成"（神州）第一长桥"，后者是指在地位上排在第一的一座长桥，显然它们的基本语义不同。又如"第一座高山"是指在空间位置或时间先后上排第一的一座高山，它隐匿量词后变成"（世界）第一高山"，后者是指在地位上排第一的一座高山，显然它们的基本语义不同。再如"第二个心脏"是指经过心脏移植手术后拥有的心脏，它隐匿量词后变成"第二心脏"，但后者不是指人的心脏，而是指人体中与心脏同样重要的器官。这类表达式中，量词只能是个体量词；表数成分只能是"一"或"二"；名词性成分可以是光杆形式，如"人、桥、山"，也可以是非光杆形式，如"长桥、高山"。

情况三：量词隐匿，句法合格，基本语义不变，但存在细微差别。

第一个学期——第一学期	第二个季度——第二季度
第三个阶段——第三阶段	第四个回合——第四回合

第五道题——第五题　　　　六号车厢——六车厢

第一号主角——第一主角　　　七号病房——七病房

上述"（第）＋数/数字串＋量＋名"隐匿量词后，句法上仍然合格，基本语义也未发生变化，但还是存在细微差别。"（第）＋数/数字串＋量＋名"一般不能充当某个或某类事物的名称，不具有给事物命名的功能，或者命名功能比较弱，而"（第）＋数/数字串＋名"能充当某个或某类事物的名称，具有较强的命名功能。例如"第一个季度"和"第一季度"，"第一个季度"是指以某时点为起点，以三个月为一个单位，在时间先后上排第一的一个季度。在不同的语境中，计时起点变化时，"第一个季度"的所指也会变化。若以某公司成立的时间为起点，则指公司成立之后的头三个月；若以某公司新的主管领导上任的时间为起点，则指新的主管领导上任之后的头三个月。"第一季度"一般是指一年的头三个月，即一月、二月、三月。显然，"第一个季度"无法与特定的时间段形成稳定的联系，所以它不具有命名功能。"第一季度"与"一年的头三月"形成稳定的联系，所以它能够充当此时间段的名称，具有命名功能。

6.4.2　可以隐匿的量词及其语义功能

6.4.2.1　可以隐匿的量词

"（第）＋数/数字串＋量＋名"中，如果量词可以隐匿不用，必须满足三个条件：

条件一："（第）＋数/数字串＋量＋名"与"（第）＋数/数字串＋名"互为相对形式，其中的数词语语、数字串、名词性成分都相同，并且名词性成分的语义相同；

条件二："（第）＋数/数字串＋名"在句法上合格，语义上表示序数；

条件三："（第）＋数/数字串＋量＋名"与相对形式"（第）＋数/数字串＋名"所指称的对象在数量上具有一致性。例如就"第一座山、第一排山、第一山"而言，"第一座山"只能指称单个个体，即指称一座山，这是因为"座"为个体性计量单位。"第一排山"只能指称多个个体，即指称多座山，这是因为"排"是集合性计量单位。"第一山"只能指称单个个体。显然，"第一座山"与"第一山"所指称对象的数量一致，两者是相对形式;"第一排山"与"第一山"所指称对象的数量不一致,两者不是相对形式。

量词包括个体量词、集合量词、种类量词、部分量词、度量量词、动量词、临时量词等类别。并不是所有"(第)＋数/数字串＋量＋名"中的量词都可以隐匿。在本书所考察的1400万字的语料中,我们寻找形式上相对的"(第)＋数/数字串＋量＋名"和"(第)＋数/数字串＋名"。若不存在相对形式,则无所谓量词的隐现。若有多个"(第)＋数/数字串＋量＋名"和一个"(第)＋数/数字串＋名",其中哪些"(第)＋数/数字串＋量＋名"与"(第)＋数/数字串＋名"是相对形式?这就必须考虑用量词和不用量词时表达式所指称的对象在数量上是否具有一致性,如果数量一致,则看作相对形式;如果数量不一致,则不能看作相对形式。同时,我们扩大语料范围,一是在北京大学中国语言学研究中心现代汉语语料库、《人民日报》电子版(1946～2011)中,针对本书专门的1400万字的语料中无相对形式的"(第)＋数/数字串＋量＋名"、无相对形式的"(第)＋数/数字串＋名",进一步核查确定其是否有相对形式;二是根据吕叔湘(1980)《现代汉语八百词》的名词、量词配合表中所收集的量词,考察"(第)＋数/数字串＋量＋名"和相对形式"(第)＋数/数字串＋名"。这样,归纳出可能隐匿的量词。请看下面例子:

A. 个体量词

第一座山——第一山　　　　　第二位作者——第二作者

第三家公司——第三公司　　　第四个自然段——第四自然段

216号病房——216病房　　　二层楼——二楼

第一阕词——＊第一词　　　　第一封信——＊第一信

第三座山——＊第三山　　　　第一座森林——＊第一森林

第一座海拔四千米的山——＊第一海拔四千米的山

B. 集合量词

第一群山羊——＊第一山羊　　第二排座位——＊第二座位

第三批学生——＊第三学生　　第四套节目——＊第四节目

C. 种类量词

一级教授——＊一教授　　　　二等兵——＊二兵

第三类星体——＊第三星体　　第四种孩子——＊第四孩子

D. 部分量词

第一缕阳光——＊第一阳光　　第一丝凉风——＊第一凉风

第一股寒气——第一寒气　　第一团毛线——＊第一毛线

E. 度量量词

第一米布——＊第一布　　　第二亩地——＊第二地

第三斤鱼——＊第三鱼　　　第四升油——＊第四油

F. 动量词

第一阵风——＊第一风　　　第二次世界大战——＊第二世界大战

第三顿晚餐——＊第三晚餐　第四趟旅行——＊第四旅行

G. 临时量词

第一车米——＊第一米　　　第二瓶啤酒——＊第二啤酒

第三盆水——＊第三水　　　第四碗饭——＊第四饭

上述 A-G 组例子可以说明以下几个问题：

首先，"（第）＋数/数字串＋量＋名"中，集合量词、种类量词、部分量词、度量量词、动量词、临时量词都不能被隐匿，只有个体量词可能被隐匿。

其次，不是所有个体量词都能被隐匿，如"座、位、家、个、号、层"等个体量词是可能被隐匿的，但"阙、封"等专用型个体量词一般不能被隐匿。

最后，同一个个体量词，有时能被隐匿，有时不能被隐匿。例如 A 组中，"第一座山""第三座山"的量词和名词都相同，但前者能隐匿量词，后者不能隐匿量词；"第一座山""第一座森林"的数词、量词都相同，但前者能隐匿量词，后者不能隐匿量词；"第一座山""第一座海拔四千米的山"的数词、量词、名词性成分的中心语都相同，但前者能隐匿量词，后者不能隐匿量词。显然，个体量词能否隐匿还受其他因素的制约。

6.4.2.2　量词的语义功能

讨论量词的隐现，除了考察哪些量词可以隐匿，还必须弄清如下问题：起什么作用的量词可能隐匿，起什么作用的量词不能隐匿。量词的主要语义功能是充当计量单位，但量词的计量功能有两个层面：

第一，显量作用。请看下例：

一个人、一颗葡萄、一座城市、一条领带、一只猪、一条鱼

上述数量短语中都包含了个体量词和个体名词。个体名词所指事物具有离散性，其边界清晰，它们按个体计数时可以不带个体量词。也就是说，即使个体量词不出现，也不会影响短语的语义自足，因为离散性事物自身可以充当计量单位，它们的量比较容易识别。上述数量名短语中出现了个体量词，一是为了表意精确，进一步显示离散性事物的个体形式或个体量，二是出于句法上数名组合必须带量词的强制性要求。因此，就计量功能而言，个体量词主要起显量作用，它在语义上是非强制性的。

第二，赋量作用。请看下例：

A. 一群人、一串葡萄、一级城市、一种领带、一车猪、一斤鱼
B. 一股寒气、一缕轻烟、一丝恨意、一瓶水、一碗饭、一升油

A、B 两组例子中，与名词性成分搭配的都是非个体量词。A 组的名词都是个体名词，本来它们可以按个体计数，但和量词"群、串、级、种、车、斤"组配时，不是按个体计数。B 组的名词都是非个体名词，这些名词所指的事物具有连续性，其边界不清晰，如果不用量词则无法表示数量多少。这两组例子中的量词，要么使可以按个体计数的事物不被按个体计数，要么使不可计数的事物可以计数，所以主要功能是赋予名词性成分所指事物非个体的量，它们在语义上是强制性的。

量词的语义功能呈等级分布，可以形成以下蕴含序列：

赋量作用　＞　显量作用

"＞"表示左边的作用蕴含右边的作用，起赋量作用的量词，一定也有显量作用，反之则不能成立。起赋量作用的量词，语义上是强制性的，不能隐匿，否则名词性成分的量无法确定。起显量作用的量词，语义上是非强制性的，可以隐匿，隐匿后名词性成分的量仍然比较明确。从上文的分析来看，个体量词主要起显量作用，其他量词起赋量作用，可见，"（第）＋数/数字串＋量＋名"中，非个体量词不能隐匿，个体量词可能隐匿。

6.4.3　名词性成分相关特征的制约

"（第）+数/数字串+量+名"中，即使是个体量词，有时仍然不能隐匿量词。实际上，表达式中的名词性成分对量词的隐现有很大影响。名词性成分在形式、语义和认知方面具有很多特征，以下仅从两个方面来讨论它对量词隐现的影响。

6.4.3.1　离散性与非离散性

名词性成分有离散性和非离散性的差异，这种差异对量词的隐现有一定影响。请看下例：

A. 第一条街——第一街　　　第一条线——第一线
B. 第一条思路——﹡第一思路　　第一条要求——﹡第一要求

上面两组例子的数词、量词都相同，不同的是名词性成分，A 组的是个体名词，B 组的是非个体名词。A 组能隐匿量词，B 组不能隐匿量词，这说明个体名词和非个体名词的差异对量词的隐现有影响，而个体名词和非个体名词的主要差异在于离散性和非离散性。

个体名词所指事物具有离散性，其空间性和个体性强，自身就可以作计量单位，所以个体名词在语义上对个体量词没有强制性要求，而汉语中这类名词与数词组合经常要加上个体量词，这是出于句法的强制性要求，但是在特定语境中个体量词比较容易隐匿。就"（第）+数/数字串+量+名"而言，当名词性成分是个体名词时，即使没有个体量词，由于名词性成分在语义上的主导性，也很容易激活隐匿的个体量词，使个体量词得到识别。例如"第一条街"中，个体名词"街"的所指对象个体性强，其显著特征是"长条形"，我们通过这种特征就很容易联想到"街"的计量单位是"条""道"等，所以"第一街"不出现个体量词在语义上仍然是自足的。

非个体名词所指事物具有非离散性，其空间性和个体性弱。在计量这类事物时，必须使用量词。如果不使用量词，则不易确定量，语义上就可能造成不自足。例如"第一条思路"中，非个体名词"思路"的所指对象无具体形状，其个体性弱，不使用量词就无法确定它的量，所以"第一条思路"不能隐匿量词"条"。当然，有些边界模糊的实体事物或者抽象事物，我们在认知上倾向于把它们看作是可以分割的事物，所以可以用个体量词，尤其是"个"来个体化，这些个体量词在一定条件下也可以隐匿，隐匿后比较容易激活。例如"第一个感觉、第一个病因、第一个条件、第一个生产力、第一个回合、第一个阶段、第一条标准、第一条定律"都可以隐匿其中的个体量词。

从语料统计来看，能隐匿量词的"（第）＋数/数字串＋量＋名"中，名词性成分倾向于是离散性个体名词，非离散性抽象名词比较少，未见非离散性物质名词。可见，名词性成分是非离散性物质名词时，量词不能隐匿；名词性成分是离散性个体名词、非离散性抽象名词，尤其是离散性个体名词时，个体量词可能隐匿。

6.4.3.2 光杆形式与非光杆形式

名词性成分有光杆和非光杆两种形式，能隐匿量词的"（第）＋数/数字串＋量＋名"对这两种形式有一定的选择。请看下例：

A. 第一个人——第一人
第一座桥——第一桥
第二家公司——第二公司
第三所大学——第三大学

B. 第一个雅人——第一雅人
第一座高桥——第一高桥
第二家建筑公司——第二建筑公司
第三所医科大学——第三医科大学

C. 第一个中国人——＊第一中国人
第一座公路铁路兼用的现代化桥——＊第一公路铁路兼用的现代化桥
第二家赢利达一个亿的公司——＊第二赢利达一个亿的公司
第三所进入国家"211工程"的大学——＊第三进入国家"211工程"的大学

上述三组例句中，A组、B组都能隐匿量词，C组不能隐匿量词，造成以上差异的主要原因是名词性成分的光杆形式与非光杆形式、非光杆形式中定语的不同：

A 组中名词性成分都是光杆形式，个体量词都能隐匿。

B 组中名词性成分都是非光杆形式，所带定语有两类：第一类定语是"雅""高"等，它们能代表排序时所依据的标准，"第一雅人"是指在"雅"方面地位排第一的人，"第一高桥"是指在高度方面地位排第一的桥。第二类定语是"建筑""医科"等，它们不能代表排序时所依据的标准。以上两类定语都具有分类功能，并且在人的概念认知系统中，这两种分类的规约性和稳定性都比较强，属于稳定的规约性分类。例如"第二建筑公司"，"公司"的指称对象有很多类别，定语"建筑"在这里有分类功能，能和中心语构成类名，指称一类对象。

C 组中名词性成分都是非光杆形式，所带定语是"中国""公路铁路兼用""赢利达一个亿""进入国家'211 工程'"，这类定语具有较强的描写性，也具有一些分类功能，不过这种分类的规约性、稳定性都比较低，分类层次过高或过低，不属于稳定的规约性分类。例如"人"的规约性分类标准多是性别、年龄、职业等，这些分类与人的社会认知是一致的。"中国人"是以国籍为标准分类，其分类层次过高，只有与美国人、法国人等相对时才有意义。又如"大学"的规约性分类标准多是专业、地域等，以"进入国家'211 工程'"为标准分类时，分类层次过低，在人的认知概念体系中不是现成的、稳定的分类。

"第+数/数字串+名"具有较高的指称性，并且大多具有命名性，可以充当类名或专名，但类名和专名不容许其中的名词性中心语带分类层次过高或过低的定语。B 组中定语的分类具有稳定性、规约性，"第+数/数字串+量+名"隐匿量词后，变换成指称性较高的语法表达式。C 组中定语的分类具有临时性、非规约性，"第+数/数字串+量+名"无法通过隐匿量词变换成指称性较高的语法表达式。

总体来看，名词性成分是包含有非规约性分类功能的定语的非光杆形式时，量词不能隐匿；名词性成分是光杆形式，或者是包含有规约性分类功能的定语的非光杆形式时，量词可能隐匿。

6.4.4　数词词语的影响

有些"（第）+数+量+名"中的量词和名词性成分符合量词隐匿的条件，即量词为个体量词；名词性成分具有离散性，并且是光杆形式，或者是包含有规约性分类功能的定语的非光杆形式，但是量词仍然不能隐匿，实际上有时候数词词语的不同会有影响作用。请看下例：

A. 第一家医院——第一医院　　第二家医院——第二医院
　　第三家医院——第三医院　　第四家医院——第四医院

B. 第一座山——第一山　　　　第二座山——＊第二山
　　第三座山——＊第三山　　　第四座山——＊第四山

C. 第一个地球——＊第一地球　第二个地球——第二地球
　　第三个地球——＊第三地球　第四个地球——＊第四地球

从上面例子可见，在量词、名词性成分都一致时，数词词语的不同有时会影响量词的隐现。A 组中量词的隐匿不受数词词语的限制，B 组、C 组中量词的隐匿限于数词词语分别是"一""二"时。这主要是因为三组"（第）＋数＋名"存在差异：

A 组用于给多个同类事物编号，有多少个事物，就用多少个序数来区分，所以数词词语不太受限制。

B 组用于表示事物显著属性的主观评价地位，其中的名词性成分可以指称多个对象，为了突出属性最显著的某个事物的主观评价地位时，常用序数"第一"来体现，而其他属性不显著的一般不作评价，所以只有"第一＋名"，没有"第二、第三、第四……＋名"。

C 组用于表示事物相似属性的主观评价地位，其中的名词性成分所指事物都是独一无二的，但存在与它们相似的一些事物，为了对这些相似的事物进行属性地位的主观评价，就把独一无二的事物默认为第一，相似的事物则为第二，所以一般有"第二＋名"，没有"第一、第三、第四……＋名"。

可见，要给事物编号命名时，不管是什么数词词语，"（第）＋数＋量＋名"的量词都能隐匿。要表示事物显著属性的主观评价地位，并且数词是"一"时；或者要表示事物相似属性的主观评价地位，并且数词是"二"时，"（第）＋数＋量＋名"的量词都能隐匿。其他情况下量词不能隐匿。

6.4.5　认知倾向的影响

有些"（第）＋数/数字串＋量＋名"中的量词、名词性成分、数词词语都符合量词隐匿的条件，但是量词仍然不能隐匿，这是因为认知倾向有一定的影响作用。请看下例：

A. 第一个首相——第一首相　　第一个士兵——＊第一士兵

　　第一个作者——第一作者　　第一个读者——＊第一读者

B. 第一个男人——第一男人　　第一个男孩——＊第一男孩

　　第一个才子——第一才子　　第一个学生——＊第一学生

A、B 两组例子的个体量词和数词都相同，都包含了指人的个体名词，但有的不能隐匿量词，我们认为主要是认知倾向的影响：

在人们的共识里，不同对象所受的关注度不同，越是具有显著属性的，越容易被关注。就 A 组例句而言，人们关注并存的多个首相、作者的主次地位，需要用具有命名功能的"（第）＋数/数字串＋名"来区分地位和命名编号，所以"（第）＋数/数字串＋量＋名"的量词能够隐匿。并存的多个士兵、读者的主次地位不受关注，无需区别地位和命名编号，所以"（第）＋数/数字串＋量＋名"的量词不能隐匿。

各个领域中都有属性最显著的对象，但对哪些属性最显著的对象进行地位评价，则受人的认知倾向的影响。就 B 组例句而言，人们关注并存的多个男人、才子中最优秀的，需要用"（第）＋数/数字串＋名"进行属性地位的主观评价，所以"（第）＋数/数字串＋量＋名"能够隐匿量词。男孩、学生中最优秀的不受关注，无需进行属性地位的主观评价，所以"（第）＋数/数字串＋量＋名"的量词不能隐匿。

6.4.6　序数参照的类别与变化

序数的构成暗含了比较，即采用一定的比较视角，依据一定的比较标准，对同一集合中两个或两个以上有联系的事物辨别差异。构成序数时所依据的排序标准就是序数参照，不同的序数参照与量词的隐现存在密切联系。

6.4.6.1　序数参照的类别

序数参照包括四类，即空间参照、时间参照、地位参照、编号参照。另外，构成序数时可以依据一种参照，也可以依据多种参照。后者实际上

是一种混合参照，常见的混合参照有"空间+命名编号""时间+命名编号""地位+命名编号"。（详见本书2.2节）

6.4.6.2 "（第）+数/数字串+量+名"隐匿量词后序数参照的变化

"（第）+数/数字串+量+名"隐匿量词后，变换成"（第）+数/数字串+名"，这两类序数表达式的序数参照是否相同？以下列举一些常见现象。

（一）从空间参照到地位参照

（101）有一个未经证实的说法是：他从路边第一幢楼开始一幢楼一幢楼地喊过去。（王朔《动物凶猛》）

（102）中国建筑三局一公司中标，就请他们这样来建设神州第一楼！（《报刊精选》1994.11）

例（101）中"第一幢楼"是指在空间位置上排在第一的一幢楼。例（102）中"第一楼"是指在地位上排第一位的楼，主要用于评价属性最显著的对象，而不是给事物编号。两者的区别主要在于：前者体现楼房的空间次序，序数参照是空间；后者体现楼房的地位次序，序数参照是地位。

（二）从空间参照到混合参照"空间+命名编号"

（103）在20日上午进行的奥运女子百米第一轮决赛中，一位来自伊拉克的19岁姑娘站在第七小组的第八条跑道上。（《新华社2004年新闻稿》）

（104）刘翔左手边第八跑道是半决赛与史冬鹏相邻的牙买加名将维格诺尔，刘翔与他在小组赛交锋过。（《江南时报》2007.08.31）

例（103）中"第八条跑道"是指在空间位置上排在第八的跑道。例（104）中"第八跑道"是指根据空间位置编号为第八的跑道。两者的区别主要在于：前者体现跑道的空间次序，序数参照是空间；后者既体现跑道的空间次序，又是跑道的命名性编号，序数参照是混合参照"空间+命名编号"。

（三）从时间参照到地位参照

（105）新救护车已先期运到平陆县好几天了，谁是乘坐这辆救护车的<u>第一个人</u>呢？（《人民日报》1996.05.02）

（106）罗洗河以往从未进入过世界围棋大赛的决赛，与被称为世界围棋"<u>第一人</u>"的李昌镐以往的 4 次交战也均以失利告终。（《人民日报》2006.01.11）

例（105）中"第一个人"是指在时间上排在第一的人。例（106）中"第一人"是指在世界围棋领域处于第一位的人，暗含了李昌镐与其他所有棋手的地位比较，比较中其他对象都是暗含的，所以说"第一人"主要用于主观评价属性最显著的对象，而不是给事物编号。显然，"第一个人"与"第一人"的构成参照不同，前者是时间参照，后者是地位参照。

（四）从时间参照到混合参照"空间＋命名编号"

（107）车站地势较低，周围都是泥塘和稻田，一下雨就被淹，车站职工挖塘泥、挑煤渣垫高铁路两侧，建成了<u>第一个站台</u>。（《深圳特区报》2010.07.13）

（108）北京站<u>第一站台</u>鼓乐齐鸣。（《人民日报》1995.12.13）

例（107）中"第一个站台"是指时间先后上排第一的站台。例（108）中"第一站台"是指按空间位置编号为第一的站台。两者的区别主要在于：前者体现站台的时间次序，序数参照是时间；后者既体现站台的空间次序，又是站台的命名性编号，序数参照是混合参照"空间＋命名编号"。

（五）从时间参照到混合参照"时间＋命名编号"

（109）<u>第二个学期</u>开始没多久……（《小说月报》2006.02）

（110）我校上学年<u>第二学期</u>富余教材 60 多套……（《人民日报》1995.02.27）

例（109）中"第二个学期"是指时间先后上排第二的学期。例

（110）中"第二学期"是指依据时间先后编号为第二的学期。两者的区别主要在于：前者体现学期的时间先后次序，序数参照是时间；后者体现学期的时间先后次序和命名性编号，序数参照是"时间＋命名编号"。

（六）从时间参照到混合参照"地位＋命名编号"

（111）村山是自1920年以来出席日本工会五一集会的<u>第一位首相</u>。（《人民日报》1995.05.02）

（112）<u>第一首相</u>诺罗敦·拉那烈和第二首相洪森主持了会议。（《人民日报》1995.01.09）

例（111）中"第一位首相"是指在时间先后上排第一的一位首相。例（112）中"第一首相"是指并存的多个首相中依据地位编号为第一的首相。两者的区别主要在于：前者体现首相的时间先后次序，序数参照是时间；后者体现首相的地位次序和命名性编号，序数参照是"地位＋命名编号"。

（七）从地位参照到混合参照"地位＋命名编号"

（113）在交谈中李瑞环强调维护国家独立和主权是<u>第一位任务</u>。（《人民日报》1995.06.14）

（114）他还说，新任联合国秘书长的<u>第一任务</u>应为发展问题。（《人民日报》1996.10.12）

例（113）中"第一位任务"是指地位排第一的任务。例（114）中"第一任务"是指按地位高低编号为第一的任务。两者的区别主要在于：前者体现任务的地位次序，序数参照是地位；后者既体现任务的地位次序，又是任务的命名性编号，序数参照是混合参照"地位＋命名编号"。

（八）从非命名编号参照到命名编号参照

（115）用<u>第一个方案</u>的头，<u>第二个方案</u>的尾，第三个方案的中间，贯穿起来。（《作家文摘》1993）

（116）但是经过比较，权衡利弊，我们认为<u>第一方案</u>、<u>第二方案</u>、第四方案均具局限性和不可行性。（《报刊精选》1994.02）

上面两例中"第一个方案、第二个方案""第一方案、第二方案"都分别指编号为第一、第二的方案，它们不体现空间、时间、地位次序。两组的区别在于：前者不具有命名作用，序数参照是非命名编号；后者具有命名作用，能作"方案"的类名，序数参照是命名编号。

（九）　混合参照"空间＋命名编号"不变

（117）去年 10 月，使用 012 号塔吊的<u>四十二号楼</u>落成。（《人民日报》1986.07.28）

（118）方枪枪说不清楚，一指 <u>42 楼</u>：就是那个楼的。（王朔《看上去很美》）

上面两例中"四十二号楼""42 楼"都是指按空间位置编号为四十二的楼房，它们既体现楼房的空间次序，又是楼房的命名性编号，其序数参照是混合参照"空间＋命名编号"。

（十）　混合参照"地位＋命名编号"不变

（119）剧作大胆地将张生作为<u>第一号主角</u>来刻画，突出了他在爱情上的主动精神，也颇有新意。（《人民日报》1992.10.17）

（120）尤其饰<u>第一主角</u>李芳娘的被誉为"川剧唱腔女状元"的沈铁梅，客串京戏，唱做俱佳，赢得阵阵喝彩。（《人民日报》1996.04.11）

上面两例中"第一号主角""第一主角"都是指依据地位高低编号为第一的角色，它们既体现主角的地位次序，又是主角的命名性编号，其序数参照是混合参照"地位＋命名编号"。

综上所述，可以总结如下：

"（第）＋数/数字串＋量＋名"隐匿量词后序数参照的变化情况

量词出现→ 量词隐匿	序数参照的变化
A. 第一幢楼→第一楼	空间参照→地位参照
B. 第八条跑道→第八跑道	空间参照→混合参照"空间＋命名编号"
C. 第一个人→第一人	时间参照→地位参照

D. 第一个站台→第一站台　　时间参照→混合参照"空间＋命名编号"
E. 第二个学期→第二学期　　时间参照→混合参照"时间＋命名编号"
F. 第一位首相→第一首相　　时间参照→混合参照"地位＋命名编号"
G. 第一位任务→第一任务　　地位参照→混合参照"地位＋命名编号"
H. 第一个方案→第一方案　　非命名编号参照→命名编号参照
I. 四十二号楼→42楼　　　混合参照"空间＋命名编号"不变
J. 第一号主角→第一主角　　混合参照"地位＋命名编号"不变

A-H 类的"（第）＋数/数字串＋量＋名"隐匿量词后，序数参照变成地位参照时，主要是为了反映地位次序；序数参照变成命名编号参照或者包含命名编号的混合参照时，主要是为了使序数表达式具有命名性。I–J 类的"（第）＋数/数字串＋量＋名"隐匿量词后，序数参照不会发生改变，仍然是包含命名编号的混合参照，这里制约量词隐现的主要因素是命名性的强弱。下文将详细讨论命名性的差异对量词隐现的影响。

6.4.7　命名性的差异

命名性是指某些语言结构能充当专名或类名去称谓某个或某类事物的特性（参见陆丙甫 1988，张敏 1998：237）。具体体现在有些语言结构与特定的事物形成稳定的联系，能构成事物的名称，例如"广州、北京大学"是专名，"白纸、作家"是类名。就"（第）＋数/数字串＋量＋名"与相对形式"（第）＋数/数字串＋名"而言，有时候它们之间存在命名性的有无或者强弱差异。

（一）命名性的有无

有些（第）＋数/数字串＋量＋名"隐匿量词后，不仅序数参照会发生改变，还会增加或增强命名性，从而成为某个或某类事物的名称。例如"第一间教室"和相对形式"第一教室"，"第一间教室"可以指在时间先后上排第一的一间教室，还可以指在空间上并存的多间教室中，以某点为排序起点，排第一的一间教室。就第二种语义而言，当排序起点、认知主体变化时，"第一间教室"的所指也发生变化。例如空间上从左至右依次排列的 A、B、C 三间教室，当排序起点变化时，"第一间教室"的所指如下：

```
从左至右：        A ——————————— B ——————— C
以 A 为起点：第一间教室   ＞   第二间教室   ＞   第三间教室
以 B 为起点：                第一间教室   ＞   第二间教室
以 C 为起点：                            第一间教室
```

从上图可见，当排序起点变化时，"第一间教室"可以分别指称 A、B、C 三间教室。显然，"第一间教室"无法与某间教室形成稳定的联系，它不能当作某间教室的名称，所以不具有命名性。"第一间教室"隐匿量词后变成"第一教室"，后者是指空间上并存的多间教室中，以某个固定点为起点，依据空间位置编号为第一的一间教室。它可以与一定范围内特定的一间教室形成稳定的联系，能够当作某间教室的名称，而且名称一经制定，就不允许任意改动，所以它具有命名性。又如：

（121）然而从 50 年代到 90 年代，40 个春秋之后，武汉人才着手第二座大桥的建设，原因何在？（《报刊精选》1994.10）

（122）京京的眼前出现了一座伸着好多胳膊腿的大桥，爸爸的同事叔叔告诉京京，这桥叫阜成桥，是西北三路上仅次于三义庙桥的第二大桥，长长的桥面上铺满了横横竖竖的钢筋。（《报刊精选》1994.09）

（123）国家"九五"重点建设项目——南京长江第二大桥今天顺利通过交通部组织的竣工验收。（《人民日报》2002.06.23）

例（121）中"第二座大桥"是指时间先后上排第二的大桥，它无法与特定的大桥形成稳定联系，不能当作桥的名称，不具有命名性。例（122）中"第二大桥"是指地位上排第二的大桥，即"阜成桥"，显然这不是专名或类名，不具有命名性。例（123）中"第二大桥"是指长江上依据时间先后编号为第二的大桥，它与特定的桥形成稳定联系，所以是桥的专名，具有命名性。

从上面三个例句可见，"第二座大桥"隐匿量词后，"第二大桥"有时候有命名性，有时候无命名性。显然，命名性对量词隐现的制约不是绝对的。

（二）命名性的强弱

"四十二号楼""第一号主角"类的"（第）＋数/数字串＋号＋名"

隐匿量词"号"后，序数参照不会发生改变，促使"号"隐匿的主要因素就是命名性的强弱。请看下例：

（124）为了您的旅途安全，您如果有贵重物品需要寄放，请到7号车厢乘警席办理。（《人民日报》2006.01.13）

（125）二等座6车厢和7车厢的乘客也寥寥无几。（《京华时报》2009.01.13）

上面两例中"7号车厢"和"7车厢"都指依据空间位置编号为第七的车厢，这是依据混合参照"空间＋命名编号"构成的序数。它们的主要区别在于命名性的强弱，相对而言，"7号车厢"的命名性略微弱些，描写性要强些；"7车厢"的命名性要强些，更适合做事物的名称。

可见，不管序数参照是否改变，有些"（第）＋数/数字串＋量＋名"隐匿量词后会具有或增强命名性，所以当需要增加或增强命名性时，量词可以隐匿。

至此，我们可以总结"（第）＋数/数字串＋量＋名"中量词隐现的规律和制约因素：

①从量词类别和语义功能看，起赋量作用的集合量词、种类量词、部分量词、度量量词、动量词、临时量词都不能隐匿，起显量作用的个体量词可能隐匿。

②从名词性成分的离散性与非离散性看，若是非离散性物质名词时，量词不能隐匿；若是离散性个体名词、非离散性抽象名词，尤其是离散性个体名词时，量词可能隐匿。

③从名词性成分的光杆与非光杆形式看，名词性成分是非光杆形式，若定语具有临时性、非规约性分类功能时，量词不能隐匿的。名词性成分是光杆形式，或者虽然是非光杆形式，但定语具有稳定性、规约性分类功能时，量词可能隐匿。

④从数词词语看，要给事物编号命名时，不管是什么数词词语，量词都能隐匿。要表示事物显著属性的主观评价地位，并且数词是"一"时；或者要表示事物相似属性的主观评价地位，并且数词是"二"时，量词都能隐匿。其他情况下量词不能隐匿。

⑤从认知倾向看，倾向于给关注度高的事物编号命名，或者受认知倾

向影响选择事物进行属性地位的主观评价时，量词可能隐匿。

⑥从序数参照看，若要体现地位次序，或者给事物命名编号，就需要把序数参照转变成地位参照，或者转变成命名编号参照、包含命名编号的混合参照，这时量词可以隐匿。

⑦从命名性看，若需要具有或增强命名性，量词可以隐匿。

从①到⑦，量词隐匿的范围逐步缩小，表示如下：

$$①→② | ③→④→⑤→⑥ | ⑦$$

②和③之间，⑥和⑦之间是并列关系。"→"右边的因素，以"→"左边的因素为前提，这些因素是按层次排列的。需要指出的是，以上任何几个因素综合在一起，都会增强量词隐现的可能性。

量词的隐匿说明一点，形式与语义的匹配并不完全是一一对应的，句法上起强制作用的，语义上不一定起强制作用。在语义自足的前提下，可以突破数名组合必须带量词的句法强制作用，即句法上起强制作用，但语义上不起强制作用、只起显量作用的个体量词可以隐匿。

6.5　映射高程度性质/情态的"第一＋X"

"第一"一般与量词、名词组配，表示所指对象的次序位于序列首位，如"第一个、第一作者"。但是"第一"还可以和部分形容词性、动词性词语组配，除表示序列首位外，还可以映射高程度，相当于"最"。例如：

（126）可以想见，倘有比她漂亮的人，她也非杀不可，否则，就无以维持她的天下第一漂亮了。（何满子《谈虎色不变》，武汉出版社，2000，第263页）

（127）广东省质量协会近日进行的一项旅游服务质量专项调查显示，被访者第一关注"质量保证"，"价格"在各种列出的因素中排倒数第一。（《人民日报》2006.01.18）

上述例句中，"漂亮"是形容词，"关注"是动词，"第一漂亮""第一关注"分别指"最漂亮""最关注",其中的"第一"相当于"最"。"第一漂亮""第一关注"类的序数表达式可以码化为"第一 + X",其中的 X 只限于部分形容词性词语和动词性词语。

已有学者注意到"第一"映射高程度的用法。黎锦熙（1924/1992：140）把"第一"看作表"极比"的程度副词，如"今年夏天'第一'炎热"。李宇明（2000：233）指出，表示程度最高时偶见有"第一聪明"之类的说法，但是"第一"的组合范围相当有限。许秋莲、聂智（2006）认为，当"第一"和具有程度差别的形容词组合时，就可以兼表"极点"程度，如"俄罗斯第一漂亮的美女""第一重要"。陈青松（2011）、张颖（2013）从形容词的选择、称谓性的高低、认知域的大小、评价的客观性、结构的整合程度、转指能力等方面探讨了"第一 + 形容词"和"最 + 形容词"的差异。

现有研究无疑极具启发意义，遗憾的是，这些研究大多只简单地列举了"第一"映射高程度的用法，而这种用法的句法、语义和语用分析都有待进一步加强。本节在已有研究的基础上，尝试描写映射高程度性质/情态的"第一 + X"的构成情况和句法功能，探讨"第一 + X"映射高程度的条件，揭示它的双重功能和高程度的强化手段，并分析"第一 + X"与"最 + X"的区别。

6.5.1　构成限制和句法功能

6.5.1.1　数词"一"的强制选择

映射高程度性质/情态的"第一 + X"中，"一"不能被其他数词替换。例如：

> 第一高　　第一快　　第一难　　第一重要　　第一得意
> 第一爱　　第一贪　　第一关心　　第一满意　　第一畅销

理论上，"第二、第三"等和"第一"一样，是序列中排在前面的几个序位，也能映射高程度。但实际上，"一"以外的其他数词进入"第一 + X"相当受限，当表数成分不是"一"时，只能表示次序，不能映射高程度性质/情态。例如：

（128）科比·布莱恩特在本场比赛独得 81 分，刷新他职业生涯中的单场最高得分纪录，这也是 NBA 历史上单场得分<u>第二高</u>的纪录。（《人民日报》2006.01.24）

例（128）中"第二高"是指在得分上居第二位，这是依据得分高低排出的次序，不能映射高程度性质/情态。

6.5.1.2　X 的受限选择及其语义共性

从我们在北京大学中国语言学研究中心现代汉语语料库、书面报刊、网络等检索到的"第一＋X"用例来看，以下三类现象很值得关注：

其一，映射高程度性质/情态的"第一＋X"中，X 包括两类：

A. 形容词性词语：大、高、长、多、深、厚、快、亮、香、难、险、奇、怪、富、穷、早、好、强、傻、笨、美、丑、老、佳、诚、鲜、差、烂、毒、抠、绝、妙、惨、猛、重要、紧要、要紧、当紧、紧销、紧缺、宝贵、尊贵、得意、理想、漂亮、聪明、风流、调皮、能干、头疼、痛苦、严厉、恐惧、幸福、富裕、活跃、性感、容易、透明、炎热、古老、时新

B. 动词性词语：贪、怕、喜欢、喜爱、佩服、关注、关心、讲求、注重、担心、盼望、希望、满意、愿意、感谢、畅销、优先、需要、杀风景、有意思、有趣味、想买、应该、敢说话、能做、能战斗、不可一世、不会伤心、不喜欢

A 类只限于性质形容词或短语，B 类只限于心理活动动词或短语、能愿动词或短语。X 主要是 A 类，即形容词性词语，其中"大"的出现频率非常高，而动词性词语的出现频率比较低。

其二，映射高程度性质/情态的"第一＋X"中，X 具有明显的语义共性：一是 X 跟事物的性质或动作行为的情态有关，本书用"性质/情态"来概括；二是 X 具有程度属性，并且程度属性尚未确定，所以能受程度副词"最""非常""很"等修饰。

其三，"第一"和 A、B 两类词语组合，有时能映射高程度性质/情态，有时不能。例如"这件事可称为天下第一怪"可以映射高程度性质/情态，

但"瑞士七怪之第一怪"不能。前者表示"怪"属性的地位次序，可以理解为"最怪"，后者表示奇怪现象的编号次序，不体现主次地位，不能理解为"最怪"。"第一"还能和B类之外的动词性词语组合，如"第一审"表示审判的等级次序和编号次序，同样不能映射高程度。

6.5.1.3 句法功能及其倾向性

映射高程度性质/情态的"第一+X"主要充当定语和谓语，有时充当宾语、主语。例如：

（129）北奥塞梯共和国包括8个区、6个市和7个城镇，首府弗拉季卡夫卡兹是<u>第一大</u>的城市。（北大语料库，《新华社2004年新闻稿》）

（130）我承认白杨种在墟墓间的确很好看，然而种在斋前又何尝不好，它那瑟瑟的响声<u>第一有意思</u>。（周作人《两株树》）

（131）依靠自主创新，中国铁路攀上了"世界<u>第一高</u>"。（《人民日报》2011.01.19）

（132）而昨天一家媒体曝出"<u>第一高</u>"要流产的消息。（《江南时报》2009.01.09）

上述例句中，"第一+X"分别充当定语、谓语、宾语、主语。从句法功能看，映射高程度性质/情态的"第一+X"倾向于是谓词性的，只有在充当宾语和主语时才表现出一定的体词性。

6.5.2 映射高程度性质/情态的条件

"第一漂亮/关注"类的"第一+X"主要表示次序，一定条件下可以映射高程度性质/情态，其中的"第一"从单纯表示"序列首位"转变为既表示"序列首位"，又表示"最"，其语义是如何形成的？实际上，这种用法的"第一+X"经历了从序数域到程度域的隐喻过程，此过程需要一系列的句法、语义、认知和语用条件。

6.5.2.1 条件一：X是程度属性需要其他成分体现的谓词性成分

映射高程度性质/情态的"第一+X"中，X限于形容词性、动词性词语两大类，但并不是所有的形容词性、动词性词语都能进入该序数表达式。X 的共同特点是具有程度属性，并且程度属性未确定，需要别的成分表现出来。句法上，它们可以受程度副词修饰，如"很大、最高、非常喜欢、十分满意"。若形容词性词语和动词性词语本身包含了程度因素，就不需要别的成分来帮助它们表示程度，如"雪白、黝黑、水灵灵、全新、牢记、坚信、痴爱、狂想、超棒、超熟悉"都含有程度意义，在句法上不能受程度副词修饰，也不能受"第一"修饰，所以不能进入 X 位置。

之所以有以上限制条件，主要是因为序数建立在同一集合中两个或两个以上相互联系的事物进行比较的基础上。形容词性词语和动词性词语只有在具有未定的程度属性时，才可以用序数度量程度；若程度属性已定，则无需也无法用序数进行度量。

6.5.2.2　条件二：序数参照只能是地位参照或混合参照"地位＋命名编号"

"第一＋X"能不能映射高程度性质/情态，还与序数参照密切相关。序数参照是指构成序数时所依据的排序标准，它包括四类，即空间参照、时间参照、地位参照、编号参照。另外，构成序数时可以依据一种参照，也可以依据多种参照。后者实际上是一种混合参照，常见的混合参照有"空间＋命名编号""时间＋命名编号""地位＋命名编号"。（详见本书2.2 节）

当 X 是谓词性成分时，"第一＋X"的序数参照主要是地位、编号、混合参照"时间＋命名编号"和"地位＋命名编号"，这类序数参照和"第一＋X"能否映射高程度性质/情态，存在以下对应关系：

（一）地位参照与映射高程度性质/情态的关系

（133）美军历史上，共授予 10 名五星上将，艾森豪威尔是晋升得"第一快"；他出身"第一穷"；……他的前途是"第一大"——惟一的一个当上总统的五星上将。（北大语料库，马骏《艾森豪威尔》）

（134）其实我是第二喜欢足球，第三喜欢文学，第一喜欢田径。（北大语料库，《读者》）

例（133）中"第一快"是指根据晋升速度从快到慢排第一，"第一穷"是指根据贫穷度从高到低排第一,"第一大"是指根据前途从大到小排第一,例(134)中"第一喜欢"是指根据喜欢程度从高到低排第一,它们都是根据属性程度而确定排序对象的属性等级地位,所以序数参照都是地位。显然,"第一快""第一穷""第一大""第一喜欢"分别相当于"最快""最穷""最大""最喜欢",它们都能映射高程度性质/情态。

(二) 编号参照与映射高程度性质/情态的关系

> (135)民间有署名李商隐的《十穷十富语》流传,颇可玩味。十穷:第一穷,多因放荡不经营——逐渐穷;第二穷,不惜钱财手头松——容易穷;第三穷,朝朝睡到日头红——邋遢穷;……(北大语料库,《读者》)

例(135)中"第一穷"指称某一类"穷",是"穷"的编号次序,它既没有体现贫穷度的主次地位,也没有体现空间和时间次序,其序数参照仅仅是编号。显然,此例中"第一穷"不能理解为"最穷",不能映射高程度性质/情态。

(三) 混合参照"时间+命名编号"与映射高程度性质/情态的关系

> (136)第一跳,8米01!果然状态良好。第二跳,8米11,又进一步。(《人民日报》1996.05.07)

例(136)中"第一跳"是指跳远比赛中根据时间先后编号为第一的一个跳跃动作,它与"第一次跳"的主要区别在于前者体现了动作行为的时间先后次序和编号次序,后者只体现动作行为的时间先后次序,所以"第一跳"的序数参照是混合参照"时间+命名编号"。显然,此例中"第一跳"不能理解为"最跳",不能映射高程度性质/情态。

(四) 混合参照"地位+命名编号"与映射高程度性质/情态的关系

> (137)刘氏兄弟的"希望集团"从一个乡村私营企业迅速崛起成为"西南第一富"。(北大语料库,《市场报》1994年)

> (138)专利纠纷案件中1-4类案件明令北京市中级人民法院为

第一审法院，北京市高级人民法院为第二审法院。（北大语料库，《报刊精选》1994 年）

例（137）中"第一富"是指根据富裕度从高到低排第一，这是根据属性程度而确定企业的属性等级地位，同时它具有转指性，转指企业，可以看作是企业的一种命名编号。例（138）中"第一审"是指法院对诉讼案件的第一级审判，这是根据级别高低确定审判的属性等级地位，同时它也可以看作是审判的一种命名编号。例（137）、（138）中"第一＋X"的序数参照都是混合参照"地位＋命名编号"，但是它们在能否映射高程度性质/情态上存在差异。例（137）的"第一富"可以理解为"最富"，能映射高程度性质/情态；例（138）的"第一审"不能理解为"最审"，不能映射高程度性质/情态。造成这种差异的主要原因在于"第一富"中的"富"符合映射高程度性质/情态的条件一，而"第一审"中的"审"不符合条件一，即不属于程度属性需要别的成分体现的谓词性成分。

综上所述，我们将"第一 X"的序数参照与映射高程度性质/情态的关系总结如下：当序数参照为编号或混合参照"时间＋命名编号"时，"第一＋X"不能映射高程度性质/情态；当序数参照为地位或混合参照"地位＋命名编号"时，"第一＋X"可能映射高程度性质/情态。

6.5.2.3　条件三：序列首位与程度最高存在稳定的对应关系

"第一"表示序列首位与程度最高间存在稳定的对应关系和相似关系，这是序数在隐喻机制作用下映射程度的前提条件。

序数可以用来表示属性的程度量级，如"一级文物、二级文物、三级文物"体现了文物在价值方面的程度量级，"第一类疾病、第二类疾病、第三类疾病"体现了疾病在危害方面的程度量级。但是为什么只有"第一"才能映射高程度，而"第二、第三"等序数不能映射其他量级的程度？从认知的角度看，有以下两方面原因：

一是人们对日常生活中事物、事件和性状的量有常识性的感知（陈淑梅 2008），程度量级可以依据具体情况而设定，可以设定三个程度量级，如"高程度＞一般程度＞低程度"；也可以设定多个量级，如"超高级＞最高级＞较高级＞参照级＞较低级＞略微级"或"超极级＞极级＞超非常级＞非常级＞相当级＞参照级＞较级＞点级"（李宇明 2000：246 - 247）。

这就会出现同一对象在不同的程度量级系列中位于不同位置，如"比较高"在"超高>最高>比较高>有点高"系列中排在第三位，在"极其高>非常高>相当高>比较高>有点高"系列中排在第四位。因此，虽然序数能表示程度量级，但与人们常识性感知的程度量级并不存在严格的对应关系，只有"第一"与所有程度量级系列的第一个量级存在稳定的对应关系，"第二、第三"等序数与其他程度量级的对应关系是不稳定的。

二是序数域中只有排在首位的才是显著度最高的，程度域中只有程度最高的才是显著度最高的，序列首位与程度最高具有内在的一致性和相似性。

6.5.2.4　条件四：偏离"序列首位"义去理解"第一+X"

上述条件一、二、三只是前提条件，要使"第一+X"映射高程度性质/情态成为现实，必须在理解上发生偏离，即要偏离"序列首位"义去理解"第一+X"。语境不同，诱发偏离理解的可能性也不同。比如，"你第一漂亮，小王第二漂亮，小张第三漂亮"里，表达重点是次序，对"第一漂亮"发生偏离理解的可能性低些，"第一漂亮"映射高程度的难度大些。"天下第一漂亮的妈妈"里，表达重点不是次序，而是由次序映射的程度义和对程度的主观评价，并且语境中一般不出现"天下第二漂亮的妈妈、天下第三漂亮的妈妈……"，所以对"第一漂亮"发生偏离理解的可能性较高，"第一漂亮"映射高程度的难度较小。

6.5.3　"第一"的双重功能与性质/情态程度高的强化手段

6.5.3.1　"第一"的双重功能

映射高程度性质/情态的"第一+X"中，"第一"具有双重功能，一是表次序功能，二是表程度功能。

从表次序功能看，"第一"的组配成分是形容词性或动词性词语，它们都具有程度属性，并且需要别的成分帮助表示程度，句法上都可以受程度副词修饰，所以它们可以被度量，可以用序数排序。

从表程度功能看，"第一"描写的是属性的高程度性，它在句法上可被高程度副词替换，如"第一漂亮""第一满意"可以被替换为"最漂亮""最满意"。

需要指出两点：

一是"第一"虽然具有双重功能，但两种功能有强弱之分，一般表次序的功能强，表程度的功能弱。

二是在具体语境中，表程度的功能有强弱之分，通比手段比单比手段构成的"第一"更易于映射高程度。序数的构成暗含了比较，比较有单比和通比之分。单比是指排序时所有个体之间进行一对一的比较，排序结果能体现所有个体的次序，例如用单比手段按时间先后对三个阶段进行排序，排序结果为"第一期、第二期、第三期"。通比是指排序时某个最典型、性状程度最高的个体与集合中的其他个体之间进行整体比较，排序结果只能体现此个体的次序，其他个体的次序不能体现，例如用通比手段按高度对世界上的山峰进行地位排序，排序结果为"世界第一峰——珠穆朗玛峰"。"第一高"类的序数表达式既可以建立在单比之上，也可以建立在通比之上。若建立在单比上，"第一高"暗含了与"第二高、第三高……"一对一的比较，则理解"第一"时主要想到的是"序列首位"义，它映射高程度的功能要弱些。若建立在通比上，"第一高"暗含了与其他高度的整体比较，"第一"映射高程度的功能要强些。

6.5.3.2　性质/情态程度高的强化手段

（一）用范围大强化程度高

"第一 + X"映射高程度性质/情态时，经常用表示大范围的修饰成分来强化高程度，一般范围越大，就越能强化程度高。例如：

（139）"那么，"精灵鬼不无得意地说，"你难道就不妒忌像我这样<u>天下第一漂亮、世上第一聪明</u>的人么？"（方崇智《狐大嫂开店》）

例（139）中"天下第一漂亮""世上第一聪明"分别带了修饰成分"天下""世上"，这两个成分一方面限定了排序范围，另一方面又是我们认知中所认定的最大范围，这种最大范围凸显了排序对象的性质或情态程度高是具有普遍性的，也突出了评价的主观性，所以同"第一漂亮""第一聪明"相比，它们的程度更高、主观评价性更强。

从语料统计来看，强化高程度的修饰成分主要是表示处所范围的词语，如"天下、世界、世上、全球、亚洲、欧洲、东方、神州、中国、中华、国内、全国、江南、北方"，其中"天下、世界"的出现频率最高。有时也用表示时间范围的词语来强化高程度，如"历史上、史上、古今、亘古绝今、古代、人生中"。实际上，不同的修饰成分强化高程度的能力也并不一致，"天下、世界、世上、全球"无疑是能力最强的。

（二）用高程度同现强化程度高

主要采用"高程度状语 + X，第一 + X"或"X + 高程度补语，第一 + X"形式，这是一种用多个高程度并置或者从高程度递增到更高程度的强化手段。例如：

> （140）我们的公司<u>太大了</u>，<u>全国第一大</u>，对国家有利的就对我们有利，（反过来）我们也可以影响我们的国家，所以，对我们有利的对国家有利。（北大语料库，《李敖有话说》）
>
> （141）建成空中农场，架设 2 兆瓦能量转换器，太阳能发电装置，打造"时光之眼"空中都市平台，并在 559 米的高度建设世界<u>最高餐厅</u>，也是世界<u>第一高餐厅</u>。（《京华时报》2009.10.13）

例（140）中"太大了""全国第一大"、例（141）中"最高""第一高"都表示高程度，它们并置出现，相互衬托，从而达到强化程度高的目的。

6.5.4 语用价值

就表示性质、情态的高程度来说，常见的表达形式有四种：一是"高程度状语 + X"，如"异常漂亮、十分满意、超好"；二是"X + 程度补语"，如"聪明极了、喜欢死了、好得不得了"；三是"一 + 临时量词 + X"，如"一身疲惫、一脸不高兴、一肚子委屈"；四是重叠形式，如"最最漂亮、非常非常高、最多最多"。映射高程度性质/情态的"第一 + X"为什么还会出现？为了方便讨论，本书只选择与"第一 + X"最具有相通性的"最 + X"来进行比较。两者有时可以互换，但也存在一定的差异，这种差异可以体现"第一 + X"存在的价值。具体如下：

第一，形容词性、动词性词语的选择不同。不是所有的"最 + X"都有相应的"第一 + X"，如"最艰苦、最年轻、最慷慨、最普通、最得体、最诱人、最难忘"等。这说明"第一＋X"还是一个很受限制的表达形式，其中 X 的选择范围比较小。

第二，同一属性级层的涵量不同。"第一＋X"所关涉的人或事物只能是一个，往往具有单个体涵量性（张颖 2013）。"最＋X"所关涉的人或事物是单个体时，则具有单个体涵量性；所关涉的人或事物是多个体时，则具有多个体涵量性（邢福义 2003）。如可以说"最漂亮的妈妈之一""最关心的两个问题""最畅销的几本书"，但其中的"最"都不能替换成"第一"，否则句法上不成立、语义上累赘，造成这种差异的主要原因是"最＋X"关涉了多个人或事物，而"第一＋X"只关涉到一个人或事物。

第三，使抽象、模糊的程度具体化、精确化的能力不同。"第一＋X"的数目具体性、精确性的优势十分明显，以精确的数目使抽象、模糊的程度具体可感，并且可以精确衡量。"最＋X"有时候具有一定的模糊性，邢福义（2003：302）指出，"最"义级层可以有多个体涵量，被形容为"最＋X"的事物不一定是事实上位居第一的事物，多个事物可以被共同强调为"最"级事物。试比较：

（142）虽说老婆不是天下<u>第一</u>理想老婆，但也只有她是自己的。（方方《定数》）

（143）虽说老婆不是天下<u>最</u>理想老婆，但也只有她是自己的。

显然，例（142）比例（143）的表达更具体、更精确，前者借具体可感的序数直观地表达了抽象的程度，并且可以精确地体现程度高到什么位置，而后者只能抽象地、模糊地表达高程度，至于所指的高程度是否排在第一位则无法体现。

第四，转指能力强弱不同。有时"第一＋X"的转指能力较强，既可以转指事物也可以转指人，例如"世界第一大""天下第一难"都可以转指事物，"山西第一抠""天下第一傻"都可以转指人。"最＋X"的转指能力较弱，一般只转指事物不可以转指人，例如"世界最大""天下最难"都可以转指事物，但"山西最抠""天下最傻"都不能转指人。

另外，有两点值得关注：

第一，《现代汉语词典》（2012：288）中"第一"的释义有两个，一是"排在最前面的"，二是"最重要"。根据上文，"第一"在一定条件下有"最"义，相当于程度副词。词典的编纂遵循高频原则、稳定原则，只有使用频率高、稳定的词语或者义项才会被收录。《现代汉语词典》（2012）没有收录"第一"的"最"义，显然是因为这类用法尚未稳定，使用范围还比较窄。

第二，虽然普通话中"第一 + X"表示高程度性质/情态的使用频率还不是很高，但是这种用法在不少汉语方言中很容易观察到。例如闽方言福州话中，"只碗第一好食（这碗最好吃）""个郎班学生伊第一听嘴（全班学生中数她最听话）"中的"第一 + X"都映射高程度性质/情态。（陈泽平 1998：162）厦门话中，"第一"有副词用法，表示极高程度，相当于"极、最、非常"，常省称为"一"，放在某些形容词及能愿动词前，常用"的"煞尾，如"即蕊花第一水的（这朵花非常漂亮）""班里第一豪读册的是伊（班里最会读书的是她）"。（周长楫 1993：87）湘语衡东前山话中，"第一"放在性质形容词和表情绪、态度、评价等的动词词语前面，表示最高程度，相当于普通话的"最、极"，如"咯蔸树第一高哒（这棵树最高）"。（毛秉生 2007：158）以上现象提示我们，研究普通话时要重视汉语方言现象，相关方言现象可为普通话语法的研究提供有力的证据，使汉语语法事实的观察与分析更加充分。

6.6 映射类似关系的"第二 + X""X + 第二"

"第二"主要表示所指对象的次序位于序列第二位，如"第二排、第二教室"。但是"第二"还可以和部分名词性成分组配，映射类似关系，相当于"与……类似的另一个"。例如：

（144）1975 年费萨尔国王遇刺身亡后，阿卜杜拉进入政府，被任命为第二副首相。（《人民日报》2006.01.22）

（145）奥运女乒四强邀请赛第二站比赛 6 月 1 日在台湾新竹市立体育馆举行，中国选手李菊以三战全胜夺冠，王楠第二，新加坡选手井浚泓和中国台北选手陈静名列第三、第四。（《人民日报海外版》2001.06.04）

（146）然而，更为许多人所不知的是，这些热心肠的的哥的姐还主动担负着"第二家长"的责任，用自己的真情为那些素不相识的考

生们操劳。(《江南时报》2003.06.10)

（147）今天，中国篮球的好男儿易建联终于启程奔赴大洋彼岸的美国参加 NBA 选秀，大家都盼着<u>姚明第二</u>能够快点降生。(上海电视台《今日体育快评·角斗士的命运》2007.04.11)

例（144）、（145）中"第二"是常见用法，表示在序列中位于第二位，"第二副首相"是指地位排第二的副首相；"王楠第二"是指王楠排名第二。例（146）、（147）中"第二"不表示在序列中位于第二位，而是表示"与……类似的另一个"，"第二家长"是指不是家长，但担负着部分家长责任的人；"姚明第二"是指在身高、球技、进军 NBA 获得巨大成功等方面与姚明类似的另一个球员。"第二家长""姚明第二"类的序数表达式分别可以码化为"第二 + X""X + 第二"，其中的 X 只限于名词性成分。

已有学者注意到"第二"映射类似的用法。亓艳萍（1991）认为，"第二 + X"含有打比方的意思。殷志平（2004）指出，"X + 第二"表示具有名词性成分所指称对象一样行为特征的另外一个。吴长安（2006）指出，"第二"在序数基础上产生了"特异性"的词汇化意义，"X + 第二"是指具有 X 的那个显著的为受众所共知的特征的另一个。王明洲（2009）探讨了"X + 第二"的构成、语法功能、性质，认为"X + 第二"的意义是指为一定范围的人所共知的具有 X 显著特征的另一个事物，并指出"X + 第二"的形成机制是词汇化、复合词产生模式、语用上求新求变。陈一（2012）认为"第二个 + X"与"X + 第二"在语义上具有 [+ 高度相似]，在句法上具有定位性、后置性，是较为典型的非自足构式，但两者也存在差异，"第二个 + X"在语义上具有 [+ 相继性]，结构上具有可扩展性，而"X + 第二"在语义上具有 [+ 等次性]，结构上不具有可扩展性。

现有研究无疑极具启发意义，但映射类似关系的"第二 + X""X + 第二"仍有进一步研究的必要。本节在已有研究的基础上，尝试探讨"第二 + X""X + 第二"映射类似关系的条件，揭示两者的差异，并分析它们的语用价值。

6.6.1　映射类似关系的条件

"第二"由表示序列第二位引申为表示类似关系，其语义是如何形成的？实际上，这种用法的"第二"经历了隐喻过程，此过程需要一系列的句法、语义、语用条件，主要包括以下三个方面，一是与"第二"组配的名词性成分 X 的所指对象具有显著特征；二是"第二 + X""X + 第二"的所指对象与 X 的所指对象在某方面类似；三是认知上原型事物为"第一"，类似事物为"第二"。具体如下：

6.6.1.1　条件一：与"第二"组配的名词性成分所指对象具有显著特征

映射类似关系的"第二 + X"中，充当 X 的是名词性成分，包括以下几类：

A. 指人和物的一般名词：地球、心脏、起跑线、家园、青春、春、人生、生命、财政、国防、家长

B. 地名：长城、西藏、长安街、敦煌、常熟、桥头堡

映射类似关系的"第二 + X"中的名词性成分，主要是表示人物和事物的一般名词和表示地点的专有名词，这些名词性成分所指对象都具有某些显著特征，并且多数是独一无二的。例如"地球"是人类的居住地，仅有一个；"心脏"是人体最重要的器官，每个人只有一个心脏；"敦煌"是地名，全世界只有一个。若名词性成分不具有显著特征，则不能进入映射类似关系的"第二 + X"中，如不能说"第二石头、第二椅子"。

映射类似关系的"X + 第二"中，充当 X 的是名词性成分，包括以下几类：

A. 人名：郎平、邓亚萍、李宁、刘翔、孙雯、姚明、王治郅、库娃、贝克汉姆、郭晶晶、巩俐、章子怡、王菲、赵薇、范冰冰、赵本山、徐静蕾、李连杰、施瓦辛格、张曼玉、小沈阳、比尔·盖茨、安德利森、顾雏军、里根、本·拉登、汪精卫、莫雁、金枝、孙悟空、林黛玉、灰太狼、贝尔蒙多、凤姐、芙蓉姐姐、周正龙

B. 地名：北戴河、九寨沟、太湖、楼兰、吕梁、西辛庄、伊拉克、科索沃

C. 单位组织名称：马家军、海王、安然、科龙、中石油、中石

化、联想

  D. 事件名称：美国女记者事件、牙防组事件

  E. 艺术作品名称：《无极》、《色戒》

  映射类似关系的"X＋第二"中的名词性成分，包括人名、地名、单位组织名称、事件名称、艺术作品名称，其中以人名最多，包括体育界、文艺界、商界、政界人物的人名，也包括艺术作品中的人名、新闻人物的人名等。这些都是专有名称，所指对象具有一定的知名度和某些显著特征。例如比尔·盖茨在计算机方面有过人的天赋和浓厚的兴趣，从大学辍学后在 IT 界成绩显著；九寨沟的风景优美，地形地貌独特，瀑布和钙化池多。并且这些专有名词所指对象一般都是独一无二的，如"九寨沟、北戴河"都只有一个。另外，存在同名同姓现象，例如可能有几个人叫"李宁"，但"李宁第二"表示与李宁类似的另一个运动员时，其中的"李宁"只指在体操上取得突出成绩的那个运动员。若名词不具有显著特征和唯一性，则不能进入映射类似关系的"X＋第二"中，也无法表示在某方面与 X 类似的另一个。例如不能说"石头第二""教室第二"，这是因为"石头""教室"都不具有某方面的显著特征，也不具有唯一性。

6.6.1.2　条件二："第二＋X""X＋第二"的所指对象与 X 的所指对象在某方面类似

  请看下例：

  （148）美丽富饶的甘南草原北部镶嵌着一颗璀璨的明珠，她就是素有"第二西藏"和"东方梵蒂冈"美称的夏河县。（《江南时报》2006.03.21）

  （149）现在李导正在将萧正楠打造成"周星驰第二"，"我必须要找另外一把刀，周星驰这把刀太厉害，我又不可能自己打造自己。"（《江南时报》2005.09.26）

  我国的西藏美丽富饶，富有民族风情，例（148）中"第二西藏"是指与西藏一样美丽富饶、富有民族风情的夏河县。周星驰的表演风格是幽默、极尽搞笑之能事，例（149）中"周星驰第二"是指幽默、搞笑水平

与周星驰相似的另一个演员——萧正楠。映射类似关系的"第二西藏""周星驰第二"能成立，原因之一是西藏与夏河县、周星驰与萧正楠在某方面类似。若"第二＋X""X＋第二"的所指对象与X的所指对象不具有类似关系，则无法构成映射类似关系的"第二＋X"或"X＋第二"。比如，当要凸显演员的表演风格热情奔放、浪漫时，表演风格热情奔放、浪漫的演员和表演风格幽默、搞笑的周星驰不具有类似关系，所以不能用"周星驰第二"来指称表演风格热情奔放、浪漫的演员。

6.6.1.3 条件三：认知上原型事物为"第一"，类似事物为"第二"

认知上，常以原型事物为参照点，以此来认识非原型的事物。映射类似关系的"第二＋X""X＋第二"以X为原型事物，以此来认识与之相似的事物。原型事物的典型性强，认知程度高。例如在中国，王菲是个非常有个性、声线优美的歌手，郎平是个敢于拼搏、成绩突出的排球运动员，邓亚萍是位打球有霸气、多次取得世界冠军的乒乓球运动员，马家军是一支在中长跑上有出色表现的队伍，南泥湾是自力更生、艰苦奋斗的杰出代表，九寨沟以风景优美、地形地貌独特而出名。在国外，比尔·盖茨是IT业的传奇人物，库娃是位非常漂亮的俄罗斯运动员，本·拉登是世界上最大的恐怖分子，威尼斯以水上城市闻名世界。以上所列举的人名、地名等都具有显著特征，公众知晓度高，是范畴中的典型成员，一般把最典型的成员默认为"第一"。序列中与"第一"最接近的是"第二"，当我们以具有显著特征的事物为参照，来认识其他类似事物时，就可以用"第二"来标示这种类似关系，语言中可用"第二＋X""X＋第二"来表达，如"第二地球、第二心脏、第二家长、第二生命、第二西藏、第二敦煌、第二长城""王菲第二、郎平第二、邓亚萍第二、马家军第二、南泥湾第二、九寨沟第二、比尔·盖茨第二、库娃第二、本·拉登第二、威尼斯第二"。

另外，有时在特定语境下，除用"X＋第二"表示与X类似的另一个外，还要表示与X类似的第三个时，也可以用"X＋第三"，但此类现象比较少见。请看下例：

(150) 和老谋合作的明星似乎都要经过媒体的一番"烤炼"，董洁一出道，就被人说成是<u>巩俐第三</u>或<u>章子怡第二</u>，谈起章子怡这位师

姐时，董洁却不愿多谈，只称章子怡是一位好演员。（《江南时报》
2001.06.12）

巩俐、章子怡、董洁先后和导演张艺谋合作过，并且她们都迅速走
红。上例中，"章子怡第二"是指与章子怡类似的另一个演员，"巩俐第
三"是指与巩俐类似的第三个演员，它们的所指相同，都是指董洁。但
"巩俐第三"还暗含了存在"巩俐第二"，即有两个人与巩俐类似，"巩俐
第二"是指与巩俐类似的另一个演员——章子怡；"巩俐第三"是指与巩
俐类似的第三个演员——董洁。

6.6.2　"第二＋X""X＋第二"的差异

映射类似关系的"第二＋X"与"X＋第二"都不是指X，而是指在
某方面与X类似的另一个。实际上，两者还存在诸多差异：

第一，所组配的名词性成分不同。"第二＋X"中的名词性成分主要是
表示人物和事物的一般名词、表示地点的专有名词。"X＋第二"中的名词性
成分主要是表示人物、地点、单位组织、事件、艺术作品的专有名词。可以
说，除表示地点的专有名词都可以在两种表达式中出现，其他名词性成分是
互补分布的，表示人物和事物的一般名词主要出现在"第二＋X"中，表示
人物、单位组织、事件、艺术作品的专有名词主要出现在"X＋第二"中。

第二，语序不同，信息安排不同。就"第二＋X"而言，采取了"第
二"在前、X在后的形式，表达式中"第二"是旧信息，X是新信息，
"第二"标示了X的特异性。就"X＋第二"而言，采取了X在前、"第
二"在后的形式，表达式中X是旧信息，它不用于指称，而是凸显出内涵
意义，修饰后边的新信息"第二"。

第三，描写性与转指性的差异。"第二＋X"是个偏正表达式，其中的
"第二"是修饰语，X是中心语，该表达式的转指性很强，对语境有很强
的依赖性，所以我们必须依靠一定的语境才能知道它的具体所指，如"第
二长城、第二西藏、第二家长"具体指什么，必须依据具体语境。"X＋第
二"也是个偏正表达式，其中的X是修饰语，"第二"是中心语，该表达
式的描写性很强，对语境的依赖性不是很强，所以我们可以从字面上知道
它的实质意义，如"王军霞第二"是指速度、耐力与王军霞类似的另一个
运动员。

6.6.3 语用价值

现代汉语中并不缺乏描写类似关系的表达形式，映射类似关系的"第二 + X""X + 第二"为什么还会出现？主要是因为它具有以下语用价值：

第一，丰富了类似关系的表达形式。汉语中表示类似关系的常见形式有以下几种：

一种是定语和中心语错位搭配的定中短语。例如"水上刘翔"是指与刘翔类似的另一个游泳运动员，这个短语中的中心语"刘翔"是指曾获世界冠军的那个田径运动员，用"水上"来修饰中心语"刘翔"，构成了语义上的错位搭配，这种错位搭配让人们偏离常规去理解它。又如"中国的硅谷"是指北京的中关村，这个短语中的中心语"硅谷"是指世界闻名的美国高科技区，用"中国"修饰中心语"硅谷"，构成语义上的错位搭配，这种错位搭配使短语不能被理解为对硅谷的描写，所以必须偏离常规去理解它。

另一种是"小 + X"。例如把易建联称为"小姚明"，是因为易建联在身高、事业发展势头上与姚明相似。又如把太湖称为"小九寨沟"，是因为它们具有共同特点，即湖水清澈见底，绚丽多彩。

还有一种是"又一个 + X""下一个 + X"。例如把演员余男称为"又一个巩俐"，是因为她们具有共同特点，即在电影行业成就突出，而且都进入了国际影视圈。又如把朱克伯格称为"下一个比尔·盖茨"，是因为他们具有共同特点，即非常年轻时就在 IT 业有突出成就。

映射类似关系的"第二西藏""姚明第二"类的表达式的出现，可以丰富类似关系的表达形式。

第二，"第二"使抽象、模糊的类似关系具体化、精确化。同"水上刘翔""小九寨沟""又一个巩俐""下一个比尔·盖茨"相比，"第二"在具体性和精确性上的优势十分明显，它可以用精确的数目使抽象、模糊的类似关系具体可感。

小 结

I. "第 + 数/数字串"的使用频率比较高，可以和量词、名词性成分、动词性成分、形容词性成分组合构成"第 + 数/数字串 + X"。

Ⅱ．序数语法表达式的连用包括紧接性连用式、临接性连用式和间隔性连用式，连用项之间存在并列、偏正、主谓等语法关系。

Ⅲ．"第"的隐现包括三类情况，即必现、必隐和可隐可现。"第"字序数语法表达式中，制约"第"隐现的因素有两大类，一类是强制性影响因素，包括"第"的语义功能及句法作用、序数参照的类别及变化；另一类是倾向性影响因素，包括表数成分的类别及数目大小的影响、X类别的影响、序数域的诱导、非序数性句法成分的干扰、语用动机的驱使等。其中，强制性影响因素是对"第"的隐匿范围的限定和对可能隐匿"第"的七类序数语法表达式的考察，倾向性影响因素不仅是对可能隐匿"第"的七类序数语法表达式的考察，也是对被强制性影响因素所排除的情况的进一步考察，揭示突破句法语义强制作用的条件和原因。

Ⅳ．"（第）＋数/数字串＋量＋名"里量词的隐匿有三种情况：量词隐匿，句法不合格；量词隐匿，句法合格，基本语义变化；量词隐匿，句法合格，基本语义不变，但存在细微差别。制约量词隐现的因素有量词的类别和语义功能、名词性成分的离散性与非离散性、名词性成分的光杆与非光杆形式、数词词语的差异、认知倾向、序数参照的类别及变化、命名性差异等。量词的隐匿说明一点，形式与语义的匹配并不完全是一一对应的。在语义自足的前提下，可以突破数名组合必须带量词的句法强制作用，即句法上起强制作用，但语义上不起强制作用、只起显量作用的个体量词可以隐匿。

Ⅴ．"第一＋X"映射高程度性质/情态需要满足四个条件，一是X为程度属性需要其他成分体现的谓词性成分；二是序数参照只能是地位参照或混合参照"地位＋命名编号"；三是序列首位与程度最高存在稳定的对应关系；四是偏离"序列首位"义去理解。高频使用表示范围大的修饰成分和高程度同现是强化程度高的主要手段。具有单个体涵量性、具体化和精确化、转指能力强是其语用价值。

Ⅵ．"第二＋X""X＋第二"映射类似关系需要满足三个条件，一是与"第二"组配的名词性成分所指对象具有显著特征；二是"第二＋X""X＋第二"的所指对象与X的所指对象在某方面类似；三是认知上原型事物为"第一"，类似事物为"第二"。两者在所组配的名词性成分、信息安排、描写性与转指性方面存在差异。丰富类似关系的表达形式，使抽象、模糊的类似关系具体化和精确化是其语用价值。

第七章　汉语序数语法表达式的跨方言、跨语言比较

　　比较是人类认识世界、研究事物的一种基本方法，也是语法研究的一把利器。语法现象的阐述总是涉及比较分析，例如汉语中动词"吃"与"喝"的比较，关联词"但"与"却"的比较，形容词"满"与"全"的比较；又如汉语、英语、日语中关联词语序的比较，汉语与亲属语言量词的比较，汉语与藏缅语选择疑问句的比较，等等。语法研究的视野不同，相应地比较范围也不同。既可以是某种语言内部多个语法要素或语法现象的比较，例如前面章节对汉语"第一座桥、第一桥、一桥"类的序数表达式的比较就是如此；也可以是同一语言的古今语法比较或者各种方言之间的共时语法比较；还可以是不同语言的语法比较。在语法研究蓬勃发展的今日，研究视野不断扩大，语法比较研究越来越受到重视。毋庸置疑，许多学者都认识到对不同方言、不同语言进行语法比较的重要性。就如戴庆厦（2006：5）所言，"当代语法学的创新和发展，是与语法学家对语法事实的视野扩大分不开的，其中从单一语言的语法分析到不同语言的语法比较，成为深入研究语法的必由之路"。不同方言、不同语言之间的语法比较，旨在深化单一语言的语法分析，并追求语言的共性和个性，归纳语法的类型学特征。

　　就本书的研究而言，从第二章到第六章基本上是对汉语普通话的序数表达进行共时分析，接下来我们把研究视角投向汉语方言和中国少数民族语言。之所以如此，是因为：其一，要深化和拓展汉语普通话序数表达的认识，就必须与汉语方言、非汉语类语言进行比较；其二，很多语言、方言中都有序数表达式（参见 Stolz、Veselinova 2005），并且中国少数民族语言资源丰富，序数表达手段具有多样性；其三，汉语方言和中国少数民族语言研究取得了前所未有的成果，有一批优秀的研究文献，这为我们进行跨方言、跨语言的语法比较提供了丰富的资料。

　　本章重点考察汉语方言和中国少数民族语言的序数语法表达式，并简单比较汉语普通话与它们的异同，进而归纳汉语与中国少数民族语言序数语法表达式的共性特征。汉语普通话的序数表达式包括语法表达式、词汇表达式和缩略表达式，理想的比较研究模式是对汉语普通话、汉语方言、少数民族语言的所有序数表达式进行比较。但是一方面，汉语普通话的序数表达中，语法表达式占主导地位，而且汉语的这一特点与其他语言呈现出很强的一致性；另一方面，本书调查的汉语方言点非常有限，并且能全面地、详细地反映汉语方言、中国少数民族语言中序数词汇表达式、缩略表达式的研究成果比较少，我们很难对这些表达式进行跨方言、跨语言的比较。基于现有研究条件，也为了更集中地讨论问题，我们仅对序数语法表达式进行比较研究。

7.1　汉语方言的序数语法表达式

　　本节着重两个方面的考察：
　　一是广泛查阅现有研究成果，全面考察汉语方言中序数语法表达式的情况。
　　二是对官话、晋语、徽语、吴语、赣语、湘语、客家话、粤语、闽语等九大汉语方言区①的序数语法表达式进行调查，以田野调查为主，问卷调查为辅。所调查的方言点如下：
　　A. 官话：吉林榆树、辽宁绥中、宁夏固原、山东无棣、河南郏县、河南南召、安徽淮北、湖北武昌、湖北阳新、湖南慈利、湖南怀化、四川成都；
　　B. 晋语：山西太原、山西大同；
　　C. 徽语：安徽绩溪、安徽歙县；
　　D. 吴语：上海、浙江上虞；
　　E. 赣语：江西南昌、江西万安、湖南浏阳；
　　F. 湘语：湖南长沙、湖南益阳、湖南衡阳；
　　G. 客家话：福建连城、广东梅县；
　　H. 粤语：广东广州、广东台山；

---

　　①　方言分区参见候精一（2002：1）《现代汉语方言概论》，上海教育出版社。

Ⅰ. 闽语：福建福州、福建厦门。

下文引用研究文献中的例句将随文注明出处，而本书调查得到的例句一律不注明出处。

汉语方言中表达序数的语法手段有专门性标记手段、语序手段、重叠手段和句法语义的限定手段。前三种手段是显性的，可以统称为强标记手段；最后一种手段，即句法语义的限定手段是隐性的，可以称为弱标记手段。相应地，序数语法表达式包括两大类共四小类，即强标记式和弱标记式两大类，其中强标记式包括专门性标记式、语序式、重叠式。

7.1.1　专门性标记式

专门性标记式是指在表数成分上添加有序数标示作用的成分来表达序数的语法表达式。汉语方言中常见的专门性标记式有"第 + 数""初 + 数""老 + 数"等，它们普遍分布在各大方言区中，而且与汉语普通话的用法基本一致，所以这里不再赘述，下文主要介绍与普通话不同的专门性标记式"阿 + 数"。

汉语方言中，"阿"可以用在数词前面表示排行，但是一般只限于"二"到"十"，并且表示排行第一时一般不用"阿一"，而是用"阿大"，表示排行最末时可以用"阿小"。"阿"的这种用法在吴语中很普遍，粤语、闽语的有些方言点也有此用法。例如：

> 上　　海：阿三、阿四（许宝华、宫田一郎 1999：2983）
> 浙江舟山：阿二、阿三、阿四（方松熹 1993：17）
> 江苏苏州：阿二、阿三、阿九（李小凡 1998：21）
> 广东东莞：阿三（詹伯慧、陈晓锦 1997：17）
> 广西容县：阿二、阿六、阿十（周祖瑶 1987）
> 福建厦门：阿二（许宝华、宫田一郎 1999：2983）

7.1.2　语序式

语序式是指利用与基数表达式不同的语序来表达序数的语法表达式。汉语方言的基数表达式中，数词词语的常见位置是在量词、名词等前面，与之相反的语序就是数词词语位于量词、名词等后面。后一种语序可以作为区分基数的手段，以此来构成序数表达式。汉语方言的序数表达中，常见的语序式是"姓＋数"，这是用姓氏加排行次序构成的人名，可以间接表示序数。例如湖南慈利话、怀化话中"李三"是指姓李、排行第三的人，辽宁绥中话中"赵四"是指姓赵、排行第四的人。整体而言，汉语方言中语序式不是很普遍，即使有，也多受普通话的影响。

7.1.3　重叠式

重叠式是指通过重复词或语素来表达序数的语法表达式。汉语普通话不能通过重叠来表示序数，然而有些方言点可以通过 AA 式重叠表示兄弟姐妹的排行。可重叠的成分一般是十以内的数词，但"一"一般不能重叠，至于"二"到"十"中哪些数词可以重叠，要视具体方言点而言。另外，有些方言中表示排行第一的"大""老"，表示排行最末的"猴"等单音节词或语素，也可以重叠，重叠后还是分别表示排行第一和排行最末。这种利用重叠表示排行的现象主要出现在官话和晋语中，也有少数出现在湘语和闽语的方言点中。例如：

内蒙古呼和浩特：五五（老五）、六六（老六）、七七（老七）、八八（老八）（许宝华、宫田一郎 1999：108、118、896）

　　　　　　　　三三（老三）哪儿去了？｜快把四四（老四）叫回来！（黄伯荣 1996：127，乔全生 2000：65）

山西平遥：大大（老大）、二二、猴猴（排行最小的）（侯精一 1995：126）

山西万荣：三三还没放学啦？｜我在路上碰着五五啦。｜六六爸进城去啦。（乔全生 2000：65）

甘肃民勤：三三、四四（吴开华、赵登明 2006：268）

贵州大方：三三（许宝华、宫田一郎 1999：159）

湖南吉首：四四、九九（李启群 1994）

湖南溆浦：三三砍柴去了。｜四四蛮肯讲话咯。｜六六犯了法，坐牢去了。｜七七咯耶老儿作菜蛮作是好咯。（卢小群 2007：109～110）

三三、六六、三三婆（贺凯林 1999：102）

湖南长沙：<u>三三</u>，快回来吃饭！│<u>六六</u>你何是冇去读书啰？（卢小群 2007：110）

福建福州：大大、三三、六六（黄伯荣 1996：119）

上述方言点中，利用数词重叠表示排行时，可重叠的数词并不一致，例如内蒙古呼和浩特话限于"三"到"八"，山西万荣话限于"二"到"九"，湖南溆浦话限于"三"到"十"，湖南长沙话限于"三"和"六"。

7.1.4　弱标记式

弱标记式是指利用句法、语义的限定来表达序数的语法表达式。例如"三闺女""五一二房间""三等（奖）"都是弱标记式。虽然这类语法表达式没有利用专门性标记、重叠、语序等显性语法手段来表达序数，但实际上存在句法、语义的限定，例如数名结构中不使用量词、数词词语对名词和量词的选择限制、数目的读法和大小等因素都可以当作区分基数、凸显序数的句法、语义限定因素，前面章节对这些因素做过详细讨论，这里不再赘述。考虑到上述凸显序数的因素大多都是隐性语法形式或者是隐性手段，我们把这些因素称为弱标记手段，相应地，由这种手段构成的语法表达式称为弱标记式。汉语方言中弱标记式包括四大类，即"数＋X""数＋的＋（量/名）""数＋一＋量/名""数＋的＋一＋量/名"。

7.1.4.1　数＋X

"数＋X"中，X可以是量词、名词性成分，有时也可以是动词性成分。这类弱标记在汉语方言中很普遍，下文仅列举部分方言点的用例：

辽宁绥中：一食堂、二楼、二兄弟（二弟）、三妹子（三妹）、四闺女

山东无棣：一楼、二哥哥、三大闺女（三女儿）、九月

安徽淮北：二子（老二）、三妮子（三女儿）、三丫头（三女儿）、三大爷（三伯）

湖北武昌：一医院、二楼、三拐子（三哥）、四姑娘

湖南慈利：二队（第二生产队）、二么［iau］（二叔）、三□［iA⁵³］
　　　　　（三姑）、四丫头（四女儿）

湖南益阳：二伢唧（二儿子）、三崽（三儿子）、二老弟（二弟）、四
　　　　　舅唧（四舅）

江西万安：二月、三姨娘（三姨）、四崽（四儿子）、四母舅（四舅）

7.1.4.2　数 + 的 + （量/名）

有些汉语方言中，"的"可以用于数词后面构成"数 + 的"，或者插入
数量结构中构成"数 + 的 + 量/名"，这两种序数表达式分别相当于普通话
的"老 + 数"和"第 + 数 + （量/名）"，例如甘肃文县话中"三的"是指
老三，"四的杯"是指第四杯。若没有"的"，则不一定能表示序数，例如
四川成都话中，"三组"既可能表示序数，也可能表示基数，但"三的组"
只能表示第三组。"数 + 的 + 量/名"中的数词词语，有的方言只限于
"十"以内，有的方言没有限制。这种弱标记式主要出现在官话和晋语中，
例如：

山西平遥：二的（老二）（侯精一 1995：126）

陕西扶风：二的（老二）、三的（老三）（毋效智 2005：152）

江苏南京：三的（老三）（许宝华、宫田一郎 1999：160）

甘肃舟曲：生了三胎，头一开（个）是儿子，二的开（个）（第二
　　　　　个）是姑娘，三的开（第三个）又是儿子。（莫超 2004：
　　　　　74）

甘肃文县：伢（人家）弟兄几个干得好，大的当县长，二的（老二）
　　　　　在部队当团长，三的（老三）在大学当老师。| 先的回借
　　　　　了五十元、二的回（第二回）借了八十元，三的回（第三
　　　　　回）借了二十元，总共一百五元了。（莫超 2004：74）

湖南汨罗：二的个（第二个）（谭四华 2006：27）

四川成都：二的杯（第二杯）、三的组（第三组）、三的连（第三个
　　　　　连）、十的本（第十本）（张一舟 2000）

四川彭州：二的个（第二个）、三的个（第三个）（杨绍林 2005：202）

贵州遵义：二的个、二的碗、三的趟、三的年、四的天、四的瓶（胡

光斌 2002、2010)

一的个、二的个、十的个、十一的个、一的次、二的次、
十的次（杨军 1992）

贵州毕节：二的个、三的个、二的回、三的回、二的杯（明生荣
2007：281、317）

上述弱标记式"数 + 的 + （量/名）"只能表示在序列中的次序，不能用于编号命名。例如贵州遵义话中"四月"用于给月份编号命名；"四的月"只能表示第四个月，不能用于给月份编号命名。又如四川成都话中"三连"用于给连队编号命名；"三的连""三的一连"都表示第三个连队，不能用于编号命名。

有些汉语方言中，既有"第 + 数"，又有"数 + 的 + （量/名）"，而且还有"第 + 数 + 的 + 量/名"，这三种表达式所表示的语义大致相近，但"第 + 数"可以用于编号命名，"数 + 的 + （量/名）"和"第 + 数 + 的 + 量/名"不能用于编号命名，并且"第 + 数 + 的 + 量/名"还有强调序数的意味。这种现象主要出现在官话中，例如：

四川成都：第三杯 ≈ 三的杯 ≈ 第三的杯（张一舟 2000）
贵州遵义：第四瓶 ≈ 四的瓶 ≈ 第四的瓶
第五趟 ≈ 五的趟 ≈ 第五的趟
第三个 ≈ 三的个 ≈ 第三的个
第十二天 ≈ 十二的天 ≈ 第十二的天（杨军 1992，胡光斌
2002、2010）

7.1.4.3 数 + 一 + 量/名

"数 + 一 + 量/名"有特指"第几的那一个（杯、碗、月……）"的意思，带有强调意味。表达式中第一个数词词语充当"一 + 量/名"的定语；在语义上中心语"一 + 量/名"的数目是"一"，它意味着单个个体。因此，作为中心语的"一 + 量/名"会限制前面数词词语的语义，使它不能表示数目的多少，只能表示某个特定个体在序列中的次序和位置。例如"三一个"就是"第三的那一个"或"第三个那一个"，"四一杯"就是

"第四的那一杯"或"第四杯那一杯"。

　　"数＋一＋量/名"中，数词"一"是固定因子，不能随意更换。进入该表达式的量词可以是名量词，也可以是动量词。表达式的第一个数词词语不能是"一"（有些方言点用"头"代替），并且有些方言点只限于"十"以内，而有些方言点可以是"十"以上的，但一般不能是"十"或末尾为"十"的数词词语，因为这两类数词词语进入"数＋一＋量/名"后会产生歧义，例如"十一杯"可以理解为"第十那一杯"，也可以理解为"共十一杯"，又如"三十一张"可以理解为"第三十那一张"，也可以理解为"共三十一张"。但是有些方言点中，表达式的第一个数词词语也可以是"十"或末尾为"十"，这些方言点主要通过轻重音和时长来区别序数和基数，例如四川成都话"十一盘"表示"第十那一盘"时，"十"重读，时长加长，"一"轻读；表示"共十一盘"时，"十"不重读，"一"重读。这种弱标记式主要分布在官话区，也有一些出现在湘语、赣语、闽语的方言点中，例如：

北　　　京：二一个、三一个、二一号（周一民 1998：136～137）

辽宁绥中：二一个、二一杯

河北定兴：二一个（陈淑静、许建中 1997：228）

河北昌黎：二一个（河北省昌黎县县志编纂委员会、中国社会科学院
　　　　　　语言研究所 1984：273）

河南郏县：二一层、三一层、二一杯、三一杯

山东莱州：二一个、三一个、四一个、五一个、六一个（钱曾怡等
　　　　　　2005：242～243）

陕西户县：二一个、三一个（孙立新 2001：442～443）

甘肃舟曲：头一名是我，<u>二一</u>名是王东，<u>三一</u>名是李进。
　　　　　　头一杯你喝，<u>二一</u>杯我喝，<u>三一</u>杯他喝。（莫超 2004：74）

甘肃文县："大"字共三画：头一画是横，<u>二一</u>画是撇，<u>三一</u>画是捺。
　　　　　　（莫超 2004：74）

湖南常德：二一个、三一个、四一个、五一个

湖南汨罗：二一个（谭四华 2006：27）

湖南衡阳：二一个、三一个、四一个

湖南浏阳：二一个、三一个

湖南耒阳：二一个（王箕裘、钟隆林 2008：321）

四川成都：二一杯、二一个、三一组、三一站、三一脚（张一舟 2000）

二一次（许宝华、宫田一郎 1999：84）

四川彭州：二一件（杨绍林 2005：202）

贵州毕节：二一个、三一个、二一回、三一回、二一名（明生荣 2007：281、317）

广东潮州：二一个（黄伯荣 1996：119）

有些方言点既可以用"第+数"表示序数，也可以用弱标记式"数+一+量/名"表示序数，有时还可以在"数+一+量/名"前面加"第"构成"第+数+一+量/名"。例如：

河北昌黎：第二个≈二一个≈第二一个（河北省昌黎县县志编纂委员会、中国社会科学院语言研究所 1984：273）

河南郏县：第二层≈二一层≈第二一层

第三层≈三一层≈第三一层

第四层≈四一层≈第四一层

湖南常德：第二个≈二一个≈第二一个

第三个≈三一个≈第三一个

第四个≈四一个≈第四一个

湖南衡阳：第二个≈二一个≈第二一个

第三个≈三一个≈第三一个

四川成都：第三杯≈三一杯≈第三一杯（张一舟 2000）

7.1.4.4 数+的+一+量/名

"数+的+一+量/名"和"数+一+量/名"都有特指"第几的那一个（杯、碗、月……）"的意思，带有强调意味。例如：

湖南汨罗：二的一个（第二个）（谭四华 2006：27）

四川成都：二的一月（第二个月）、三的一杯（第三杯）、三的一连

（第三个连）、五的一个（第五个）（张一舟 2000）

四川彭州：二的一盘（第二盘）、三的一盘（第三盘）、三的一个
（第三个）（杨绍林 2005：202）

贵州毕节：二的一杯（第二杯）、三的一杯（第三杯）（明生荣 2007：
317）

7.1.5 汉语方言与普通话序数语法表达式的简单比较

将汉语方言与普通话的序数语法表达式进行比较，可以发现它们之间存在一种辩证关系，即同中有异，异中有同。

第一，汉语方言和普通话中都有专门性标记式、语序式、弱标记式，但汉语方言中还有重叠式，普通话中则没有重叠式。

第二，普通话的很多专门性标记式在汉语方言中有所体现，例如"第＋数""老＋数""初＋数""数＋来"，但是汉语方言中有些专门性标记式，普通话里一般不使用，例如分布在吴语、粤语、闽语中表示排行的"阿＋数"。

第三，普通话中可以利用语序手段来表示序数，但这在汉语方言中不是很普遍，后者的语序式主要出现在人名中，即用姓氏加排行构成的"姓＋数"，它可以间接表示序数。其他情况下即使存在语序式，也多受普通话的影响。

第四，普通话的很多弱标记式在汉语方言中有所体现，如"三月、四闰女、四一二房间、五点钟"，但是也有一些在汉语方言中很少使用，例如"甲等、乙等、A 级、B 级"。反过来，汉语方言中有些弱标记式，普通话里一般不使用，例如"三的个、四的名、三一杯、四一张、四的一杯、五的一瓶"。

第五，普通话中用序数语法表达式表示第二时，主要用数词"二"，而"两"主要用于表达基数，汉语方言中也存在此类现象，而且有些方言点中"一"也有两种形式，一个主要用于表达序数，另一个主要用于表达基数。请看下例：

A. 福建厦门（周长楫 1982）

基数：tsit^4 蜇、so^{74} 蜀 ～条鱼（一条鱼）

序数：it^{32}一　第~名（第一名）

B. 福建漳州（张嘉星 2002）

　　基数：tsit^{121}禃　~团（一个团）、~班（一个班）

　　　　　lnɔ^{33}两　~团（两个团）、~班（两个班）

　　序数：it^{32}一　~团（第一团）、~班（第一班）

　　　　　dzi^{33}二　~团（第二团）、~班（第二班）

C. 福建潮州（黄伯荣 1996：119）

　　基数：tsek^{22}一（用于表示基数）

　　　　　no^{31}两（用于表示基数）

　　序数：ik^{55}一　第~（第一）

　　　　　dzi^{31}、dzi^{55}二　第~（第二）

D. 海南黄流（邢福义 1995）

　　基数：iat^{43}一　~个（一个）、~班（一个班）

　　　　　no^{53}两　~叔（两个叔叔）、~班（两个班）

　　序数：it^{55}一　第~个（第一个）、~班（第一班）

　　　　　ji^{33}二　~叔（排行第二的叔叔）、~班（第二班）

E. 海南屯昌（钱奠香 2002：42）

　　基数：ziak^{3}蜀　~条路（一条路）

　　　　　no^{33}两　蜀加蜀等~（一加一等于二）

　　序数：it^{55}一　第~（第一）

　　　　　zi^{213}二　第~次（第二次）

F. 广东澄海（林伦伦、陈凡凡 2004）

　　基数：tsek^{5}蜀　~月（一个月）

　　　　　no^{35}两　~个（两个）

　　序数：ik^{2}一　~月（一月份）

　　　　　zi^{35}二　~个（第二个）

G. 湖南嘉禾（谢伯端 1987）

　　基数：a^{33}一　~回（一回）、~排（一排）

　　　　　liom^{33}两　~人（两个人）、~斤（两斤）

　　序数：iə^{33}一　第~（第一）、初~（初一）

　　　　　a^{54}二　第~（第二）、初~（初二）

不管是普通话中还是汉语方言中，上述专门或者主要用于表达序数的数词一般无法单独表达序数，它们必须通过语法手段与其他成分组合后才能表达序数，所以由它们和某些成分构成的序数表达式仍然是语法表达式。

7.2　中国少数民族语言的序数语法表达式

诚如戴庆厦（2006）所言，"认识一种语言的特点（包括共时特点和历时特点），如果只把视角局限在单个语言上，显然是不够的。如果能把视角扩大一些，看看其他语言特别是亲属语言的特点，或者进一步做些语言间的比较，就会感到天外有天，也就能发掘出单个语言研究所看不到的特点和规律。"汉语与亲属语言存在密切的关系，汉语研究可以通过与亲属语言的比较得到启示，看到单一语言研究所看不到的特点和规律。汉语与非亲属语言不存在亲缘关系，但是也具有一些语言共性，汉语研究可以通过与非亲属语言的比较得到启示。序数是一个重要的数量次范畴，在有序数范畴的少数民族语言中，存在哪些序数语法表达式，这些序数语法表达式与汉语普通话有什么不同，这是本节要回答的主要问题。以下是几点说明：

（一）我们考察了中国的113种少数民族语言，它们分属汉藏、阿尔泰、南岛、南亚、印欧等语系，有少数是混合语，这些语言具体如下：

A. 汉藏语系：藏语、门巴语、白马语、仓洛语、彝语、傈僳语、拉祜语、哈尼语、基诺语、纳西语、堂郎语、末昂语、桑孔语、毕苏语、卡卓语、柔若语、怒苏语、土家语、白语、景颇语、独龙语、格曼语、达让语、阿侬语、义都语、崩尼—博嘎尔语、苏龙语、阿昌语、载瓦语、浪速语、波拉语、勒期语、羌语、普米语、嘉戎语、木雅语、尔龚语、尔苏语、纳木依语、史兴语、扎坝语、贵琼语、拉坞戎语、壮语、布依语、傣语、临高语、标话、侗语、水语、仫佬语、毛南语、莫语、佯僙语、拉珈语、茶洞语、黎语、村语、仡佬语、布央语、普标语、拉基语、布干语、木佬语、蔡家语、苗语、布努语、巴哼语、炯奈语、勉语、优诺语、畲语；

B. 阿尔泰语系：维吾尔语、哈萨克语、柯尔克孜语、乌孜别克语、塔塔尔语、撒拉语、东部裕固语、西部裕固语、图瓦语、蒙古语、土族语、达斡尔语、东乡语、康家语、满语、锡伯语、鄂温克语、鄂伦春语、赫哲语、朝鲜语；

C. 南岛语系：阿美语、排湾语、布农语、泰耶尔语、巴则海语、邹语、赛德克语、卑南语、雅美语、回辉语；

D. 南亚语系：佤语、德昂语、布朗语、克木语、克蔑语、京语、莽语、布兴语、俫语；

E. 印欧语系：塔吉克语；

F. 混合语：扎话。

（二）本节的语料均来自现有研究文献，引用时基本依照原文，并随文注明出处，但是在例句的声调标示上，有些文献使用调值标调法，有些文献使用五度标调法，本书统一为调值标调。另外，会根据需要增加汉语翻译。

（三）序数语法表达式是指表数成分（数词词语、数字串、天干地支、外文字母）与某些语言成分利用语法手段组合构成的具有序数义的语法结构。本节主要讨论包含数词词语的序数语法表达式。

（四）中国少数民族语言中，表达序数的语法手段有专门性标记手段、语序手段、重叠手段、内部屈折手段、复合标记手段和句法语义的限定手段。前五种手段是显性的，可以统称为强标记手段；最后一种手段，即句法语义的限定手段是隐性的，可以称为弱标记手段。相应地，序数语法表达式包括两大类共六小类，即强标记式和弱标记式两大类，其中强标记式包括专门性标记式、语序式、重叠式、内部屈折式、复合标记式。

7.2.1 专门性标记式

专门性标记式是指在表数成分上添加有序数标示作用的成分来表达序数的语法表达式。中国少数民族语言中专门性标记有词和词缀两种形式，相对于数词词语的位置而言，专门性标记有三种类型，即前置标记（专门性标记位于数词词语前面）、后置标记（专门性标记位于数词词语后面）、框架标记（专门性标记位于数词词语的前面和后面）。专门性标记和数词词语组合构成三种专门性标记式，即前置式"专门性标记＋数"、后置式"数＋专门性标记"、框架式"专门性标记＋数＋专门性标记"。请看表7.1：

表 7.1　三种专门性标记式

表达式	语言	数词词语	序数表达式	数词词语	序数表达式
前置式	门巴语	pli⁵³ 四	ʔaŋ⁵⁵ pli⁵³ 第四	le³¹ ŋe⁵³ 五	ʔaŋ⁵⁵ le³¹ ŋe⁵³ 第五
	白语	çi⁴⁴ 四	ti³¹ çi⁴⁴ 第四	ŋ̩ɣ̩³³ 五	ti³¹ ŋ̩ɣ̩³³ 第五
	末昂语	lɛi³³ 四	ʔu³³ lɛi³³ 第四	ŋa³³ 五	ʔu³³ ŋa³³ 第五
	勒期语	mji³³ 四	nan³³ pat⁵⁵ mji³³ 第四	ʊ³³ 五	nan³³ pat⁵⁵ ʊ³³ 第五
	东乡语	ji 一	dʑiji 第一	wu 五	dʑiwu 第五
	朝鲜语	sa 四	tʃesa 第四	o 五	tʃeyo 第五
	阿美语	ʃəpat 四	ʃaka-ʃəpat 第四	lima 五	ʃaka-lima 第五
	赛德克语	sepats 四	muku-sepats 第四	rima 五	muku-rima 第五
	侾语	puːn⁵³ 四	ti¹³ puːn⁵³ 第四	me³¹ 五	ti¹³ me³¹ 第五
	京语	tɯ³³ 四	sɯ³⁵ tɯ³³ 第四	năm³³ 五	sɯ³⁵ năm³³ 第五
后置式	藏语	çi¹² 四	çi¹² pa⁵³ 第四	ŋa⁵³ 五	ŋa⁵⁵ pa⁵³ 第五
	白马语	ʐə³⁴¹ 四	ʐə³⁴¹ na¹³ kɛ⁵³ 第四	ŋa³⁴¹ 五	ŋa³⁴¹ na¹³ kɛ⁵³ 第五
	尔苏语	z̩o³³ 四	z̩o³³ wu⁵⁵ gɛ⁵³ 第四	ŋua³³ 五	ŋua³³ wu⁵⁵ gɛ⁵⁵ 第五
	维吾尔语	tøt 四	tøt-intʃi 第四	bɛʃ 五	bɛʃ-intʃi 第五
	乌孜别克语	tørt 四	tørtɪntʃɪ 第四	beʃ 五	beʃɪntʃɪ 第五
	塔塔尔语	dørt 四	dørtɪntʃi 第四	beʃ 五	beʃɪntʃi 第五
	蒙古语	dorəb 四	dorəb dʊgaar 第四	tab 五	tab dʊgaar 第五
	土族语	deeran 四	deeran-dar 第四	taavun 五	taavun-dar 第五
	锡伯语	dujin 四	duitçi 第四	sundz̩a 五	sundz̩atçi 第五
	鄂温克语	dijin 四	diji-ʃi 第四	tʊŋŋa 五	tʊŋŋa-ʃi 第五
框架式	排湾语	səpatç 四	siʔamasan-səpatç-l 第四	ḷima 五	siʔamasan-ḷima-l 第五
	泰耶尔语	pajat 四	minə-pajat-ul 第四	magal 五	minə-magal-ul 第五

　　表 7.1 中，门巴语、白语、末昂语、勒期语、东乡语、朝鲜语、阿美语、赛德克语、侾语、京语通过在数词词语前面添加前置标记构成专门性标记式，主要表示一般序数。其中白语和东乡语的专门性标记 ti³¹ 和 dʑi 借自汉语，勒期语的专门性标记 nan³³ pat⁵⁵ 源于英语、从景颇语转借而来。

　　藏语、白马语、尔苏语、维吾尔语、乌孜别克语、塔塔尔语、蒙古语、土族语、锡伯语、鄂温克语通过在数词词语后面添加后置标记构成专门性标记式，主要表示一般序数。

排湾语表示序数时在数词词语上同时添加了前缀 si^ʔamasan– 和后缀 – l，泰耶尔语表示序数时在数词词语上同时添加了前缀 minə– 和后缀 – ul。

利用专门性标记表示序数的语言比较多，语言之间专门性标记的借用现象也比较普遍，例如有些少数民族语言借用汉语的"第"来表示序数，如拉祜语、纳西语、堂郎语、末昂语、怒苏语、土家语、白语、阿侬语、羌语、普米语、贵琼语、临高语、黎语、村语、东乡语、康家语、回辉语、布兴语等；有些少数民族语言借用英语的 number 来表示序数，如景颇语、载瓦语、波拉语、勒期语、傣语；还有些少数民族语言借用藏语的 pa 来表示序数，如仓洛语、格曼语、崩尼—博嘎尔语、苏龙语、木雅语、扎坝语。

7.2.2 语序式

语序式是指利用与基数表达式不同的语序来表达序数的语法表达式。为了更清晰地观察利用语序手段构成的序数语法表达式，我们将与语序式对应的基数表达式也列出来，请看表 7.2：

表 7.2　语序式一览

语言	基数表达式——序数表达式		基数表达式——序数表达式	
侗语	sa:m¹ tu² 三只 三　只	tu² sa:m¹ 第三只 只　三	si⁵ muŋ⁴ 四位 四　位	muŋ⁴ si⁵ 第四位 位　四
苗语	ob　hlat 两个月 二　月	hlat　ob 二月 月　二	yaf liul 八张 八　张	liul yaf 第八张 张　八
布努语	cɣu⁸ çoŋ² 十桌 十　桌	çoŋ² cɣu⁸ 第十桌 桌　十	cɣu⁸ tuŋ⁴ 十只 十　只	tuŋ⁴ cɣu⁸ 第十只 只　十
巴哼语	pi³⁵ ņe³⁵ 四天 四　天	ņe³⁵ pi³⁵ 初四 天　四	pja³⁵ ņe³⁵ 五天 五　天	ņe³⁵ pja³⁵ 初五 天　五
炯奈语	u⁴⁴ laŋ⁴⁴ 两个 二　个	laŋ⁴⁴ u⁴⁴ 老二 个　二	pa⁴⁴ laŋ⁴⁴ 三个 三　个	laŋ⁴⁴ pa⁴⁴ 老三 个　三
佤语	ti^ʔ　bɔk 一次 一　次	bɔk　ti^ʔ 第一次 次　一	loi·khiʔ 三个月 三　月	khiʔ loi 第三月 月　三

续表

语言	基数表达式——序数表达式		基数表达式——序数表达式	
德昂语	ʔoi ʔei 三个 三 个	ʔei ʔoi 第三个 个 三	ndɔ ʔei 六个 六 个	ʔei ndɔ 第六个 个 六
克木语	sɔŋ ʔnɯan 两个月 二 月	ʔnɯan sɔŋ 二月 月 二	ha ʔnɯan 五个月 五 月	ʔnɯan ha 五月 月 五
京语	ŋi² thoi² 两桌 二 桌	thoi² ŋi² 第二桌 桌 二	tɯ¹ doi⁶ 四队 四 队	doi⁶ tɯ¹ 第四队 队 四
傣语	paːi⁵⁵ tui¹³ 三队 三 队	tui¹³ paːi⁵⁵ 第三队 队 三	pai⁵⁵ poːŋ⁵⁵ 七位 七 位	poːŋ⁵⁵ pai⁵⁵ 第七位 位 七

需要指出的是，有些语言既可以利用语序手段来表示序数，也可以利用专门性标记手段来表示序数，并且专门性标记与量词、名词组合时在语序上也与基数表达式不同，但这时与基数表达式不同的语序实际上不起或者很少起区分基数的作用，因为数词词语只要带上专门性标记就构成了序数表达式，也就可以明确地表示序数了。例如：

（1）佯僙语（薄文泽 1997：70、110）
①to² rim¹ 一个 ②rim¹ thaːm¹ 第三个 ③rim¹ ta⁶ ət⁷ 第一颗
　一 个 　　　　个 三 　　　　　个 第 一
（2）壮语（韦庆稳、覃国生 1980：44）
①soːŋ¹ an¹ 两个 ②pou⁴ ɕip⁸ ha³ 第十五个
　两 个 　　　　　个 十 五
③pou⁴ taːi⁶ ɕip⁸ peːt⁷ 第十八个
　个 第 十 八

例（1）、例（2）中，①是基数表达式，它们的语序是数词在前，量词在后。②是序数表达式，它们的语序是数词在后，量词在前，这是利用与基数表达式不同的语序手段来表示序数。③是数词词语带专门性标记构成了专门性标记式，这些专门性标记式与量词组合时，量词在前，专门性标记式在后，虽然这种语序与基数表达式的语序不同，但③主要是靠专门性标记来表示序数，语序不起或者很少起区分基数的作用，所以我们不把

③看作是由专门性标记手段和语序手段共同构成的序数表达式，而是仅看作由专门性标记手段构成的序数表达式。

7.2.3 重叠式

重叠式是指通过重复词或语素来表达序数的语法表达式。在我们的考察范围内，单纯用重叠手段来表示序数的语言仅见堂郎语，它用数词加量词的重叠形式构成序数语法表达式"数 + 量 + 量"，例如"$kv^{33} \text{ʐu}^{31} \text{ʐu}^{55}$"表示"第九"（孙宏开、胡增益、黄行 2007：372），其中 kv^{33} 是数词"九"，$\text{ʐu}^{31} \text{ʐu}^{55}$ 是量词的重叠形式。

7.2.4 内部屈折式

内部屈折式是指通过改变词或语素的部分语音来表达序数的语法表达式。在我们的考察范围内，单纯用内部屈折手段表示序数的语言仅见巴则海语，它通过在数词词根中增加部分语音来构成序数语法表达式。请看下例：

（3）巴则海语（孙宏开、胡增益、黄行 2007：2212）
turn 三——tu-turn 第三　　　　xasəp 五——xa-xasəp 第五

上例中，巴则海语通过重叠数词 turn、xasəp 的第一个音节，构成序数语法表达式 tu-turn、xa-xasəp。数词的部分音节的重叠改变了词内部的语音，所以根本上是一种内部屈折手段。

7.2.5 复合标记式

复合标记式是指同时利用重叠、语序、内部屈折、添加辅助词或词缀等多种语法手段来表达序数的语法表达式。需要强调的是，所添加的辅助词或词缀不是专门性序数标记。复合式包括三种类别：一是同时利用添加和重叠手段构成的序数语法表达式，二是同时利用添加和语序手段构成的序数语法表达式，三是利用添加和内部屈折手段构成的序数语法表达式。

7.2.5.1 利用添加和重叠手段构成的复合标记式

彝语、载瓦语、卑南语等同时利用添加辅助词或词缀和重叠手段来构成序数语法表达式。例如凉山彝语的数词词语后面直接跟重叠量词（重叠后的量词第二个音节都要变为次高平调 44），再加定指助词 su^{33}，这样构成序数语法表达式"数 + 量 + 量 + su^{33}"①。请看下例：

（4）彝语（戴庆厦 1998：315）

sc^{33} ma^{33} ma^{44} su^{33} 第三个　　　　ʂl^{21} vi^{55} vi^{44} su^{33} 第七次

三　个　个（助）　　　　　七　次　次（助）

载瓦语用"数 + 量 + e^{55}（的）+ 量"表示序数，表达式中量词出现两次，可以看作是重叠手段的运用。例如：

（5）载瓦语（徐悉艰、徐桂珍 1984：54）

i^{55} tsa$\underline{ŋ}$^{55} e^{55} tsa$\underline{ŋ}$^{55} 第二层　　　　ŋo^{31} ŋji^{55} e^{55} ŋji^{55} 第五天

二　层　的　层　　　　　五　天　的　天

7.2.5.2　利用添加和语序手段构成的复合标记式

有些语言同时利用添加手段和语序手段来构成序数语法表达式。例如仫佬语表示基数的语序是"数 + 量 +（名）"。表示序数时，可以直接把数词词语放在量词后面，但还必须在数词词语后面添加指示代词 ka^{6}（那）或 naːi^{6}（这）。请看下例：

（6）仫佬语（孙宏开、胡增益、黄行 2007：1242）

①ŋaːu^{3} mu^{6} çən^{1} 一个人　　　　②ŋə^{5} mu^{6} n̠i^{6} səp^{8} n̠i^{6} ka^{6} 第二十二位

一　个　人　　　　　　位　二　十　二　那

例（6）的①是基数表达式，数词在量词 mu^{6} 前面。②是序数表达式，数词词语在量词 mu^{6} 后面，同时还添加了指示代词 ka^{6}。

---

① 学界对彝语中"数 + 量 + 量 + su^{33}"的构成方式存在分歧，陈士林、边仕明、李秀清（1985）认为是数量结构加量词的定指结构（量 + su^{33}），戴庆厦（1998）和陈康、巫达（1998）认为是数词加重叠量词，再加定指助词 su^{33}，本书持第二种观点。

7.2.5.3　利用添加和内部屈折手段构成的复合标记式

邠南语把 pu‑ka‑ 附加在数词词根的内部屈折形式上，构成序数语法表达式。其中数词词根的内部屈折规律是重叠数词倒数第二个音节的辅音，并在辅音之后加上元音 a。通过数词词根中部分音素的重叠和添加元音 a 都改变了词内部的语音，所以从根本上来看这是内部屈折手段。

（7）邠南语（石德富 2008：140）

ɖua 二	pu-ka-ɖa-ɖua	第二、第二个、第二名
tuɭun 三	pu-ka-ta-tuɭun	第三、第三个、第三名
ɭimaʔ 五	pu-ka-ɭa-limaʔ	第五、第五个、第五名

7.2.6　弱标记式

弱标记式是指利用句法、语义的限定来表达序数的语法表达式。中国少数民族语言中，句法、语义的限定手段有很多类型，例如数名结构中不使用量词、数量结构的前面或后面出现中心语、数词词语对名词或量词的选择限制、两个数量结构的配合、数目的读法、添加非专门表示序数的词或附加成分，这些都是区分基数、凸显序数的手段。不同语言之间，弱标记式在形式上差异很大，所以我们很难从形式上进行类型归纳，下文仅列举一些常见的弱标记手段。为了更清晰地观察这些手段，我们将同一语言中对应的基数表达式也列出来。

7.2.6.1　数名结构中不使用量词

有些有量词的语言，尤其是量词具有句法强制作用的语言，数名结构表示基数时，必须使用量词；表示序数时，不使用量词。例如仡佬语、黎语、布干语、临高语、勉语等，例如：

（8）居都仡佬语（李锦芳、李霞 2010）

①tshen⁵⁵ tsɿ³³ duŋ³¹ vu⁰dʑi³¹ 十一个月

　 十　 一　 个　 月

tshen⁵⁵ səɯ³¹ duŋ³¹ vu⁰dʑi³¹ 十二个月

十二 个 月

②tshen⁵⁵ tsʅ³³ vu⁰dʑi³¹ 十一月　　　tshen⁵⁵ səɯ³¹ vu⁰dʑi³¹ 十二月

十 一 月　　　　　　十 二 月

(9) 黎语（苑中树 1994：59、84）

①fu³ hom¹ ɳaːn¹ 三个月　　　tshau³ hom¹ ɳaːn¹ 四个月

三 个 月　　　　　四 个 月

②fu³ ɳaːn¹ 三月　　　tshau³ ɳaːn¹ 四月

三 月　　　　　四 月

居都仡佬语中，月数（一个月、两个月……十个月）和月份（一月、二月……十月）的区别完全靠词序来体现，但"十一个月"和"十一月"、"十二个月"和"十二月"的区别则依赖于是否使用量词。例（8）的①使用了量词 duŋ³¹（个），构成基数表达式"数 + duŋ³¹ + 月"，表示月数；②没有使用量词 duŋ³¹（个），构成序数表达式"数 + 月"，表示月份。黎语中，除了"一月"和"二月"，月数（三个月、四个月……十二个月）和月份（三月、四月……十二月）的区别主要依赖于是否使用量词。ɳaːn¹（月）与数词词语组合，若带量词 hom¹（个），则构成基数表达式"数 + hom¹ + 月"，表示月数，如例（9）的①就是如此；ɳaːn¹（月）也可以和数词词语组合表示月份，但不需要带量词，如例（9）的②就是如此。

7.2.6.2 数量结构前面或后面出现中心语

有些语言中，数量结构是否表示序数，依赖于它的前面或后面是否出现中心语。如果数量结构的前面或后面不出现中心语，则表示基数或者会出现歧义；如果出现中心语，则表示序数。例如彝语、傈僳语、阿侬语、载瓦语、勒期语、黎语、苗语等，例如：

(10) 阿侬语（孙宏开、刘光坤 2005：74、115、117）

①thɪ⁵⁵ ɳɪ³³ 一天　　　　　a³¹ som⁵³ ɳɪ³³ 三天

一 天　　　　　　三 天

②sʅ³¹lɑ⁵⁵ thɪ⁵⁵ ɳɪ³¹ 初一　　　sʅ³¹lɑ⁵⁵ a³¹ som⁵³ ɳɪ³¹ 初三

月 一 天　　　　月 三 天

（11）苗语（罗安源 2005：54）

①a^{44} n̥^{h}e^{35}一天   ku^{22} n̥^{h}e^{35}十天

   一   天   十   天

②a^{44} n̥^{h}e^{35} l̥^{h}ɑ^{54}初一   ku^{22} n̥^{h}e^{35} l̥^{h}ɑ^{54}初十

   一   天   月   十   天   月

阿侬语中，天数和日期的主要区别是数量结构前面是否出现名词 sɿ^{31} lɑ^{55}（月），例（10）的①是基数表达式，用于计算天数，②中"数 + n̩i^{31}"与名词 sɿ^{31} lɑ^{55}（月）组合构成序数表达式，用于表示日期。苗语中，天数和日期的主要区别是数量结构后面是否出现名词 l̥^{h}ɑ^{54}（月），例（11）的①是基数表达式，用于计算天数，②中"数 + n̥^{h}e^{35}"与名词 l̥^{h}ɑ^{54}（月）组合构成序数表达式，用于表示日期。

7.2.6.3 数词词语对名词或量词的选择限制

表示序数时，数词词语对所搭配的名词或量词存在句法、语义等方面的选择限制。例如临高语、标话、佯僙语、村语、鄂伦春语、鄂温克语、日语等语言中，有些近义词都能与数词词语组合，但所构成的结构在表示序数、基数上存在分工。例如：

（12）佯僙语（薄文泽 1997：76、196）

①ra^2 ʔnjen^{1}两个月   sip^8 ʔnjen^{1}十个月

   二   月   十   月

②n̩i^6 ŋot^{10}二月   sip^8 ŋot^{10}十月

   二   月   十   月

（13）毕苏语（徐世璇 1998：104～105）

①tshaŋ^{55} ni^{31} fu^{33}两个人   ʑa^{31}bi^{31} xan^{55} fu^{33}四位姑娘

   人   两   位   姑娘   四   位

②tshaŋ^{55} ni^{31} saŋ^{55}老二   tshaŋ^{55} xan^{55} saŋ^{55}老四

   人   两   位   人   四   位

佯僙语中ʔnjen^{1}和ŋot^{10}是一对近义词，都可以表示"月"。ʔnjen^{1}是固有词，可以和数词词语组合构成基数表示式，表示月数，如例（12）的①

就是如此。ŋot^{10}是汉语借词，可以和数词词语组合构成序数表示式，表示月份，如例（12）的②就是如此。另外，表示月份时也可以使用固有词ʔnjen^1，方法是把它加在"数 + ŋot^{10}"前面，如：ʔnjen^1 ȵi^6 ŋot^{10}（二月）、ʔnjen^1 sip^8 ŋot^{10}（十月）。毕苏语中 fu^{33}、saŋ^{55} 都是用于人的个体量词，表示"个、位"，两个词在词义和用法上有一定的区别。fu^{33}用于计量人数，如例（13）的①就是如此。saŋ^{55}有定指意义，与数词词语给合时表示一个确定的对象，即 saŋ^{55}同数词词语的组合表示次序或者排行，如例（13）的②就是如此。从上面例句可见，傣僙语中月数和月份的区分、毕苏语中人数和排行次序的区分都依赖于数词词语对所搭配成分的选择限制，即对近义词的选择限制。

7.2.6.4　两个数量结构的配合

有些语言利用两个数量结构的配合来表示序数，例如：

（14）拉祜语（孙宏开、胡增益、黄行 2007：297）

ni^{53} ma^{31} te^{53} ma^{31}第二个　　　　ŋa^{53} ma^{31} te^{53} ma^{31}第五个

二　个　一　个　　　　　五　个　一　个

例（14）拉祜语中，两个数量结构连用构成"数 + 量 + 一 + 量"，第一个数量结构主要表示具体序位，第二个数量结构"一 + 量"的主要作用是指明前面的数量结构只能表示单个个体。

（15）独龙语（戴庆厦等 1991：210～211）

ti^{ʔ55} mai^{55}　ia^{31}　ti^{ʔ55}第一个

一　个（表停顿）一

a^{31}ni^{55} mai^{55}　ia^{31}　a^{31}ni^{55}第二个

二　　个（表停顿）二

（16）傈僳语（木玉璋 2002）

so^{33} kho̠^{21} ho^{33}khə^{55} tʂhɿ^{21} kho̠^{21}第四年

三　年　后　面　一　年

li^{33} ʐo^{33} ko^{55}tɿ^{33} khə^{55} ʐo^{33}第五人

四　人　上　面　那　个（人）

序数的主要功能是表示特定成员在序列中的次序和位置，其中的序列是认知背景，所表示的对象是认知目标，所以序数表达是一种从背景到目标的表达方式，表示序数时可以采用从段到点的方式，即先表示数量段，再表示数量段中间或者后面的一个具体点。例（15）独龙语中，两个数量结构连用构成"数＋量＋数"，第一个数量结构主要表示数量段，第二个数词表示数量段中的一个数量点。例（16）傈僳语中，两个数量结构连用，或者数量结构与指量结构连用，它们中间插入方位词"后面"或"上面"，构成"数＋量＋后面/上面＋一/那＋量"，第一个数量结构主要表示数量段，第二个数量或指量结构"一/那＋量"表示紧挨第一个数量段的那一个数量点。

7.2.6.5　数目的读法

有些语言表示序数和基数时，一百以上的数目在读法上存在差异，或者读法有主次之分。例如：

（17）黎语（刘援朝 2008）

① ti^1 saːi^5 tsi^1 beːʔ^7 ŋau^5 四千二百五十

　　四　千　二　百　五

② tsi^1 leŋ^4 leŋ^4 sit^7 ma^1 二零零七年

　　二　零　零　七　年

（18）临高语（张元生等 1985：137、139）

① it^7 bek^7 leŋ^2 vɔn^3（mɔ^{28}）一百零两个

　　一　百　零　两　个

② it^7 kiu^4 bat^8 ti^3 nen^4 一九八四年

　　一　九　八　四　年

黎语和临高语表示基数时，数目按系位组合来念读，如例（17）、（18）的①就是如此。表示序数时，尤其是四位数表示年份时，经常是按数字出现顺序来念读，如例（17）、（18）的②就是如此。

7.2.6.6　添加非专门表示序数的词或附加成分

有些语言通过添加非专门表示序数的词或附加成分来区分基数、凸显序数。这些词或者附加成分可以是定指助词、指示代词、定指量词、结构助词，还可以是表示数、性、格的词或附加成分。例如：

（19）彝语（陈康、巫达 1998：106、112、113）

①tshi²¹ ma³³ 一个　　　　　　so̠³³ vɪ̠⁵⁵ 三次

　一　个　　　　　　　　三　次

②tshi²¹ ma³³ su³³ 第一个　　　gu³³ vɪ̠⁵⁵ su³³ 第九次

　一　个 （助）　　　　九　次 （助）

（20）临高语（梁敏 1981）

①ŋin² kai¹ sok⁷ thu² 六只小母鸡

　杭　鸡　六　只

②lan² təp⁸ ŋei⁴ nə⁴ m̩⁷⁸ 第十二间屋子

　房屋 十　二　那　间

（21）勉语（毛宗武 2004：228、229、271）

①min³¹ n²⁴ ta³¹ na³³⁵ hjɛn⁴² dza⁴² khə³³ ɖa²⁴ ma³¹ i³³ ɬa⁴² n̩a⁴² kwən⁵³ nɔu³⁵

　他　不　来　这里　玩　恐怕　有　一 月 日子（去了）

　他没有来这里玩恐怕有一个月去了

②n̩i⁴² nin³¹ ɬa²⁴ 二月　　　　ʈu³⁵ nin³¹ ɬa²⁴ 九月

　二　的　月　　　　　九　的　月

凉山彝语的数词词语后面直接跟重叠量词，再加定指助词 su³³，构成序数表达式"数 + 量 + 量 + su³³"，但是有时量词也可以不重叠，直接加定指助词 su³³，构成序数表达式"数 + 量 + su³³"，如例（19）的②就是如此。若不加 su³³，则"数 + 量"只能表示基数，如例（19）的①就是如此。临高语中数词词语前不带专门性标记表示序数时，数量结构中必须加指示代词，如例（20）的②中就带了指示代词 nə⁴（那）；若不带 nə⁴，则意思为"十二间屋子"。例（20）的①中不带指示代词，只能表示基数。勉语中数词词语和 ɬa²⁴（月）直接组合表示月数，如例（21）的①就是如此；表示月份时必须在"数 + ɬa²⁴"中添加结构助词 nin³¹（的），例（21）的②就是如此。

有些语言利用表示数、性、格的词或附加成分来表示序数，如：

（22）阿美语（何汝芬等 1986：48）

①falu a tuki 八个小时　　　　pina a tuki 几个小时

　八 （助）点钟　　　　　　　　几 （助）点钟

②falu ku tuki 八点钟　　　　　pina ku tuki 几点钟

　八 （助）点钟　　　　　　　　几 （助）点钟

（23）鄂伦春语（胡增益 1986：84）

dojon bEE ʤaan tʊŋŋa-dʊ 四月十五日　　tɪmaana ʤuur-du 两点钟

四　　月　　十　五 （与格）　　　　明　　　　天　二 （与格）

阿美语中数词词语与表示时间的 mihətʃaan（年）、fulaɫ（月）、rumiʔaɫ（天）、tuki（点钟）组合时，有两种不同的结构，即表示时段用修饰结构，表示时点用谓主结构。例（22）的①中 a 是表示修饰关系和限定关系的结构助词，用于连接修饰语和名词中心语，所以"数 + a + tuki"是修饰结构，表示小时数量；②中 ku 是主格冠词或主格助词，它位于表示施事者的名词之前，构成谓主结构"数 + ku + tuki"，表示钟点。由此可见，阿美语利用主格助词来凸显序数。鄂伦春语中数词词语可以带格附加成分表示日期和钟点，例（23）中 ʤaan tʊŋŋa（十五）、ʤuur（二）分别带了与格附加成分 – dʊ、– du，若这些数词词语不带格附加成分，则不能直接表示日期或钟点。

7.2.7　中国少数民族语言与汉语普通话序数语法表达式的简单比较

将中国少数民族语言与汉语普通话的序数语法表达式进行比较，可以发现它们之间存在一种辩证关系，即同中有异，异中有同。

第一，中国少数民族语言和汉语普通话中都有专门性标记式、语序式、弱标记式，但前者还有重叠式、内部屈折式、复合标记式。

第二，尽管少数民族语言和汉语普通话都使用专门性标记手段来表示序数，但还是存在一些差异。相对而言，少数民族语言中专门性标记式的类别要少些，而汉语普通话的专门性标记式比较丰富，例如有附着性语法标记式"第/老/初 + 数"、附着性准语法标记式"数 + 来/则/其"、组配性词汇标记式"前/后/上/下 + 数 + 量/名"等。另外，汉语普通话以前置式为主，而少数民族语言还有后置式和框架标记式。

第三，尽管少数民族语言和汉语普通话都使用弱标记手段来表示序数，但受每种语言的语法系统影响，所选择的弱标记手段还是存在差异。例如汉语以数名结构中不使用量词作为重要的序数表达手段，但没有量词或量词不具有句法强制作用的语言中，不能利用这种手段。又如阿美语、鄂伦春语以格助词或格附加成分作为辅助性序数表达手段，但汉语中没有此类现象。

第四，汉语普通话中用序数语法表达式表示第二时，主要用数词"二"，而"两"主要用于表达基数。少数民族语言中也存在此类现象，而且有些语言中其他数词也有两种形式，一种主要用于表达序数，另一种主要用于表达基数。例如壮语中"一"有 deu^1 和 it^7，"二"有 so:ŋ^1 和 ŋei^6，但构成序数语法表达式时只能用 it^7 和 ŋei^6（韦庆稳、覃国生 1980：44 ~ 46）。又如畲语的数词大致可以分为四套，即基数、计位、计月、计日数词，其中 et^7（一）、ŋi^6（二）、san^3（三）、si^2（四）、ŋu^5（五）、nuk^8（六）、tship^7（七）、pap^8（八）、kiu^5（九）、si^4（十）是专门用来表示阴历日期的。（孙宏开、胡增益、黄行 2007：1592）不管是普通话中还是少数民族语言中，上述专门或者主要用于表达序数的数词一般无法单独表达序数，它们必须通过语法手段与其他成分组合后才能表达序数，所以由它们和某些成分构成的序数表达式仍然是语法表达式。

7.3 汉语与中国少数民族语言序数语法表达式的共性特征

综合前文对汉语和中国少数民族语言的考察，总体来看，中国语言的序数语法表达式包括两大类共六小类，即专门性标记式、语序式、重叠式、内部屈折式、复合标记式、弱标记式。在序数语法表达式的类别上，汉语普通话与少数民族语言的差异主要体现在重叠式、内部屈折式和复合标记式上，少数民族语言有这三类表达式，而汉语普通话则没有。其他三种序数语法表达式都是汉语普通话和少数民族语言共有的，正是在这三种表达式上，呈现出很强的共性特征。下文主要讨论汉语普通话与少数民族语言序数语法表达式的共性特征。

需要强调的是，共性是指倾向共性，并非绝对共性。跨语言的语法比较、语言类型或共性特征的获得，取决于语种的数量、地理分布、谱系分布和结构类型分布的均衡性及研究对象本身的特点。目前我们无法掌握足够多、充分详实的语言材料，一方面，本书所调查的语言点是相当有限的；另一方面，现有的语法研究专著、论文、报告所提供的材料是有限的，其描写角度、详略程度不可能完全一致。因此，跨方言、跨语言的语法比较往往是粗略的、大致的，本书在中国的 114 种语言材料（包括汉语）基础上得到的结论只能是相对的，需要随着世界语言序数范畴研究的不断深入而得到修正和发展。

7.3.1　以专门性标记式为优势形式

汉语和少数民族语言都有多种序数语法表达式，尽管不同语言中序数语法表达式的具体类别存在诸多差异，但是在差异背后存在普遍的共性特征，即以专门性标记式为优势形式，这可以从使用频率和分布范围来衡量：

从具体语言中的使用频率来看，若某种序数语法表达式比其他序数语法表达式的使用频率高，则使用频率高的那个是优势形式。就汉语普通话而言，序数语法表达式包括专门性标记式、语序式、弱标记式三类，在1400 万字的普通话语料中，它们的使用频率分别是 26850 例、4116 例、16035 例，这说明专门性标记式的使用频率最高，弱标记式次之，语序式最低。显然，三种序数语法表达式中专门性标记式是优势形式。

从不同语言中的分布范围来看，若某种序数语法表达式比其他序数语法表达式的分布范围广，则分布范围广的那个是优势形式。114 种语言中六种序数语法表达式的分布情况如下：

表 7.3　114 种语言中六种序数语法表达式的分布情况

序数语法表达式	语言数量	分布比例	语言举例
专门性标记式	106 种	93%	汉语[a]、门巴语、维吾尔语、阿美语
弱标记式	58 种	50.9%	汉语、仓洛语、鄂伦春语、普米语
语序式	34 种	29.8%	汉语、壮语、傣语、仡佬语
复合标记式	5 种	4.4%	彝语、载瓦语、卑南语、仫佬语
重叠式	1 种	0.9%	堂郎语
内部屈折式	1 种	0.9%	巴则海语

a：此表只统计了汉语普通话，未涉及汉语方言，因为汉语方言内部差异较大，统计不好处理。

从表7.3可知，114种语言中六种序数语法表达式的分布差异很大，其中专门性标记式是分布最广的，只有哈尼语、桑孔语、毕苏语、阿昌语、浪速语、普标语、木佬语、佤语等8种语言没有这种表达式。弱标记式和语序式的分布次之，复合标记式、重叠式和内部屈折式是分布最窄的。很显然，专门性标记式在六种序数语法表达式中占优势地位，它所分布的范围远远超过其他序数语法表达式，这是优势形式的一种跨语言表现。与此相反的是，复合标记式、重叠式和内部屈折式是弱势形式。

表7.3中数据证明，汉语和中国少数民族语言的序数语法表达式中专门性标记式是优势形式。它为什么会成为优势形式？实际上与序数语法表达式的序数范畴化程度、形式的简明程度、分布的语言类型是否丰富密切相关。我们来看不同序数语法表达式在这三个方面的表现：

第一，序数范畴化程度。范畴化是指运用语言对世界进行分类的过程。（参见赵艳芳2001，钱冠连2001）一般而言，表达手段或表达式越是专门用于表达序数的，序数范畴化程度越高；越是还可以表达其他范畴的，序数范畴化程度越低。（关于序数范畴化的讨论详见本书5.2.2.1节）序数范畴化程度越高，序数语法表达式越具有专用性，使用频率就越高，分布范围就越广。反之，序数范畴化程度越低，序数语法表达式越具有多用性，使用频率就越低，分布范围就越窄。

六类序数语法表达式中，专门性标记具有序数专用性，所以，它的序数范畴化程度非常高。语序、重叠、内部屈折和句法、语义限定等手段都不是专门用于表达序数范畴的，它们还可以表达其他范畴，相应地运用这些手段所构成的表达式的序数范畴化程度比较低。例如堂郎语中，数词加量词的重叠形式（数＋量＋量）可以表达序数，但重叠手段还可以用于其他范畴，如数量结构重叠表示"逐一"、动词重叠表示疑问、形容词重叠表示程度加深，这都说明重叠手段并非专用于序数范畴，重叠式的序数范畴化程度低。

第二，形式的简明程度。序数语法表达式的形式越简明，越方便使用，使用频率就越高，分布范围就越广。反之，序数语法表达式的形式越复杂，越不方便使用，使用频率就越低，分布范围就越窄。

六类序数语法表达式中，专门性标记式、语序式、重叠式、内部屈折式和弱标记式的形式都是比较简明的，而复合标记式的形式比较复杂。例如汉语通过添加"第"构成的专门性标记式"第＋数"是比较简明的，彝语通过重叠和添加定指助词构成的复合标记式"数 + 量 + 量 + su³³"是比较复杂的。

第三，分布的语言类型是否丰富。语言类型包括两方面，一是语系类型，二是结构类型（如孤立语、屈折语、粘着语、复综语，又如综合性语言、分析性语言）。一般而言，序数语法表达式分布的语言类型越丰富，使用频率就越高，分布的语种数量也越多。反之，分布的语言类型越窄，使用频率就越低，分布的语种数量也越少。

专门性标记式利用在表数词成分上添加专门性标记来表达序数，它不涉及名词、量词等，分布的语言类型很丰富，在本书所考察的五种语系、三种结构类型（孤立语、屈折语、粘着语）的语言中都有广泛的分布，所以分布的语种数量也多。弱标记式和语序式经常只涉及数词、名词和量词，分布的语言类型比较丰富，所以分布的语种数量较多。复合标记式、重叠式、内部屈折式分布的语言类型不丰富，所以分布的语种数量少。例如重叠现象主要分布在汉藏、南岛、南亚等语系中，重叠手段的运用还跟音节结构的简洁、形态变化的贫乏密切相关，音节越简洁，利用音节内部音变表示语义的可能性越小，利用重叠手段的可能性越大，所以重叠式所分布的语言必须是音节简洁、形态变化贫乏、对重叠手段不具有排斥性。又如由量词重叠加定指助词构成的复合标记式，所分布的语言必须有个体量词，而且对重叠手段不具有排斥性。

从上述分析可见，六种序数语法表达式在三个方面具有不同特点，可以总结如下（"+"表示"是"，"−"表示"否"）：

	序数范畴化程度高	形式简明	分布的语言类型丰富
专门性标记式	+	+	+
弱标记式	−	+	+
语序式	−	+	+
复合标记式	−	−	−
重叠式	−	+	−
内部屈折式	−	+	−

通过比较，可以得到如下的序数语法表达式序列：

专门性标记式 > 弱标记式/语序式 > 重叠式/内部屈折式 > 复合标记式

这个序列中，">"左边的序数语法表达式，其优点要多于">"右边的序数语法表达式。专门性标记式是优点最多的语法表达式，弱标记式和语序式次之，重叠式和内部屈折式居第三，复合标记式的优点最少。

就专门性标记式而言，它兼有范畴化程度高、形式简明、分布的语言类型丰富等优点。从构成来看，只要在表数成分上添加一个专门性标记就能区分基数、凸显序数，并不需要涉及其他词类，这是一种非常经济、序数范畴化程度高、分布的语言类型丰富的表达方式。从表层形式及其与基数表达式的区分来看，一方面形式简明，符合语言的经济性原则；另一方面，以专门性标记来区分基数语法表达式，使基数与无标记对应，序数与有标记对应，这使语言结构与人的经验结构之间有合适的对应关系，并且不对称现象也得到合适的处理，所以也符合象似性原则和标记性原则。显然，正是因为具有以上优点，所以使用频率最高，也成为多数语言表达序数的优势形式，它广泛地存在于汉藏、印欧、阿尔泰、南岛、南亚等语系中。

7.3.2 VO 型语言的专门性标记倾向于前置

汉语和中国少数民族语言以专门性标记式为优势形式，这种语法表达式中专门性标记可以处于哪些位置？它的位置与动宾语序是否存在关联？下文主要讨论这两个问题。

7.3.2.1 专门性标记的位置类型

专门性标记式中数词词语包括基本数词和数词短语两大类，后者是指由数词组合而成的短语。由专门性标记和基本数词构成的语法表达式中，专门性标记的位置包括前置、后置、前置+后置三大类，前面在介绍少数民族语言中专门性标记式时，所举例子都属于这种类别，这里不再赘述，下文主要讨论由专门性标记和数词短语构成的语法表达式中专门性标记的位置。

现有的中国少数民族语言研究文献中，能反映专门性标记与数词短语的位置的语言材料并不多，为了更充分地了解专门性标记可能有的位置类型，我们扩大了考察范围，还考察了三十多种外语。总体来说，专门性标记可以添加在数词短语的外围和内部。

专门性标记添加在数词短语的外围时，数词短语被看作是一个紧密结合的整体，专门性标记只能位于数词短语的前面、后面。例如汉语"第三十五""第一百二十五"中，数词短语"三十五""五百二十一"是一个整体，"第"位于这个整体的前面。根据 Stump（2010）的考察，有些外国语言中还存在以下情况：

    （24）卡努里语（Kanuri）（转引 Gregory Stump2010：212）
    kə́n - fíndin（lúkko）tilôn-mi 第二十一
    ORD – 二十　　（&）　　一 – ORD①

例（24）卡努里语中，框架标记 kə́n – …… – mi 位于数词短语 fíndin（lúkko）tilôn（二十一）的外围。中国少数民族语言中排湾语、泰耶尔语也有框架标记，但我们只能从所掌握的文献材料中了解到框架标记与基本数词的位置关系，框架标记与数词短语的位置关系是否与例（24）一致，还需要进一步考察。

专门性标记添加在数词短语的内部时，数词短语被看作是由多个成分构成的、结合不紧密的整体，专门性标记添加在数词短语的构成成分上。至于专门性标记添加在数词短语的哪些数词上，又存在不同情况：

第一，专门性标记添加在数词短语的第一个或最后一个数词上。例如柯尔克孜语中专门性标记只能添加在数词短语的最后一个基本数词的后面。

    （25）柯尔克孜语（胡振华1986：47）
    dʒəjərma birintʃi 第二十一　bir dʒyz on ekintʃi 第一百一十二
    二十　　　一 – ORD　　　　一　百　十　二 – ORD

第二，专门性标记添加在数词短语的所有加法运算对象上，即添加在所有加数上。

---

① "ORD"代表专门性标记。

（26）葡萄牙语（蔡子宇 1998：33～34）

décimo　oitavo 第十八　ducentésimo　vigésimo　nono 第二百二十九

十 - ORD　八 - ORD　　二百 - ORD　　二十 - ORD　九 - ORD

例（26）的"十八"中"十"和"八"有加法关系，"二百二十九"中"二百""二十""九"之间有加法关系，专门性标记添加在所有加数上。

第三，专门性标记添加在数词短语的所有加法和乘法运算对象上，即添加在所有加数和乘数上。

（27）芬兰语（Fred Karlsson 1999：134）

kolmas-tuhannes-sadas-kolmas-kymmenes-neljäs 第三千一百三十四

三 - ORD　千 - ORD　百 - ORD　三 - ORD　十 - ORD　四 - ORD

例（27）的"三千一百三十四"中既有加数，又有乘数，"三千""百""三十""四"之间有加法关系，第一个"三"和"千"、第二个"三"和"十"之间有乘法关系，专门性标记 - s 添加在所有加数和乘数上。

第四，专门性标记添加在数词短语的部分数词上。当然，在哪些数词上添加专门性标记，不同语言有不同的限制条件。例如：

（28）波兰语（李金涛 1996：114）

tysiąc　dziewięćset　dziewięćdziesiąty　pierwszy 第一千九百九十一

千　　九百　　　九十 - ORD　　　　一 - ORD

（29）布列塔尼语（Breton）（转引 Gregory Stump2010：219）

an　　dri　c'hant　pemp-ved　devez　ha　tri-ugent 第三百六十五天

（冠词）三　　百　五 - ORD　　day　&　三 - 二十

波兰语中，当数词短语带有十以上一百以下的尾数时，专门性标记添加在十位数和个位数上，所以例（28）的"一千九百九十九"中，虽然既有加数，又有乘数，但专门性标记只添加在最后两个数词上面。布列塔尼语中，数词短语中出现加数标记时，在这个加数标记前面的加数必须带专门性标记，例（29）中出现加数标记 ha，所以它前面的数词 pemp（五）必须带专门性标记 – ved。

从上面的分析可知，世界语言中当专门性标记添加在数词短语的内部时，其位置大致包括上面列举的四种，即数词短语的第一个或最后一个数词上、所有加数上、所有加数和乘数上、部分数词上。就中国少数民族语言而言，专门性标记在数词短语的内部时，有些语言把它添加在数词短语的最后一个数词上，但现有中国少数民族语言研究文献较少介绍由专门性标记和数词短语构成的表达式，所以专门性标记的位置也可能存在其他几种情况。

实际上我们发现，专门性标记添加在作为一个整体的数词短语的外围和添加在基本数词上是同质的。专门性标记添加在数词短语内部时，可以添加在哪些基本数词上呈现出很大差异，例如有些语言只能添加在第一个或最后一个数词上，有些语言必须添加在所有加数上，有些语言必须添加在所有加数和乘数上，还有些语言只能添加在部分数词上，虽然情况很复杂，但是它们有一个共同特点，即专门性标记只能位于基本数词的前面、后面，而不能插入基本数词的中间。因此，专门性标记不管是添加在基本数词上还是数词短语上，不管是添加在数词短语的外围还是内部，我们可以把它的位置粗略地概括为三类，即前置、后置、前置＋后置。也就是说，当专门性标记添加在基本数词上或数词短语外围时，我们关注它与基本数词或作为整体的数词短语的位置关系；当专门性标记添加在数词短语内部时，我们只关注它与基本数词的位置关系。

7.3.2.2　专门性标记的位置分布情况

114 种语言中，有 106 种语言有专门性标记式。我们对这些语言中专门性标记的位置情况进行统计，统计结果总结在下面表格中。表中把 SVO、VSO 型语言归入 VO 型，SOV 语言归入 OV 型。需要指出的是，有些语言有多种专门性标记，例如汉语有表示一般序数的"第"、表示排行次序的"老"、表示日期的"初"、表示列举的"来"，又如莽语有表示一般序数的"ti^{35}"、表示"第几次"的"tɛ^{31}"，表示排行次序、日期、列举等的专门性标记不具有普遍性，所以我们仅统计表示一般序数的专门性标记。

表 7.4　专门性标记的位置分布情况

语言类型	前置	后置	前置 + 后置
OV	32	33	0
VO	44	0	3
总计	76	33	3

说明：①大多数语言中表示一般序数的专门性标记只有一种位置，但是门巴语、白马语、彝语、普米语、朝鲜语有前置型和后置型两类，上表分别把它们归入相应类型中。②白语的专门性标记是前置型的，但它是 SOV、SVO 型语言，所以既把它归入 VO 型语言中，又把它归入 OV 型语言中。

依据上表可以得出以下结论：专门性标记的语序以前置为主，后置次之，"前置 + 后置"最少。若把 OV 型和 VO 型语言分开考虑，我们发现，在 OV 型语言中专门性标记前置和后置的分布大致持平，但 VO 型语言中专门性标记有强烈前置的倾向，这也说明前置标记与 VO 型语序是和谐的。

属于 VO 型语言的汉语有多个专门性标记，如"第、老、初、来、则、其、上、下"等。整体而言，汉语的专门性标记以前置为主，其中最典型的专门性标记"第"也是前置型的。显然，汉语的这一特点与其他 VO 型语言是存在共性的。

7.3.3　语序式以数词词语后置为主

语序问题在类型学研究中占据重要地位，数名语序也引起了部分学者的关注，Greenberg（1963）、Dryer（1992）、Hurford（2003）、蒋仁萍（2007）都重视数词与名词的语序研究。这些研究成果不仅对本书有很大的启发，而且告诉我们，有两个方面必须重视：一是数名语序研究中应该区分基数和序数；二是有些数名语序还涉及量词。为了集中讨论问题，我们只分析表示序数的语序式的语序类型问题。

汉语中，利用与基数语法表达式不同的语序来表示序数时，采用以下语序模式：

> 基数：数 + 量 + （名）。如：一个表、两个图、三条规则、四个条件、五卷。
> 序数：名/量 + 数。如：表一、图二、规则三、条件四、卷五。

从上面基数语法表达式和序数语法表达式的语序模式可见，汉语的语序式是数词词语后置型的。实际上，这也是汉语与其他多数有语序式的语言的共同特点之一。

数词词语常与名词、量词构成基数语法表达式或序数语法表达式，为了方便表述，我们把基数语法表达式中的数词词语称为基数词语，序数语法表达式中的数词词语称为序数词语。先来看看相互对应的基数语法表达式和序数语法表达式可能存在的语序关系模式：

模式一：基数词语 + 量/名；序数词语 + 量/名；

模式二：量/名 + 基数词语；量/名 + 序数词语；

模式三：基数词语 + 量/名；量/名 + 序数词语；

模式四：量/名 + 基数词语；序数词语 + 量/名。

显然，模式一和模式二中，基数词语和序数词语的位置是一致的，所以不可能存在利用与基数语法表达式不同的语序构成的语序式。模式三和模式四体现了基数词语和序数词语的语序差异，所以存在利用与基数语法表达式不同的语序构成的语序式，我们主要考察符合这两种模式的语言。需要指出的是，量词具有句法强制作用的语言中，基数性数名结构必须带量词，而与之对应的序数性数名结构可能不带量词。

模式三（基数词语 + 量/名；量/名 + 序数词语）包括以下几种情况：

第一，基数词语 + 名；名 + 序数词语

数词词语与名词性成分的语序不同，所表示的语义不同：数词词语在名词性成分前面时表示基数，在名词性成分后面时表示序数。例如：

（30）水语（张均如 1980：31、37~38）

① ɣa² fe² 两个姐姐　　　　　　ɣa² faːi⁴ 两个哥哥
　两　姐　　　　　　　　　　　二　哥

② luŋ² ɲi⁶ 二伯父　　　　　　luŋ² haːm¹ 三伯父
　伯　二　　　　　　　　　　　伯　三

（31）哈萨克语（耿世民 1989：100~101）

① üš saɣat 三个小时　　　　　bes saɣat 五个小时
　三　小时　　　　　　　　　　五　小时

② saɣat on 十点　　　　　　　saɣat on eki 十二点
　小时　十　　　　　　　　　　小时　十　二

水语中一般名词可以受数量结构的修饰，而不能直接受数词词语的修饰，但表示亲属称谓的名词可以受数词词语的直接修饰。当数词词语在称谓名词前面时表示基数，如例（30）的①就是如此；当数词词语在称谓名词后面时表示序数，如例（30）的②就是如此。哈萨克语中数词词语在 saɣat（小时）前面时表示时段，如例（31）的①就是如此；数词词语在 saɣat（小时）后面时表示钟点，如例（31）的②就是如此。

第二，基数词语＋量；量＋序数词语

数词词语与量词的语序不同，所表示的语义不同：数词词语在量词前面时表示基数，在量词后面时表示序数。例如：

（32）傣语（喻翠容、罗美珍 1980：3、81～82）

①pa¹ ha³ to¹ 五条鱼　　　　　　　sa:m¹ bin³ 三张

　鱼　五　条　　　　　　　　　　三　　张

②la:i² pap⁸ sa:m¹ 第三本书　　　　phu³ sa:m¹ 第三个

　书　本　三　　　　　　　　　　个　　三

（33）木佬语（薄文泽 2003：62）

①ta²⁴ ve³¹ 三天　　　　　　　　　ta²⁴ tsə²⁴ 三年

　三　天　　　　　　　　　　　　三　　年

②ve³¹ ta²⁴ 第三天　　　　　　　　tsə²⁴ ta²⁴ 第三年

　天　三　　　　　　　　　　　　年　　三

例（32）、（33）的①都表示基数，其语序是"数＋量"。例（32）、（33）的②都表示序数，其语序是"量＋数"。

第三，基数词语＋量＋名；量＋名/名＋量＋序数词语

数词词语与量词、名词的语序不同，所表示的语义不同：数词词语在量词和名词前面时表示基数，在量词和名词后面时表示序数。例如：

（34）苗语（曹翠云 2001：68、117）

①bib laib zaid 三栋房子　　dlob diangb ghangx 四根扁担

　三　个　房　　　　　　　四　　根　　扁担

②laib zaid bib 第三栋房子　diangb ghangx diut 第六根扁担

　个　房子　三　　　　　　根　　扁担　六

（35）拉基语（孙宏开、胡增益、黄行 2007：1432～1433）

①li³³ khua³³ khui³⁵ 一条河　　　　　su⁵⁵ sã⁵⁵ mia³³ qɛ³³ 两只母鸡

　　一　　条　　河　　　　　　　两　只　母鸡

②thɛ⁵⁵ lã³³ su⁵⁵ 第二队　　　　　　thɛ⁵⁵ lã³³ pu⁵⁵ 第四队

　　队　个　二　　　　　　　　　队　个　四

苗语中数量名结构表示基数时的语序是"数＋量＋名"，例（34）的①就是如此；表示序数时，数词词语必须在量词和名词后面，其语序是"量＋名＋数"，例（34）的②就是如此。拉基语中数量名结构表示基数时的语序是"数＋量＋名"，例（35）的①就是如此；表示序数时，数词词语必须在量词和名词后面，其语序是"名＋量＋数"，例（35）的②就是如此。

第四，基数词语＋量＋名；名＋序数词语

数词词语与量词、名词的语序不同，所表示的语义不同：数词词语在量词和名词前面时表示基数，在名词后面时表示序数。例如：

（36）仡佬语（张济民 1993：123～124）

①su³³ i⁴² li³³ <u>su³³ xen³³ tɒ³³</u> ɑn³³　lu⁵⁵ kɛ³³ ə⁴². 我的两个哥不在家。

　　我　　的　二　位　哥　在　里面　家　不

②su³³ i⁴² li³³ <u>tɒ³³ su⁵⁵</u> ɑn³³　lu⁵⁵ kɛ³³ ə⁴². 我二哥不在家。

　　我　　的　哥　二　在　里面　家　不

（37）壮语（张均如等 1999：402、406）

①θaːm¹ ta⁶ luɯk⁸θaːu¹ 三个姑娘

　　三　　个　姑　娘

ha⁵ tak⁸ haːk⁸θeːŋ¹ 五个男学生

　　五　个　学　生

②naːŋ² θaːm¹ 三姑娘、三小姐

　姑娘　三

ʔaːu¹ ŋai⁶ 二叔

　叔　二

仡佬语和壮语表示基数时，数词词语必须和量词组合后才能修饰名词，如例（36）、（37）的①都表示人数，其中数量结构充当指人名词的前

置定语。表示排行时，数词词语不需要和量词组合，而是直接位于名词后面，如例（36）、（37）的②就是如此。

请看符合模式四（量/名 + 基数词语；序数词语 + 量/名）的例句：

（38）哈尼语（李永燧、王尔松 1986：63、74）

①ba^{33}la^{33}tɕhi^{31}si^{31}ɔ^{55}a^{33}干了一个月

　　月　　一　个干了

②çe^{31}la^{33}si^{31}sɔ^{31}nɔ^{33}tɕhi^{31}nɔ^{33}八月初三

　　八　月　三　日　一　日

哈尼语中数量名结构表示基数时的语序是"名 + 数 + 量"，例（38）的①表示月数，其中的数词和量词都在 ba^{33}la^{33}（月）后面。②表示月份，其中的数词词语在 la^{33}si^{31}（月）前面。显然，这种语序模式与模式三是不同的，两者的语序相反，前者以数词词语后置来表示基数，以数词词语前置来表示序数；后者以数词词语前置来表示基数，以数词词语后置来表示序数。

我们所考察的 114 种语言中，有 34 种语言有语序式。这 34 种语言中，除了哈尼语和拉祜语，其他语言都采用数词词语后置的语序手段来构成语序式，这说明语序式普遍以数词词语后置为主。

7.3.4　殊指性成分是重要的辅助性表达手段

"序数在本质上是明确的，在一定程度上具有指称性，它总是选择和指向一个序列对象（或者任何以系列呈现的对象）中的某一特定成员。"（Veselinova1997：430）"尽管不是唯一的，但也是常见的情况，基数和序数所处的语境分别是无定和有定的名词短语。"（Plank 2003：363）正如 Veselinova 和 Plank 所言，序数有指示特定成员在序列中的位置的功能，从认知上看，序数所指示的成员是认知目标，序列中的其他成员是认知背景。序数可以增加所指示成员的内涵，缩小其外延，可以让所指示的成员与序列中的其他成员区分开来，并使之成为识别度较高的特定指称成员，所以序数具有殊指功能。这种殊指功能是使某一事物区别于其他事物，并成为集合中识别度较高的特定指称对象的能力。序数表达中，殊指功能经常通过一定的语法形式或语法手段来体现。请看下面几组例句：

第一组：包含定指助词、定指时间词、定指量词、指示代词或指量结构的序数语法表达式。

（39）彝语（陈康、巫达 1998：106、113）

①so^{33} vɪ^{55} 三次　　　　　②gu^{33} vɪ^{55} su^{33} 第九次

　三　次　　　　　　　九　次（助）

（40）彝语（戴庆厦 1998：280、321）

①ʂʅ^{21} khu^{55} 七年　　　　　②ʅ^{33} khu^{55} di^{21} khu^{55} 第四年

　七　年　　　　　　　四　年　年

（41）桑孔语（李永燧 2002：144～145）

①ŋa^{31} aŋ^{55} 五个　　　　　②ŋa^{31} aŋ^{55} mbaŋ^{55} 老五、第五

　五　个　　　　　　　五　个　个

（42）卡卓语（孙宏开、胡增益、黄行 2007：432～433）

①te^{31} ju^{24} 一个　　　　　②si^{33} ju^{24} ɑ^{33} ju^{24} 第三个

　一　个　　　　　　　三　个　那　个①

例（39）的①表示次数，②在"数 + 次"后面添加定指助词 su^{33} 后表示序数。例（40）的①表示年数，②在"数 + 年"后面添加定指时间词 di^{21} khu^{55} 后，表示序数。例（41）的①表示基数，在①后面添加定指量词 mbaŋ^{55}（个）后，表示排行或名次。例（42）的①表示基数，②在"数 + 个"后面添加指量结构"ɑ^{33}（那）+ 个"后表示序数，这个指量结构的主要作用是指明前面数量结构所指的是一个特定个体。

第二组：包含结构助词的序数语法表达式。

（43）勉语（毛宗武 2004：229）

①ȶhan^{42} ɬa^{24} 十个月　　　　②ȶhan^{42} nin^{31} ɬa^{24} 十月

　十　月　　　　　　　十　的　月

（44）景颇语（戴庆厦、徐悉艰 1992：101、125）

①ma^{1}sum laŋ^1 三次　　　　②ma^{1}sum laŋ^1 ngu^2 na^2 laŋ^1 第三次

　三　次　　　　　　　三　次　称　的　次

---

① 孙宏开、胡增益、黄行（2007：432）把 ɑ^{33} 译作"一"，实际上它是指示代词"那"。

（45）载瓦语（徐悉艰、徐桂珍 1984：54、56）

①ŋo³¹ ŋji⁵⁵ 五天　　　　②ŋo³¹ ŋji⁵⁵ e⁵⁵ ŋji⁵⁵ 第五天

　五　天　　　　　　　　五　天　的　天

例（43）、（44）、（45）的①都不带结构助词，表示基数。②都带结构助词，表示序数。汉语方言中也存在利用结构助词来表示序数的现象，例如四川成都话中"三的组""十的本"分别表示第三组、第十本。（张一舟 2000）又如贵州遵义话中"二的个""四的瓶"分别表示第二个、第四瓶。（胡光斌 2010）

第三组：包含"一＋量"结构的序数语法表达式。

（46）汉语方言平谷话（陈淑静 1998：276、280）

①san³⁵ kə 三个　　　②san³⁵ i kɤ⁵ 第三个

　三　个　　　　　　三　一　个

（47）柔若语（孙宏开、黄成龙、周毛草 2002：62、82）

①nɛ̠⁵³ ia⁵³ 两个　　　②nɛ̠⁵³ ia⁵⁵ tɯ³¹ ia⁵⁵ 第二个

　二　个　　　　　　二　个　一　个

例（46）的①表示基数，②表示序数。例（47）的①表示基数，在①后面添加"一＋个"后表示序数，如②就是如此。

上述三组例句表面上看起来差异很大，但它们有个共同特点，即所包含的定指助词、定指时间词、定指量词、指示代词、指量结构、结构助词、"一＋量"结构都具有殊指功能，可以把它们称为殊指性成分。不同成分的殊指性存在强弱差异，这可以用范围的有无和范围的大小来判定，有范围的总比无范围的殊指性强，范围小的总比范围大的殊指性强。具体与抽象也可以判定殊指性的强弱，越具体，殊指性越强；越抽象，殊指性越弱。我们来看三组例句的具体情况：

第一组是包含定指助词、定指时间词、定指量词、指示代词、指量结构的序数语法表达式。所包含的这些成分具有定指功能是毋庸置疑的，这些成分常与有定性形成一定的对应（参见孙朝奋 1988/1994，魏红、储泽祥 2007），既然是有定性的，就意味着是具体的、可以被识别的，理所当然它们也可以表示殊指。另外，定冠词也具有殊指功能，有些外语中，表示序数时常使用定冠词，例如德语、葡萄牙语表示序数时数词词语通常与定冠词组合，意大利语通过在数词词语前面加定冠词来表示钟点、日期、年份。（参见张才尧 1994，蔡子宇 1998，肖天佑、刘善枪 1981）这说明利用定指成分来增强殊指性，不管是在中国语言中还是在外语中，都是具有共性的。

第二组是包含结构助词的序数语法表达式。勉语中 nin³¹ 主要出现在某些词组后面，与这些词组一起充当定语。（毛宗武 2004：263）景颇语中 na² 主要放在名词或代词后面，表示某事物是属于某个范畴或某个时间之内的。（戴庆厦、徐悉艰 1992：260）载瓦语中 e⁵⁵ 可以用在名词或代词之间表示领属关系。（徐悉艰、徐桂珍 1984：110）可见，这些词与汉语的结构助词"的"具有大致相同的功能，它们都是定语标记。当两个成分中间出现定语标记时，就意味着一个成分是定语，一个成分是中心语。中心语带有定语，也就意味着中心语的所指范围缩小，所指对象更加具体。因此，添加结构助词也能增强殊指性。

第三组是包含"一＋量"结构的序数语法表达式。一方面，"一＋量"结构可以起计数作用，用于表示事物的数量多少，如"一个（人）、一本（书）"。"一＋量"的数目是"一"，意味着单数或单个个体，当它出现在数词词语或者"数＋量"结构后面时，就会限制前面的数词词语或者"数＋量"结构的语义，使它们不能表示数目多少，而只能表示次序。另一方面，"一"在一定条件下具有殊指功能，蔡维天（2002）指出，只有"一"能和典型的殊指限定词"某"连用，这种共存限制显示了"一"在词汇层面上也具有殊指性，只是这种殊指性是隐性的，需要外因来诱发。同样，"一＋量"在序数表达式中也具有殊指性，它强调的是集合中的一个特定对象。例如四川成都话的"三一杯"也可以说成"第三一杯""第三的一杯"，其中的"一杯"具有殊指意味，"三一杯"可以理解为"第三的那一杯"。

序数具有殊指功能，而殊指性成分可以增强殊指性，后者与序数要表达的内在概念和本质功能是吻合的，所以序数语法表达式中经常包含殊指性成分，这些成分可以看作是重要的辅助性序数表达手段。

7.3.5 较大数目序数倾向于使用语法表达式

Veselinova（1997）考察了 47 种语言中序数派生中的异干现象，Stolz（2001）、Stolz 和 Veselinova（2005）以跨语言的视角总结了派生序数表达式的八种模式。这些研究成果都表明，序数词汇表达式和语法表达式不是完全排斥的，也不是完全融合的；序数表达式和基数表达式既不是毫无联系的，也不是完全一致的。在表达同一类序数时，是选择语法表达式还是词汇表达式，是选择从基数上派生还是不从基数上派生，不同语言有不同的策略。例如表达"三月、四月"时，汉语使用弱标记式，藏语使用专门性标记式（如 $ta^{12}wa^{12}sum^{55}pa^{54}$、$ta^{12}wa^{12}\varsigma^{55}pa^{54}$），傣语使用语序式（如 $d\partial n^1 sa{:}m^1$、$d\partial n^1 si^5$），塔塔尔语使用词汇表达式（如 mart、αprel），而柯尔克孜语有两套月份名称，它既可以使用语法表达式（如 ytʃyntʃy aj、tørtyntʃy aj），又可以使用词汇表达式（如 mart、aprel）。尤为值得关注的是，有些语言在表达同一类序数时，数目不同，所选择的表达式不同，例如英语用词汇表达式 first 表示第一，用语法表达式 fourth 表示第四。可见，不同语言在表达同一类序数时存在诸多差异，但是在这些差异背后，应该存在某些普遍的倾向性。我们感兴趣的是，表达同一类序数时，数目的大小与序数表达式的选择是否存在关联？当然，这里所说的数目大小都是相对的，相对于"第四、第五"来说，"第一、第二"就是小数目。

　　三类序数表达式中，词汇表达式和语法表达式是基本的，缩略表达式在语法表达式上缩略而成，这里只讨论词汇表达式和语法表达式的选择问题。当选择词汇表达式时，表达式不在数词词语上派生；当选择语法表达式时，多数表达式在数词词语上派生。另外，数词词语有表达基数和序数的功能，表达基数时，常采用无标记形式；表达序数时，常采用有标记形式，因此序数语法表达式从数词词语派生时，也可以理解为是从基数表达式派生。我们讨论序数语法表达式和词汇表达式的选择问题，实质上是讨论序数表达式是否从数词词语上派生，也是讨论序数表达式与基数表达式是否存在派生关系。

　　为了更集中地分析问题，我们把观察范围限定在同一个类别的前五个序数中，114 种语言中语法表达式和词汇表达式的选择存在以下六种类型：

　　类型一：表示所有序数都使用词汇表达式。例如：

（48）*凉山彝语*（戴庆厦 1998：309、318）

数目	数词	序数表达式	关系
1	$tshэ^{21}$	$a^{44}mu^{33}$ 老大	数词 ≠ 序数表达式①
2	ηi^{21}	$mu^{44}\underset{.}{l}e^{33}$ 老二	数词 ≠ 序数表达式

---

① "数词 ≠ 序数表达式"是指数词和序数表达式之间不存在派生关系。

3	sɔ³³	mu³³ka⁵⁵ 老三	数词 ≠ 序数表达式
4	lɿ³³	mu³³dʐɿ⁵⁵ 老四	数词 ≠ 序数表达式
5	ŋɯ³³	mu³³ko⁵⁵ 老五	数词 ≠ 序数表达式

凉山彝语里有一套专门表示排行的序数表达式，分男性、女性两个系列，例（48）是用于表示男性排行的序数表达式，它们是利用词汇手段构成的，而不是从数词派生出来的，并且不能表示其他具体事物的次序。

类型二：表示所有序数都使用语法表达式。例如：

（49）门巴语（陆绍尊1986：38、162）

数目	数词	序数表达式	关系
1	the²⁵³	le⁵³the²⁵³ 一月	数词→序数表达式①
2	nAi³⁵	le⁵³nAi³⁵ 二月	数词→序数表达式
3	sum⁵³	le⁵³sum⁵³ 三月	数词→序数表达式
4	pli⁵³	le⁵³pli⁵³ 四月	数词→序数表达式
5	le³¹ŋe⁵³	le⁵³le³¹ŋe⁵³ 五月	数词→序数表达式

例（49）中门巴语表示月份都是按照"le⁵³+数"结构构成的，它们是利用语法手段从数词派生出来的。

类型三：表示第一使用词汇表达式，表示其他序数使用语法表达式。例如：

（50）藏语（孙宏开、胡增益、黄行2007：178～179）

数目	数词	序数表达式	关系
1	tɕi²⁵³	thaŋ¹¹po⁵³ 第一	数词 ≠ 序数表达式
2	ȵi⁵⁵	ȵi⁵⁵pa⁵³ 第二	数词→序数表达式
3	sum⁵⁵	sum⁵⁵pa⁵³ 第三	数词→序数表达式
4	ɕi¹²	ɕi¹²pa⁵³ 第四	数词→序数表达式
5	ŋa⁵³	ŋa⁵³pa⁵³ 第五	数词→序数表达式

---

① "数词→序数表达式"是指数词和序数表达式之间存在派生关系。

例（50）中藏语通过在数词后面添加专门性标记 pa⁵³ 来表示序数，但不能在 tçi⁷⁵³（一）后面添加 pa⁵³ 来表示第一，而是用 thaŋ¹¹po⁵³ 表示第一，thaŋ¹¹po⁵³ 与 tçi⁷⁵³（一）不存在派生关系。

类型四：表示第一、第二使用词汇表达式，表示其他序数使用语法表达式。例如：

（51）蔡家话（孙宏开、胡增益、黄行 2007：1470）

数目	数词	序数表达式	关系
1	ji³³	tuo³¹ 第一	数词 ≠ 序数表达式
2	ta⁵⁵	ɤu⁵⁵ 第二	数词 ≠ 序数表达式
3	sa³³	die³¹sa³³ 第三	数词 → 序数表达式
4	sɿ³¹	die³¹sɿ³¹ 第四	数词 → 序数表达式
5	ɤuŋ³³	die³¹ɤuŋ³³ 第五	数词 → 序数表达式

例（51）中蔡家话分别用词汇表达式 tou³¹、ɤu⁵⁵ 表示第一、第二，它们不是从数词派生出来的。表达其他序数使用语法表达式，即在数词前面添加专门性标记 die³¹。

类型五：表示所有序数都使用语法表达式，但表示第一也使用词汇表达式。例如：

（52）勉语（毛宗武 2004：222、228）

数目	数词	序数表达式	关系
1	in⁵³	təi⁴²in⁵³ 第一	数词 → 序数表达式
		tau³¹ 头 + 量	数词 ≠ 序数表达式
2	ȵi⁴²	təi⁴²ȵi⁴² 第二	数词 → 序数表达式
3	san³³	təi⁴²san³³ 第三	数词 → 序数表达式
4	səi²⁴	təi⁴²səi²⁴ 第四	数词 → 序数表达式
5	uŋ⁴²	təi⁴²uŋ⁴² 第五	数词 → 序数表达式

例（52）中，勉语通过在数词前面添加专门性标记 təi⁴² 来表示序数，这些都是语法表达式。但是表示第一也可以用词汇表达式，如 tau³¹⁻⁴²

ṇwai³³（头天）、tau³¹ tau³¹（头个）。

类型六：表示所有序数都使用语法表达式，但表示第一、第二也使用词汇表达式。例如：

（53）锡伯语（李树兰、仲谦 1986：61、63）

数目	数词	序数表达式	关系
1	əmkən	əmutçi 第一	数词→序数表达式
		udʐw/udʐutçi 第一	数词≠序数表达式
2	dʐu	dʐutçi 第二	数词→序数表达式
		dʐai/dʐaitçi 第二	数词≠序数表达式
3	ilan	ilatçi 第三	数词→序数表达式
4	dujin	duitçi 第四	数词→序数表达式
5	sundʐa	sundʐatçi 第五	数词→序数表达式

例（53）中锡伯语通过在数词后面添加专门性标记 –tçi 来表示序数，但是表示第一、第二也可以分别用词汇表达式 udʐw、udʐutçi，dʐai、dʐaitçi 来表示，并且表示第一、第二的语法表达式和词汇表达式存在分工，单用时使用词汇表达式 udʐw、dʐai，作数词短语的构成成分时使用语法表达式 əmutçi、dʐutçi。

以上是中国民族语言中表达同一个类别的前五个序数时，语法表达式和词汇表达式的选择情况。当然，同一种语言中，可能存在多种类型。例如傣语可以在所有数词前面添加专门性标记 laːm⁵paːt⁸ 来表示序数，也就是说表示所有数目的序数都可以使用语法表达式，这属于类型二；还可以把数词置于量词或者具有量词作用的名词之后来表示序数，但表示第一和第二时不能用数词，而是分别用 ho¹（头）、ho¹te²（开头）和 taːm²（顺次，紧接），也就是说表示第一、第二时使用词汇表达式，表示其他数目的序数时使用语法表达式，这属于类型四。

上述六种类型不一定能概括所有情况，但还是能反映基本面貌。类型一、类型二表达同一类的不同数目的序数时都使用一样的序数表达式。类型三至类型六表达同一类序数时，既使用词汇表达式又使用语法表达式，数目不同时，序数表达式的选择存在差异，它们体现了一个倾向：

表达同一类的不同数目的序数时，若数目的大小与语法表达式、词汇表达式的选择存在关联，那么除了序列末尾外，较大数目序数倾向于使用语法表达式。也就是说，如果某个序数使用语法表达式，那么比它更大的序数也倾向于使用语法表达式。之所以出现这种倾向，有两方面的原因：

第一，象似性原则和经济性原则的相互竞争影响了序数词汇表达式和语法表达式的选择。象似性原则强调语言结构与人的经验结构之间的对应关系，追求形式与意义的"一对一"。经济性原则追求形式与意义的"一对多"，抽象、简化和规约化是经济性原则的一种体现。（参见张敏 1998）序数表达式的句法化程度越低，象似性原则的作用就越明显；句法化程度越高，经济性原则的作用就越明显。使用词汇表达式时，不同数目的序数有不同形式，这些形式的句法化程度比较低，象似性作用比较强；使用语法表达式时，不同数目的序数有相似的形式，这些形式的句法化程度比较高，经济性作用比较强。

在象似性的驱动下，倾向于使用不同的词汇表达式来表达不同序数；在经济性的驱动下，倾向于使用相似的语法表达式来表达不同序数。显然，不可能产生无限多的词汇表达式来表达无限多的序数，但可以使用有限的、相似的语法表达式来表达无限多的序数，这都源于经济性对象似性的抑制作用，它有效地控制了词汇表达式的无限增加，并把词汇表达式限制在小数目序数上，数目越大，越倾向于使用语法表达式。但象似性也具有强大作用力，当表示第一、第二只能使用词汇表达式时，象似性比经济性的作用力强；当表示第一、第二既使用词汇表达式又使用语法表达式时，两种力量势均力敌，相互对抗。

第二，序数表达式被理解的速度和难度、不同数目的序数的使用频率也会影响词汇表达式和语法表达式的选择。一方面，序数词汇表达式所表达的序数是词汇性的，它存储在词汇库中，理解时只要直接提取，所以很快捷，难度也低。序数语法表达式所表达的序数是语法性的、临时性的，理解时需要经过语法分析，这就影响了理解速度，加大了理解难度。另一方面，语言运用中表示第一、第二等小数目序数的使用频率比较高，显然，表达高频出现的小数目序数时，更适合选择被理解的速度快、难度低的词汇表达式，这有利于明确而快捷地区分语义，也有利于丰富语义。

小　结

Ⅰ. 汉语方言的序数语法表达式包括两大类共四小类，即强标记式和弱标记式两大类，其中强标记式包括专门性标记式、语序式、重叠式。四类语法表达式中，专门性标记式"阿＋数"、重叠式、弱标记式"数＋一＋量/名""数＋的＋（量/名）""数＋的＋一＋量/名"是汉语普通话中一般没有或者少见的。

Ⅱ. 中国少数民族语言的序数语法表达式包括两大类共六小类，即强标记式和弱标记式两大类，其中强标记式包括专门性标记式、语序式、重叠式、内部屈折式、复合标记式。六类语法表达式中，重叠式、内部屈折式、复合标记式是汉语普通话中没有的。

Ⅲ. 汉语与中国少数民族语言序数语法表达式具有以下共性特征：以专门性标记式为优势形式、VO 型语言的专门性标记倾向于前置、语序式以数词词语后置为主、殊指性成分是重要的辅助性表达手段、较大数目序数倾向于使用语法表达式。

第八章 结 语

8.1 本书的结论

语义语法范畴与语言表达形式不是一一对应的关系，而是错综复杂的映射关系。数量是一个比较复杂的范畴，不仅包括多种次范畴，还有丰富的表达形式。作为数量次范畴之一的序数范畴，与其他数量次范畴，乃至非数量范畴，在表达形式方面存在诸多交叉关系。本书着重从五个角度窥探汉语是如何表达序数范畴的：序数的语义构成基础、序数表达式的基本类别、序数语法表达式的认知语义特征、序数语法表达式的个案研究、汉语和中国少数民族语言中序数语法表达式的共性特征。

（一）汉语序数范畴的语义构成基础和序数参照

序数建立在同一集合中两个或两个以上相互联系的事物进行比较的基础上。序数的构成暗含了比较，即采用一定的比较视角，依据一定的比较标准，对同一集合中两个或两个以上有联系的事物辨别差异。

序数参照是指构成序数时所依据的排序标准，包括四类，即空间参照、时间参照、地位参照、编号参照。四类序数参照可以单独运用，也可以混合运用，后者形成混合参照，常见的混合参照有"空间参照＋命名编号参照""时间参照＋命名编号参照""地位参照＋命名编号参照"等。

（二）汉语序数表达式的基本类别

首先，在审视以往的分类体系的基础上，选择以表达手段作为分类标准，把序数表达式划分为三大类，即序数词汇表达式、语法表达式和缩略表达式。

其次，对三大序数表达式进行详细描写：

序数词汇表达式是指利用词汇手段构成的具有序数义的语言结构。包括数字型词汇表达式和非数字型词汇表达式两类，其中后者包括系列性直接表序式、非系列性直接表序式、系列性间接表序式和非系列性间接表序式。这种表达式具有如下特征：数字型词汇表达式是能产开放的，但强烈依赖语境或序列；非数字型词汇表达式的形式比较固定，意义具有一定的凝固性，以表示第一、第二、最后的居多。

序数语法表达式是指表数成分（数词词语、数字串、天干地支、外文字母）与某些语言成分利用语法手段组合构成的具有序数义的语法结构。包括专门性标记式、语序式、弱标记式三类。专门性标记式是指在表数成分上添加有序数标示作用的成分来表达序数的语法表达式，包括附着性语法标记式、附着性准语法标记式、附着性词汇标记式、组配性词汇标记式和书写符号标记式。语序式是指利用与基数表达式不同的语序来表达序数的语法表达式，包括数词词语后置式、数字串后置式、干支后置式、字母后置式。弱标记式是指利用句法语义的限定来表达序数的语法表达式，包括"数 + X""数字串 + X""干支 + X""字母 + X"。序数语法表达式具有如下特征：形式多样化；不同表达式有不同分工；不同表达式的典型性不一致；专门性标记丰富，标序能力有级差。

序数缩略表达式是指利用缩略手段对序数语法表达式或者包含序数语法表达式的表达式进行缩合构成的具有序数义的缩略结构。这种表达式在形式和语义上都受序数语法表达式的影响，形式上具有定型性，语义上具有依赖性。从缩略手段看包括顺序缩略式和逆序缩略式，从序数性成分的多少看包括单层缩略式和多层缩略式。这种表达式在形式上具有简洁性和定型性；语义上具有依赖性；功能上具有指称性；还具有一定的能产性。

最后，从整体上概括汉语三大序数表达式的特征，它们具有以下特点：表达形式丰富多样、具有原型范畴特征、以序数语法表达式为主导形式。

通过以上考察，大致了解了汉语表达序数的基本形式，而且认识到序数语法表达式的研究在汉语序数范畴研究中的重要地位，这为下一步重点讨论序数语法表达式奠定了坚实基础。

（三）汉语序数语法表达式的认知语义特征

以序数与基数的对比为基础，从语义特征、认知特征等角度进一步做出细化的、延伸性的分析。

首先，讨论序数语法表达式的必有语义特征和可有语义特征，具体结论如下：

必有语义特征之一：对比性。体现在单比与通比、单体与多体等方面。

必有语义特征之二：数量性。体现在三个方面，即数量实指、数量虚指、数量无指。

必有语义特征之三：序列性。体现在强与弱、无限与有限、匀整与非匀整、显性与潜性等方面。

必有语义特征之四：表序手段的语法性。

可有语义特征之一：定位性。包括直接定位、间接定位、不能定位三种情况。

可有语义特征之二：命名性。它是指序数语法表达式或者包含序数语法表达式的表达式能充当专名或类名去称谓某个或某类事物的特性。

其次，从句法、语义、认知等角度建立多层级的典型性评估体系，利用分层级的评估体系，结合数据统计，评估相应层级的序数语法表达式的典型性程度，得到以下典型性等级序列：

Ⅰ级评估结果：

专门性标记式 ＞ 弱标记式 ＞ 语序式

Ⅱ级评估结果：

第＋数 ＞ 老$_2$＋数；初$_2$＋数 ＞ 数＋来/则/其；头$_2$＋数＋量/名 ＞ 小$_2$＋数＞数字串＋号；书写符号标记式 ＞ 第＋数字串；数＋号；前/后＋数＋量/名 ＞ 上/下＋数＋量/名

X＋数 ＞ X＋数字串 ＞ 名＋字母 ＞ 名＋干支

数＋X ＞ 数字串＋X ＞ 字母＋X ＞ 干支＋X

最后，分析序数语法表达式表示序数的句法、语义条件，主要条件有：构成成分的标示作用、近义词的分工、语法表达式特点的影响、序数域的诱导、非序数性语法成分的制约。

（四）汉语序数语法表达式的个案研究

本书选取了六个点进行考察：

其一，"第＋数/数字串"的使用频率比较高，可以和量词、名词性成分、动词性成分、形容词性成分组合构成"第 + 数/数字串 + X"。

其二,序数语法表达式的多项连用包括三大形式,即紧接性连用式、临接性连用式、间隔性连用式,连用项之间存在并列、偏正、主谓等语法关系。

其三,序数标记"第"的隐现机制。制约"第"的隐现因素有两大类,一类是强制性影响因素,包括"第"的语义功能及句法作用、序数参照的类别及变化;另一类是倾向性影响因素,包括表数成分的类别及数目大小的影响、X 类别的影响、序数域的诱导、非序数性句法成分的干扰、语用动机的驱使等。其中,强制性影响因素是对"第"的隐匿范围的限定和对可能隐匿"第"的七类序数语法表达式的考察,倾向性影响因素不仅是对可能隐匿"第"的七类序数语法表达式的考察,也是对被强制性影响因素所排除的情况的进一步考察,揭示突破句法语义强制作用的条件和原因。

其四,序数语法表达式中量词的隐现机制。制约量词隐现的因素有量词的类别和语义功能、名词性成分的离散性与非离散性、名词性成分的光杆与非光杆形式、数词词语的差异、认知倾向、序数参照的类别及变化、命名性差异等。量词的隐匿说明一点,形式与语义的匹配并不是完全一一对应的。在语义自足的前提下,可以突破数名组合必须带量词的句法强制作用,即句法上起强制作用,但语义上不起强制作用、只起显量作用的个体量词可以隐匿。

其五,"第一 + X"在一定的句法、语义、认知和语用条件下可以映射高程度性质/情态。

其六,"第二 + X""X + 第二"在一定的句法、语义、认知和语用条件下可以映射类似关系。

(五) 汉语和中国少数民族语言中序数语法表达式的共性特征

首先讨论汉语方言的序数语法表达式,包括专门性标记式、语序式、重叠式、弱标记式。其次讨论中国少数民族语言的序数语法表达式,包括专门性标记式、语序式、重叠式、内部屈折式、复合标记式、弱标记式。汉语与中国少数民族语言序数语法表达式具有以下共性特征:以专门性标记式为优势形式、VO 型语言的专门性标记倾向于前置、语序式以数词词语后置为主、殊指性成分是重要的辅助性表达手段、较大数目序数倾向于使用语法表达式。

8.2 研究中得到的几点启示

（一）语法研究要有语体意识

随着语法研究的深入，学界越来越意识到语体对语法规律概括的影响，强调语体意识在语法研究中的重要性和必要性。例如陶红印（1999）指出，"以语体为中心的语法研究具有重大理论意义，应该是今后语言学研究的一个基本出发点。"在汉语序数范畴的研究中，我们强烈体会到语体意识的重要性，具体表现在以下几个方面：

第一，在 5.2.2 中讨论三大序数语法表达式的典型性差异时，我们发现，专门性标记式、语序式和弱标记式除了在序数范畴化程度、使用频率上存在差异外，在语体分布上也存在差异。就口语语体和书面语体而言，专门性标记式和弱标记式既可以高频地出现在口语语体中，也可以高频地出现在书面语体中，但是语序式主要分布在书面语体中。显然，如果没有语体意识，则无法观察到这种差异。

第二，在 6.3 中讨论"第"的隐现机制时，我们发现，语体风格不同，"第"的隐现频率不同。就本书统计的五种语体的语料而言，公文语体中"第"的隐匿频率比较低，口语语体和文艺语体中"第"的隐匿频率比较高。显然，如果没有语体意识，则无法观察到"第"在不同语体中的隐现倾向。

第三，本书的研究大多建立在书面语材料上，据此，把汉语的序数表达手段概括为三类，即词汇手段、语法手段和缩略手段，并且还发现了"Ⅰ.、Ⅱ."、"①、②"类的序数性书写符号和"№、No.、no.、§、#"类的可以充当专门性标记的书写符号。实际上，口语中有些序数表达式利用与基数表达式或者非数量表达式不同的声调、轻重音模式来区分非序数、凸显序数。这种语音变化手段具有很强的依附性，运用时需要具备一定的句法、语义条件，使用范围相当有限，只能用于少数序数表达式上，主要作用是消除歧义、凸显序数。例如口语中"一"的变调是比较突出的现象，但是在表示序数时变调规律不起作用。"一"若不变调而读阴平原调，则"一层"表示序数；若变调则"一层"不表示序数，这说明变调与不变调在一定程度上可以起到分解歧义的作用。又如"大姐"中，重音落在"大"上，则表示排行最大的姐姐；重音落在"姐"上，则表示跟自己年纪相仿或年纪大些的女性，这说明重音在一定程度上可以起到分解歧义的作用。声调变化是一种屈折手段，但为了便于理解，又鉴于重音也能辅助表达序数，所以把声调变化和重音变化合称为语音变化手段。

需要强调两点，其一，把"一层""大姐"等称为有语音变化的序数表达式，是相对于它们表示非序数时而言的。其二，单独的语音变化是无法表达序数的，它必须作用于由词汇手段或语法手段或缩略手段构成的表达上。同时，有语音变化的序数表达式在书面语中仍然能够表达序数，这说明语音变化不是表达序数的必有手段。因此，把语音变化看作是辅助性的序数表达手段，它与词汇、语法、缩略手段不是并列关系，而是依附关系。也正是因为语音变化手段是辅助性的，所以我们在章节安排上未把它们放入第三章，而是在结语中附带讨论。

下文详细介绍三类有语音变化的序数表达式，即"一+量/名""七/八+量/名"和有重音变化的序数表达式，它们利用语音变化手段来辅助表达序数。

A. 一+量/名

数词"一"的本调是阴平，它在阴平、阳平、上声等非去声之前读去声，去声之前读阳平，嵌在相同动词之间读轻声。但是"一"的变调规律在三种情况下不起作用，一是单念，二是出现在词语的最后一个音节，三是表示序数。（参见金有景 1979，邵敬敏 2001：60，黄伯荣、廖序东 2002：104）请看"一+量/名"表示序数或非序数时"一"的声调变化情况：

表 8.1 "一+量/名"表示序数或非序数时"一"的声调变化情况

"一"后面音节的声调	"一"的实际声调	序数	用例
阴平	阴平	+	一中、一班
	去声	−	一斤、一班
阳平	阴平	+	一级工、一楼
	去声	−	一厘米、一楼
上声	阴平	+	一组、一厂
	去声	−	一米、一厂
去声	阴平	+	一号、一栋
	阳平	−	一个、一栋

说明："+"指表示序数，"−"指不表示序数。

　　虽然"一"在有些情况下可以不变调，例如"表内不一"中的"一"就不会变调，但是若只考虑"一"在"一＋量/名"中出现的情况，则如上表所示，是否表达序数与是否变调存在对应关系，即"一＋量/名"表达序数时，不管后面的音节是什么声调，"一"一定不变调；不表达序数时，一定会变调。当然，这个规律不能反推为"一"不变调时"一＋量/名"一定表示序数，因为在"一"不统制后面音节"X"时也不变调①。就"一＋量/名"而言，我们可以总结出两条"一"变调的规律：

　　规律一："一＋量/名"表示序数时，"一"不变调。

　　规律二："一＋量/名"中，若"一"变调，一定不会表示序数。

　　从上表可知，有些"一＋量/名"类的表达式存在歧义，既可能表示序数，也可能表示非序数。例如"一班、一楼、一厂、一栋"，它们都有两种读音，即"一$^{1/4}$班、一$^{1/4}$楼、一$^{1/4}$厂、一$^{1/2}$栋"②。语义不同，则读音不同。若"一班、一楼、一厂、一栋"表示第一班、第一楼、第一厂、第一栋，则"一"读作阴平；若表示全班、全楼、全厂、全栋，则前三个"一"读去声，后一个读阳平。

　　另外，《现代汉语词典》的一些注释也能佐证"一"表示序数时不变调的规律，如：

　　　　一把手：①作为参加活动的一员。②能干的人。③指第一把手。
　　　　注意：在口语中，①②中的"一"多念去声，③中的"一"多念阴平。（《现代汉语词典》2012：1522）

　　从《现代汉语词典》对"一把手"的注释可知，第一、二个义项不表示序数，口语中一般会变调。第三个义项表示序数，口语中一般不会变调。

　　从"一"是否变调可以看到，语义、语法、语音三者不是孤立的，而是存在一定的对应关系。序数义和非序数义、句法位置等决定了"一"是否变调，语音条件决定了"一"如何变调。

---

①　宋作艳（2005）认为，控制"一"变调的主要因素有两个，（1）是否表数字或序数，如果是，"一"不变调；（2）如果不满足（1），就取决于"一"是否统制后面的音节"x"，如果是，则变调；如果不是，则不变调。参见《控制"一"变调的相关因素分析》，《汉语学习》2005年第1期。

②　阴平、阳平、上声、去声分别用1、2、3、4标示。

B. 七/八 + 量/名

数词"七、八"的本调是阴平，一般认为在单念、出现在词语的最后一个音节、非去声前、表示序数时都念本调，在去声音节前可以变读为阳平，也可以不变。（参见黄伯荣、廖序东 2002：104，张斌 2002：65）例如"七、八、七斤、八斤、七厘米、八厘米、七两、八两"等都不变调，"七万、八万"有两种读法，即"七¹ᐟ²万、八¹ᐟ²万"。宋孝才、胡翔（1988）和张斌（2002）认为，随着语言的发展，"七、八"的变调正逐步消失，但在实际语言中有时还出现。

"七、八"在去声前有变调、不变调的可能，但是"七/八 + 量/名"表达序数时，即使其中的量词或名词是去声，它们也一定不会变调。例如"七号、七次、八号、八次"表示序数时，"七、八"仍读作阴平原调。若在去声前"七、八"变调，则一定不会表示序数，如"七路、八路"若读为阳平，则一定不表序数。也就是说，在一定条件下，变调还是不变调也可以看作是区分序数和基数的手段，不过这种手段受到语义、句法位置、语音条件的严格限制。就"七/八 + 量/名"而言，我们可以总结出两条"七、八"变调的规律：

规律一："七/八 + 量/名"表示序数时，"七、八"不变调。

规律二："七/八 + 量/名"中，若"七、八"在去声前变调，一定不会表示序数。

依据这两条规律，我们在一定程度上可以区分一些序数、基数有歧义的表达式。例如"七路、八路、七次、八次"若表示序数，则一定不能变调；若变调则一定不能表示第七路、第八路、第七次、第八次。

C. 有重音变化的序数表达式

重音是指口语中声音的强弱，即音量变化造成的语音现象。重音最主要的声学特征是调形较完整，音长比非重读音节要长一些，音高也较非重读音节高，在突出某一意义或信息时音强增加。王韫佳、初敏、贺琳（2006）把语句重音分为节奏重音（rhythmic stress）和语义重音（semantic accent）两种，节奏重音是指使语句产生节奏感的重音，它对语义表达基本没有影响；语义重音是指为了凸显语句中某信息单元的重要程度而出现的重音。他们还指出语义重音在短语层面的分布与在句子层面的分布存在一定的平行性。

重音在不同的语言中有不同的作用，在有的语言中能凸显信息、消除歧义或改变语义。例如英语中重音起着区别词性或词义的作用：

re'ject（v. 拒绝）① 　　　　　　'reject（n. 次品、废品、不合格者）

ab'sent（v. 缺席、不到） 　　　　'absent（adj. 缺席的、漫不经心的）

汉语的有些序数表达式中可以存在语义重音，利用重音的不同来区分序数和非序数，表达说话者的不同说话目的。例如：

小女儿：①'小女儿，重音落在"小"上，表示排行最小，与其相对的是"大女儿、二女儿"等。②小'女儿，重音落在"女"上，不表示排行，而是表示年龄尚小的女儿。

老姑娘：①'老姑娘，重音落在"老"上，表示排行最小，与其相对的是"大姑娘、二姑娘"等。②老'姑娘，重音落在"姑"上，不表示排行，而是表示年纪大了还没结婚的女子。

实际上，汉语方言中也存在一些有语音变化的序数表达式。例如福建福州话中"大"和数词重叠表示排行时伴有声母、声调的变化，以此和形容词、基数表达式区分开来。如：

形容词或基数表达式		序数表达式	
$tuai_{53}^{242}$	$tuai^{242}$ 大大 很大	$tuai_{21}^{242}$	$luai^{242}$ 大大 老大
$saŋ^{44}$	$saŋ^{44}$ 三三 三乘三	$saŋ^{44}$	$naŋ^{44}$ 三三 老三
$løyʔ_{41}^{5}$	$løyʔ^{5}$ 六六 六乘六	$løyʔ_{31}^{5}$	$løyʔ^{5}$ 六六 老六 （黄伯荣 1996：119）

从上例可见，福建福州话中"大大""三三"表示序数时伴有声母和声调的变化，"六六"表示序数时伴有声调的变化。

本书所考察的语料和所查阅的文献资料中，能反映序数表达式的语音变化情况的材料比较少，一方面是因为纯口语的语言材料不够，而所调查的方言点和查阅的文献资料也不够；另一方面可能是此类现象本来在汉语中就不具有普遍性。但不管怎样，这些语音变化现象是客观存在的，这说明，语法研究中不能忽略语体的差异，若忽略了语体差异，有些现象是无法观察到的，如上述序数表达式的语音变化现象，若不考察纯口语，则无

---

① 重音用"'"标示，表示该符号后的音节为重音音节。

法观察到。

（二）要把多样性研究与倾向性研究结合起来

多样性考察是语言研究者的任务之一，倾向性研究也是一项重要任务，后者能够回答各成员在多样性大家族中的地位。序数语法表达式的类别繁多，具有多样性特征，它们内部也体现出很大差异，本书重视多样性研究与倾向性研究的结合：

一方面，重视多样性研究。全书用两章（第三章、第四章）来描写序数表达式的基本类别，力争观察到各类序数表达式，全面展现汉语序数表达的基本面貌。

另一方面，重视倾向性研究。在考察汉语序数语法表达式基本类别的基础上，讨论它的典型性问题，通过多层级的典型性评估体系和统计数据，排出典型性等级序列，这些都属于倾向性研究的内容。通过这种研究，我们更加明确不同成员在序数表达系统中的地位和价值，在后面的研究中把重点放在典型的序数语法表达式上，这有利于"以点带面"地研究问题，也有利于把问题推向深入。并且在研究中我们使用了量化手段和统计手段，这有利于更好地体现各典型性影响因素及次影响因素的作用力度，从而更加细致地、精确地体现典型性差异，在一定程度上可以克服研究者的主观随意性。

（三）要把"点"的研究和"面"的研究结合起来

语法研究中需要处理好"点"与"面"的关系。一方面，要有"面"的视野，要整体把握研究对象，这样才能避免以偏概全、只见树木不见森林。另一方面，要有"点"的深度，只有抓住问题的关键，才能以点带面，才能把问题引向深入。当然，"点"与"面"都是相对的，例如相对于数量范畴来说，序数范畴是"点"；相对于所有序数表达式而言，序数语法表达式是"点"。本书在研究中重视点面结合、重点突出，具体体现在以下两个方面：

其一，全书用三分之一的篇幅全面考察序数的语义构成基础、序数参照和三大序数表达式的类别，对汉语序数范畴的表达有了整体性的认识，为下一步研究奠定了坚实的基础。

其二，序数表达式的类别繁多，各类别的使用频率不同，若眉毛胡子一把抓，则无法真正认识汉语序数表达的特点。最切实际的做法就是选择一个点，探索其中的规律。基于序数语法表达式的主导地位，把它作为研究重点，从句法、语义等方面进行详细考察，有利于把问题推向深入。比如，只有选择使用频率高、语种分布广的序数语法表达式，才有条件进行跨方言、跨语言的比较，也才可能发现汉语与中国少数民族语言中序数表达的一些共性特征。又比如，在序数语法表达式内部，以专门性标记"第"的隐现为突破口，观察"第一栋"与"一栋"、"第一桥"与"一桥"等形式之间的差异，借此可以寻找专门性标记式与弱标记式的区分点。

（四）要把汉语研究和跨方言、跨语言比较研究结合起来

要把汉语语法研究和跨方言、跨语言比较研究结合起来，在全面、系统地研究汉语序数表达式的基础上，进行跨方言、跨语言的比较研究。

不同语言的序数表达式可能不同，例如纳木依语有表示顺序和逆序的专门性标记式，雅美语有表示一般序数和表示回数次序的专门性标记式，彝语的"五条那条（第五条）"，是以"数＋量＋量词的定指结构"来表示序数。比较不同语言的序数表达式，有利于更充分地观察汉语序数表达式的特点。

进行跨语言的比较研究时，一般都假设语言内部无差异或者差异很小，一种语言就是一种类型。但是语言内部的差异是客观存在的，比如汉语普通话与汉语方言都有专门性标记式、语序式、弱标记式，但汉语方言还有"五五（老五）""六六（老六）"类的重叠式，"二的杯（第二杯）""五一个（第五个）"类的弱标记式，这些表达式在普通话里一般没有或者少见。显然，若不考虑语言内部的差异，有些序数语法表达式无法被观察到。在语言类型学研究不断发展的今日，要想进一步发展和取得更多成果，不同语言中的方言也应该纳入研究视野。

8.3　本书的不足及今后的研究设想

虽然力争拓宽和深化汉语序数问题的研究，但是心有余而力不足，回顾所做的研究，发现存在诸多缺憾，弥补这些缺憾也是后继研究中需要完成的重要任务。这些缺憾和今后需要进一步完成的研究任务包括以下几个方面：

第一，缺少历时考察。本书考察了汉语普通话、汉语方言和中国少数

民族语言的序数表达情况，但是没有涉及到古代汉语。之所以没进行历时考察，主要是因为时间、精力不够，无法在短时间内完成古代汉语语料的筛选。显然，考察汉语序数表达的历时演变轨迹，理清序数词汇表达式、语法表达式和缩略表达式的古今发展线索，比较普通话和古代汉语，归纳基本发展规律，这些都是必须完成的研究任务。因此，后继研究中我们将按历史阶段阅读各类文献，全面考察汉语序数表达的历时发展情况，梳理出汉语序数表达的演变规律，并讨论专门性标记的语法化过程。

第二，语言规律的深入发掘不够。本书尽力将观察到的语言事实客观准确地表述出来，期望做到充分描写，但是缺乏理论深度，对语言现象的解释力度不够，对语言规律的深入发掘也不够。例如对汉语和中国少数民族语言中序数语法表达式的共性特征的概括还远远不够，而类型特征的概括相当少。另外，受研究重点的限制，有些问题的研究是浅尝辄止，没有深入。比如，对不典型的专门性标记式"上/下＋数＋量/名""前/后＋量/名"，本书只介绍了它们能够表示序数，至于表示序数的条件却没有展开。这些不足，都需要在后继研究中去弥补，而汉语与中国少数民族语言序数表达方式的对比研究也是今后的一项主要研究任务。

第三，语料处理不够精细，语料发掘不够深入，并且缺少纯口语的材料。语料处理中忽视了一些应该重视的语言事实，例如我们只重视表达序数的语料，忽视了表达基数的语料，实际上在寻找序数表达式与基数表达式的区分点时，两者都应该被关注。语料发掘也存在深度不够的问题，例如弱标记式表达序数的诸多条件还需要从语料中进一步提炼。另外，虽然本书的语料数量比较多，语体类型比较丰富，但是纯口语的语料仍然不足，所以对有语音变化的序数表达式的观察不够。因此，后继研究中我们会更细致地处理、更深入地发掘现有语料，通过语料的精细观察，减少由于语料问题给研究结论带来的影响；通过语料的进一步发掘，找出更有价值的问题，把序数范畴的研究推向深入。

序数范畴是一个非常广阔，而且非常有趣的研究领域，还有许多问题值得去发现，值得去探索。比如，世界语言中序数表达与基数表达存在哪些关系类型，汉藏语系和印欧语系语言的序数表达具有哪些共性和个性，序数表达式的语序与基数表达式的语序是否存在蕴涵关系，等等。这些都需要我们进一步深入研究，这样才能越来越逼近语言事实。

参考文献

著作：

薄文泽：《木佬语研究》，民族出版社，2003。

薄文泽：《佯僙语》，上海远东出版社，1997。

蔡子宇编著《简明葡萄牙语语法》，商务印书馆，1998。

曹翠云编著《苗汉语比较》，贵州民族出版社，2001。

常敬宇：《汉语词汇与文化》，北京大学出版社，1995。

陈康、马荣生编著《高山族语言简志（排湾语）》，民族出版社，1986。

陈康、巫达：《彝语语法（诺苏话）》，中央民族大学出版社，1998。

陈士林、边仕明、李秀清编著《彝语简志》，民族出版社，1985。

陈淑静：《平谷方言研究》，河北大学出版社，1998。

陈淑静、许建中：《定兴方言》，方志出版社，1997。

陈泽承：《国文法草创》，商务印书馆，1922/1982。

陈泽平：《福州方言研究》，福建人民出版社，1998。

陈宗振、伊里千编著《塔塔尔语简志》，民族出版社，1986。

储泽祥：《汉语空间短语研究》，北京大学出版社，2010。

储泽祥：《邵阳方言研究》，湖南教育出版社，1998。

储泽祥：《现代汉语方所系统研究》，华中师范大学出版社，1997。

戴庆厦主编，胡素华副主编《汉语与少数民族语言语法比较》，民族出版社，2006。

戴庆厦主编，岭福祥副主编《彝语词汇学》，中央民族大学出版社，1998。

戴庆厦、黄布凡、傅爱兰、仁增旺姆、刘菊黄：《藏缅语十五种》，北京燕山出版社，1991。

戴庆厦、李洁：《勒期语研究》，中央民族大学出版社，2007。

戴庆厦、徐悉艰：《景颇语语法》，中央民族学院出版社，1992。

丁声树等：《现代汉语语法讲话》，商务印书馆，1961。

方松熹：《舟山方言研究》，社会科学文献出版社，1993。

方绪军：《现代汉语实词》，华东师范大学出版社，2000。

耿世民：《现代哈萨克语语法》，中央民族学院出版社，1989。

郭攀：《汉语涉数问题研究》，中华书局，2004。

郭锐：《现代汉语词类研究》，商务印书馆，2002。

郭先珍：《现代汉语量词手册》，中国和平出版社，1987。

河北省昌黎县县志编纂委员会、中国社会科学院语言研究所编《昌黎方言志》，上海教育出版社，1984。

何杰：《现代汉语量词研究》，民族出版社，2000。

何乐士：《古汉语语法研究论文集》，商务印书馆，2000。

何汝芬、曾思奇、田中山、林登仙编著《高山族语言简志（阿眉斯语）》，民族出版社，1986。

贺凯林：《溆浦方言研究》，湖南教育出版社，1999。

侯精一主编《现代汉语方言概论》，上海教育出版社，2002。

侯精一：《平遥方言民俗语汇》，语文出版社，1995。

胡附：《数词和量词》，上海教育出版社，1984。

胡裕树主编《现代汉语》（重订本），上海教育出版社，2002。

胡增益编著《鄂伦春语简志》，民族出版社，1986。

胡振华编著《柯尔克孜语简志》，民族出版社，1986。

黄伯荣主编《汉语方言语法类编》，青岛出版社，1996。

黄伯荣、廖序东主编《现代汉语》（增订三版），高等教育出版社，2002。

黎锦熙：《新著国语文法》，商务印书馆，1924/1992。

李金涛编《波兰语语法》，外语教学与研究出版社，1996。

李民、马明编写《凉山彝语语法》，四川民族出版社，1982。

李树兰、仲谦编著《锡伯语简志》，民族出版社，1986。

李向农：《现代汉语时点时段研究》，华中师范大学出版社，1997。

李小凡：《苏州方言语法研究》，北京大学出版社，1998。

李永明：《衡阳方言》，湖南人民出版社，1986。

李永燧：《桑孔语研究》，中央民族大学出版社，2002。

李永燧、王尔松编著《哈尼语简志》，民族出版社，1986。

李宇明：《汉语量范畴研究》，华中师范大学出版社，2000。

林亦、覃凤余：《广西南宁白话研究》，广西师范大学出版社，2008。

刘复：《中国文法通论》，上海书店，1920/1990。

刘叔新主编《现代汉语理论教程》，高等教育出版社，2002。

刘树林、陈为主编《经济学原理》，武汉理工大学出版社，2004。

刘月华等：《实用现代汉语语法》，商务印书馆，2001。

柳士镇：《魏晋南北朝历史语法》，南京大学出版社，1992。

卢小群：《湘语语法研究》，中央民族大学出版社，2007。

陆俭明：《八十年代中国语法研究》，商务印书馆，1993。

陆绍尊编著《错那门巴语简志》，民族出版社，1986。

陆志韦等：《汉语的构词法》，科学出版社，1964。

罗安源：《简明现代汉语语法》，中央民族大学出版社，1996。

罗安源：《松桃苗话描写语法学》，中央民族大学出版社，2005。

罗竹风主编《汉语大词典》（第6卷），汉语大词典出版社，1990。

吕叔湘主编《现代汉语八百词》，商务印书馆，1980。

吕叔湘：《语法学习》，载《吕叔湘全集》（第六卷），辽宁教育出版社，1953/2002。

吕叔湘：《中国文法要略》，载《吕叔湘全集》（第一卷），辽宁教育出版社，1942/2002。

吕冀平：《汉语语法基础》，商务印书馆，2000。

马建忠：《马氏文通》，商务印书馆，1898/1983。

毛宗武编著《瑶族勉语方言研究》，民族出版社，2004。

明生荣：《毕节方言研究》，中国社会科学出版社，2007。

莫超：《白龙江流域汉语方言语法研究》，中国社会科学出版社，2004。

潘文国：《实用命名艺术手册》，华东师范大学出版社，1994。

齐沪扬：《现代汉语空间问题研究》，学林出版社，1998。

钱奠香：《海南屯昌闽语语法研究》，云南大学出版社，2002。

钱曾怡、太田斋、陈洪昕、杨秋泽：《莱州方言志》，齐鲁书社，2005。

乔全生：《晋方言语法研究》，商务印书馆，2000。

邵敬敏主编《现代汉语通论》，上海教育出版社，2001。

邵敬敏：《汉语语法的立体研究》，商务印书馆，2000。

沈家煊：《不对称和标记论》，江西教育出版社，1999。

石德富：《卑南语构词法研究》，中央民族大学出版社，2008。

孙宏开、胡增益、黄行主编《中国的语言》，商务印书馆，2007。

孙宏开、黄成龙、周毛草：《柔若语研究》，中央民族大学出版社，2002。

孙宏开、刘光坤：《阿侬语研究》，民族出版社，2005。

孙立新：《户县方言研究》，东方出版社，2001。

孙锡信：《汉语历史语法要略》，复旦大学出版社，1992。

王箕裘、钟隆林：《耒阳方言研究》，巴蜀书社，2008。

王吉辉：《现代汉语缩略词语研究》，天津人民出版社，2001。

王力：《汉语语法史》，商务印书馆，1989。

王力：《中国现代语法》，商务印书馆，1944/1985。

韦庆稳、覃国生编著《壮语简志》，民族出版社，1980。

吴慧颖：《中国数文化》，岳麓书社，1995。

吴开华、赵登明：《民勤方言与普通话》，甘肃民族出版社，2006。

毋效智：《扶风方言》，新疆大学出版社，2005。

项梦冰：《连城客家话语法研究》，语文出版社，1997。

肖天佑、刘善枪：《意大利语语法》，商务印书馆，1981。

邢福义：《汉语语法学》，东北师范大学出版社，1996。

邢福义：《邢福义学术论著选》，华中师范大学出版社，2003。

邢福义：《语法问题发掘集》，湖北教育出版社，1992。

徐世璇：《毕苏语研究》，上海远东出版社，1998。

徐悉艰、徐桂珍编著《景颇族语言简志（载瓦语）》，民族出版社，1984。

许宝华、宫田一郎主编《汉语方言大词典》，中华书局，1999。

阎康年：《卢瑟福与现代科学的发展》，科学技术文献出版社，1987。

杨伯峻：《中国文法语文通解》，商务印书馆，1955。

杨绍林：《彭州方言研究》，巴蜀书社，2005。

杨树达：《高等国文法》，商务印书馆，1930/1984。

易亚新：《常德方言语法研究》，学苑出版社，2007。

喻翠容、罗美珍编著《傣语简志》，民族出版社，1980。

苑中树编著《黎语语法纲要》，中央民族大学出版社，1994。

詹伯慧、陈晓锦编纂《东莞方言词典》，江苏教育出版社，1997。

张斌主编《新编现代汉语》，复旦大学出版社，2002。

张才尧编《实用德语语法》，外语教学与研究出版社，1994。

张德鑫：《数里乾坤》，北京大学出版社，1999。

张济民：《仡佬语研究》，贵州民族出版社，1993。

张均如编著《水语简志》，民族出版社，1980。

张均如、梁敏、欧阳觉亚等：《壮语方言研究》，四川民族出版社，1999。

张敏：《认知语言学与汉语名词短语》，中国社会科学出版社，1998。

张谊生：《助词与相关格式》，安徽教育出版社，2002。

张元生、马加林、文明英、韦星朗编著《海南临高话》，广西民族出版社，1985。

张志公主编《现代汉语》，人民教育出版社，1982。

赵艳芳：《认知语言学概论》，上海外语教育出版社，2001。

中国社会科学院语言研究所词典编辑室编《现代汉语词典》（第6版），商务印书馆，2012。

周长楫编纂《厦门方言词典》，江苏教育出版社，1993。

周一民：《北京口语语法（词法卷）》，语文出版社，1998。

朱德熙：《语法讲义》，商务印书馆，1982。

Comrie，Berbard. *Language Universals and Linguistic Typology*. Chicago：Chicago University Press，1981.

Corbett，Greville G. *Number*. 北京大学出版社，2005.

Crump，Thomas. *The anthropology of numbers*. Cambridge：Cambridge University Press，1992.

Dehaene，S. *The Number Sense*. Oxford：Oxford University Press，1997.

Hurford，James R. *Language and Number*. Oxford ：Basil Blackwell，1987.

Hurford，James R. *The Linguistic Theory of Numerals*. Cambridge：Cambridge University Press，1975.

Karlsson，Fred. *Finnish：An essential grammar*. London and New York：Routledge，1999.

论文：

安国峰：《汉韩姐妹排行称谓对比》，《汉语学习》2008 年第 6 期。

蔡维天：《一、二、三》，北京大学汉语语言学研究中心《语言学论丛》编委会编《语言学论丛》（第 26 辑），商务印书馆，2002。

曹碧华、李富洪、李红：《序数表征及其脑机制》，《心理科学进展》2007 年第 4 期。

陈其光：《苗瑶语数词》，戴庆厦主编《汉藏语学报》（第 1 期），商务印书馆，2007。

陈青松：《关联定位与"大/小"的突显功能》，《宁夏大学学报》（人文社会科学版）2004 年第 3 期。

陈青松：《现代汉语中的非时空排序表达及其比较》，《世界汉语教学》2011 年第 4 期。

陈青松：《"序数 + 形容词"与非时空排序》，《汉语学习》2011 年第 3 期。

陈淑梅：《鄂东英山方言的满意程度量》，《方言》2008 年第 1 期。

陈小明：《"一级"高还是"九级"高？——汉语"数 + 级"表等级的特点和用法》，《语文建设》2000 年第 5 期。

陈一：《"第二个 N 专"与"N 专第二"》，《中国语文》2012 年第 3 期。

程荣：《数词》，胡明扬主编《词类问题考察》，北京语言文化大学出版社，1996。

戴庆厦：《跨语言视角与汉语研究》，《汉语学习》2006 年第 1 期。

戴庆厦、常俊之：《元江苦聪话概况》，《民族语文》2009 年第 3 期。

额·宝音乌力吉：《谈现代蒙古语数词表示法》，《内蒙古大学学报》（人文社会科学版）1999 年第 1 期。

方格、田红学、毕鸿燕：《幼儿对数的认知及其策略》，《心理学报》2001 年第 1 期。

方经民：《汉语空间方位参照的认知结构》，《世界汉语教学》1999 年第 4 期。

方经民：《汉语"左""右"方位参照中的主视和客视——兼与游顺钊先生讨论》，《语言教学与研究》1987 年第 3 期。

方经民：《论汉语空间方位参照认知过程中的基本策略》，《中国语文》

1999 年第 1 期。

方经民：《现代汉语方位参照聚合类型》，《语言研究》1987 年第 2 期。

符昌忠：《海南村话的数词》，《民族语文》1997 年第 3 期。

高环生：《说"X + 数 + 代"》，《文学教育》（下）2010 年第 9 期。

高丕永：《"第一时间"的源和流》，《咬文嚼字》2003 年第 3 期。

苟国利：《汉语中序数"第一"的多种表达》，《语文学刊》2008 年第 17 期。

谷晓恒、李晓云：《"数词 + 大 + 名词"短语浅探》，《汉语学习》2005 年第 5 期。

郝彤彤：《也说"xx 二世"》，《咬文嚼字》2010 年第 8 期。

胡光斌：《遵义方言的数词》，《遵义师范学院学报》2002 年第 3 期。

胡光斌：《遵义方言量词独立充当句法成分》，《西华大学学报》（哲学社会科学版）2010 年第 3 期。

胡明扬：《语体和语法》，《汉语学习》1993 年第 2 期。

胡明扬：《语义语法范畴》，《汉语学习》1994 年第 1 期。

华玉明：《谓词名用——以"天下第一 + 谓词"为例》，《汉语学报》2015 年第 3 期。

金昌吉：《汉族人的时间观念及其表达》，《河南大学学报》（社会科学版）1991 年第 2 期。

金有景：《汉语的读数法》，北京市语言学会编《语言研究与应用》，商务印书馆，1992。

金有景：《汉语的数词》，北京市语言学会编《语言学和语言教学》，安徽教育出版社，1984。

金有景：《普通话"一"字声调的读法》，《中国语文》1979 年第 5 期。

金有景：《"一科"与"图一"》，《语文研究》1982 年第 1 辑。

赖先刚：《谈谈序数词的修辞功能》，《乐山师专学报》1985 年第 1 期。

李建平：《序数词"第"产生的时代及其语法化历程——兼论"第一"词汇化的时代与动因》，《古汉语研究》2014 年第 4 期。

李锦芳、李霞：《居都仡佬语量词的基本语法特征和句法功能》，《语言研究》2010 年第 2 期。

李启群：《吉首方言的重叠式》，《吉首大学学报》（社会科学版）1994 年第 1 期。

李行健：《"第一内科" 和 "内一科" ——简称的复杂多样性》，《中国语文通讯》1984 年第 5 期。

李宇明：《空间在世界认知中的地位——语言与认知关系的考察》，《湖北大学学报》（哲学社会科学版）1999 年第 3 期。

李宇明：《量词与数词、名词的扭结》，《语言教学与研究》2000 年第 3 期。

梁敏：《"临高话" 的简介》，《语言研究》1981 年第 1 期。

廖秋忠：《现代汉语篇章中的连接成分》，《中国语文》1986 年第 6 期。

廖秋忠：《现代汉语篇章中空间和时间和参照点》，《中国语文》1983 年第 4 期。

林伦伦、陈凡凡：《广东澄海闽方言数词的语法特点》，《汕头大学学报》2004 年第 2 期。

林涛：《〈左传〉序数考》，《广西大学学报》（哲学社会科学版）1984 年第 1 期。

凌远征：《现代专名略语》，《语文研究》1987 年第 3 期。

刘宁生：《汉语怎样表达物体的空间关系》，《中国语文》1994 年第 3 期。

刘尚宝：《序数漫话》，《咬文嚼字》1999 年第 3 期。

刘援朝：《黎语加茂话概况》，《民族语文》2008 年第 1 期。

鲁健骥：《人名与称谓中的排行》，《世界汉语教学》1992 年第 3 期。

陆丙甫：《定语的外延性、内涵性和称谓性及其顺序》，中国语文杂志社编《语法研究和探索》（四），北京大学出版社，1988。

陆丙甫、屈正林：《时间表达的语法差异及其认知解释——从 "年、月、日" 的同类性谈起》，《世界汉语教学》2005 年第 2 期。

陆俭明：《现代汉语时量词说略》，北京大学中文系《语言学论丛》编委会编《语言学论丛》（第 23 辑），商务印书馆，2001。

马彪：《"第一时间" 的翻译与使用》，《外语学刊》2005 年第 3 期。

马庆株：《关于缩略语及其构成方式》，南开大学中文系《语言研究论丛》编委会编《语言研究论丛》（第 5 辑），南开大学出版社，1988。

马庆株：《街道名称及其构成方式》，《著名中年语言学家自选集 马庆株卷》，安徽教育出版社，2002。

马庆株：《数词、量词的语义成分和数量结构的语法功能》，《中国语文》1990 年第 3 期。

马庆株：《顺序义对体词语法功能的影响》，《中国语言学报》编委会编《中国语言学报》（第 4 期），商务印书馆，1991。

马庆株：《现代汉语词缀的性质、范围和分类》，《中国语言学报》编委会编《中国语言学报》（第 6 期），商务印书馆，1995。

马庆株：《自主动词和非自主动词》，《中国语言学报》编委会编《中国语言学报》（第 3 期），商务印书馆，1988。

毛秉生：《衡东前山话的副词》，伍云姬主编《湖南方言的副词》，湖南师范大学出版社，2007。

木玉璋：《傈僳话概况》，《民族语文》2002 年第 4 期。

木玉璋：《傈僳语数词的构成和用法》，《中央民族学院学报》1993 年第 4 期。

亓艳萍：《略论"第二～""第三～"》，《语文建设》1991 年第 10 期。

钱冠连：《有理据的范畴化过程——语言理论研究中的原创性》，《外语与外语教学》2001 年第 10 期。

邵敬敏、周芳：《语义特征的界定与提取方法》，《外语教学与研究》2005 年第 1 期。

沈阳：《关于"大 + 时间词（的）"》，《中国语文》1996 年第 4 期。

舒化龙、肖淑琴：《瑶语数词初探》，《广西民族学院学报》（哲学社会科学版）1984 年第 2 期。

宋孝才、胡翔：《对"七、八"的变调调查》，第二届国际汉语教学讨论会组织委员会编《第二届国际汉语教学讨论会论文选》，北京语言学院出版社，1988。

宋玉柱：《"大"的区别词用法》，《中国语文》1994 年第 6 期。

宋作艳：《控制"一"变调的相关因素分析》，《汉语学习》2005 年第 1 期。

孙朝奋：《汉语数量词在话语中的功能》，戴浩一、薛凤生主编《功能主义与汉语语法》，北京语言学院出版社，1988/1994。

陶红印：《试论语体分类的语法学意义》，《当代语言学》1999 年第 3 期。

瓦尔巫达：《凉山彝语亲属称谓的序数词素及其民族学意义》，《中央民族学院学报》1992 年第 1 期。

王联芬：《汉语和藏语数量词的对比》，《民族语文》1987 年第 1 期。

王明洲：《说说"X 第二"》，《现代语文》（语言研究版）2009 年第 8 期。

王希杰：《汉语的规范化问题和语言的自我调解功能》，《语言文字应用》1995 年第 3 期。

王希杰：《深化对语言的认识，促进语言科学的发展》，《语言文字应用》1994 年第 3 期。

王希杰：《"二手"和"二手房"》，《咬文嚼字》2009 年第 2 期。

王远新：《突厥语族语言序数词的历史发展》，《中央民族大学学报》1995 年第 4 期。

王韫佳、初敏、贺琳：《汉语焦点重音和语义重音分布的初步实验研究》，《世界汉语教学》2006 年第 2 期。

魏红、储泽祥：《"有定居后"与现实性的无定 NP 主语句》，《世界汉语教学》2007 年第 3 期。

文炼：《论语法学中"形式和意义相结合"的原则》，《上海师范学院学报》1960 年第 1 期。

文明英、马加林：《黎语方言数词表示法》，《中央民族学院学报》1984 年第 3 期。

吴长安：《"第二"的词汇化意义》，《中国语文》2006 年第 2 期。

吴启禄：《布依语数词"一"研究》，《贵州民族研究》1984 年第 3 期。

武自立、纪嘉发：《彝语数词的构成和用法》，《民族语文》1982 年第 6 期。

项开喜：《事物的突显性与标记词"大"》，《汉语学习》1998 年第 1 期。

谢伯端：《嘉禾土话"一二两"的读音及用法》，《方言》1987 年第 4 期。

邢福义：《从海南黄流话的"一、二、三"看现代汉语数词系统》，

《方言》1995 年第 3 期。

徐思益：《谈意义和形式相结合的语法研究原则》，《中国语文》1959 年第 6 期。

许秋莲、聂智：《"第一"用法小议》，《现代语文》2006 年第 11 期。

杨军：《关于遵义话"X 的 + 量"的语法形式》，《贵州民族学院学报》（社会科学版）1992 年第 4 期。

杨素英、黄月圆、曹秀玲：《现代汉语数量表达问题研究》，《语言文字应用》2004 年第 2 期。

叶欢：《说"一哥"、"一姐"》，《沙洋师范高等专科学校学报》2007 年第 2 期。

殷志平：《"第二"的一种用法》，《汉语学习》2004 年第 3 期。

张伯江：《语体差异和语法规律》，《修辞学习》2007 年第 2 期。

张嘉星：《漳州话的称数法》，《福州大学学报》（哲学社会科学版）2002 年第 3 期。

张林林：《〈尚书〉中数词的特殊用法》，《上饶师范学院学报》（社会科学版）1984 年第 4 期。

张清常：《北京街巷名称三题》，《中国语文》1996 年第 6 期。

张青松：《湖南武冈方言表示排行最末的词》，《惠州学院学报》（社会科学版）2010 年第 1 期。

张卫国：《数词及数词的处理》，胡明扬主编《词类问题考察续集》，北京语言大学出版社，2004。

张一舟：《成都话数词的几个语法特点》，《西南民族学院学报》（哲学社会科学版）2000 年第 12 期。

张颖：《关于"第一 + 形"与"最 + 形"的差异——兼与陈青松先生商榷》，《学术交流》2013 年第 11 期。

赵强：复杂的数量结构，陆俭明主编《面临新世纪挑战的现代汉语语法研究》，山东教育出版社，2000。

周长楫：《说"一"、"祖"和"蜀"》，《语言研究》1982 年第 2 期。

周荐：《数字仿语的构成及其为词典收条的问题——汉语词汇类型近代以来的发展变化举隅之一》，《汉语学习》2005 年第 1 期。

周祖瑶：《广西容县方言的小称变音》，《方言》1987 年第 1 期。

宗守云：《说"第 X 季"》，《语文建设》2009 年第 3 期。

Barbiers, Sjef. Indefinite numerals one and many and the cause of ordinal suppletion. *Lingua* 117 (2007): 859 – 880.

Corbett, Greville G. Universals in the syntax of cardinal numerals. *Lingua* 46 (1978): 355 – 368.

Dryer, Matthew S. The Greenbergian Word Order Correlations. *Language* 68 (1992): 81 – 138.

Greenberg, Joseph H. Generalizations about numeral systems. In *On language*: *Selected writings of Joseph H. Greenberg*, edited by Keith Denning and Suzanne Kemmer. Stanford: Stanford University Press, 1990, pp. 271 – 309.

Greenberg, Joseph H. Some universals of grammar with particular reference to the order of meaningful elements. In *Universals of language*, edited by Greenberg, Joseph H. Cambridge, Mass: MIT Press, 1963.

Greenberg, Joseph H. The internal and external syntax of numerical expressions. In *Universals of language.* (= *BelgianJournal of Linguistics* 4), 1989, pp. 105 – 118.

Hawkins, John A. On implicational and distributional universals of word order. *Journal of Linguistics* 16 (1980): 193 – 235.

Hurford, James R. The interaction between numerals and nouns. In *Noun Phrase Structure in the Languages of Europe*, edited by Frans Plank. The Hague: Mouton, 2003, pp. 561 – 620.

Labov, W. The boundaries of words and their meanings. In *New Ways of Analysing Variation in English*, edited by Bailey and Shuy. Washington: Georgetown University Press, 1973.

Plank, Frans. Double articulation. In *Noun Phrase Structure in the Languages of Europe*, edited by Frans Plank. The Hague: Mouton, 2003, pp. 337 – 398.

Stolz, Thomas & Veselinova, Ljuba N. Ordinal numerals. In *The World Atlas of Language Structures*, edited by Martin Haspelmath, Matthew S. Dryer, David Gil and Bernard Comrie. Oxford: Oxford University Press, 2005, pp. 218 – 221.

Stump, Gregory. The derivation of compound ordinal numerals: Implications for morphological theory. *Word Structure* 2 (2010): 205 – 233.

Veselinova, Ljuba N. Suppletion in the Derivation of Ordinal

Numerals: A Case Study. In *Proceedings of the eighth Student Conference in Linguistics*, edited by Benjamin Bruening. Cambridge, MA: MITWPL, 1997, pp. 429 – 447.

（德文）Stolz, Thomas. Ordinalia-Linguistisches Neuland. Ein Typologen-blick auf die Beziehung zwischen Kardinalia und Ordinalia und die Sonderstellung von EINS und ERSTER. In " *Was ich noch sagen wollte…* " *A multilingual Festschrift for Norbert Boretzky on occasion of his* 65th *birthday.* (= *Studia Typologica* 2), edited by Birgit Igla and Thomas Stolz. Berlin: Akademie – Verlag, 2001, pp. 507 – 530.

学位论文：

陈青松：《形名粘合结构研究》，华中师范大学博士学位论文，2005。

蒋仁萍：《基数词和序数词的类型学研究》，南昌大学硕士学位论文，2007。

李湘平：《现代汉语序数的考察与分析》，广西师范大学硕士学位论文，2006。

谭四华：《湖南省汨罗市大荆镇三峡移民初期移民方言的词类语法研究》，湖南师范大学硕士学位论文，2006。

后　记

本书是在我的博士学位论文的基础上修改而成的。

从 2007 年博士入学到如今书的出版，已 9 年有余。回首几年的博士生活，是在步履匆匆、焦虑重重中悄然而逝的，尽管专业学习上没有丝毫的惬意与从容，但那个艰苦却又美好如歌的旅程，那些捧读书籍、敲键行文的日子，那些一路走来相识相知的可爱的人儿，却成为内心深处最珍贵的记忆，它也终将凝聚成记忆中的永恒。

经历孤独的煎熬和荆棘的羁绊，虽然三十万字的专著无法光芒四射，但也算是另一种形式的涅槃。从语料的选择到具体处理，从专著框架的不断修改到最后定形，从对序数认识的极端模糊到逐步清晰，这个艰苦而又焦虑的过程是对意志、对生命态度的一次深刻考验。几年的写作，几年的煎熬，始终陪伴我的，始终激励我的，是宿舍围墙外那株在水泥缝中顽强地使自己枝繁叶茂、红花朵朵的石榴树，它鼓舞着我正枯竭的斗志，启迪着我对生命的认识！它让我在失败中看到自己的弱点和不足，它让我在黑暗中寻找光明时学会搏击，它让我深悟：弱势的生存，只要坚持，只要心怀希望，就会换来生命的坚韧。

手捧稚嫩如绿芽、苦涩如青果的专著，没有丝毫的欣喜，更没有如释重负的感触，只有万分的忐忑和满心的感激。已经过了伤感流泪的年华，也明知"铁打的校园，流水的学生"这种亘古不变的聚散规律，但此时此刻，我的眼还是因心存感激而湿润，要感谢的人太多太多……

感谢导师储泽祥先生——良师恩德，没齿不忘。多年前，承蒙先生的不弃，忝为弟子之列，身为少数民族、资质极其一般的我深知求学机会难得，深知自己无法成为一棵参天大树，但仍会努力成为一株忍寒耐热、根深叶坚的无名小树。随先生求学七年，在先生的引导之下，我开始蹒跚学步，开始了一种全新的学术生活，他以敏锐活跃的治学眼光启迪了我呆板单调的思维，他多次拨开云雾，牵引和鼓舞着我把研究引向深入。回首来路，忆先生或委婉或棒喝式的提醒，忆先生或平实或语重心长的鼓励，品先生醍醐灌顶式的启发，品先生对人生的阐释……时时可以洞察先生对学生的厚爱和"护犊"之情。本书的写作，花费了他很多时间和精力，N 次面谈，N 次电话，N 次短信，N 次电子邮件，那些指导、那些修改意见总是切中要害，使我的专著一步一步得到提升。当我精疲力尽、几近放弃时，那些鼓励、那些关怀重新唤起了我的斗志，我的信念也一步一步地坚定。当我停笔时，内心油然而生的是对先生严谨负责、诲人不倦精神的无限感激。我将永远珍藏先生还给我的第一次、第二次修改稿，那密密麻麻的修改意见中，饱含的是先生那一丝不苟的学术精神与对学生的殷殷教诲；我将永远保留先生发给我的短信和电子邮件，那字里行间，饱含的是先生对学生的莫大鼓励和无限厚望。先生的栽培之恩，浩然之至，刻骨铭心。可今天，我用什么来回馈我的老师呢？本书的写作，尽管自己很努力，但距先生的要求还很远很远，我深知己之不足、学问之无涯。假以时日，我只有不断地完善论文，只有更好地为学为人，以此回报先生。

感谢为我邮寄外文文献的专家——素不相识，慷慨相助。有两篇外文文献无法在国内查找到，我抱着试一试的心态给两位作者发了电子邮件。意想不到的是，我不仅收到了外文文献的电子稿，还收到了复印本。这两位作者是德国不来梅大学的 Thomas Stolz 教授、瑞典斯德哥尔摩大学的 Ljuba Veselinova，借此我要对他们说声谢谢。

感谢同门师兄师姐师弟师妹——同窗情谊，铭记心底。永远记得这些可爱的人儿：吴纪梅、朱军、肖任飞、王文格、程书秋、金鑫、刘清平、张金圈、万光荣、智红霞、彭小球、刘玮娜、郭中、赵雅青、王寅、刘琪……吴纪梅师姐从我报考华师开始，无论是考试、学习，还是做人，事无巨细，都给予我很多很多的帮助。朱军师兄和王文格师姐的勤奋努力，时刻鞭策着我。万光荣师妹几次帮我从国外找到宝贵的文献资料，即使自己无比繁忙还热情地帮我翻译论文摘要。智红霞和彭小球师妹在我心情无比烦躁时陪伴着我，并帮助我处理语料。赵雅青师妹在我既要撰写专著又要参加会议的繁忙时期，总是想尽办法为我节省时间，在我电脑瘫痪心情沮丧之时，慷慨地借出她心爱的笔记本等等，她的帮助让我铭记心底，她的聪慧与内敛让我无比欣赏。金鑫师弟的真诚与细心，清平姐的稳重与体贴，张金圈师弟的勤勉与憨厚，刘玮娜师妹的直爽与美丽，郭中师弟的可爱与单纯……一切的一切，我永远无法忘记。

感谢我的家人——坚强后盾，温馨港湾。我先生的支持、体贴和包容，让我无比幸福、无比感动。他对我的工作给予了全心全意的支持，除了自己繁重的工作、学业压力之外，还承担起一切家务。他总是想尽办法为我创造一个好的写作环境，总是耐心开导我，安抚我焦躁的情绪。我的父母以他们最最质朴的方式支持着我，当听说我要从武汉回到自己的小家时，他们会不辞辛苦坐五个小时的火车提前赶到我的小家，为的是让我一到家就能吃到他们做的饭菜，为的是让我一到家就能感受到一份干净和温馨。

面对这厚厚重重的馈赠，怀揣着导师那句"不进则退，慢进也退"的告诫，我唯有努力！所有的夙愿，虽不能至，心向往之。虽不能决定生命的长度，但努力拓展生命的宽度！

王　霞

2016.12.04

图书在版编目（CIP）数据

汉语序数范畴研究／王霞著. —— 北京：社会科学
文献出版社，2017.5
ISBN 978 - 7 - 5097 - 9865 - 2

Ⅰ.①汉…　Ⅱ.①王…　Ⅲ.①汉语 - 语法 - 研究
Ⅳ.①H14

中国版本图书馆 CIP 数据核字（2016）第 254819 号

汉语序数范畴研究

著　　者／王　霞

出 版 人／谢寿光
项目统筹／袁清湘
责任编辑／连凌云

出　　版／社会科学文献出版社·独立编辑工作室（010）59367202
　　　　　地址：北京市北三环中路甲 29 号院华龙大厦　邮编：100029
　　　　　网址：www. ssap. com. cn
发　　行／市场营销中心（010）59367081　59367018
印　　装／三河市东方印刷有限公司

规　　格／开　本：787mm × 1092mm　1/16
　　　　　印　张：25　字　数：421 千字
版　　次／2017 年 5 月第 1 版　2017 年 5 月第 1 次印刷
书　　号／ISBN 978 - 7 - 5097 - 9865 - 2
定　　价／98.00 元